普通高等教育"十二五"经济与管理类专业核心课程规划教材

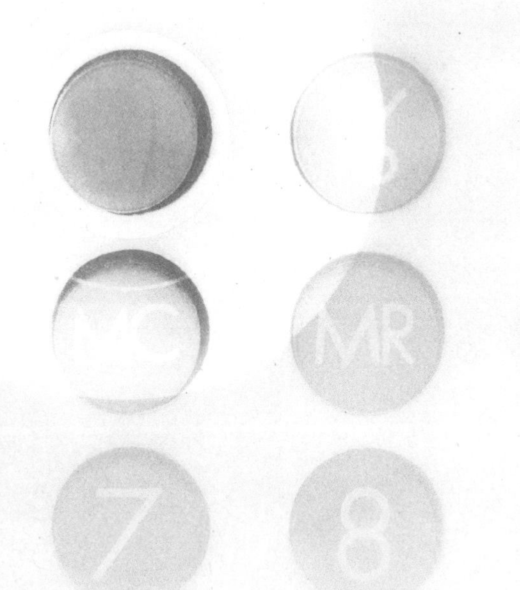

项目管理学

徐勇戈 马继伟 林 熹 编著

西安交通大学出版社
XI'AN JIAOTONG UNIVERSITY PRESS

内 容 提 要

在现代社会中，项目十分普遍，政府和企业的各部门、各层次的管理人员和工程技术人员都会以某种形式参与项目和项目管理工作。本书着眼于系统管理原则，以项目为对象，以项目整个生命期为主线，全面论述了项目的系统分析、组织、各种计划和控制方法。通过对本书的阅读，力求使读者能对项目管理的特殊性有深刻的认识，能对项目形成一种系统、全面、整体优化的管理理念，并掌握常用的项目管理方法和技术。

本书内容新颖、覆盖面广、可读性好，是学习项目管理的实用教材。本书既可供高等院校的管理类专业和经济类相关专业的师生使用，也可用作经管类专业人员及其他有兴趣人员的学习参考读物。

普通高等教育“十二五”经济与管理类专业核心课程规划教材

编写委员会

前言

FOREWORD

项目管理是20世纪50年代中期产生的一项系统方法和管理技术，它针对不同项目的共性特点，致力于运用规划论、组织论和控制论等管理思想、方法、组织和手段，确保项目在预定的投资和工期范围内实现计划任务。经过近半个世纪的发展，项目管理已形成了具有普遍科学规律的理论模式，在全世界范围得到了广泛的应用。项目管理从最初的国防和航天领域迅速发展到建设领域、计算机软件、通讯业、金融业等，甚至政府部门和社会团体，逐步建立了一套较为完整的学科体系，成为现代管理科学领域中的一个重要分支。

项目是具有独特性和一次性特征的过程，它具有预定的目标，有明确的开始和结束日期，由一系列相互协调和受控活动组成。随着我国改革开放的不断深入和经济渐渐融入全球市场，涌现了一大批像长江三峡工程、北京奥运项目、上海世博项目、京沪高铁项目等举世瞩目的特大型建设项目，对这些项目的规划、组织、协调、控制等管理要求也越来越高。

本书立足于项目管理全过程及整体系统，以揭示项目管理活动的客观规律为宗旨，以国家现行的建设法规为依据，全面阐述了项目管理的基本理论和管理方法。全书内容包括项目生命周期、项目管理组织、项目管理过程、项目管理知识领域以及项目管理常用的工具与技术等。全书力求概念准确、层次清楚、语言简明、详略得当、重点突出，注重实用性和可操作性。

全书共7章，第1、2、3、4、6章由西安建筑科技大学徐勇戈编写，第5章由同济大学马继伟编写，第7章由重庆大学林熹编写，并由徐勇戈进行统稿。在本书的编写过程中，西安建筑科技大学管理学院的研究生阚秋成、刘桓硕、郭敏和王冬等人为本书的编写也付出了卓有成效的支持与帮助。

本书的出版得到了陕西省教育厅哲学社会科学重点研究基地科研计划项目(13JZ028)、陕西省高校哲学社会科学重点研究基地建设专项资金资助项目(DA08046)以及陕西省高校哲学社会科学特色学科建设专项资金资助项目(陕西省建筑经济与管理研究，编号：E08003)的资助，本书的研究成果亦为上述基金项目的阶段性研究成果。

限于作者水平，书中难免存在不妥之处，敬请读者批评指正。

徐勇戈

2014年5月于西安

目录

CONTENTS

第1章　项目管理知识体系

第2章　项目生命周期

第3章　项目管理组织

第4章　项目管理过程

第1章 项目管理知识体系

1.1 项目

1.1.1 项目的定义

项目源于人类有组织的活动。随着人类社会的发展，人类有组织的活动逐步分化为两大类型：一类是连续不断、周而复始的活动，人们称之为"作业或运作"(operations)，如企业流水线生产大批产品的活动；另一类是临时性、一次性的活动，人们称之为"项目"(projects)，如中国古代的都江堰水利工程、现代的三峡工程、神舟飞船工程、2008年奥运会等。

美国《项目管理知识体系指南》(PMBOK，第4版)指出：项目是为创造独特的产品、服务或成果而进行的临时性工作。

《中国项目管理知识体系》(C-PMBOK，2006)指出：项目是一个特殊的、将被完成的有限任务，它是在一定时间内，满足一系列特定目标的多项相关工作的总称。此定义实际包含以下三层含义：

(1)项目是一项有待完成的任务，有特定的环境与要求，即项目是指一个过程，而不是指过程终结后所形成的成果。

(2)项目必须在一定的组织机构内，利用有限资源(人力、物力、财力等)在规定的时间内完成任务。任何项目的实施都会受到一定的条件约束，这些条件是来自多方面的，如环境、资源、理念等。这些约束条件成为项目管理者必须努力促使其实现的项目管理的具体目标。

(3)项目的任务要满足一定性能、质量、数量、技术指标等要求。项目是否实现，能否交付用户，必须达到事先规定的目标要求。

1.1.2 项目的特性

项目作为一类特殊的活动(任务)所表现出来的主要特性如下：

(1)项目的一次性。项目是一次性的任务，一次性是该项目区别于其他任务(运作)的基本特性。

(2)项目目标的明确性。人类有组织的活动都有其目的性，项目作为一类特别设立的活动，也有其明确的目标。这些目标是具体的、可检查的，实现目标的措施也是明确的、可操作的。

(3)项目目标的多要素性。尽管项目的任务是明确的，但项目的具体目标，如性能、时间、成本等则是多方面的。这些具体目标既可能是协调的，或者说是相辅相成的；也可能是不协调的，或者说是互相制约、相互矛盾的。这就要求对项目实施全系统、全生命周期管理，应力图把多种目标协调起来，实现项目系统优化而不是局部优化。

(4)项目的整体性。项目是为实现目标而开展的任务的集合,它不是一项项孤立的活动,而是一系列活动的有机组合,从而形成一个特定的、完整的过程;项目通常由若干相对独立的子项目或工作组成,这些子项目或工作又可以包含若干具有相互关系的工作单元——子系统,各子项目、各子系统相互制约、相互依存,构成了一个特定的系统。

(5)项目的不确定性。项目总是或多或少地具有某种新的、前所未有的内容,因此,项目"从孕育到结束"包含若干不确定因素。项目目标虽然明确,但达到项目目标的途径并不完全清楚,项目完成后的确切状态也不一定能完全确定。

(6)项目资源的有限性。任何一个组织,其资源都是有限的。因此,对于某一具体项目而言,其投资总额、项目各阶段的资金和资源需求、各工作环节的完成时间以及重要事件的里程碑等,既要通过计划严格确定下来,又要在执行中进行不断地协调、统筹。

(7)项目的临时性。项目一般要由一支临时组建起来的团队实施和管理,由于项目只在一定时间内存在,参与项目实施和管理的人员是一种临时性的组合,人员和材料设备等之间的组合也是临时性的。项目的临时性对项目的科学管理提出了更高的要求。

(8)项目的开放性。由于项目是由一系列活动或任务所组成的,因此,应将项目理解为一种系统,将项目活动视为一种系统工程活动。绝大多数项目都是一个开放系统,项目的实施要跨越若干部门的界限。这就要求项目经理协调好项目组内外的各种关系,团结与项目有关的项目组内外人员,同心协力,为实现项目目标努力工作。

1.2 项目管理

1.2.1 项目管理的概念

"项目管理"一词通常是指一种管理活动,即一种有意识地按照项目的特点和规律,对项目进行组织管理的活动;"项目管理"有时也指一种管理学科,即以项目管理活动为研究对象的一门学科,它是探求项目活动科学组织管理的理论与方法。前者是一种客观实践活动,后者是前者的理论总结;前者以后者为指导,后者以前者为基础。就其本质而言,二者是统一的。

《美国项目管理知识体系指南》(PMBOK,第 4 版)指出:项目管理就是把各种知识、技能、手段和技术应用于项目活动之中,以达到项目的要求。项目管理是通过应用和综合诸如启动、规划、实施、监控和收尾等项目管理过程来进行的。项目经理是负责实现项目目标的个人。

《中国项目管理知识体系》(C-PMBOK,2006)指出:项目管理就是以项目为对象的系统管理方法,通过一个临时性的专门的柔性组织,对项目进行高效率的计划、组织、指导和控制,以实现项目全过程的动态管理和项目目标的综合协调与优化。实现项目全过程的动态管理是指在项目的生命期内,不断进行资源的配置和协调,不断作出科学决策,从而使项目执行的全过程处于最佳的运行状态,产生最佳的效果。项目目标的综合协调与优化是指项目管理应综合协调好时间、费用及功能等约束性目标,在相对较短的时期内成功地达到一个特定的成果性目标。

1.2.1 项目管理的特点

项目管理与传统的生产经营管理相比,其最大的特点是项目管理注重于综合性管理,并且有严格的时间期限。项目管理必须通过不完全确定的过程，在确定的期限内生产出不完全确定的产品，日程安排和进度控制常常对项目管理产生很大的压力。

具体来讲，项目管理的特点表现在以下几个方面：

(1)项目管理的对象是项目或被当做项目来处理的作业。

(2)项目管理的全过程都贯穿着统筹、系统、和谐和以人为本的思想。

(3)项目管理的组织具有特殊性。

(4)项目管理的体制是一种基于团队管理的目标负责制。

(5)项目管理的方式是目标管理。

(6)项目管理的要点是创造和保持一种使项目顺利进行的环境。

(7)项目管理的方法、工具和手段具有先进性、开放性。

近期的研究表明项目管理还具有以下几个新特点：

(1)项目管理的本质特点——创新性。

(2)项目管理的哲学理念——和谐与共赢。

(3)项目管理的综合性——好、快、省、多。

(4)项目管理的复杂性——对变化的管理。

1.3 项目管理知识领域

1.3.1 《美国项目管理知识体系指南》提出的九大项目管理知识领域

(1)项目整体管理，也称项目整合管理，是指为确保项目各项工作能够有机地协调和配合所展开的综合性和全局性的项目管理工作和过程。项目整体管理由下列项目管理过程组成：制定项目章程、制订项目管理计划、指导与管理项目执行、监控项目工作、整体变更控制和项目收尾工作。现代项目管理中的整体管理还应该包括对利益相关方的管理。

(2)项目范围管理是指为了实现项目目标，对项目的工作内容进行确定和控制的管理过程。项目范围管理由下列项目管理过程组成：收集需求、定义范围、创建工作分解结构、范围核实和范围控制。

(3)项目时间管理是指为了确保项目最终按时完成的一系列管理过程。涉及确保项目按时完成所需的各项过程，包括活动定义、活动排序、活动资源估算、活动持续时间估算、制定进度表以及进度控制。

(4)项目费用管理是指为了保证完成项目的实际费用不超过预算费用的管理过程。项目费用管理由下列项目管理过程组成：费用估算、费用预算和费用控制。

(5)项目质量管理是指为了确保项目达到客户所规定的质量要求而实施的一系列管理过程。项目质量管理由下列项目管理过程组成：质量规划、实施质量保证和实施质量控制。

(6)项目人力资源管理是指为了保证所有项目相关人员的能力和积极性都得到最有效的发挥和利用所采取的一系列管理措施和管理过程。项目人力资源管理由下列项目管理过程组成：人力资源规划、项目团队组建、项目团队建设和项目团队管理。

(7)项目沟通管理是指为了确保项目信息的合理收集和传输所需要实施的一系列措施和涉及组织间、技术间、人员间、管理间的界面等的管理过程。项目沟通管理由下列项目管理过程组成:沟通规划、信息发布、绩效报告和利害关系者管理。

(8)项目风险管理是指对项目可能遇到的各种不确定因素进行风险识别、风险估计与量化、制定对策和风险监控等一系列工作。项目风险管理由下列项目管理过程组成:风险管理规划、风险识别、定性风险分析、定量风险分析、风险应对规划以及风险监控。

(9)项目采购管理是指为了从项目实施组织之外获得所需资源或服务所采取的一系列管理措施。项目采购管理由下列项目管理过程组成:采购规划、实施采购、管理采购以及结束采购。

1.3.2 扩展的项目管理知识领域

通过近年来的项目管理实践,一些专家和项目管理实际工作者又扩展了一些新的项目管理知识领域,下面做以简要介绍。

1. 项目创新管理

项目创新管理可以定义为:在项目管理过程中,以创新思维为导向,以积极、慎重为原则,综合配置项目各利益相关者所能提供的各种创新资源,对各项创新活动进行计划、组织、指挥、协调和控制,进而达成项目目标,提高项目利益相关者的满意度的过程。

项目是承载新知识、新信息,实现创新的主要载体。由于创新复杂,影响因素多,通常的项目管理内容已难以承载和适应。因此,进一步明确和规范项目的创新管理是十分必要的。

项目管理是对一次性项目的管理。每一个项目都与其他项目不同,都有项目自身的新目标、新问题、新特点。项目的特点是富有挑战性、创造性。可以说,项目是一种实现创新的事业,创新的成分越多,就越需要创新管理。众多项目管理实际工作者的实践证明,为了更好地实现项目目标,不可能墨守成规、因循守旧,实际的项目管理需要创新;创新管理又与企业创新管理不同,它应该是一个专门的知识领域。

2. 项目知识管理

项目知识管理是指把知识作为项目团队最重要的资源,对知识资源的获取、共享、创新、应用等过程进行计划、组织、测评、控制和领导,以期达成增强项目团队和项目所在组织的核心竞争力,以更好地实现项目目标的过程。

项目是知识密集型的活动,包括知识、知识员工、知识活动各项要素,为了使之协调发挥作用,项目需要知识管理;项目是临时性、一次性的活动,资源容易流失,为了减少损失,保留"前车之鉴",项目需要知识管理。项目知识管理的目标就是努力将最恰当的知识在最恰当的时间传递给最恰当的人,以便使他们能够作出最好的决策和应用,取得最好的成效。

目前,国际项目管理专家在对卓越项目管理的评审认定上已经高度重视项目团队对知识的管理。中国的项目管理目前还处于发展的初级阶段,通过项目知识管理,促进学习型团队建设,是提高中国项目管理水平的最好途径之一(详细内容请参看相关资料)。

3. 项目信息管理

项目信息管理就是指对项目信息进行收集、整理、分发、交换、查询、利用、存储和更新管理,以使项目信息得到及时、准确、有效地应用,满足项目管理的沟通需要,进而更好地实现项目目标的管理过程。

现有的《项目管理知识体系指南》(PMBOK,第3版)所列的九大知识领域中没有信息管理,而有沟通管理,其中有一部分内容就是信息管理的内容,还有一部分是人际关系的交流与沟通，而更重要的有关项目质量、费用、进度计划、控制方面的内容不多，有关信息管理系统建设、计算机信息管理、项目管理软件应用等涉及更少。《中国项目管理知识体系》(C-PMBOK，2006)中取消了沟通管理，设置了信息管理，把一部分沟通管理的内容纳入了信息管理，适当地充实了内容，而把有关人际关系的沟通归入了人力资源管理。

4. 项目"HSE"管理（项目健康安全与环境管理）

"H"(health，健康)是指人身体上没有疾病，在心理上保持一种良好的状态。

"S"(safety，安全)是指在劳动生产过程中，人们努力改善劳动条件、克服不安全因素，使劳动生产在保证劳动者健康、企业财产不受损失、人们生命安全的前提下顺利进行。

"E"(environment，环境)是指与人类密切相关的、影响人类生活和生产活动的各种自然力量或作用的总和，它不仅包括各种自然因素的组合，还包括人类与自然因素间相互形成的生态关系的组合。

由于安全、环境与健康的管理在实际工作过程中有着密不可分的关系，因此，常把健康、安全和环境作为一个整体来管理。

项目"HSE"管理是指在项目进行过程中对涉及安全、环境与健康的管理组织机构、职责、做法、程序、过程和资源等多种要素统筹、整合起来，构成一个整体进行管理，以保证项目目标的实现。

项目"HSE"管理是一种事前进行风险分析，确定其自身活动可能发生的危害和后果，从而采取有效的防范手段和控制措施防止其发生，以便减少可能引起的人员伤害、财产损失和环境污染的有效管理模式。它突出强调了事前预防和持续改进，具有高度自我约束、自我完善、自我激励机制，是一种现代化的项目管理模式。

项目"HSE"管理是整个项目实施过程中的重要环节，是项目管理体系的关键子系统，是项目能否正常进展的保障。没有强有力的"HSE"管理保障，项目特别是工程项目就不可能保质、保量地圆满完成。项目"HSE"管理也是以人为本，关爱生命、关爱健康、关爱社会、关爱人类的重要体现。

5. 项目文化管理

文化，作为我们当今社会出现频率颇高的一个词，可以找出成百上千条的解释，各有各的说法，真是众说纷纭，莫衷一是。

我们认为：从广义上说，文化是人类社会历史实践过程中所创造的物质财富与精神财富的总和；从狭义上说，文化是社会的意识形态以及与之相适应的组织机构与制度。

文化，中国历史上最早是指"以文教化"和"以文化成"的总称，从字面意思上解释，文化是一个动词，无论是"教化"还是"化成"，都体现了一个行为过程。"文"是指道德、哲学、思想、艺术等，引申到企业文化中就是企业所倡导的企业精神；"化"是指教化，在长期的经营活动中形成的共同持有的理想、信念、价值观、行为准则和道德规范的总和。

项目文化是指项目团队信奉和倡导并在实践中真正起到指导作用的价值观念。项目文化包括项目管理的价值观、道德规范、管理思想、管理方式、群体意识和行为规范。

项目文化管理是高层次的管理，有着极特殊的管理机理，是处理是非问题的方式、方法，是对是非问题进行判断、处理、决定的依据。对是非进行判定的依据是在长期实践基础上形成的价值观，项目文化管理说到底是对项目团队的价值观的管理。项目团队特别是项目负责人通过各种手段将现代项目管理的价值观、项目经理本人的价值观千方百计地传输到员工的头脑里，形成员工在项目工作流程中处理问题的判断依据，并在项目活动中逐步固化下来，转变成团队成员的工作习惯，并努力使这种价值观深入人心，使得团队成员在复杂的情形下，依然能够从容地进行问题的处理，从而实现项目目标，使利益相关方满意。

项目文化管理的内容可以分为以下三个层面：

(1)精神文化层面，包括项目核心价值观、项目管理哲学、项目理念、团队精神、和谐共赢等。

(2)制度文化层面，是指项目的各种规章制度以及这些规章制度所遵循的理念，包括人力资源理念、沟通理念、协作理念、生产理念、工作流程、责权分配等。

(3)物质文化层面，包括团队风貌、项目标识、物质待遇、文化传播网络等。

6. **重视拓展不同行业的项目管理知识领域**

“在当今的社会，一切都是项目，一切也都将成为项目。”而各个行业的项目和项目管理既有共性，又各具特点。除了前述对项目具有共性的一些项目管理知识领域之外，还会有一些针对不同行业特有的项目管理知识。如建筑业对安全、健康和环境的管理显得十分重要，中国工程项目管理知识体系专门列有工程项目安全与环境管理，而 IT 行业的项目管理就与之不同。又如中国国防项目管理知识体系，列有质量和可靠性管理、安全与保密管理等，也具有独特性。开展不同行业项目管理知识领域的研究可能不具有共性，但是却具有重要的实际意义，不容忽视。

1.4 项目管理知识层次与管理层次

1.4.1 项目管理知识层次

项目管理知识是有层次的。PMBOK 的九大知识领域可以分成科学、艺术和哲学三个层次。

进度管理、费用管理、质量管理、网络计划技术、挣值法、项目管理软件应用等，是项目管理的技术、方法和工具，属于“硬技术”，可以划为科学的范畴，这也对应于国际项目管理专业资质认证标准(简称“标准”)的“技术能力”。

人力资源管理、沟通协调、行为处理等人际关系方面的管理，属于管理艺术的范畴，是项目管理的“软技术”，对应于“标准”的“行为能力”。

项目的综合管理、风险管理、利益相关方管理、环境管理等，是对于项目所处环境、“管理关系”或总的战略管理，需要科学的思维、正确的世界观和方法论，可以归属于项目管理的哲学范畴，这对应于“标准”的“环境能力”。项目管理知识的层次结构如图 1－1 所示，国际项目管理专业资质认证标准的项目管理能力之眼如图 1－2 所示；各项能力的内容如表 1－1、表 1－2 和表 1－3 所示。

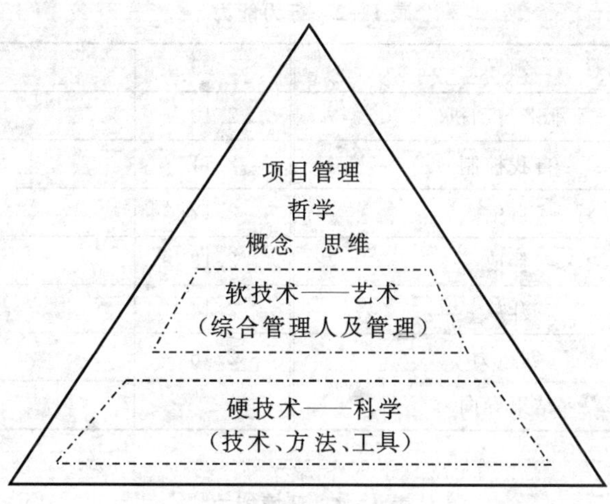

图 1-1　项目管理知识的层次结构

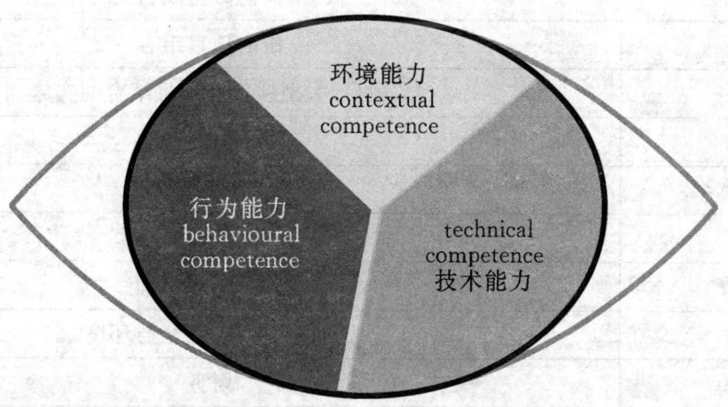

图 1-2　国际项目管理专业资质认证标准的项目管理能力之眼
(IPMA Competence Baseline 3.0—ICB 3.0)

表 1-1　技术能力

1.01	成功的项目管理	1.11	时间和项目阶段
1.02	利益相关者	1.12	资源
1.03	项目需求和目标	1.13	成本和财务
1.04	风险与机会	1.14	采购与合同
1.05	质量	1.15	变更
1.06	项目组织	1.16	控制和报告
1.07	团队协作	1.17	信息与文档
1.08	问题解决	1.18	沟通
1.09	项目结构	1.19	启动
1.10	范围与可交付物	1.20	收尾

表 1-2　行为能力

2.01	领导	2.09	效率
2.02	承诺与动机	2.10	协商
2.03	自我控制	2.11	谈判
2.04	自信	2.12	冲突与危机
2.05	释放	2.13	可靠性
2.06	开放	2.14	价值评估
2.07	创造力	2.15	道德规范
2.08	结果导向		

表 1-3　环境能力

3.01	面向项目
3.02	面向大型项目
3.03	面向项目组合
3.04	项目、大型项目和项目组合的实施
3.05	长期性组织
3.06	运营
3.07	系统、产品和技术
3.08	人力资源管理
3.09	健康、保障、安全与环境
3.10	财务
3.11	法律

1.4.2　项目管理知识层次与管理层次的关系

项目管理实践还告诉我们，我们不仅要关注项目管理各知识领域之间的层次关系，还应该关注其具体应用情况，不同的管理层次对项目管理知识需求与应该掌握的重点也不相同。比如：项目的时间管理、费用管理、质量管理、采购管理及其中的各种技术、方法和工具，其内容与技能要求属于规范的科学与技术；在管理上属于项目管理的基层，属于执行、操作层面。

项目的人力资源管理、沟通管理、综合管理等，其内容和能力要求可称为软技术，更具有艺术性；在管理上属于项目管理的中层，是组织、协调的管理层面。

对于项目的范围管理、风险管理，特别是项目管理整个知识体系当中蕴涵和贯穿的如何深化项目管理的理念和思维方式（PMBOK 中没有提到，但是其实际上属于不应忽视的创新管理、文化管理等），则是项目管理的灵魂，属于管理哲学——项目管理哲学的范畴；在管理上关系到项目管理的全局，属于项目的高层管理。

我国有的专家把项目管理知识层次与管理层次对应起来得出如图 1-3 所示的关系图。

图 1-3 中，左侧是管理岗位的金三角，右侧的大倒梯形是对应的项目管理知识，大倒梯形中的三个小梯形的面积示意性地表示了所含知识量多少的比例。我们可以选择不同的管理岗位层次，从左侧向右侧画一条水平线，对右侧各知识的水平截线就可以大致表示出左侧管理者应该掌握项目管理知识的比例。从中我们不难看出，基层管理者应该掌握的项目管理知识更多的是项目管理的技术、方法和工具，属于科学范畴，对管理艺术和管理哲学方面的知识掌握较少；而高层管理者则与之相反，其应该更多掌握的是管理哲学与管理艺术方面的知识。

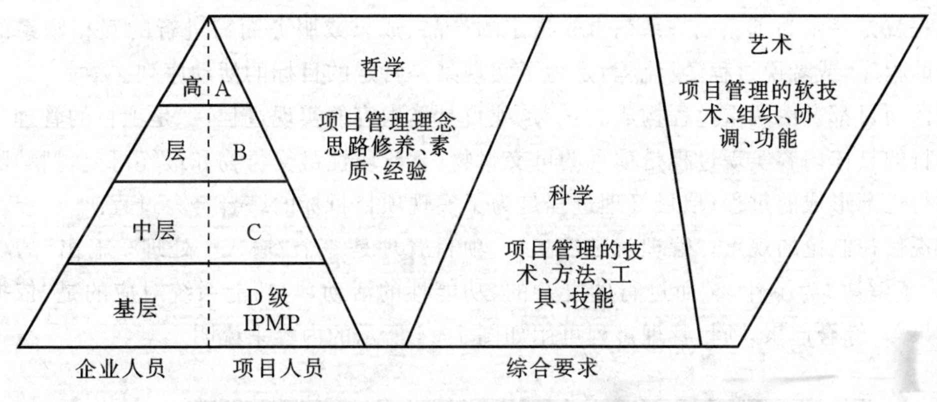

图 1-3　项目管理对不同层次人员的知识要求

国际项目管理专业资质认证标准给出了一个不同级别的项目经理应该具备的不同项目管理能力的比例关系，如表 1-4 所示。

表 1-4　IPMP(ICB3.0)对 A、B、C、D 各级别项目经理应具备管理能力比例的规定

	A 级(%)	B 级(%)	C 级(%)	D 级(%)
技术能力	40	50	60	70
行为能力	30	25	20	15
环境能力	30	25	20	15

我国也有专家对不同层次管理者应具备的能力给出了类似的经验参考数据，如表 1-5 所示。

表 1-5　我国不同层次管理者应具备能力的经验参考数据

	专业技能(%)	人文技能(%)	理念技能(%)	能力集合
高层管理人员	25	35	40	洞察力、决策力、创造力、统筹力、批判力、领导力
中层管理人员	30	40	30	判断力、协调力、沟通力、领导力、专业能力
基层管理人员	60	25	15	专业能力、执行力、判断力、协调力、沟通力

明确了上述层次结构，就能使我们在明确了项目管理知识领域内容的基础上进一步区分

出项目管理知识的内涵、项目管理知识的核心与重点以及不同管理岗位上的项目管理者在学习应用上的侧重。

1.5 项目管理过程与项目管理过程组

1.5.1 项目管理过程

过程就是一组为了完成一系列事先指定的产品、成果或服务而需进行的互相联系的行动和活动的程序,或者说过程(或流程)是为了实现某一特定的目标的活动序列。

任何项目都是由两重过程构成的:一是项目具体内容的实现过程,二是项目的管理过程。

项目的具体内容实现过程是项目的可交付物(含阶段性可交付物和最终可交付物)随着项目的进行逐渐形成的过程;项目管理过程是为了实现项目目标的综合努力过程。

按现代控制论的观点,"管理就是控制"。项目管理是一个"输入—处理—输出"的功能系统,是为了解决"为了什么"而进行的复杂的、功能性的活动,与功能系统对应的是"依据—过程—结果"。综合起来,项目管理过程可用如图 1-4 所示的内容来说明。

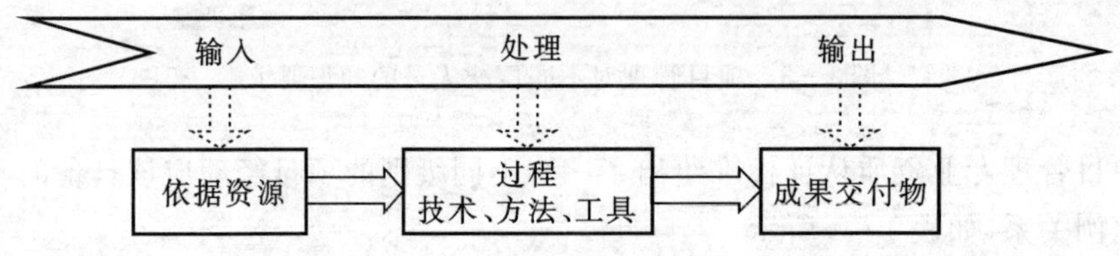

图 1-4 从控制论看项目管理过程示意图

1.5.2 项目管理过程组

项目管理涉及多方面的工作,整个项目管理包含大量的工作环节、过程;项目全生命周期和项目每个阶段都需要有一个或多个相应的项目管理过程;但是项目管理过程不是项目阶段。PMBOK 认为,项目管理可以分为五个不同的管理过程组,这五个过程组如下:

启动过程组"lnitiating process group":确定并核准项目或项目阶段。

规划过程组"planning process group":确定和细化目标并为实现项目目标和完成项目要解决问题的范围而规划必要的行动路线,作好技术组织准备。

实施(执行)过程组"doing (executing) process group":将人与其他资源结合,整体实施项目管理计划。

监控过程组"controlling & monitoring process group":定期测量并监视绩效情况,及时发现偏离项目管理计划之处,在必要时采取纠正措施,以保证实现项目目标。

收尾过程组"finish (closing) process group":正式验收产品、服务或成果,并规范地结束项目或项目阶段。

项目管理过程组及其相互关系如图 1-5 所示。

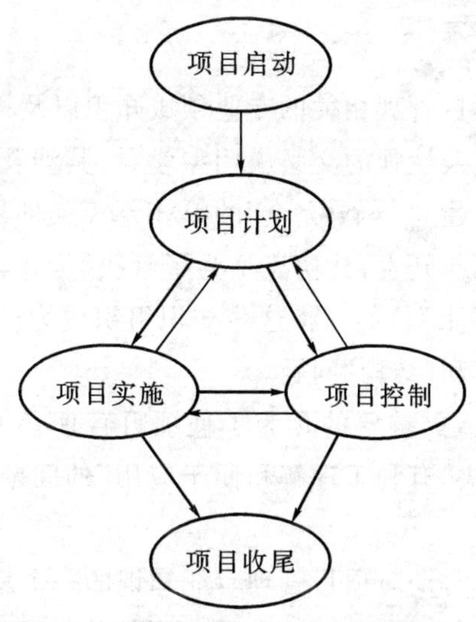

图 1-5　项目管理过程组及相互关系

上述这些相互联系的工作环节组合起来就构成了项目管理的整个周期。

1.6　四维项目管理知识体系

1.6.1　体系

首先，我们明确一下与四维项目管理知识体系相关的一些概念。

体系是指若干有关事物互相联系、互相制约而构成的一个整体。

体系也是系统(system)，"系统"一词来源于古希腊语，是指由部分构成整体的意思。通常把系统定义为由若干要素以一定结构形式联结构成的具有某种功能的有机整体。在这个定义中表明了要素与要素、要素与系统、系统与环境三方面的关系。

系统具备以下三个条件：

(1)系统是由两个或两个以上各不相同的要素组成的整体。其中的要素可以是单独事物，也可以是由多个事物组成的小系统。

(2)要素之间、要素与整体之间、整体与环境之间存在着一定的有机联系，从而在系统的内部和外部形成一定的结构和秩序。结构是要素联系的方式，一切系统都有其特定的结构；秩序是指要素之间在结构上表现出层次性，在时间上表现出程序性，任何一个系统都是它所从属的一个更大系统的组成部分。

(3)系统的功能是由它的整体体现的，系统的整体功能要比它的全部要素的功能之和大，整体功能是由系统结构所决定的，要实现一定的功能，必须建立相应的结构。

体系是纵向、横向和纵横关联统一的立体结构；整体性、关联性、等级结构性、动态平衡性、时序性等是体系的基本特征。

1.6.2 项目管理知识体系

项目管理知识体系是与项目管理相关的专业领域知识以及相互关系集合的整体。

但由于项目管理是一门实践性强的交叉应用型学科，其涉及不同应用领域中各具特色的项目，加之本身的不断发展，要建立一个“完全”的 PMBOK 文件是很困难的。

项目管理知识体系的研究与开发，其初衷是为了解决“为什么要建立 PMBOK 文件”、“哪些知识应包括在 PMBOK 文件中”、“如何将这些知识组织成为一个有机的体系”等关键问题，也就是解决知识体系的“范畴”和“结构”问题。

项目管理知识体系的建立，更重要的是为了使项目管理者了解、理解和掌握项目管理知识，进而更好地加以应用。解决“有利于理解和便于应用”的问题也应该是构建科学的项目管理知识体系的重要任务。

项目管理知识体系是某一时期对项目管理专业知识的一个总结。项目管理知识体系不仅包括那些已经被求证过的理论知识和已经被广泛应用的传统经验，而且还容纳了新的理论知识以及还没有被充分应用的先进经验。

1.6.3 维度

维度通常是指在数域 F 内，由 n 个数据 $a_1,a_2,\cdots,a_n$组成的有序数组($a_1,a_2,\cdots,a_n$)，称做数域 F 上的 n 维向量，也就是说向量里有几个分量，它就是几维的。对于空间来说，空间有多少个基准向量互相正交，就是几维的。现实生活中，一条直线上的是一维，一个平面上的是二维，一个立体上的是三维。

维度又是指一种视角，而不是一个固定的数字；在这里，维度是一个判断、说明、评价和确定一个事物的多方位、多角度、多层次的条件和概念。

实践告诉我们：高度决定视野，角度改变观念，尺度把握效果，统筹关系成败。维度与高度、角度、尺度、统筹密切相关。如果从维度(多方位、多角度、多层次、多时点)来分析认识项目管理知识体系，也许能使我们对项目管理的知识体系本质有更深刻的理解，有助于我们更好地运用项目管理知识。这也正是我们要通过维度研究项目管理知识体系的目的。

1.6.4 四维项目管理知识体系结构

如前所述，体系应该至少是具有纵向、横向和纵横统一的立体结构。目前的 PMBK 仅有九大知识领域，应该说只是体系中的一个维度，还不足以构成一个体系。项目管理过程的概念可以视为另一个维度；但是，任何一个知识领域都是在一个至少是三维空间坐标体系中被定位的，即每一个项目管理知识既有在其所处的某一知识领域(九大知识领域)中的定位——领域维度，也有在管理过程(启动、计划、执行、控制、收尾等五个过程)中所处领域的定位——过程维度，还有在知识与管理的不同层次上的定位——层次维度。这是项目管理知识体系关于知识领域维度、过程维度和层次维度的三维空间知识体系。实际上在项目管理中，项目管理知识还有其处于项目生命周期中某一阶段的定位——时间维度，所以，对项目管理知识更全面的认识应该是：项目管理知识是一个三维空间加上一个时间维度的四维(3+1)知识体系。

1. **项目管理的三维知识体系**

综上所述，我们根据系统论的观点把项目管理知识按照知识、管理过程和层次进行了分析，从而得出了项目管理知识纵横统一的一个空间立体结构，这就是项目管理的三维知识体系，其具体表达如图 1-6 所示。

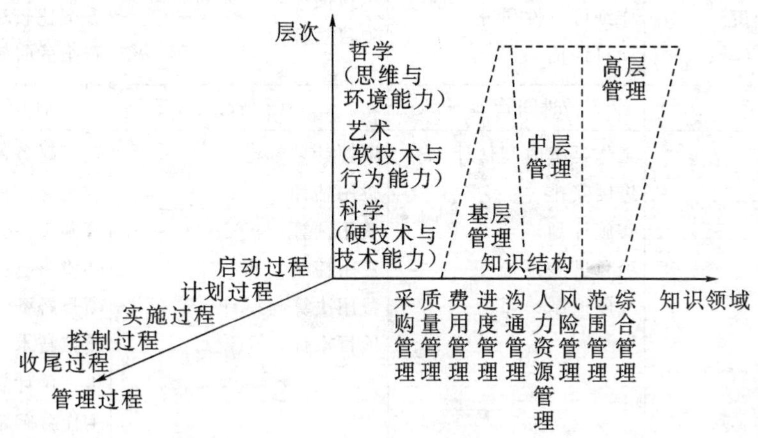

图 1-6 项目管理的三维知识体系

2. **项目管理的四维知识体系**

观察万物的运动和变化，必须将一个特定的时间段作为观察的条件。我们运用的具体项目管理知识也是由特定的时间和空间确定的。由此，我们也必须客观地明确三维的项目管理知识体系其所处于项目生命周期的不同时点，也就是三维的项目管理知识体系加上其所处时间维度的定位，构成四维(3+1)的项目管理知识体系，如图 1-7 所示。

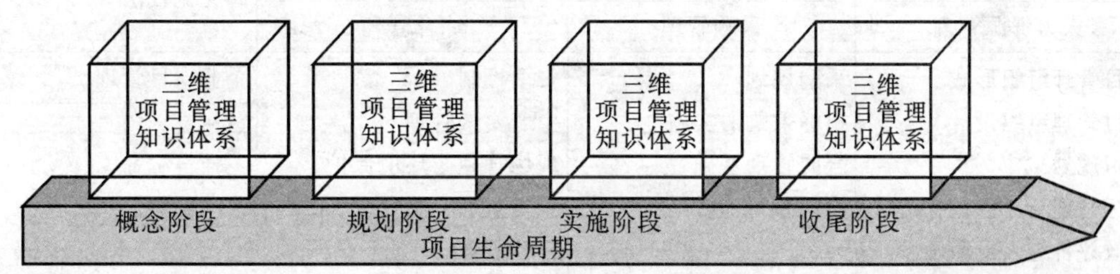

图 1-7 四维(3+1)项目管理知识体系

对四维(3+1)的项目管理知识体系进一步分析，可以得出以下几种结构框架。

(1)基于项目管理知识领域的体系结构。《中国项目管理知识体系》(C-PMBOK)在以美国 PMBOK 为依据编制的同时，对内容及划分提出了基于项目管理知识领域的体系结构，如表 1-6 所示。

表 1-6　基于项目管理知识领域的结构

项目与项目管理			
论证与评估			方法与工具
一般机会研究 特定项目机会研究 方案策划	初步可行性研究 详细可行性研究 项目评估	项目商业计划书的编写 项目后评价	要素分层法 方案比较法 资金的时间价值
范围管理	时间管理	费用管理	评价指标体系
项目背景描述 目标确定 范围规划 范围定义 范围变更控制 范围确认 项目资料与验收 项目交接与清算	工作延续时间估计 进度安排 实施计划 项目进展报告 进度控制	资源计划 费用估计 费用预算 费用控制 费用决算与审计 项目审计	项目财务评价 国民经济评价方法 不确定性分析 环境影响评价 项目融资 模拟技术 里程碑计划 工作分解结构 责任矩阵 网络计划技术 甘特图 资源费用曲线 质量技术文件 质量控制的数理统计方法 挣值法 有无比较法
质量管理	沟通与信息管理	风险管理	
质量管理 质量计划 质量保证 质量控制 质量验收	沟通管理 冲突管理 沟通规划 信息分发 信息管理	风险管理 风险管理规划 风险识别 风险评估 风险量化 风险应对计划 风险监控	
人力资源管理	采购管理	综合管理	企业项目管理
项目管理组织形式 项目管理组织设计 组织规划 目标管理与业务过程 绩效评价与人员激励 项目经理 团队建设 项目办公室 多项目管理	采购规划 招标采购的实施 合同管理基础 合同履行和收尾	安全控制 生产要素管理 现场管理与环境保护 项目监理 行政监督 新经济项目管理 法律法规	单项目管理 多项目管理 企业项目办公室

(2)基于项目生命周期划分的体系结构。如前所述，项目管理包含大量的工作环节，每一工作环节的项目管理所用到的知识和方法都有一定的区别，这些既相互关联又相互区别的工作环节组合起来就构成了项目管理的整个周期。相应地，项目管理知识体系也可由每一工作环节对应的知识构架而成，这有利于项目管理工作者学习、掌握和应用。基于这一思路，C-PMBOK 曾列出了基于项目生命周期的体系结构，如表 1-7 所示。

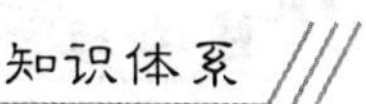

表 1－7 基于项目生命周期的体系结构

项目与项目管理			
概念阶段	开发阶段	实施阶段	收尾阶段
一般机会研究 特定项目机会研究 方案策划 初步可行性研究 详细可行性研究 项目评估 项目商业计划书的编写	项目背景描述 目标确定 范围规划 范围定义 工作分解 工作排序 工作延续时间估计 进度安排 资源计划 费用估计 费用预算 质量计划 质量保证	采购规划 招标采购的实施 合同管理基础 合同履行和收尾 实施计划 安全计划 项目进展报告 进度控制 费用控制 质量控制 安全控制 范围变更控制 生产要素管理 现场管理与环境保护	范围确认 质量验收 费用决算与审计 项目资料与验收 项目交接与清算 项目审计 项目后评价
公用知识			
项目管理组织形式 项目办公室 项目经理 多项目管理 目标管理与业务过程 绩效评价与人员激励	企业项目管理 企业项目管理组织设计 组织规划 团队建设 冲突管理 沟通规划	信息分发 风险管理规划 风险识别 风险评估 风险量化 风险应对计划	风险监控 信息管理 项目监理 行政监督 新经济项目管理 法律法规
方法与工具			
要素分层法 方案比较法 资金的时间价值 评价指标体系 国民经济评价方法	不确定性分析 环境影响评价 项目融资 模拟技术 里程碑计划	工作分解结构 责任矩阵 网络计划技术 甘特图 资源费用曲线	质量技术文件 并行工程 质量控制的数理统计方法 挣值法 有无比较法

(3)基于项目管理知识的内容层次和管理层次的体系结构。根据我们对项目管理知识的层次分析，我们还可以列出基于项目管理知识的内容层次和管理层次的体系结构，如表 1－8 所示。

表 1-8 基于项目管理知识的内容层次和管理层次的体系结构

	科学(技术、方法、工具)	艺术(组织、协调)	哲学(理念、思维)
内容层次	时间管理 费用管理 质量管理 采购管理 技术、方法、工具	人力资源管理 信息(沟通)管理 知识管理 技术、方法、工具	哲学内涵 综合管理 范围管理 风险管理 创新管理 文化管理
各管理层次重点掌握的知识	范围管理 时间管理 费用管理 质量管理 采购管理 信息(沟通)管理 创新管理 技术、方法、工具(精细)	哲学内涵 信息(沟通)管理 人力资源管理 范围管理 知识管理 风险管理 创新管理 文化管理技术、方法、工具	哲学内涵 综合管理 范围管理 知识管理 风险管理 创新管理 文化管理 技术、方法、工具(中等、概括)

1.7 项目管理评估

1.7.1 管理评估概述

"管理"是人类出于一定目的,为有效实践所进行的主观活动过程。管理的概念包括了对主客观事物的性状评估、趋势判断、行为决断、相关要素的组织协调、实践行为的适应性调整等,为保障有效实践所发生的全部创造性思维过程和行为过程。人既是管理活动的主体,又是管理活动的客体。

"评估"则是指人们以其自身的价值准则为标准对相关事物的价值性进行判断的过程。它既包括判断与其目的的相关性,也包括判断与其有效实践的相关性,从而成为管理的重要内涵或手段。评估是人类最基本、最司空见惯的活动之一。

管理评估就是价值主体依据其自身的价值准则对管理过程与结果的有效性进行判断的过程。这一判断过程需要正确的理论、合理的程序、有效的方法。正确、恰当的标准是判断行为的前提;科学的原理与有效的方法是评估的条件;合理的程序是判断的保障;状态考核是判断的基础;判断规则是评估行为的准则;正确的结果发挥价值导向功能是评估的目的。

在过去相当长的一段时间里,对于经济管理水平的高低,人们往往凭自己的感觉、经验和知识进行简单的、主观的判断(甚至有时还要掺杂上政治色彩、"运动"的标签和符号,严重地偏离经济管理的规律和客观实际),忽略了应该客观地选择影响决策的因素,要依据科学原理和方法进行测量、评价、评估的重要环节,导致了在经济管理、企业管理和项目管理中的众多失误,造成了许多不应有的损失。"情况不明决心大,没有不坏事的。"人们正是在正反两方面的经验教训中,认识到了管理评估对经济管理、经济发展具有的重要意义。

1.7.2　项目管理评估的概念

项目管理评估是指项目管理的价值主体以其自身价值准则对项目管理过程和结果的有效性进行判断的过程。项目管理评估的实施，有的由价值主体自身进行，有的由社会中介组织进行，有的由价值主体与社会中介组织结合进行。不论实施者为谁，都需要以价值主体的价值准则为标准，运用科学的原理和有效的方法，保证评估结果价值导向的正确性。

具体而言，项目管理评估就是项目管理评估人员依据相关的准则，运用科学的原理和方法，通过对评估对象的项目管理过程和结果进行测量、评定，进而对项目管理作出综合评判，确定项目管理能力和水平的行为和过程。

测量、评定和综合评判是项目管理评估中三个既有区别又相互联系的重要概念。

项目管理评估与项目评估（通常指项目前评估）不同，与项目后评价也不同。项目管理评估的对象是项目管理，当然也涉及项目。

我们常说项目管理就是要“做正确的事，正确地做事，获取正确的结果。”项目评估就是要解决“做正确的事”——立项的问题，是在项目正式确立和实施之前，所以项目评估通常也称为项目前评估。关于项目前评估已有很多书籍、教材有专门的论述，这里不再赘述。但是从项目前评估的理论研究和实践工作来看，项目前评估也有许多工作要完善，其中一个需要解决的突出问题就是如何采用科学的评估理论和方法构建科学的评估模型，设计合理的评估程序，使项目评估人员能够依据相关的准则，运用科学的原理和方法，对评估对象进行测量、评定，进而作出综合评判，得出科学、客观、合理的评估结论。

项目后评价（准确地说应该是项目后评估）是指对已完成的项目（或规划）的目的、执行过程、效益、作用和影响所进行的系统的、客观的分析，通过项目活动实践的检查总结，确定项目预期的目标是否达到，项目或规划是否合理有效，项目的主要效益指标是否实现，通过分析评价找出成功、失败的原因，总结经验教训。通过及时、有效的信息反馈，为未来新项目的决策和提高完善投资决策管理水平提出建议，同时也为后评价项目实施运营中出现的问题提供改进意见，从而达到提高投资效益的目的。

以往的项目后评价也力图包括项目管理后评价。这里所指的项目管理后评价是以项目竣工验收和项目效益后评价为基础，在结合其他相关资料的基础上，对项目整个生命周期中各阶段的管理工作进行评价。项目管理后评价的目的是通过对项目各阶段管理工作的实际情况进行分析研究，形成项目管理情况的总体概念。项目管理后评价包括项目的过程后评价、项目综合管理的后评价和项目管理者的评价。一般情况下，通过分析、比较和评价，也能知道目前项目管理的水平，并通过吸取经验和教训来不断提高项目管理水平。但是传统的项目后评价中对项目管理缺少具体的评价标准、科学的原理和方法，没有经过专业培训的评估师队伍，因此，项目管理后评价常常流于形式。实际上，项目后评价已成为了对项目结果的主要评价。

近年来，我国为了加强对项目管理的评估，在没有引进和建立起比较成熟的项目管理评估模型和标准之前，已经开始重视并逐步改进对项目的后评估工作了，对项目的后评估赋予了不少新的内容。如2004年，国务院国有资产监督管理委员会在《中央企业固定资产投资项目后评价工作指南》中已经要求项目后评价要对项目管理进行评价，主要内容包括：项目实施相关者管理、项目管理体制与机制、项目管理者水平、企业项目管理、投资监管状况、体制机制创新以及项目目标实现程度和持续能力评价等。但它的缺点是缺少明确的标准和科学、权威的方法。

1.7.3 项目管理评估与项目评估的关系

综上分析我们可以看出,项目评估不能等同于项目管理评估,项目前评估是要解决“做正确的事”的问题,项目后评价主要是解决项目实施的结果是怎么样的问题,而为了能够衡量项目管理是否做到了“正确地做事,获取了正确的结果”,我们必须对项目管理进行科学的评估,这就是我们要讨论的项目管理评估问题。项目的完整评估内容和相互关系如图 1-8 所示。

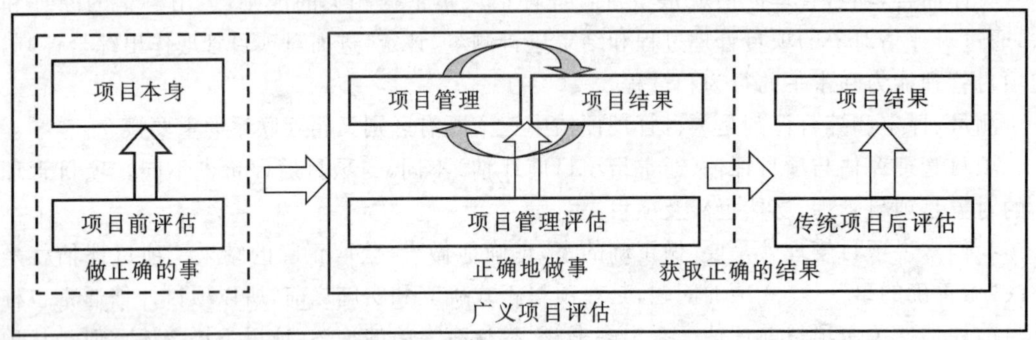

图 1-8 项目的评估内容和相互关系图

我们还可以从项目全生命周期的观点考虑,把对项目的前评估、后评估和项目管理评估都视为是对项目的评估,统称为项目的评估,这就是广义的项目评估。

1.7.4 项目管理评估的层次

当今社会上的项目是多种多样的,项目管理也在不断发展,人们为了更好地管理项目,开始对项目进行科学的划分,从而使管理项目的经理人的能力和水平也得到了区分,与之对应的项目管理评估也就有了一个层次的划分。

国际项目管理协会关于国际项目管理专业资质认证标准(IPMA Competence Baseline, ICB3.0)把项目分为三大类:

(1)项目。项目是受时间和成本约束的,用以实现一系列既定的可交付物(达到项目目标的范围),同时满足质量标准和需求的活动。项目管理通常涉及国际助理项目经理(IPMP D 级)、国际项目经理(IPMP C 级)、国际高级项目经理(IPMP B 级)等专业项目管理人员。组织也有可能指派一个国际特级项目经理(IPMP A 级)来管理关键的项目或者大型项目。

(2)大型项目。大型项目是为了达到某个战略目标而设立的。大型项目包括一系列相关的项目、必要的组织改变、达到战略目标和既定的商业利益。大型项目通常需要高级和特级项目经理来管理。

(3)项目组合。项目组合是为了控制、协调和达到项目组合整体的最优效果,而放在一起进行管理的一群不一定相关的项目和(或)大型项目。项目组合级别的重要事件需要由项目组合经理汇报给组织的高级管理部门,并同时提出解决方案,这样有助于管理部门基于实际的信息作出决策。在一个组织中可能同时存在多个项目组合,比如,可能有一个对于涉及多个组织部门参与的所有项目和大型项目进行协调层面的组合,或者需要最高管理层直接监督的组合,在一个组织部门内产生,并服从于该组织部门控制的项目和(或)大型项目组合。项目组合经理职能是在直线管理组织中充当持久的角色。项目组合中的项目和(或)大型项目只会在有限的时间内存在，而项目组合却会继续存在。此职能通常要求国际特级项目经理（IPMP A 级）将从事项目管理的知识和经验与综合考虑了组织战略的项目组合结合起来，故项目组合经理应该具备很高超的项目管理能力。

在项目管理实践中，既涉及了对项目经理人的评估，也涉及了对单个项目项目管理和组织层级项目管理的评估问题，以下就对各种评估作以简要介绍。

(1)对项目经理人的评估。项目管理是由人来完成的，对项目经理人的评估是项目管理评估的基础。对项目经理人的评估工作，在中国和全世界范围内开始得较早，普及的范围也较广。目前在中国广泛开展的对项目经理的资质认证，如 PMP、IPMP、CPMP 都属于这一方面的评估。

(2)对单个项目项目管理的评估。这里所说的对项目管理的评估主要是针对一般的单个项目管理和大型、复杂项目管理的评估，也就是前面项目分类中的项目和大型项目。这是项目管理评估中最普遍、最大量的，也是本书论述的重点。

(3)对组织层级项目管理的评估。在组织级层面，结合组织的战略目标来管理组织范围内的多个项目（含项目、大型复杂项目、项目组合），协调目标、资源、进度和技术等各个方面，着眼于组织整体战略目标实现的管理，称为组织层级的项目管理。组织层级的项目管理包括组织层级的项目管理的理念（包括按项目管理、项目化管理、多项目管理等理念）、组织的适应性变革、单个项目和组织层级的项目管理的技术方法等多项内容。如果我们考虑的组织是企业，就是企业层级的项目管理，也称企业项目管理。

对组织（企业）项目管理的评估多采用组织层级的项目管理成熟度模型来衡量。目前有关组织级项目管理的成熟度模型有很多种，虽各有特点，但没有一个被大多数人接受的统一标准。常见的成熟度模型有以下几种：

①科兹纳（Kerzner）五级项目管理成熟度模型——基准比较法（bench-marking），如图 1-9所示。

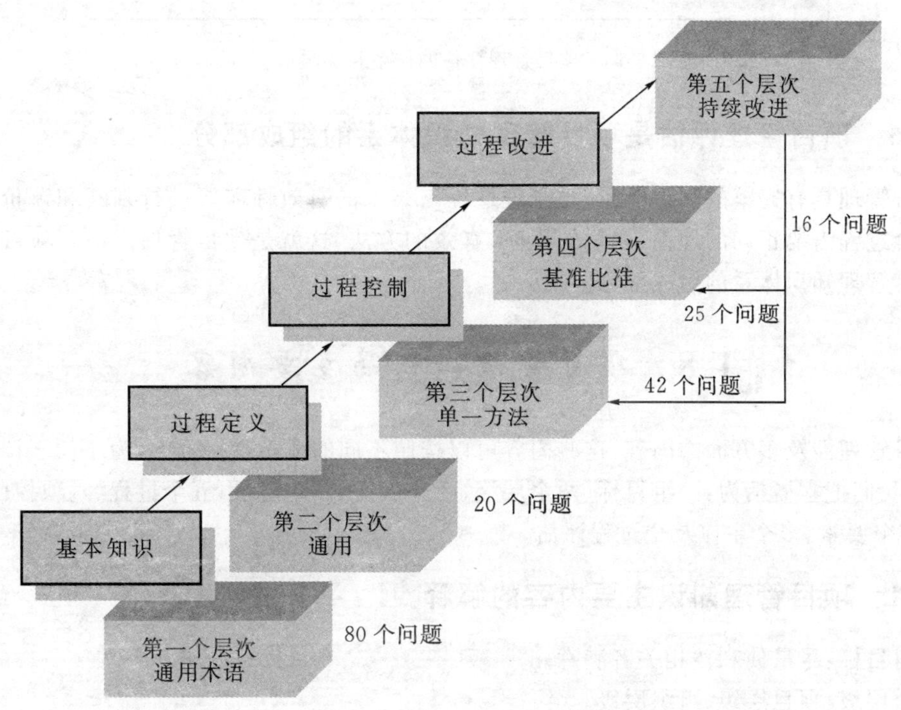

图 1-9 科兹纳(Kerzner)五级项目管理成熟度模型

②美国项目管理协会(PMI)的 OPM3 模型。

③软件工程学会(SEI)的 CMM 模型。

④Jugdev&Thmas 的项目管理成熟度模型(该模型是从 CMM 模型借鉴而来)。

⑤项目管理解决方案公司(PM Solutions)的项目管理成熟度模型等。

目前,中国也有一些企业根据自身项目管理的特点,研究开发了自己的组织级项目管理成熟度模型。

1.7.5 项目管理评估的体系

项目管理评估是一个体系,其中存在着对不同类型项目管理的评估和对项目管理者的评估。项目管理评估有一个层次结构,这一体系和层次的划分,我们可以用如图 1-10 所示的内容来说明。

本书所涉及的内容主要是对项目管理的评估,重点是对单个项目管理的评估(包括大型复杂项目)——图 1-10 中粗虚线包围的内容。而对项目管理者(项目经理人)的评估,则专门有对项目经理人的资质认证(如国际项目管理协会的 IPMP 认证或美国项目管理协会的 PMP 认证以及中国的项目管理 CPMP 认证等),对组织级项目管理的评估,则应用组织级项目管理成熟度模型等。

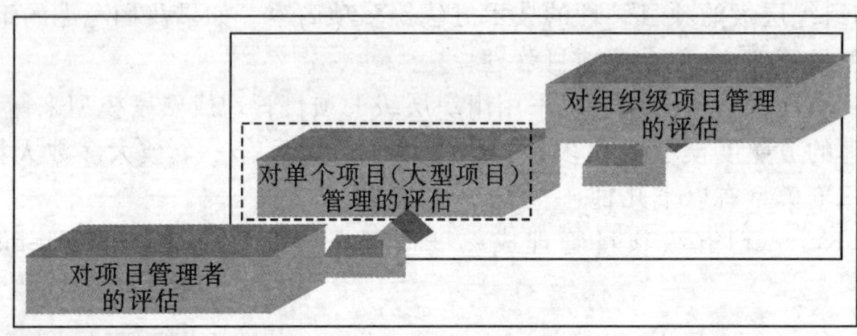

图 1-10　项目管理评估的体系和层次示意图

1.7.6 项目管理评估是项目管理知识体系的组成部分

项目管理具有完整的知识体系,对管理过程与结果的有效性需要进行判断和评价。这一判断评价过程需要正确的理论、合理的程序、有效的方法,这就是项目管理评估。项目管理评估是项目管理知识体系的组成部分。

1.8 项目管理知识的主要内容

项目管理涉及多方面的内容,这些内容可以按照不同的线索进行分类,为了便于读者理解和掌握,我们把它概括为:一组目标、两个层级、三个层次、四个阶段、五个过程、六项控制、九大领域、46 个要素、多个主体及全过程评估。

1.8.1 项目管理知识主要内容的解释

一组目标:尽量使利益相关者满意。

两个层级:项目层级、组织层级。

三个层次:科学、艺术、哲学(知识层次)

基层、中层、高层(管理层次)

宏观、中观、微观(规模层次)

四个阶段:概念阶段、规划阶段、实施阶段、收尾阶段。(项目生命周期)

五个过程:启动过程、计划过程、执行过程、控制过程、结束过程。(管理过程组)

六项控制:范围、组织、风险、质量、时间、费用。(基础和关键)

九大领域:范围管理、时间管理、费用管理、质量管理、人力资源管理、沟通管理、采购管理、风险管理、综合管理。

46个要素:技术能力(20)、行为能力(15)、环境能力(11)。

多个主体:投资方、建设方、管理方、咨询方、总承包方、分包方(设计、施工、安装、监理、项目管理服务方等)。

全过程评估:立项前、项目中、项目管理、项目结果、项目后评价。

1.8.2 项目管理知识主要内容系统图

我们以项目生命周期为主线,把项目管理过程中需要用到的主要知识列出,再把知识分类归集,就形成了如图1-11所示的项目管理知识主要内容系统图。

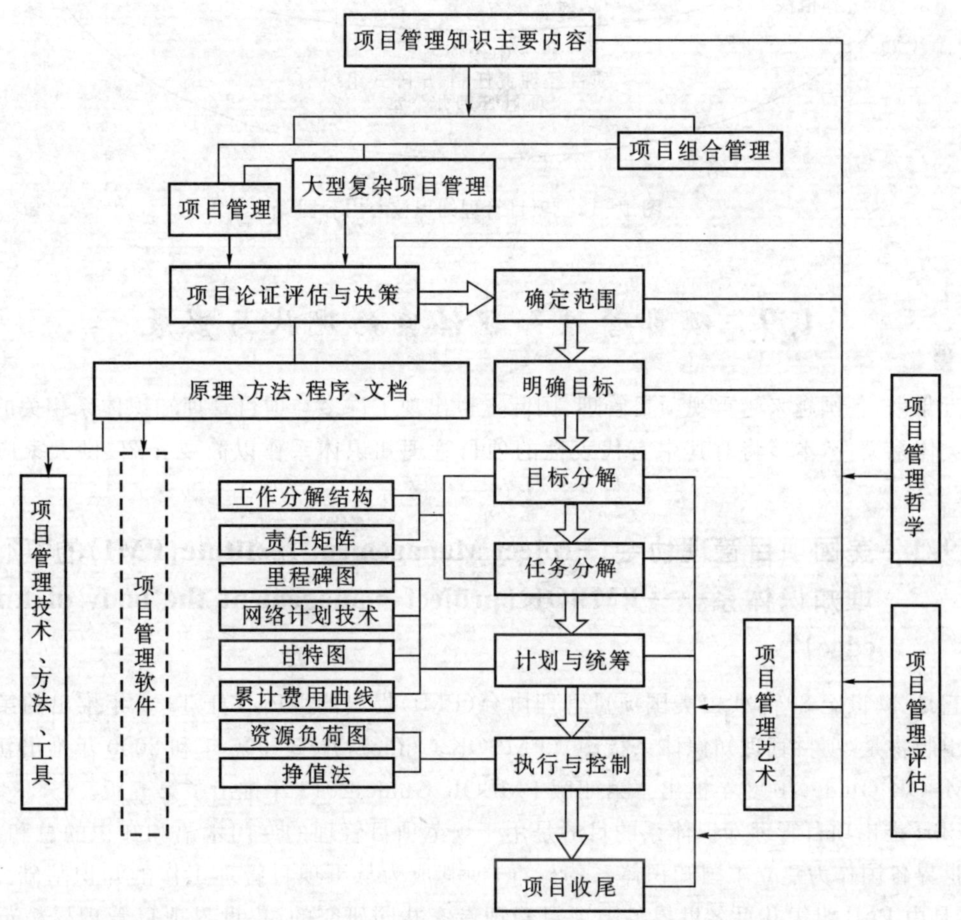

图1-11 项目管理知识主要内容系统图

1.8.3 项目管理知识的核心内容

目前对项目管理知识体系的核心内容还没有统一的意见，但作为项目管理知识体系框架和管理理念核心的系统工程是其核心内容之一，具体体现为对项目利益相关方的管理、项目分解结构(WBS)等；作为项目管理主要技术方法的网络计划技术(统筹方法)——PERT、CPM和挣值法等是项目管理的核心内容之二；而项目管理的组织形式——矩阵式组织、项目经理责任制、项目管理办公室(PMO)以及引发的组织变革是项目管理的另一个核心内容。具体如图1-12所示。

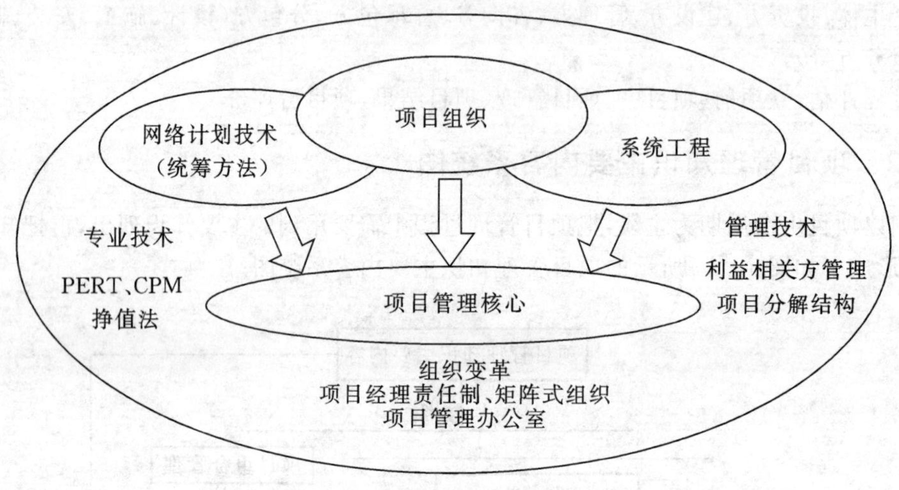

图1-12 项目管理知识核心内容图

1.9 项目管理知识体系的现状与发展

近年来，各国越来越重视项目管理，国际上也出现了许多与项目管理知识体系相关的标准和各类体系文件，本节将对其中有代表性的项目管理知识体系作以简要介绍，供大家应用时参考。

1.9.1 美国项目管理协会(Project Management Institute，PMI)的"项目管理知识体系——PMBOK(project management the body of knowledge)"

它是20世纪80年代由美国项目管理协会(PMI)提出的。PMI于1984年推出的第一版代表出版物是《项目管理知识体系指南》(PMBOK Guide)，并于1996年和2000年推出新版本的PMBOK Guide，2008年推出了第四版PMBOK Guide，2013年推出了第五版。

PMI推出项目管理知识体系的目的是用于规范项目管理的专门术语和知识的总和，目前已被世界各国作为建立本国知识体系的标准，使其成为从事项目管理工作的知识基础。PMBOK是由PMI组织几百名世界各国项目管理专家共同研究的，集世界项目管理界精英之大成，避免了一家之言的片面性。随着项目管理的不断发展，每隔数年，来自世界各地的项目管理精英会重新审查、更新 PMBOK 的内容,《项目管理知识体系指南》自从其 2000 年版发行到 2004 年就收到了上万条建议,并将部分内容纳入《项目管理知识体系指南(第 3 版)》之中,从而使它始终保持着权威性,其主要内容如图 1-13 所示。

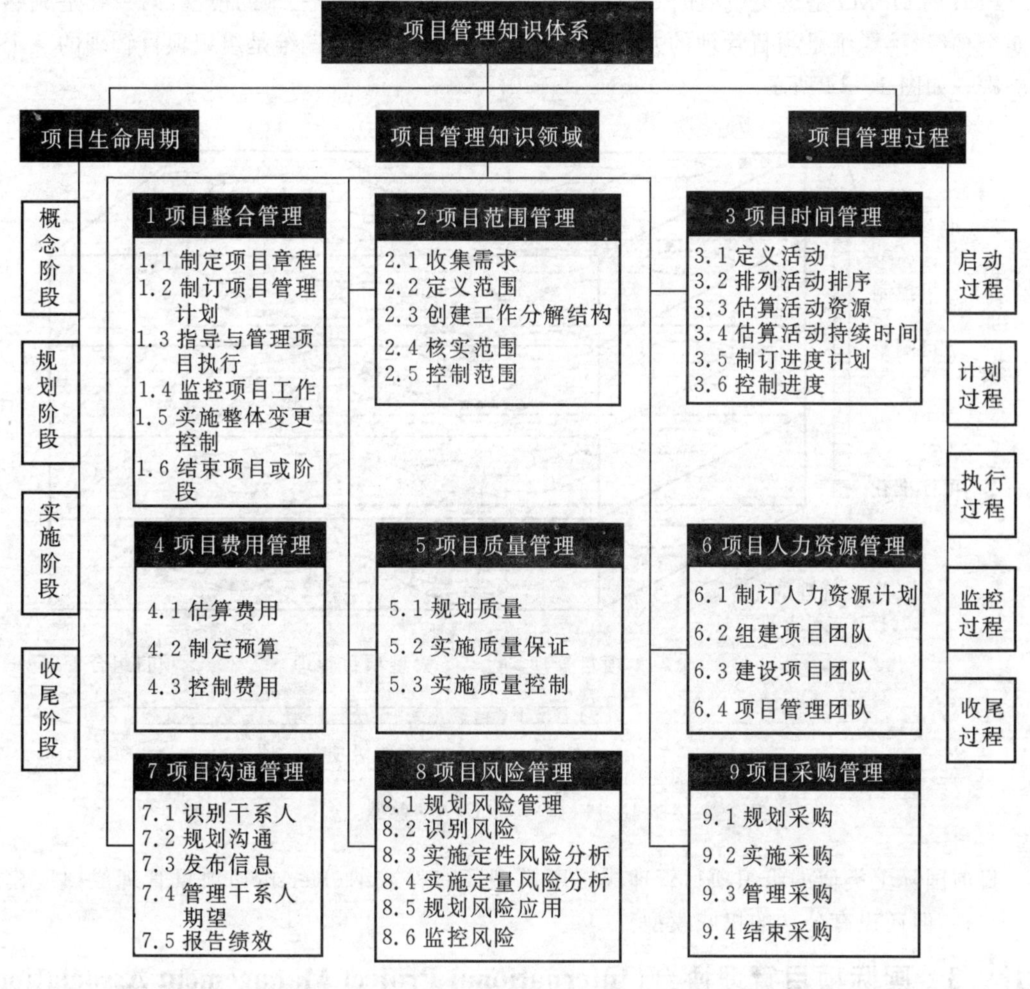

图 1-13 PMI 的项目管理知识体系

1.9.2 美国项目管理协会推出的组织级项目管理成熟度模型——OPM3 (organizational project management maturity model)

"组织级项目管理"是指立足于组织层面通过项目将知识、技能、工具和技术应用于组织和项目活动来达到组织的战略目标。"组织"扩展了项目管理的范围,不仅仅包括单一项目(一般项目和大型复杂项目)的管理,还包括项目组合管理(project portfolio management)。单个项目的管理可以认为是战术水平层面的,而组织项目管理上升到了战略高度,被视为组织的战略与项目管理的结合。

"成熟度"是指某一过程发展的水平、程度。这里是指管理能力必须随着时间的推移而不断提高,这样才能在竞争中不断地获取成功。"模式"是指对过程中的变化、进步或步骤设定的定式。OPM3为组织提供了一个测量、比较、改进项目管理能力的方法和工具。PMI对OPM3的定义是:"它是评估组织通过管理单个项目和组合项目来实现自己战略目标的能力的一种方法,它还是帮助组织提高市场竞争力的工具。"

PMI的OPM3是这类模型的一个典型代表。OPM3是一个三维的模型:第一维是成熟度的四个梯级;第二维是项目管理的九个领域和五个基本过程;第三维是组织项目管理的三个版图层次。如图1-14所示。

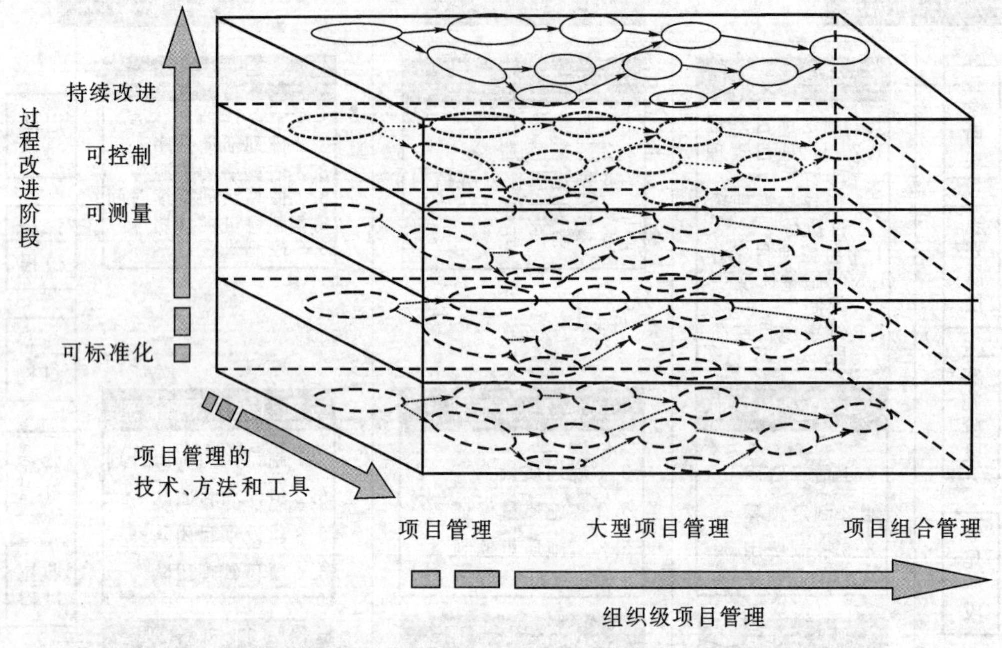

图1-14　PMI的OPM3模型

目前国际上类似的组织项目管理成熟度模型还有科兹纳(Kerzner)项目管理成熟度模型等几十种,但还没有公认的权威模型。

1.9.3　国际项目管理协会(International Project Management Association, IPMA)的"国际项目管理专业资质认证标准——ICB3.0(international competence baseline 3.0)"

ICB的关注点是项目管理者的资质与能力。2006年IPMA在总结40多个会员多年认证经验的基础上,推出了ICB3.0,并从技术范畴、行为范畴以及环境范畴三大范畴中挑选出46个项目管理能力要素,来阐明对从事项目管理人员的能力要求。ICB强调项目经理应该以满足项目交付成果以及其他利益相关者的需求为己任,为项目、大型项目和项目组合的目标实现付出努力。IPMA编著的国际项目管理专业资质标准(ICB)描述了项目管理界定的能力的各个方面以及对知识、经验和个人素质的评估分类方法,同时还有对项目管理人员的总体印象的评价。

国际项目管理专业资质认证(international project management professional,IPMP)是国际项目管理协会(IPMA)在全球推行的四级项目管理专业资质认证体系(IPMA four level certification)的总称,具有广泛的国际认可度和专业权威性,代表了当今项目管理资格认证的国际最高水平。IPMP是对项目管理人员知识、经验和个人素质的综合评估证明,根据IPMP认证等级划分获得IPMP各级项目管理认证的人员,将分别具有负责大型国际项目、项目组合、大型复杂项目、一般复杂项目或具有从事项目管理专业工作的能力。IPMA依据国际项目管理专业资质标准(ICB),针对项目管理人员专业水平的不同,将项目管理专业人员资质认证划分为四个等级,即A级、B级、C级、D级,每个等级分别授予不同级别的证书。最高级A级为"IPMA certified project director",B级为"IPMA certified senior project manager",C级为"IPMA certified project manager",D级为"IPMA certified project management associate"。申请资格上,A级面向总裁层,要求有跨国或大型项目群、项目组合管理经验;B级面向项目总监或副总裁和负责大型复杂项目的经理,要求有大型复杂项目管理经验;C级面向项目经理或部门经理,要求有3年以上的项目管理工作经验;D级为大学生和从事项目管理的技术或一般管理人员。"能力=知识+经验+个人素质"是IPMP对能力结构的基本定义,IPMP认证不分行业和专业,是对项目管理综合能力的国际资格证明。

1.9.4 IPMA的国际卓越项目管理评估模型——PEM

IPMA于2001年推出了用于国际范畴项目管理评估的卓越项目模型(这 project excellence model,PEM),PEM是衡量单个项目管理能力和水平的最权威的尺度。

该模型在中国我们称其为"国际卓越项目管理评估模型"(以下简称"国际模型")。2002年国际项目管理协会开展了以"国际模型"为准则的国际项目管理大奖评选活动,力图树立卓越的项目管理典范,展示卓越项目管理的风采,通过对项目管理能力和水平的评估,发掘项目管理的优势、亮点,指出项目管理中的不足和应当改进之处。几年来,以"国际模型"为准则的项目管理评估和全球国际项目管理大奖评选活动在全世界引起了强烈反响,国际项目管理大奖被誉为项目管理界的"奥斯卡"奖。截止到2009年,全球有德国、英国、奥地利、瑞士、波兰、西班牙、意大利、罗马尼亚、荷兰、印度、中国等十几个国家的五十几个项目获奖,中国有十个项目获奖。

"国际模型"根据项目管理的特点,分为"项目管理(500分)"和"项目结果(500分)"两个部分,共设有9个评估标准,22项子准则,约280余个评估参考点,如图1-15所示。

"国际模型"的特点表现为以下几个方面:

(1)考评对象是项目、项目管理的结果和项目管理的能力——具有特定的针对性。

(2)模型借鉴了欧洲质量奖模型(TQM)——科学性。

(3)考评导向是追求卓越——先进性。

(4)考评逻辑是重视结果、面向过程——因果关系、系统性。

(5)方法是评审资料,现场考察,统一标准,量化计分。

(6)依靠专家,客观权威。

(7)善意操作,积极引导。

中国(双法)项目管理研究委员会(PMRC)于2006年组织国内部分项目管理专家、学者,成立了科研课题组,借鉴"国际模型",遵循"引进、消化、吸收、改进、创新"的原则,结合中国项目管理的实际情况创建了《中国卓越项目管理评估模型》。

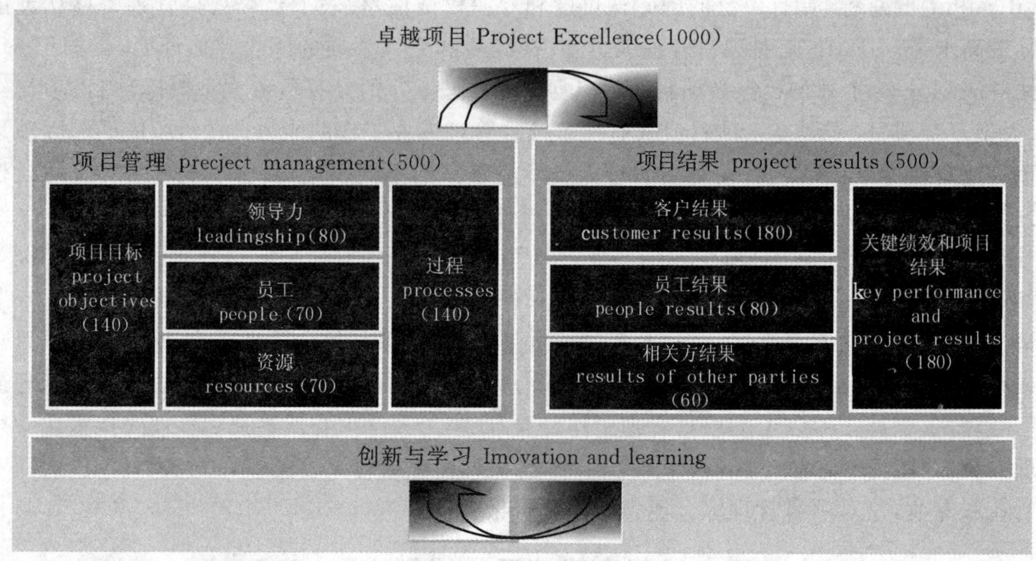

图 1-15 IPMA 的 PEM

➢1.9.5 英国的项目管理协会(APM)推出的"英国项目管理知识体系——APMBOK(APM body of knowledge)"

APM 是影响较大的国家项目管理专业协会,其推出的 APMBOK 体系不仅被荷兰和斯堪的纳维亚国家所采纳,也成为德国、法国、瑞士、奥地利等国的项目管理知识体系的基础。APMBOK 第 1 版诞生于 1992 年。APMBOK 的认证体系分为三级:APMP、MAPM 和 CPM,前两级采取考试加书面评估的形式,最后一级则需书面评估和面试。

➢1.9.6 由英国商务部(OGC)推出的"受控环境下的项目管理——PRINCE 2(Projects in Controlled Environments 2nd Version)"

PRINCE 2 最早是由 CCTA 出资建立的英国 IT 项目的管理标准 Prince 演变而来,后由 OGC 将其改版为 PRINCE 2,2009 年推出了最新版本,联合国将其作为项目管理的推荐标准。PRINCE 2 是一种领先的项目管理方法论,主要提供了一种建立项目流程、运行项目和项目终止移交的机制,PRINCE 2 的采用能够加强 PMBOK 标准的有效执行,建立浓厚的项目氛围,为提出项目、运行项目和结束项目提供了一种更有效的方法。

PRINCE 2 具有如下几个关键特性:

(1)注重商业论证——将战略转化为商业收益。

(2)是将组织的人力资源结构连接于项目管理过程的方法论。

(3)基于产品的项目规划——客户导向。

(4)强调将项目分解为可管理的受控阶段。

(5)强调灵活性与可伸缩性。

PRINCE 2 注重以下八个过程:

(1)项目指导(directing a project,DP)。

(2)启动项目(starting up a project,SU)。

(3)项目准备(initiating a project,IP)。

(4)计划(planning,PL)。

(5)管理项目阶段边界(managing stage boundaries,SB)。

(6)阶段控制(controlling a stage,CS)。

(7)管理产品交付(managing product delivery,MP)。

(8)项目收尾(closing a project,CP)。

这八个过程每个都描述了项目为何重要、项目的预期目标何在、项目活动由谁负责以及活动何时被执行等问题。其中,DP 和 PL 过程贯穿于项目始终,支持其他六个过程。PRINCE 2 的主要管理过程如图 1-16 所示。

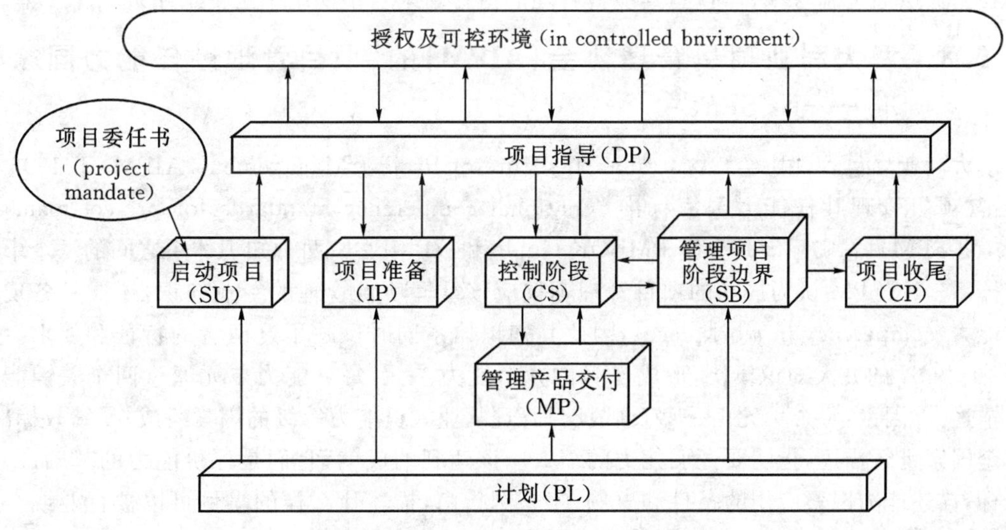

图 1-16　PRINCE 2 的主要管理过程

PMBOK 关注项目管理知识的描述层面,是项目管理的通用语言,一般来说在美国等地比较流行,而 PRINCE 2 则是欧洲适用的标准,其指导客户通过组织间的合作,运用诸多受控的项目管理方法实现客户业务价值,是一套落地的项目管理方法论。从实战的角度来说,PRINCE 2 更有优势,它是世界许多企业采用的方法论。

1.7.3　日本经济产业省委托日本工程振兴协会(Japan Engineering Advancement Association,JEAA)开发的项目管理知识体系——"项目与项目群管理标准指南——P2M(Project & Program Management for Enterprise Innovation)"

P2M 的推出是在日本政府认识到现代项目管理和项目群管理将是帮助日本经济复苏的重要因素的基础上,日本经济产业省提供各种支持,由日本工程振兴协会完成的。P2M 也是第一部直接针对企业创新的项目管理知识体系。P2M 将项目管理扩展到经营战略,是培养具有更广阔视野、更高度视角人才的知识体系,它强调应对环境变化,开创复杂问题的解决之道,提升企业的价值。如果说 PMBOK 是防止失败的项目管理,那么 P2M 就是创造成功的项目管理。

P2M 的核心内容包括项目管理、项目群管理和项目专项管理三个部分。P2M 关注的重点是创新活动的管理，要求通过现代项目管理为企业和公众创造价值，并按照使命——实现使命的战略——实现战略的项目群——组成项目群的项目这样一个完整的链条来开展项目管理。因此，P2M 采用了项目管理塔(project management tower)的模型来描述其内容。根据 P2M 的基本内容可以看出，P2M 更多的是从组织层面和战略角度来看待项目和项目管理，并将项目管理看做是实现组织战略和使命的有效途径。该体系拓展了现代项目管理知识体系的视野，提供了从战略出发去开展项目和项目群管理所需的知识体系。

P2M 适合于企业的经营革新、事业的创建、企业信息基础建设等多个领域。掌握 P2M 的一些理念和管理方式，对向职业经理人迈进的项目管理人员来说，是很有益处的，它会教你如何站在企业层面上思考项目问题，其项目管理的执行结果与预期结果也更加贴近。

1.9.8 澳大利亚项目管理协会(AIPM)的"项目管理胜任能力国家标准——NCSPM"

澳大利亚项目管理协会(Australian Institute of Project Management，AIPM)于 1996 年推出了"项目管理胜任能力国家标准"(national competency standards for project management，NCSPM)，它实际上是介于 PMBOK Guide 和 APMBOK 两种知识体系之间的一个中间知识体系。NCSPM 认为成功的项目管理不仅应该掌握项目管理的专业知识，还要具备现场工作能力(competency in workplace)，因此其知识体系同时反映了这两者的特征和要求。它借用 PMBOK 的九大知识模块，形成自身的九个能力单元，每一能力单元通过四个关键能力进行描述：①因素，每个单元由一些反映项目管理从业人员能力等级的因素组成；②绩效标准，对每个因素进行描述，指明要证明能力的绩效应该达到的成就，它们是评价能力的基础；③范围指标，描述能力因素应用的条件和事例；④事例指南，描述什么样的事例可以被行业或企业所接受，以之作为评估能力的参考。这四个关键能力指标整合起来，可以用于评价项目管理者几个方面的能力：收集、分析及组织信息的能力，沟通观点和信息的能力，计划及组织活动的能力，与团队的其他成员合作的能力，应用数学思维和技巧的能力，解决问题的能力，使用技术的能力。

AIPM 的 NCSPM 主要的应用范围在澳大利亚与亚太地区。

1.9.9 中国(双法)项目管理研究会(PMRC)组织推出的"中国项目管理知识体系——C-PMBOK"

中国(双法)项目管理研究会(PMRC)是 1991 年依托中国优选法统筹法与经济数学研究会成立的项目管理组织，该组织代表中国参加了国际项目管理协会。2001 年组织编写了中国项目管理知识体系，2006 年进行了修订。

C-PMBOK 在编写过程中考虑了与国际上现有项目管理知识体系的接轨，C-PMBOK 是在博采众长的基础上形成的。

C-PMBOK 的编写考虑了中国特色。尽管国际项目管理专家们在努力探求全球项目管理知识体系的问题，但是国家之间、行业之间还是有很大差异的。项目管理作为管理科学的一个分支，除了具有自然属性之外，还具有社会属性，因此建立具有中国特色的 C-PMBOK，反映和适应中国自己的社会和文化特色,用中国人容易接受的方式和习惯来组织和阐述这些知识内容是十分必要的。

C-PMBOK 的编写兼顾了知识体系的完整性和开放性。在体系结构方面力求完整性,最大限度地覆盖了项目管理所特有的知识及项目管理应用领域的相关知识;同时又应具备开放性,以适应项目管理学科的发展以及知识不断更新的需要,使得 C-PMBOK 在保持体系结构相对稳定的前提下易于维护,是一个模块化的思路。

C-PMBOK 与 PMBOK 相比,注重了项目的论证评估与决策,阐述了组织层级项目管理的相关内容,通过对沟通管理的思考、整理,提出了项目信息管理。

此外,还有一些国家编写和发布了一些与项目管理知识体系相关的标准、知识体系和模型,本节不再介绍。

这些与项目管理相关的知识体系(标准、模型等),从不同的角度、不同的层面对项目管理的知识要素、管理领域、项目经理的能力要求、管理过程规范等内容进行了界定、诠释和应用指导,对项目管理的发展作出了重要贡献。随着项目管理活动的发展,目前这些项目管理知识体系的内容仍然在不断地深化和拓展中。

复习思考题

1. 项目作为一类特殊的活动,其特性主要体现在哪些方面?
2. 与传统的生产经营管理相比,项目管理的特点有哪些?
3. 什么是项目创新管理?它和项目管理的内在联系是什么?
4. 项目知识层次与管理层次之间存在什么样的关系?
5. 四维的项目管理知识体系结构包含哪些内容?
6. 什么是项目管理评估?项目管理评估与项目评估的主要区别是什么?
7. 通常意义上的项目管理知识核心内容包括哪些方面?

第2章 项目生命周期

2.1 项目生命周期的概述

2.1.1 项目生命周期的概念

项目作为一种创造独特产品和服务的一次性活动是有始有终的，项目从始至终的整个过程构成了一个项目的生命周期。

项目生命周期是项目的一个重要属性，项目生命周期的管理也是项目管理的一个思想方法和重要管理过程。

项目在其生命周期中，通常有一个较明确的阶段顺序。这些阶段可以通过任务的类型来加以区分，或通过框架的决策点来加以区分。目前国际上普遍接受的项目生命周期可以划分为四个阶段：概念阶段、规划阶段、实施阶段、结束阶段。

一般项目生命周期示意图如图2-1所示。

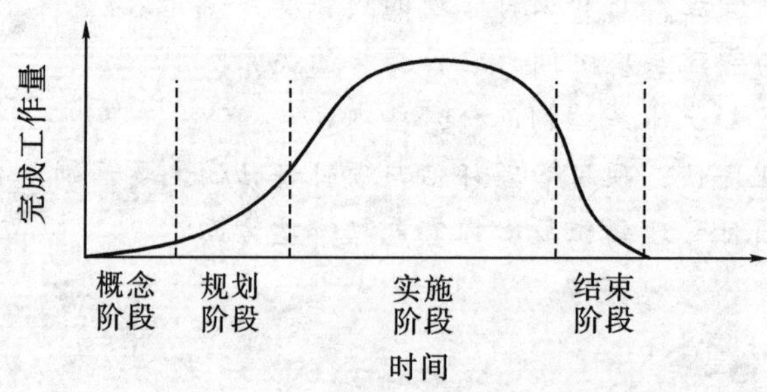

图2-1　一般项目生命周期示意图

各阶段的核心工作和管理工作如表2-1、表2-2所示。

表2-1　项目生命周期各阶段的核心工作

生命周期阶段	概念阶段	规划阶段	实施阶段	结束阶段
核心工作	组织好可行性论证	组织好项目开始前的人、财、物及作好一切软件准备	保证项目的质量、成本、进度目标顺利完成	评审、鉴定及项目交付和组织结束工作

续表 2-1

生命周期阶段	概念阶段	规划阶段	实施阶段	结束阶段
阶段主要工作	明确需求、策划项目 调查研究、收集数据 确立目标 进行可行性研究 明确合作关系 风险分析 拟订战略方案 进行资源测算 提出组建项目方案 提出项目组方案 提出项目建议书 获准进入下一阶段	确定项目组主要成员 项目最终产品的范围确定 实施方案研究 项目技师标准的确定 项目的资源保证 项目的环境保证 主计划的制订 项目经费及现金流量的预算 项目的工作结构分解(WBS) 项目政策与程序的制订 风险评估 确认项目有效性 提出项目概要报告 获准进入下一阶段	建立项目组织 建立与完善项目联系渠道 实施项目激励机制 建立项目信息控制系统 建立项目工作包 细化各项技术需求 执行 WBS 的各项工作 获得订购物品及服务 指导/监督/预测/控制:范围、质量、进度、成本 解决实施中的问题	最终产品的完成 评估与验收 清算最后账务 项目评估 文档总结 资源清理 转换产品责任者 解散项目组

表 2-2 项目生命周期各阶段的主要项目管理工作

生命周期阶段	概念阶段	规划阶段	实施阶段	结束阶段
主要工作	项目识别 项目研究 项目决策	项目范围 项目组织 项目描述 项目目标 项目里程碑 工作分解 项目责任分配矩阵 网络计划 网络优化 风险管理	项目实施 过程监控	范围确认 合同收尾 项目评价 管理收尾

2.1.2 项目生命周期的特性

(1)时限特征。项目生命周期的首要内容是给出了一个具体项目的时限,包括一个项目的起点和终点,以及项目各个阶段的起点和终点。这些项目或项目阶段的起点和终点既给出了与项目有关的时点数据(项目开始和结束的时点),也给出了与项目有关的时期数据(项目持续的时间长度)。

(2)项目的阶段特征。项目生命周期的另一个主要特性是项目各阶段的划分,包括一个项目的主要阶段划分和各阶段中分/子阶段的划分。这种阶段划分将一个项目分解成一系列前

后接续、便于管理的项目阶段，而每一个项目阶段都是由这一阶段的可交付成果（一个或 N 个）所标识，前后接续，便于管理。

项目结束的主要标志是对可交付成果和项目绩效进行检查，这种检查一方面确定项目是否应该/可以进入下一阶段；另一方面，可以及时检测和改正错误。因此可以说，项目的阶段特征是控制项目实施风险、保障项目目标实现的有效方法。

(3)项目阶段的任务特征。项目生命周期还定义了项目各阶段的任务，包括项目各个阶段的主要任务和项目各阶段主要任务中的主要活动等。

明确各个阶段的任务和主要活动，是确认项目范围、控制项目进度、费用的有效方法和技术。

例如，一个工程建设项目的生命周期要给出项目定义阶段、设计计划阶段、施工阶段和交付阶段的各项主要任务，以及各个项目阶段主要任务中的主要活动。再如，一个项目的生命周期还要给出项目定义阶段的项目建议书编制、项目可行性研究、项目的初步设计和项目可行性报告的评审等这一阶段的主要任务和主要活动。

项目生命周期还要定义出究竟哪些任务应该包括在项目范围之内，哪些任务不应该包括在项目范围之内，并按照这种模式将某个项目的范围与项目组织的日常运营活动严格地予以区分。

(4)项目的成果。项目生命周期同时还需要明确给定项目各阶段的可交付成果，这同样包括项目各个阶段和项目各个阶段中的主要活动成果。所谓项目阶段的可交付成果就是一种可见的、能够验证的工作结果（或交付物）。

(5)项目生命周期特性演示。项目生命周期特性演示如图 2-2 所示。

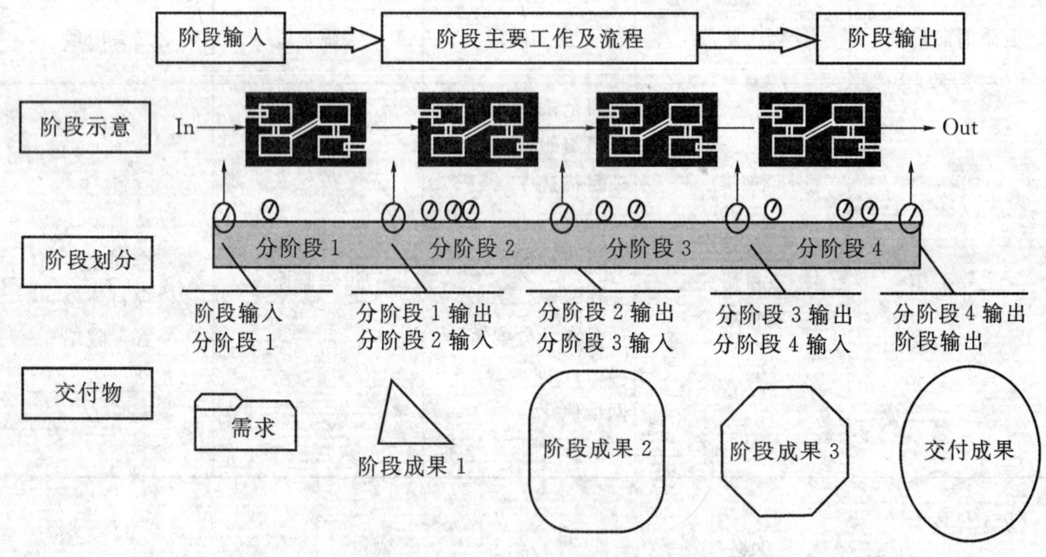

图 2-2　项目生命周期特性示意图

2.1.3　项目生命周期的管理特性

除已阐述的项目生命周期特性外，项目生命周期从管理上还体现出以下特性：

(1)资源需求变动特征。项目从开始到结束，在整个生命周期过程中，其人力投入和费用投入是不断变化的，如图 2-3 所示。

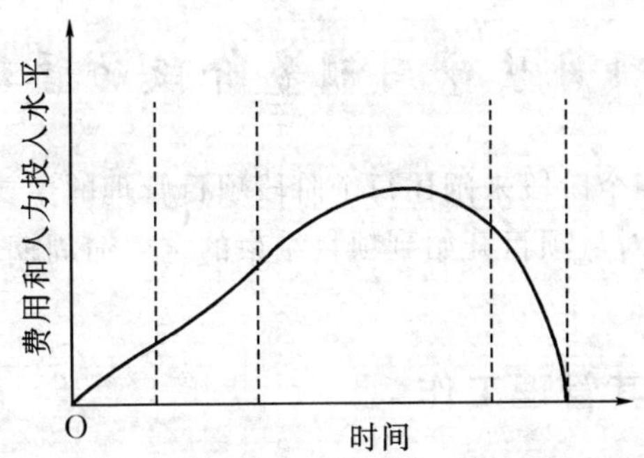

图2-3 项目费用与人力投入在项目生命周期中的典型分布示意图

(2)影响力变动特征。项目从开始到结束的整个生命周期中,项目利益相关者对项目的影响随着项目的深入呈下降趋势,而在项目执行过程中项目出现的错误对项目的影响呈上升趋势。在实施初期发现方案错误与实施末期发现方案错误,需要付出的代价是完全不同的。项目影响力变动特征如图2-4所示。

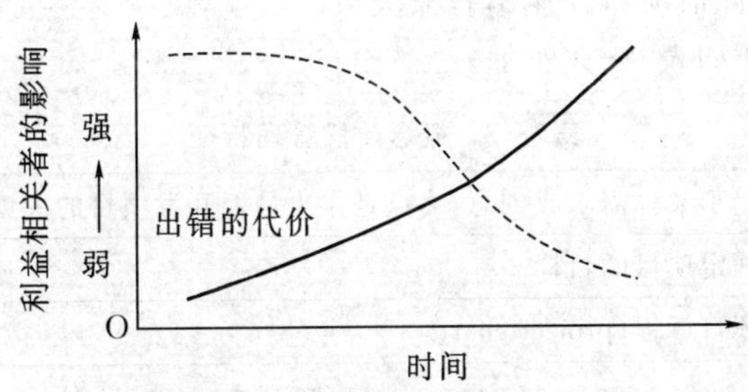

图2-4 项目影响力变动特征示意图

(3)风险变动特性。项目生命周期各阶段项目风险的多少和严重程度也是完全不同的。在项目开始时,成功完成项目的概率较低,而风险和不确定性最高。图2-5给出了各阶段风险影响的变动特性。

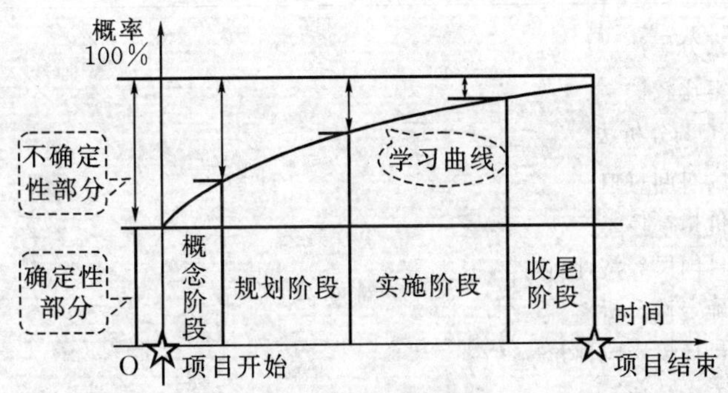

图2-5 项目生命周期各阶段风险变动特性示意图

项目的风险变动特性提示我们,越是在项目的初期阶段,风险管理越是重要。

2.2 项目生命周期各阶段的管理工作

我们以项目生命周期四个阶段来阐述每个阶段项目管理的主要内容以及每一阶段管理工作的重点和难点，以便能够对从项目开始到项目结束的全生命周期中的管理工作有一个全面、系统的认识。

2.2.1 概念阶段及其管理工作

1. 概述

项目概念阶段是项目整个生命周期的起始阶段，即项目的选择与决策阶段，在这一项目阶段中，项目相关人就某个项目提出提案，并对项目提案进行必要的机遇、需求分析和识别，然后编制出具体的项目建议书。在项目建议书或项目提案获得批准以后，就需要进一步开展详细程度不同的项目可行性分析，通过项目可行性分析选出项目的各种备选方案，然后分析和评价这些备选方案的损益和风险情况，最终选出最佳方案并对其作出决策。这一阶段的主要任务是提出项目提案，论证与评估项目并作出有关决策。

概念阶段的管理特征如表 2－3 所示。

表 2－3 概念阶段管理特征

阶段定义	通常开始于某种需求或创意，终点是作出是否开发项目的决策
目标	定义和确定项目的目标
交付物	通常为项目章程(project chart)
主要任务	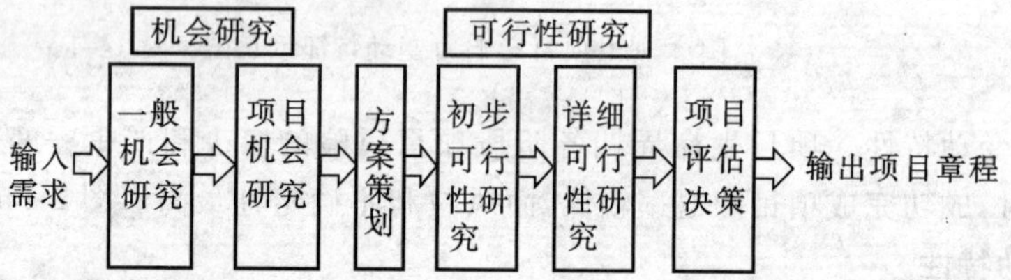 机会研究：输入需求 ⇒ 一般机会研究 ⇒ 项目机会研究 ⇒ 方案策划 ⇒ 可行性研究：初步可行性研究 ⇒ 详细可行性研究 ⇒ 项目评估决策 ⇒ 输出项目章程
常用的方法工具	要素分层法 方案比较法 SWOT 分析法 资金时间价值 评价指标体系 项目国民经济评价 不确定性分析 项目环境影响评价 有无比较法

2. 概念阶段工作流程及交付物

项目概念阶段主要工作包括:一般机会研究、项目机会研究、方案策划、初步可行性研究、详细可行性研究、项目评估、项目决策等。概念阶段核心过程如图 2-6 所示。

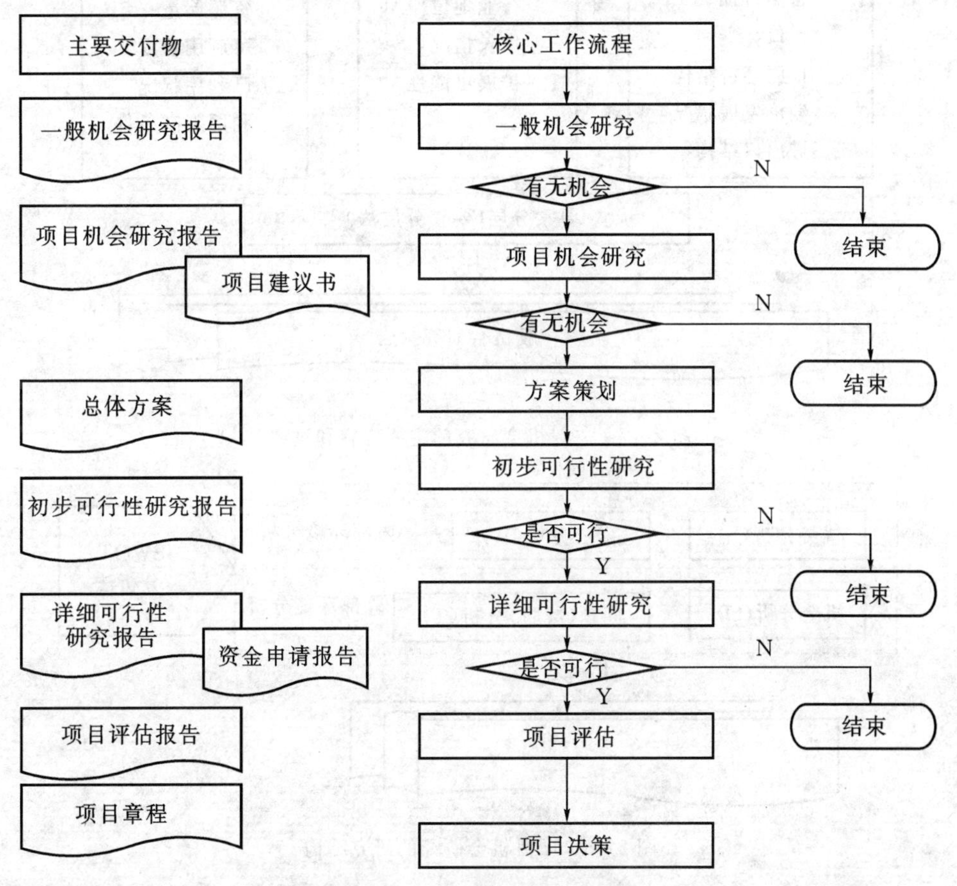

图 2-6　概念阶段核心过程示意图

3. 概念阶段的主要工作

(1)一般机会研究。一旦有创意或需求,首先需要进行项目经过的一般机会研究。所谓一般机会研究就是投资者通过对大量信息分析、比较,判断出某项目是否有真正的发展机会,最终形成确切的项目发展方向或投资项目意向的一种活动。一般机会研究的主要内容和过程如图 2-7 所示。

一般机会研究的阶段成果为一般机会研究报告。

(2)项目机会研究。项目机会研究是在一般机会研究已经确定了项目发展方向或领域后,作进一步的调查研究,经筛选方案,将项目发展方向或投资领域转变为概括的项目提案或项目建议。与一般机会研究相比较,特定项目机会选择更深入、更具体。

项目机会研究的研究结构如图 2-8 所示。

项目机会研究的阶段成果为项目建议书或项目机会研究报告。

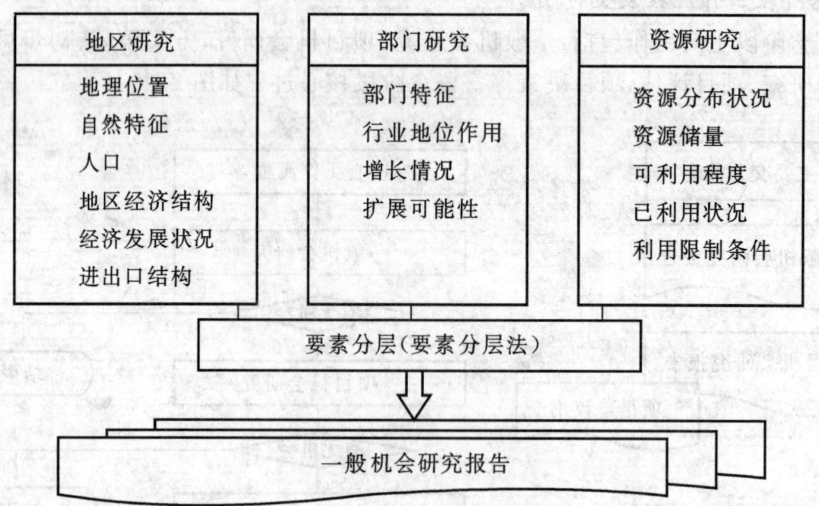

图 2-7　一般机会研究的主要内容和过程

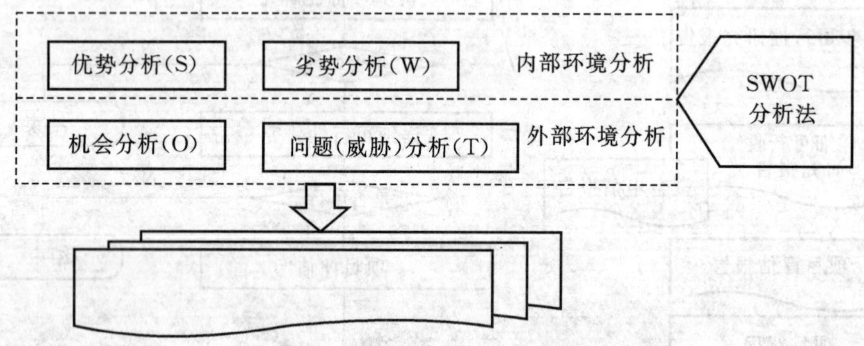

图 2-8　项目机会研究的研究结构

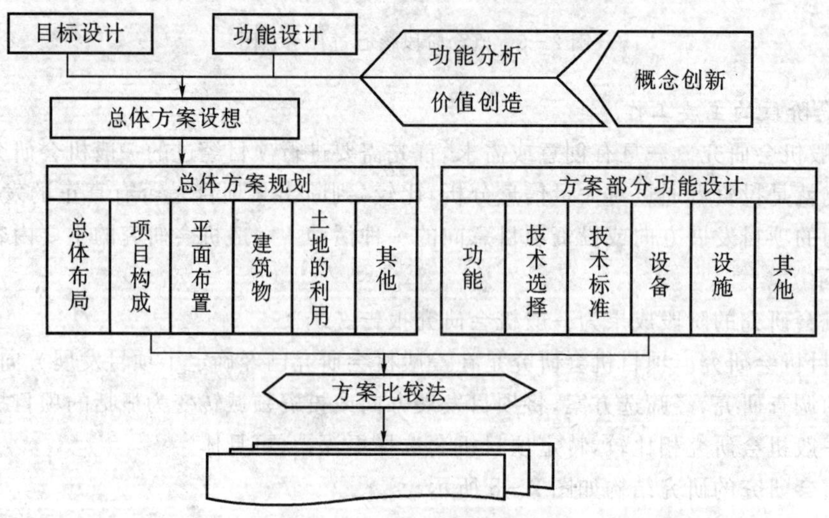

图 2-9　方案策划的研究内容及方法

(3)方案策划。方案策划是根据项目的功能要求和目标进行总体规划与设计,经筛选后形成总体规划方案或总体设计方案。总体规划方案为可行性研究提供前提,同时也是项目后期设计实施的纲领。方案策划的研究内容及方法如图 2-9 所示。

方案策划的主要步骤如图 2-10 所示。

方案策划完成后,可提供出 1～2 个用于进行可行性研究的总体方案,同时也为后续的初步设计、详细设计提出了依据和纲领。

(4)初步可行性研究。初步可行性研究是介于机会研究和详细可行性研究的一个中间阶段。它是在项目方案确定之后,对项目的初步论证,以分析项目是否有前途,从而决定是否应该继续深入调查研究,同时确定项目中是否有关键性的技术或其他问题需要解决以及必须要作哪些职能研究或辅助研究(如实验室试验、中间试验、重大事件处理、深入的市场研究等)。

初步可行性研究的主要内容和作用如表 2-4 所示。

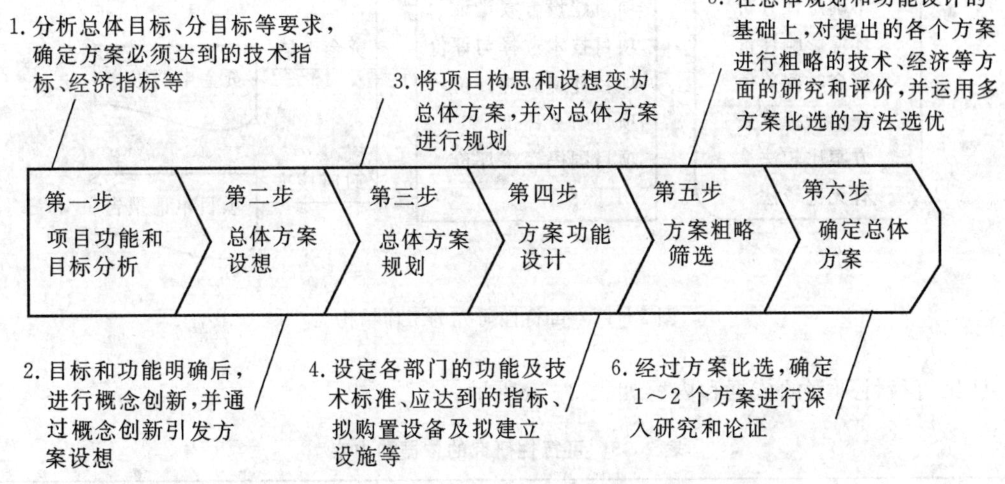

图 2-10　方案策划的主要步骤

表 2-4　初步可行性研究的主要内容和作用

主要内容	主要作用
项目建设的必要性分析 市场需求预测和生产能力分析 物料投入的粗略分析 坐落地点及厂址的选择 项目方案设计,包括项目技术和设备的初步选择、土建工程初步规划等 关键技术分析论证 项目环境影响的粗略分析 项目初步进度安排 项目投资与成本估算,包括投资估算、成本估算及大致的筹资方案与资金安排 项目效益的初步估算及财务经济的概略评价	作为正式的文件供决策参考 作为项目建议书编制依据,并通过审查项目建议书进行项目"立项"决策

(5)详细可行性研究。详细可行性研究是在项目决策前对项目的技术、经济等各方面条件和情况进行详尽、系统、全面的调查勘测与分析研究,对各种可能的建设方案和技术方案进行详细的比较论证,并对项目建成后的经济效益、国民经济和社会效益进行预测和评价的一种科学分析的过程和方法。详细可行性研究的结果是项目进行评估和决策的依据。

在实际工作中,可根据项目的规模和繁简程度决定初步可行性研究是否可以省略,但详细可行性研究是不可缺少的。一般规模大的项目往往既作初步可行性研究,又作详细可行性研究;规模较小的项目一般只作详细可行性研究。

可行性研究的工作结构如图 2-11 所示。

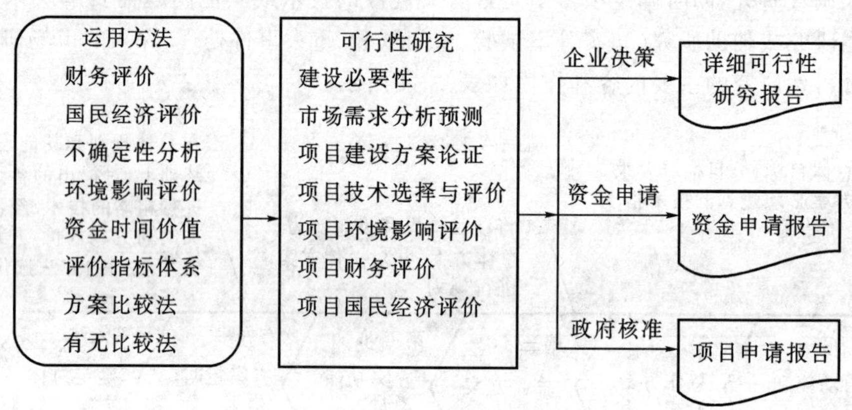

图 2-11　可行性研究的工作结构

详细可行性研究的依据和内容如表 2-5 所示。

表 2-5　可行性研究的依据和内容

研究依据	研究内容
项目建议书(初步可行性研究报告)及其审批文件	项目的建设背景、建设必要性及其经济意义
政府及相关部门有关项目可行性研究的规范	市场需求预测和项目拟建规模
项目承办单位委托进行详细可行性研究的合同或协议	资源原材料供应及资源利用分析
国家和地区的经济社会发展规划、行业或部门发展规划	建设条件分析
国家有关的法令、法规	关键技术及其实现途径的分析论证
国家关于建设方面的标准、规范、定额	总体方案设计与技术选择
所在地区的自然、社会、经济等方面的发展状况	环境影响评价与保护措施
拟建地区的环境现状及生态保护要求	企业组织与人力资源配置
关键技术的试验情况及主要技术资源	实施进度计划
项目承办单位与有关方面签署的初步协议等	投资估算、成本估算和融资方案
	财务评价
	国民经济评价与社会效果评价

详细可行性研究的主要步骤如图 2-12 所示。

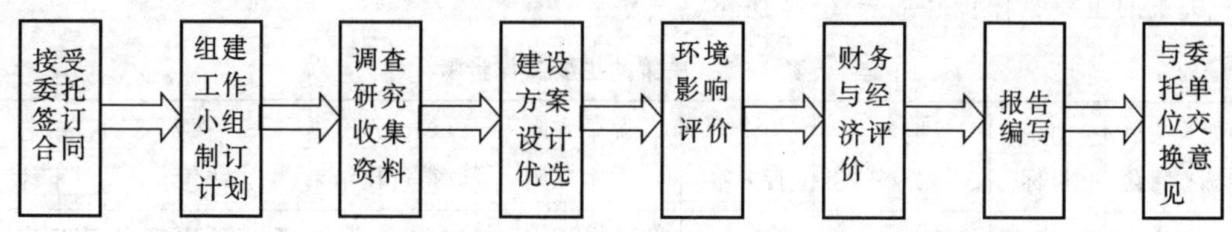

图 2－12　详细可行性研究的主要步骤

(6)项目评估。项目评估是指在项目可行性研究的基础上，由第三方(国家、银行或有关机构)根据国家颁布的政策、法规、方法、参数和条例等，对拟建项目建设的必要性、建设条件、生产条件、产品市场需求、工程技术、经济效益和社会效益等进行全面评价、分析和论证，进而判断其是否可行的一个评估过程。项目评估是项目投资前进行决策管理的重要环节。

项目评估的目的是审查项目可行性研究的可靠性、真实性和客观性，为银行的贷款决策或行政主管部门的审批(核准)决策提供科学依据。

评估工作流程如图 2－13 所示。

成立评估小组制订评估计划 → 分析可行性报告和资料 → 编写评估报告提纲 → 数据调查分析与论证 → 编写评估报告 → 讨论定稿

图 2－13　项目评估工作流程

项目评估的最终成果是项目评估报告，项目评估报告一般包括如下内容：

①项目概况。项目概况包括项目基本情况和综合评估结论两部分内容，需要提出是否批准或可否贷款的结论性意见。

②详细评估意见。

③总结和建议。总结和建议包括存在或遗留的重大问题、潜在的风险以及建议等。

(7)项目决策。项目决策的概念有广义与狭义之分。广义的项目决策是指按照一定的程序、方法和标准，对项目的投资规模、投资方向、投资结构、投资分配以及投资项目的选择和布局方面所作的判断，即对是否有必要投资和投资是否可行作出选择。它覆盖了项目概念阶段的全部工作。狭义的项目决策仅指一种决策的程序，即以项目可行性研究结果及第三方评估结果为基础，按特定程序最终做出是否开发某个项目的决定的过程。

决策的过程是复杂的过程，根据不同的情况可以采用不同的决策方式。一般项目决策应该遵循项目决策程序，在充分的论证、分析评估及尽可能量化的基础上作出决策。但也有一些情况，需要凭经验和直觉作出应变的决策。

决策的分类如表 2－6 所示。

表 2－6　决策分类表

分类标准	分类		
从项目结构的类型分类	程序决策	非程序决策	
从项目决策的方法分类	定量决策	定性决策	
从项目决策的环境分类	确定性决策	风险性决策	非确定性决策

决策的主要工作步骤如表2-7所示。

表2-7 决策的主要工作步骤

主要步骤	认识问题	明确目标	搜集资料	确定可行方案	确定判断方案准则	建立内在关系取得可比结果	合理决策	事后审计
工作内容简要说明	认清问题是解决问题的前提	明确解决问题后所要达到的目标	信息和详实的数据是决策的有力支撑，信息来源包括财务信息市场需求、贷款条性、原材料能源供应等	对备选方案进行分析，确定可行的方案	项目决策的准则包括：若投入相等，则使收益或其他产出量最大；若产出相等，则使费用或其他投入最小；若投入和产出均不相等，则使产出和投入之差最大，也就是利润最大等	应将各种要素归纳起来，包括目的、有关数据、可行方案和选择准则等，建立模型或综合考量，比较选择最优方案	合理的决策必须具备三个条件：①决策方案符合一定目标的要求 ②决策方案实施有合理的费用效果比或成本收益比 ③妥善处理正/负面效果、收益性与风险性的关系	事后审计可以总结经验教训，提升决策效能

2.2.2 规划阶段及其管理工作

1. 规划阶段概述

在这一阶段，项目经理组织相关人员对项目进行深入地分析，认识项目利益相关者、项目生命周期，明确项目需求和目标、项目实施范围、项目的组织原则及组织方式、项目的实施原则，进行项目的总体策划，包括采购、实施过程策划，界定项目各阶段需要完成的主要工作及有关交付物，分析项目风险并制定应对措施等，完成项目进度计划、费用计划、资源计划、质量计划、风险管理计划、沟通计划等。

简而言之，规划阶段的主要工作就是对项目进行总体规划，对项目的阶段以及交付物进行全面的界定。

规划阶段的管理特征如表2-8所示。

表2-8 规划阶段管理特征

阶段定义	通常开始于项目章程，终点是完成项目计划
目标	完成项目计划的制订
交付物	项目计划
主要任务	输入章程 ⇨ 组建项目核心团队 ⇨ 建立工作分解结构 ⇨ 任务分配 ⇨ [活动排序；可行性研究；时间估计] ⇨ 项目计划 输出项目计划

续表 2-8

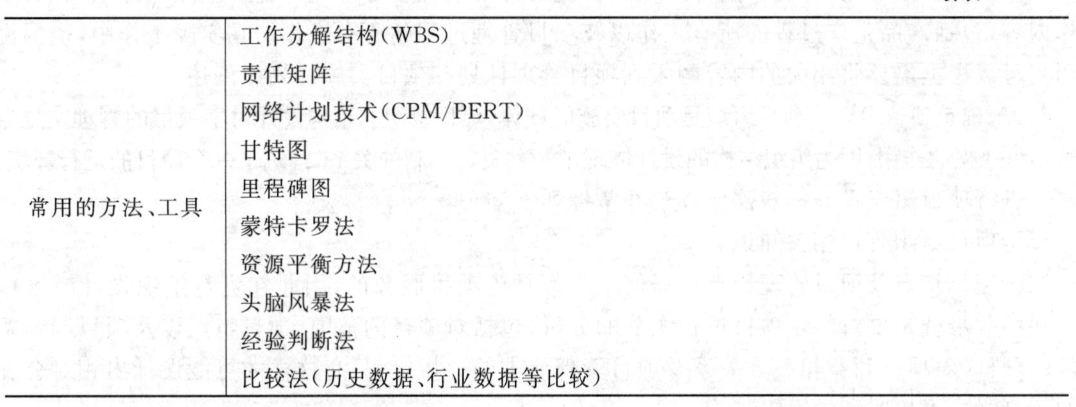

常用的方法、工具	工作分解结构(WBS) 责任矩阵 网络计划技术(CPM/PERT) 甘特图 里程碑图 蒙特卡罗法 资源平衡方法 头脑风暴法 经验判断法 比较法(历史数据、行业数据等比较)

2. **规划阶段的核心工作流程及交付物**

规划阶段核心工作流程及交付物,如图 2-14 所示。规划阶段的核心工作以及所涉及的主要工具方法、阶段的主要输出如图 2-14 所示。

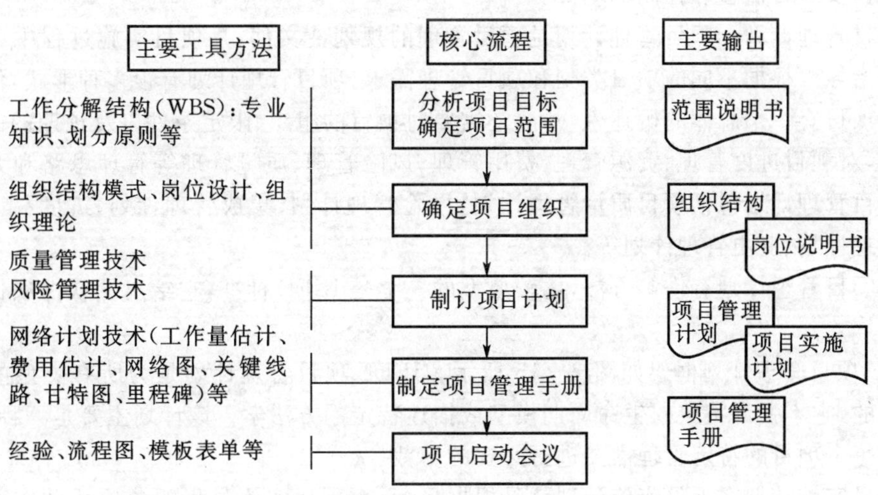

图 2-14　规划阶段核心工作流程及交付物示意图

3. **规划阶段主要工作**

(1)分析项目目标、确定项目范围。明确的项目目标和清晰的项目范围,是项目成果实施的基础,因此规划阶段的首要问题,是项目核心成员要深刻地理解项目章程的主要内容及要求,并对项目的目标、交付物、验收标准、主要工作以及限定标准等进行书面描述,以界定项目实施的范围,作为项目实施的准则。

此项工作的主要输出为项目范围说明书。项目范围说明书的主要内容包括以下两个方面:

①项目目标。项目目标包括项目可测量的成功标准以及费用、进度、质量、安全等管理目标。

②定义项目范围。定义项目范围,就是要对项目实施的深度和广度进行明确的界定。完成这项工作的有效工具是工作分解结构(WBS)。

WBS的分解方法体现了项目经理的管理思路和管理要求，WBS应该涵盖项目所有的工作内容，包括产品生产过程的所有工作以及项目管理过程的所有工作。在实际工作中，范围说明书可以根据需要将相关的内容融入到项目管理计划和项目实施计划中阐述。

(2)确定项目组织。项目组织是项目实施的载体，项目组织的结构设计对于项目的管理实施有着不可忽视的作用，因为组织结构的设计体现了一种责、权、利的关系，构筑了一个项目的运行环境。

进行项目组织设计一般需要理解并掌握如下知识：

①项目组织管理相关知识。

②项目特点及项目管理特点。任何组织都是为项目服务的，因此在进行组织设计时不可或缺的一步就是要对特定项目进行充分的分析，包括对项目的范围、项目特点以及项目制约条件的分析，对项目利益相关方关系及项目管理要求的分析等，只有这样才可能设计出相对合理的、高效的、责权明晰的组织结构。

③岗位设置相关技术。项目的组织结构模式设定以后，就需要明确项目的岗位设置。

(3)制订项目计划。项目计划是对项目实施管理总体思路的体现，是对项目的总体策划，因此项目计划不仅包括了项目管理计划，而且还包括了项目实施计划。项目计划是日后项目实施的依据及项目监督和控制的基准。

①项目管理计划。项目管理计划是项目管理的规划性文件，是项目实施过程中项目管理的大纲和指导。根据不同的项目类型和项目管理需求，项目管理计划有很多种形式，但其主要内容除对项目有一个总体的概述外，一般还需要对项目的组织、限定条件以及预期的商务目标进行分析，对项目进度管理、资源管理、费用管理、风险管理、质量管理等管理思路和方法进行阐述。项目管理计划包括项目质量管理计划、风险管理计划、集成管理计划、进度/费用/资源等监控管理计划、变更管理计划等。

制订项目管理计划有许多方法，比较典型的一个是IEEE标准，它给出了软件项目管理计划框架。

IEEE项目管理计划框架如图2-15所示。IEEE项目管理计划是为所有类型的软件产品而设计的，它不强调特定的生命周期模型或描述特定的方法学。该计划主要是一种体制，内容可根据每个项目的特定管理需要进行必要的剪裁。

②项目实施计划。项目实施计划就是根据目标，对项目实施过程的各项活动作出周密安排，用尽可能低的成本和尽可能高的质量完成任务，它是对项目实施过程、主要工作、工作责任分配、每项工作所需要配备的资源等进行的总体策划。它主要解决的是什么人、在什么时间、借助什么资源、做什么事情的问题。项目实施计划是项目实施的依据和指南，是项目变更控制管理的基础。

制订高效的项目实施计划，可以用最少的资源、最短的时间达到最佳效能的目的。

对于一个大型的、比较复杂的项目而言，要制订一个能够既相对合理地利用资源，又能达到最佳效能、符合相关方要求且可以操作的项目实施计划并非易事，除了需要综合各个方面的知识和技能外(专业相关知识、网络计划管理相关知识及工具方法、国家/行业/企业的相关法律、法规相关知识等)，还需要有同类项目实施历史数据支持，并借助项目管理工具软件来实现。

A. 项目实施计划制订的依据。制订项目实施计划主要依据项目目标及限定条件、工作分解结构(WBS)及工作内容描述以及历史数据等。除此之外，制订资源计划时还需要依据资

1　简介
　1.1　项目概述
　　1.1.1　意图、范围和目标
　　1.1.2　设想和限制
　　1.1.3　可交付项目
　　1.1.4　时间表和预算概述
　1.2　项目管理计划的演化
2　参考资料
3　定义和缩略图
4　项目组织
　4.1　外部接口
　4.2　内部结构
　4.3　角色和责任
5　管理过程计划
　5.1　启动计划
　　5.1.1　控制计划
　　5.1.2　人员安置计划
　　5.1.3　资源获取计划
　　5.1.4　项目人员培训计划
　5.2　工作计划
　　5.2.1　工作行为
　　5.2.2　时间表分配
　　5.2.3　资源分配
　　5.2.4　预算分配
　5.3　控制计划
　　5.3.1　需求控制计划
　　5.3.2　时间表控制计划
　　5.3.3　预算控制计划
　　5.3.4　质量控制计划
　　5.3.5　报表计划
　　5.3.6　度量收集计划
　5.4　风险管理计划
　5.5　项目打结计划
6　技术过程计划
　6.1　过程模型
　6.2　方法、工具和技术
　6.3　基础结构计划
　6.4　产品验收计划
7　支持过程计划
　7.1　配置管理计划
　7.2　测试计划
　7.3　归档计划
　7.4　质量保证计划
　7.5　评审和审计计划
　7.6　问题解决计划
　7.7　转包商管理计划
　7.8　过程提升计划
8　附加计划

图 2-15　IEEE 项目管理计划框架

源工作技能水平、工作时间相关规定(每天工作几小时、每周工作多少天等)、可获得的设备材料及组织策略等,组织策略包括是租赁或购买、是外包或自有资源等;制订费用计划时要考虑资源计划需求及资源价格、工作持续时间、材料价格以及历史数据等。

要制订较科学且可实施的项目计划,可靠、准确的依据是制订计划的基本保障。

B. 项目实施计划制订的方法和工具。制订项目实施计划的方法和工具主要包括关键路径法、估计技术和方法、甘特图、网络图、资源数据表、资源负荷图、累计资源负荷图、网络优化技术、预算费用负荷图、费用累计负荷曲线等。

在制订计划的过程中,根据需要采用有效、得当的项目管理工具方法可以提高工作效能。

C. 项目实施计划制订的过程。项目实施计划制订的过程是一个不断深入,由上至下、由下至上反复循环、持续改进的过程。

项目实施计划制订的主要步骤如图 2-16 所示。

第一步,对活动进行定义,即识别产生项目各种可交付成果所必须进行的各项具体活动。根据项目的工作分解结构(WBS)制订各分/子项目的 WBS,即利用技术手段将项目工作进一步分解为更小、更易于管理的单元,这些单元被称为计划活动。所有工作单元的组合(或称为活动的组合)就定义了分/子项目的工作范围。

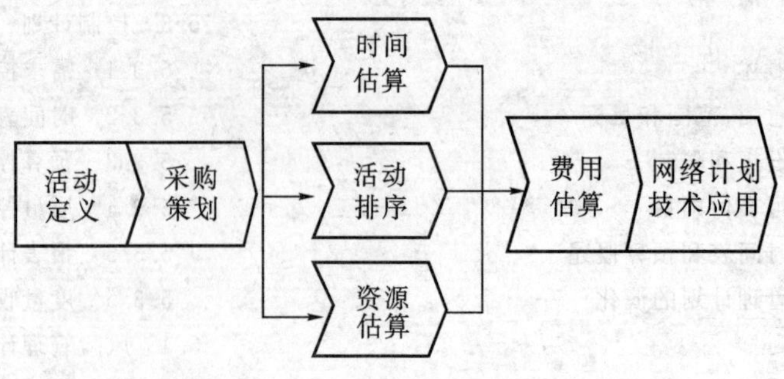

图 2-16　项目实施计划制订的主要步骤

第二步,进行采购规划。项目采购是项目从系统外部获得货物、土建工程和服务的完整的采办过程;采购规划就是对项目中整个采购工作进行总体安排,包括采购的内容、采购的方式、时间安排、相互衔接以及组织协调等。

采购规划的主要内容和过程如图 2-17 所示。

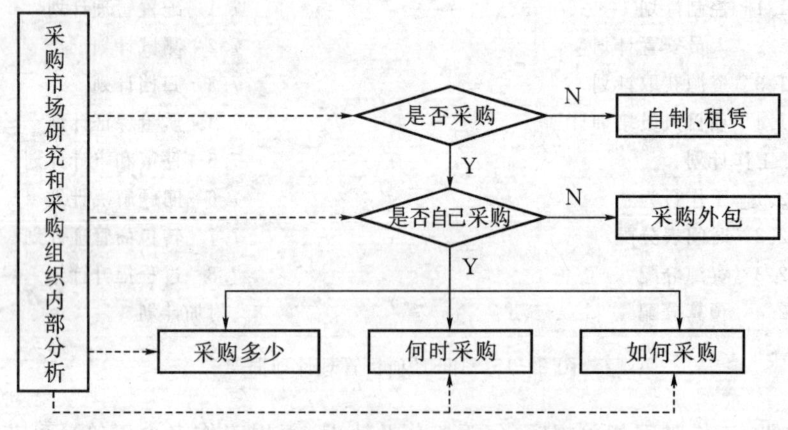

图 2-17　采购规划的主要内容和过程

第三步,进行活动排序、时间估算、资源估算。

第四步,进行费用估算。

第五步,网络计划技术的应用。

③计划的主要内容。不同类型的项目、不同级别的计划其主要内容并非完全不同,但总的来说,项目计划一般包括的主要内容有:项目目标、工作分解结构(WBS)、工作描述表、责任分配矩阵、项目进度计划、项目资源计划、项目费用计划、项目质量计划、项目配置管理计划、项目文档管理计划、项目沟通计划、项目风险管理计划等。

制订计划时需要注意以下问题:计划的制订是一个比较复杂的过程,不仅需要由上至下、由下至上反复循环,而且需要在进度、资源、费用、质量各要素之间平衡优化,需要应用系统思维的方法,将理论知识与实际情况相结合;另外需要强调的一点是,制订计划的过程是一个通过团队成员充分沟通,最终经过相关方评审确认的过程。评审发布后的项目计划是项目执行的基准。

计划按不同的级别、不同的用途，又可以分为项目总计划、项目阶段或分/子项目计划、项目里程碑计划、项目滚动计划等。

(4)制定项目管理手册。项目管理手册就是针对项目的管理特性，建立一套适合项目管理的标准方法，将项目的业务流程与管理流程有效地集结在一起，形成一套以项目管理为核心的运营管理模式。它是项目有组织地放弃、有组织地持续改进(包括产品、服务、生产流程、市场营销等方面)、有计划地挖掘成功经验和进行系统化管理创新的重要手段；它用系统化的思维方式，综合了项目管理中涉及的范围管理、进度管理、费用管理、资源管理、质量管理、风险管理等不同的内容，融入了项目本身的管理策略和方法，规范了项目的工作流程、操作规则及操作方法，从而为项目提供能力证明，为项目成功提供机制保障。

制定项目管理手册就是要建立支持现代项目管理的组织体系和运营环境，就是要借助体系化的项目管理理念、可视化的项目管理工具、动态化的过程控制方法以及程序化的项目作业流程，达到明晰项目过程、提供操作模板和指导、明确责任权利的目的。针对不同的项目制定项目管理手册，不仅可以为项目提供项目管理能力证明，而且是项目可操作的工作流程规范。

简而言之，项目管理手册可以为项目的成功实施奠定基础。项目管理手册可以规范并指导管理过程，为项目提供一致的项目管理方法，有助于项目间协调，有助于资源调配和项目考核评价；项目管理手册可以提供通用的项目管理术语、通用的项目管理沟通语言，统一的过程、统一的术语定义……减少了沟通的复杂性，减少了由于缺乏对术语的理解而带来的问题。拥有明确的项目管理手册可以方便新员工培训，对新员工来说，项目管理手册有助于其对项目整个过程的理解、对项目总体管理思路和要求的理解，并对其具体操作起到指导作用，是新员工尽快进入工作角色，提升工作效能的有效方法；对项目来说，因为新员工的操作很规范，从而避免了项目实施过程中潜在的风险；项目管理手册是项目实践的最佳依据，是项目管理能力的体现，是可展示的质量保证。

2.2.3 实施阶段及其管理工作

1. 阶段概述

在完成了项目计划工作以后，就可以开始实施项目了。在项目实施的过程中，必须采取各种方法对项目进行监督，以确保项目管理者能够及时了解项目的最新进展情况，以便及时发现问题并给予处理；另一方面，还需要采取各种手段进行多方面的项目调控，以保证项目实施的结果与项目计划要求和目标一致。

项目实施阶段是整个项目成果的形成阶段，所以这一阶段的交付物是有待交付的项目成果。视项目类型的不同，项目成果包括实物形态的成果，如建筑物等；也包括知识或技术形态的成果，如设计图样、专项报告等。

这一阶段的主要任务，是以项目计划为依据，通过调配项目组织内外的各种资源完成组成项目的各项活动，实现项目的成果性目标；并通过项目实施过程中的动态控制，实现项目在时间、费用、质量等方面的约束性目标。

项目实施阶段的管理特征如表 2－9 所示。

表 2-9 实施阶段的管理特征

阶段定义	通常开始于项目计划获准实施，终点是导致项目最终成果的各项任务均已经完成并取得预期的、可交付的项目成果
主要任务	输入计划和要求 ⇒ [调度资源、跟踪进度] ⇒ 偏差与趋势分析 ⇒ [调整计划、纠正措施] ⇒ 输出项目阶段成果
常用的方法、工具	挣值法(EV) 关键比值技术 关键因素分析法(帕累托法) 甘特图 里程碑图 德尔菲法 累计费用负荷曲线 资源负荷图等

2. 实施阶段核心工作流程及交付物

实施阶段核心工作流程及主要交付物，如图 2-18 所示。

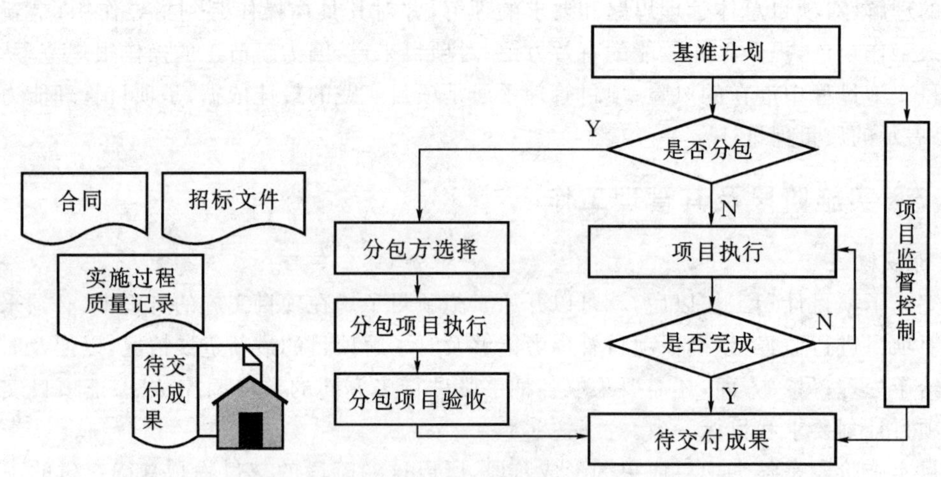

图 2-18 核心工作流程及主要交付物示意图

3. 实施阶段的主要工作

项目实施阶段主要包括项目执行和项目监控两方面工作，项目执行又依据项目的组织方式分为自行执行或分包执行。下面将分别阐述项目实施过程中的管理难点和要点。

(1)自行执行任务。所谓自行执行任务，就是要根据项目的工作范围和要求组建项目团队，落实任务责任，建立绩效激励机制，调配项目资源，并对项目过程实施管理，确保项目满足总体计划的要求。

自行执行任务工作管理的难点和重点主要有以下几点：

①在总体计划框架范围内,分级制订详细的分/子项目实施计划。在制订计划的过程中,需要考虑到分/子项目管理的特点,制订必要的操作计划,如施工项目需要制订现场安全管理计划,采购项目需要制订采购规划,并制订特殊材料的采购计划等。

②在项目实施的全过程中,要注重对人力、材料、机械设备、技术、资金等生产要素的配置和管理,以提高生产力。

③在项目实施的全过程中,要总体协调好利益相关方的关系,及时解决出现的问题,并为项目建立有效的沟通渠道,提供高效、可靠的项目信息管理平台。

④在项目实施的全过程中,为项目管理团队提供必要的培训,提升项目管理者的管理水平和解决冲突的能力,提升项目团队成员的业务水平和执行能力,构筑高效的项目团队。

⑤在项目实施的全过程中,如果需要执行采购任务,则需要经过供应商的选择(根据需要可以采用采购超标、委托采购、直接采购等方式)、签订合同及交货验收等过程,会涉及采购超标、合同管理及合同验收等相关技术。

⑥在项目实施的全过程中,项目管理者要组织项目团队采取多种行动执行项目管理计划。

(2)分包任务执行。所谓分包任务的执行,就是组织根据需要,将项目或分/子项目分包给业务提供商。这部分工作的管理难点和重点在于“选择适合服务商并监控分包任务的执行情况,验收交付成果”,就是要根据分/子项目的工作要求,选择合适的服务提供商,并对任务实施外包管理。

分包任务执行的管理重点包括以下几点:

①分包商的选择。分包商的选择可以根据需要,采用指定分包商或招标等方式进行。分包商的选择管理将涉及采购招标、合同管理、合同验收等技术。

②分包任务管理。在总体计划框架范围内,分包商应该制订详细的项目实施计划,该项目实施计划经过批准后可作为分包项目实施的基准计划,对分包任务的监控过程与自行执行任务的监控过程类似。

③分包任务的验收。分包任务的验收以合同为基准,以过程数据和质量记录为参考,可以根据项目类型的不同,采用评审会议、实物测试、资料审查以及现场验收等多种方式进行,也可以根据项目的重要程度,采取不同级别的验收。

(3)项目监督控制。无论是自行执行的项目,还是分包执行的项目,对项目管理者来说,在项目计划制订并发布以后,其主要工作都是监控项目按计划执行并协调解决出现的问题。

监督项目执行过程,就是要收集并分析项目过程数据,在掌握项目进展情况的同时,及时发现项目执行与原定计划的偏差,及时发现项目潜在的风险和存在的问题,及时制定并采取有效的措施,规避风险,协调解决问题,并在风险发生时最大限度地降低风险对项目产生的影响。

项目监控核心工作流程及主要交付物如图 2-19 所示。

项目监控的工作难点和重点有以下几点:

①项目监控的依据。对项目实施监控的依据不仅包括项目基准计划、项目已经发布的管理规则/规定,还包括企业、行业以及国家的相关标准规范。需要注意的是,不同级别的项目应依据不同级别的项目基准计划进行控制。

②要对项目进行监督和控制,首要的问题是需要了解并掌握项目状态信息。收集项目状态信息的方法有很多,有正式的和非正式的,有书面的和口头的,有主动的和被动的等,项目管理者可以根据需要选择不同的信息获取方式。

项目例会及项目状态报告都是获取项目信息的有效途径。

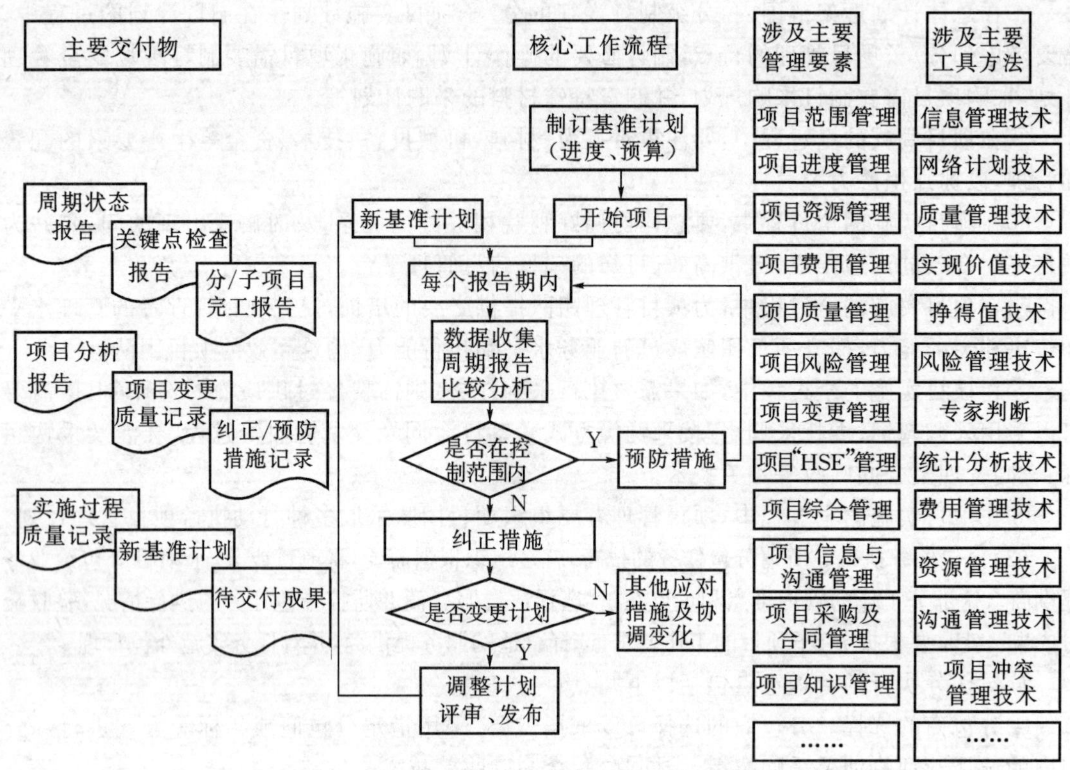

图 2-19　项目监控核心工作流程及主要交付物

项目例会可以根据项目管理的需要定期(每天、每周或每月)召开，项目例会的主要议程是了解项目进展情况，协调解决出现的问题并安排下阶段的主要工作。

项目状态报告也可以根据项目管理的需要定期(每天、每周或每月)提交，其主要内容包括项目进展情况、存在的主要问题以及需要协调解决的问题等，具体的要求根据管理者的需要可以自行设定。

③要从项目状态信息中及时发现潜在的风险和存在的问题，仅仅获取项目信息还不够，还需要对获取的信息进行相应的归类分析，并与基准计划进行对比，找出执行状态与基准计划的差异。

④分析差异形成的原因以及对项目执行的影响，同时分析潜在的风险和问题，根据具体情况采取相应的措施(预防措施或纠正措施)，确保项目在可控范围内执行。

⑤根据项目的进展情况及存在的主要问题，如果需要对原有计划进行调整(包括项目目标、项目范围、项目进度、项目资源、项目费用、交付物等)，需要进行项目变更。

⑥项目变更需要有效的控制，这包括：首先要确认变更是必需的，其次要确认变更到底会对项目带来多大的影响。这中间特别需要注意的是对项目的潜在影响，有些看起来似乎变更不大的项目，可能对项目系统产生影响，涉及了方方面面的改动。第三，变更的计划需要重新评审、发布，形成新的项目基准，从而作为项目执行和控制的依据。

另外还有一点非常重要，就是项目的监控要采用分级控制原则，根据项目的复杂程度，项目计划可以分为1～6级。对于较复杂的项目，项目总计划由高层管理部门对项目中各里程碑事件进行控制；分项目计划由分项目管理对项目中主要事件进行控制；项目详细执行计划主要由各作业部门对各具体作业计划进行控制。

2.2.4　收尾阶段及其管理工作

1. **阶段概述**

项目收尾阶段是项目成果完成后进行交接并结束项目的过程，其工作目标是项目利益相关者检验和评估各自的目标实现的程度并处理好相互之间的关系，让利益相关者满意。其阶段性交付物也是项目最终的交付物，主要是项目最终成果和项目验收报告。

项目收尾阶段的起点通常是面向项目成果的各项任务结束，完成项目交付成果，终点是项目成果的最终移交或进行项目清算，并解散项目团队。

项目收尾阶段的主要工作包括：项目验收与交接/清算、项目决算、项目审计、项目后评价及团队解散等。

收尾阶段的管理特征如表 2－10 所示。

表 2－10　收尾阶段的管理特征

阶段定义	通常是面向项目成果的各项任务结束，完成项目交付成果，终点是项目成果的最终移交或进行项目清算，并解散项目团队	
目标	利益相关者满意	
交付物	已交付的项目成果、项目验收报告	
主要任务	输入待交付成果 ⇒ 项目验收与交接 ⇒ 项目决算与审计 ⇒ 项目总结与评估 ⇒ 输入项目成果验收报告	
常用的方法、工具	抽样法 市场预测法 指标计算法	指标对比法 因素分析法 统计分析法等

2. **项目收尾阶段核心工作流程及交付物**

项目收尾阶段核心工作流程及主要交付物如图 2－20 所示。

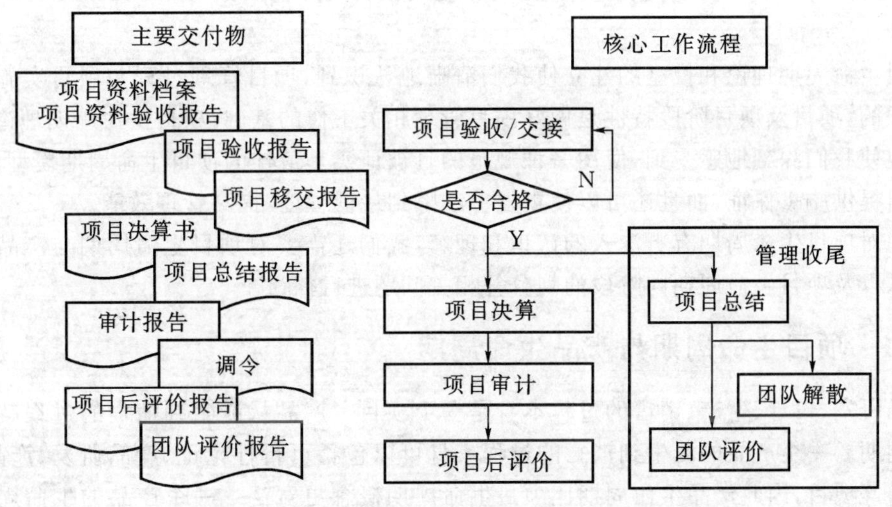

图 2－20　项目收尾阶段核心工作流程及主要交付物

3. 收尾阶段的主要工作

针对项目大小和项目类型的不同,项目收尾阶段所需要完成的工作也大不相同。但总的来说,项目结束阶段需要对项目进行验收交接,并完成项目管理收尾等相关工作;有些还需要进行费用决算、项目审计以及对项目进行后评价等相关工作。

(1)项目验收又称范围确认或移交,是指项目结束或项目阶段结束时,项目团队将其成果交付给项目委托方或使用者之前,项目相关方专家对项目的工作成果进行审查,核查项目交付成果是否满足预定的要求,核查项目计划规定范围内的各项工作或活动是否已经完成等。项目验收包括文档资料的验收和成果验收。对于工程建设项目来说,验收合格,项目成果将转交业主/使用单位投入生产;而对产品研发项目来说,验收合格就意味着可以投入试生产或批量生产。

(2)针对工程建设项目来说,在项目收尾阶段,还需要作费用决算,就是要以实物量和货币为单位,综合反映项目实际投入和投资效益,核定交付使用财产和固定资产价值。

(3)项目审计是指审计机构依据国家的法令和财务制度、企业的经营方针、管理标准和规章制度,对项目活动用科学的方法和程序进行审核检查,判断其是否合法、合理和有效的一种活动。项目审计可以根据需要在项目的各阶段开展。

(4)项目后评价就是根据管理需要,针对已经完成项目(或规划)的目的、执行过程、效益、作用和影响进行系统、客观地分析。项目后评价主要用来验证项目预期的目标是否达到,项目或规划是否合理有效,项目的主要效益指标是否实现等;也可以通过项目后评价来总结经验教训,提升项目决策水平,提升投资效能。我国项目后评价主要在投资建设项目中运用。就项目投资渠道和管理体制而言,项目后评价可分为以下几类:①国家重点建设项目;②国际金融组织贷款项目;③国家银行贷款项目;④国家审计项目;⑤行业部门和地方项目。

(5)项目管理收尾工作主要包括项目领导团队所作的总结报告,对项目团队成员的评价以及团队解散等相关工作。良好的项目管理收尾工作,可以将项目经验转换为企业经验,将项目数据转换为企业数据,将项目知识转换为企业知识。

2.3 需要关注的几个问题

项目生命周期理论和模型的建立使我们清晰地认识到,项目管理过程与项目实施过程是密切相关的,项目及项目阶段特性是做好项目管理相关工作的基础;项目生命周期理论和模型的建立也使我们深刻地感受到,使用一种规范的且被证实是最佳的项目生命周期模型,不仅可以为项目提供质量保证,而且还可以使重复劳动降到最低程度,提高管理效能。

要想对项目生命周期有更深入的认识和理解,我们还需要对项目生命周期与产品生命周期的关系以及项目生命周期内阶段的划分等相关问题进行探讨。

2.3.1 项目生命周期与产品生命周期

产品研发、设计、生产、销售的过程本身是一个项目。产品从诞生到消亡的过程就是产品的生命周期。一个产品的诞生到消亡的过程本身可以包括可行性论证、产品研发、产品中试、产品销售等项目,因此产品生命周期比项目生命周期概念更宽泛。一个产品的生命周期不仅包括了一个或多个项目,而且大多数产品生命周期中还包括运作。例如,一个典型的产品生命周期通常包括以下主要工作：

(1)研究和开发阶段，由市场调研、产品开发、生产线组建等一系列项目组成。

(2)引入市场阶段，由市场推广、生产投入、服务体系组建等一系列项目组成。

(3)成长阶段，由产品升级、扩建生产设施、优化服务体系等一系列项目组成。

(4)成熟阶段，该阶段主要是运作。

(5)衰退阶段，由市场分析、调整产品支持体系等一系列项目组成。

(6)消亡阶段，由关闭生产设施、处置产品和产品支持体系转型等一系列项目组成。

2.3.2　项目过程及项目管理过程

如上所述，在项目整个生命周期中，可以根据项目的具体情况划分为 N 个阶段来执行，每个阶段我们也可以称为项目过程。项目过程主要体现的是项目生命周期的阶段活动。

项目管理过程是由项目管理过程组(启动过程、计划过程、实施过程、控制过程、收尾过程)组成的，主要阐述项目管理活动规律。

从整个项目的管理看，我们需要经过项目管理过程组的全过程活动，当项目被划分为阶段时，同样的过程组会在每一阶段生命周期中重复，也会在每项工作中重复，并有效地推动项目完成。

项目过程与项目管理关系过程如图 2-21 所示。

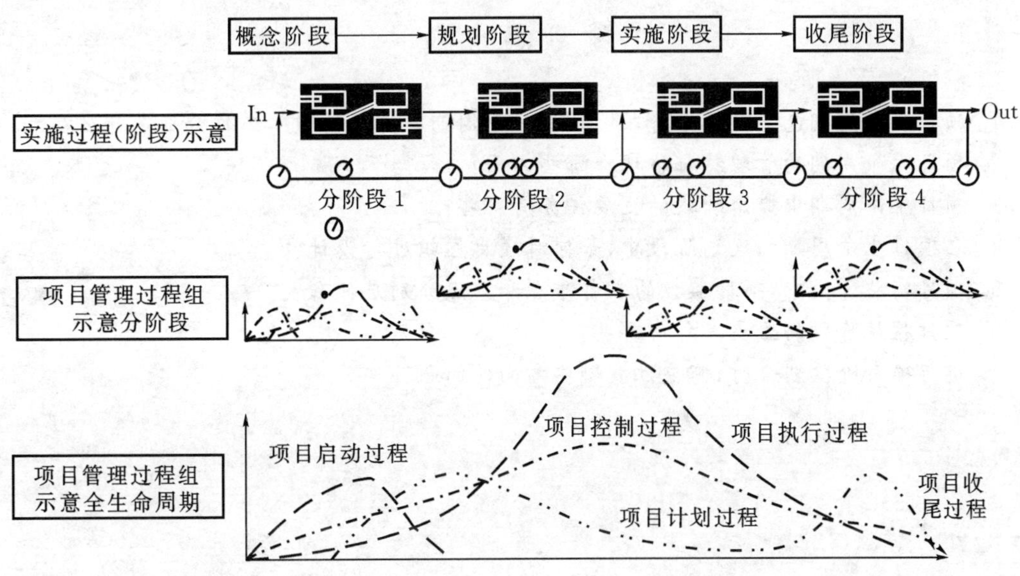

图 2-21　项目过程与项目管理关系过程

2.3.3　项目生命周期与项目组织设计

项目的组织是为完成项目目标服务的，项目的生命周期的所有活动是项目目标实现的保障。

项目组织是柔性的，所谓柔性即是可变的。项目组织打破了传统的固定建制的组织形式，它根据项目生命周期各个阶段的具体需要适时地调整组织的配置，以保障组织的高效、经济运行。

2.3.4 项目阶段划分需要注意的问题

(1)根据项目范围、特点及项目管理需要确定项目阶段。项目阶段的划分不是固定不变的，它随着项目的复杂性或所属行业的不同而不同，甚至同一类型的项目，都可以根据项目管理的需要有不同的阶段划分。即使同一行业的项目，其阶段划分也可能不完全一样，因为阶段的划分不仅需要考虑到项目本身的范围、特点，还同时要满足项目管理的需要。

(2)快速跟进。项目阶段的可交付成果和项目绩效是确定项目是否可以进入下一阶段的控制点，也是检测项目绩效、及时纠正偏差、控制项目风险的控制点，因此一般来说，项目的阶段性具有上一阶段的输出是下一阶段的输入的特性，即项目上一阶段结束后才能开始项目的下一阶段，项目的阶段性成果是在下一个项目阶段开始之前提交的。

但是也有一些项目，其后续阶段是在项目前序阶段的工作成果尚未交付之前就开始的。这种项目阶段的搭接作业方法通常被称为快速平行作业法，也称为快速跟进法。

显然，应用项目的快速跟进法，在可能的条件下及时启动相关工作并进行交叉作业，可以有效缩短项目的持续时间，加速项目进程，但这种方法会对项目的有效管理提出更高的要求，同时会增加项目实施过程中的风险(如项目变更风险等)。

复习思考题

1. 项目生命周期包含哪几个阶段？项目生命周期各阶段的核心工作分别是什么？
2. 项目生命周期的管理特征体现在哪些方面？
3. 项目生命周期中概念阶段的主要任务有哪些？
4. 在项目生命周期的规划阶段中，如何对项目组织进行设计？
5. 项目实施阶段中，项目监控的工作难点和重点分别是什么？
6. 项目收尾阶段的主要工作有哪些？
7. 进行项目阶段划分时，需要注意哪些方面的问题？

第3章 项目管理组织

3.1 单项目管理组织

单项目管理中常见的组织形式主要有三种：职能式、项目式和矩阵式。另外，在现代管理中网络组织正逐渐广泛地运用。

3.1.1 职能式组织结构

职能式组织结构是普遍被采用的一种组织形式，该组织为一个标准的金字塔结构。高层管理者位于金字塔顶部，中层和低层管理者沿着塔顶向下分布，企业的生产要素按诸如设计、采购、生产、营销、财务、人事等职能以及职能的相似性划分为部门。单项目管理过程中采用职能式组织形式，通常指项目任务是以企业中现有的职能部门作为承担任务的主体来完成，当一个项目由多个部门共同完成时，通常由一个部门作为牵头部门，相关部门协作配合，这种情况下各职能部门之间与项目有关的协调工作需由职能部门的主管层人员进行协调。职能式组织结构如图3-1所示。

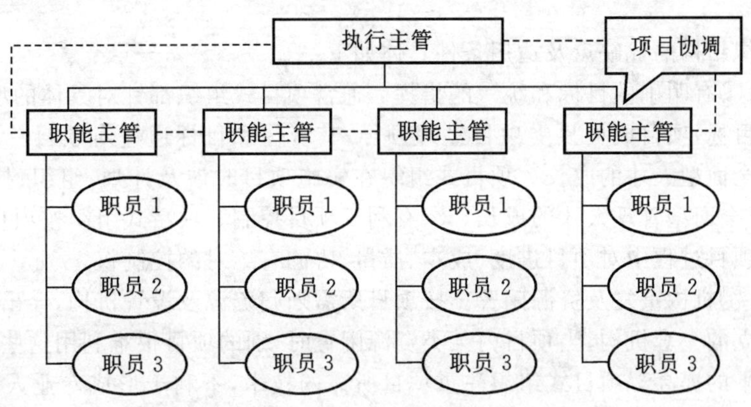

图3-1 职能式组织结构

职能式组织结构的优缺点及适用条件如下：

(1)优点。①职能式组织以部门为承担项目任务的主体，方便部门人员经验交流和共同研究，有利于企业技术水平的提升。②职能式组织中的资源归职能主管领导，职能主管可以灵活地根据工作需要调配资源，以降低资源成本。

(2)缺点。①协调难度大，当需要多个部门配合完成项目任务时，因没有明确的项目经理，在职能部门之间发生冲突时，职能经理之间的协调难度很大，容易影响项目整体目标的实现。②项目组成员责任淡化，当多部门配合完成项目任务时，因各成员的工作重心仍在职能部门，很难树立承担项目责任的意识，没有人对项目的总体承担责任。

(3)适用条件。职能式组织结构通常适用于规模较小的、以技术为重点的项目，不用于时间限制性强或要求对变化快速响应的项目。

3.1.2 项目式组织结构

项目式组织结构是按项目来划归所有资源，每个项目都有完成项目所必需的所有资源，每个项目实施组织都有明确的专职项目负责人，即项目经理，其对上接受企业主管的领导，对下负责分配管理本项目的资源以完成项目任务，有相对较大的权限和决策独立性。该组织结构下项目之间相对独立。项目式组织结构如图 3－2 所示。

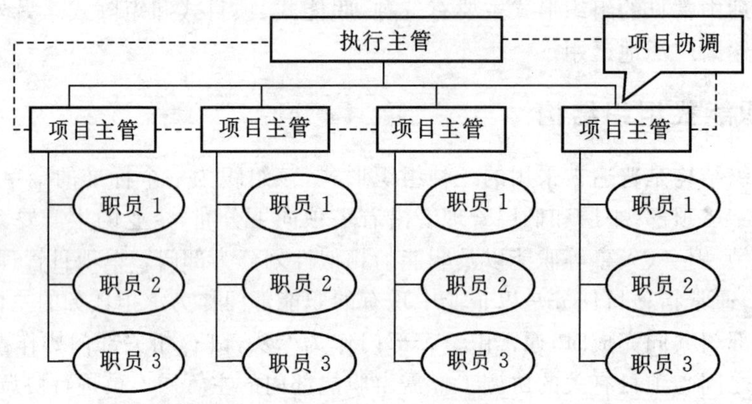

图 3－2　项目式组织结构

项目式组织结构的优缺点及适用条件具体如下：

(1)优点。①有明确的目标和统一的指挥。通常项目式组织都针对具体的项目，完成项目是组织的首要目标，项目成员只受项目经理领导，其责任和目标通过对项目总目标的分解形成。②有利于全面型人才的成长。项目式组织在实施项目时涉及计划、组织、控制、人事等多种职能，有利于全面型管理人才的成长。③有利于项目控制。项目式组织按项目划分资源，项目经理在管理项目过程中对项目进度、成本、质量、协调有绝对的控制权。

(2)缺点。①机构重复及资源闲置。按项目所需划归资源及设置机构，会出现每个项目都有相对完整独立的一套机构，当项目内某类资源闲置时，别的项目很难利用这些资源。②不利于专业技术水平的提高。项目式组织注重项目所需的技术，不利于形成专业人员钻研本专业业务。③具有不稳定性。项目一次性的特点决定了在项目收尾阶段，项目成员会担心自己的未来。④项目间的横向联系相对较少。

(3)适用条件。项目式组织结构适用于包含多个相似项目的单位或组织以及长期的、大型的、重要的、复杂的项目。

3.1.3 矩阵式组织结构

矩阵式组织结构是集项目的职能式组织结构和项目式组织结构的特点于一身，力求最大限度地发挥项目式组织结构和职能式组织结构的优点并尽量避免其缺点的一种多元化组织结构形式。矩阵式组织结构有弱矩阵、平衡矩阵、强矩阵几种形式。在项目管理过程中，弱矩阵组织结构优于项目的职能组织结构，但项目协调仍比较困难；平衡矩阵组织结构在项目管理体制上优于弱矩阵组织结构，但项目协调还不能充分、完全地进行；强矩阵组织结构能充分地进行项目协调，但需要职能部门经理良好的配合。

矩阵式组织结构如图 3-3 所示。

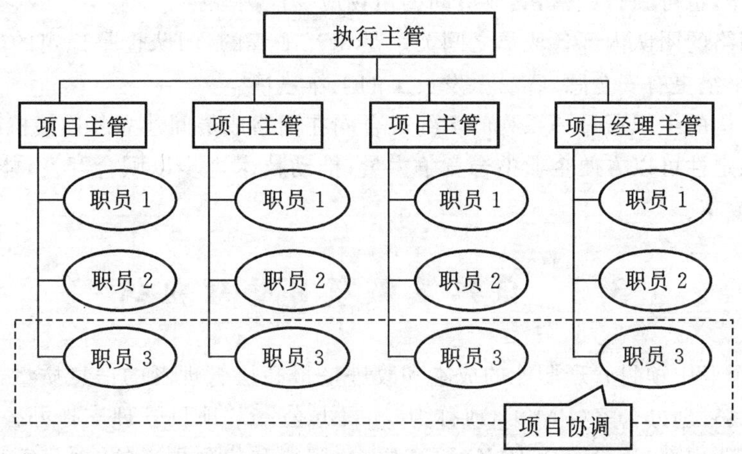

图 3-3　矩阵式组织结构

矩阵式组织结构的优缺点及适用条件具体如下：

(1)优点。①强调了项目组织是所有相关项目活动的焦点。②项目经理对诸如人力、资金等资源拥有最大的控制权，各项目可按自身的要求制定政策和方法。③职能部门中的人员储备可根据项目的需要灵活调配，专门人员可按计划需要使用。④对环境和项目需求的变化能迅速地作出反应。⑤由于各职能部门的人员归项目所共用，节约了人力资源，降低了费用成本。⑥解决了项目成员的归宿问题，即项目结束后项目成员都回到原来的职能部门。

(2)缺点。①职能组织与项目组织间的平衡需要持续地进行监督，以防止双方互相削弱对方。②由于要考虑到双方组织的情况，所以制定政策和方法时，需花费较多的时间和劳动量。③由于每个项目是独立进行的，从整个组织结构来看，易产生重复性劳动。④对于组织成员来讲，有两个顶头上司，既难处也难管。⑤对于时间、费用等关键参数平衡的监控更加严格，否则会影响到项目运行。

(3)适用条件。矩阵式组织结构适用于需要利用多个部门资源且技术相对复杂的情况，不需要在项目整个过程中所有技术人员全职为项目工作。

3.1.4　网络组织结构

网络组织结构是以单元之间纵横交叉关系及更为复杂的多项连接关系而构成的具有网络型逻辑关系的组织形式。网络组织在构成上是由众多灵活、敏捷、多技能、多专业的工作团队组成联盟，各团队在地位上平等、行政上独立、经营业务上紧密联系，是一种资源共享、优势互补、超越传统组织边界和空间障碍的变化的功能群体。它根据生产经营需要不断组合各相关企业组织，完成一定使命后就解体，下一次又为一个新的目标重新组合。整个网络组织结构是长期的、稳定的，但各成员组织之间的关系是变动的、非稳定的。

网络组织结构的特点如下：

(1)各组织成员间拥有各自的智力资源、不同的人员结构，为了共同的目标自愿地与其他团队进行广泛地交流与合作，促进了知识与技能共享，提高了企业的创新能力。

(2)网络结构的企业是由若干团队组成的动态群体，各团队相对独立，为共同的项目可以联合成一个整体，也可独自经营，其成员间的市场应变能力较强。

(3)组成网络的团队内部各成员之间关系是相互平等的，团队也是稳定的，员工较矩阵式组织中的项目小组更有安全感，容易激发员工的工作热情。

(4)网络结构的组织通过一系列的契约或合同在网络成员间建立起连接机制和运作机制，其动态性、非稳定性可以方便企业整合竞争力量，推动技术进步以联合开发，能有效地降低生产成本与交易成本。

3.2 组织层级项目管理组织

为了减少企业中项目管理职能的成本和改进呈报高层管理者的信息质量，现代项目管理企业设立了项目管理办公室(PMO)，或称为“项目办公室”“项目管理支持办公室”“计划办公室”。在大型企业内部，还设有比 PMO 更高层次、职能和权限更广的“项目管理委员会”。这时，PMO 成为它的具体办事机构。在政府部门和大型公共事业管理部门内也可设立 PMO，PMO 将项目管理的多项职能加以整合，以提高工作效率并更好地支援项目。PMO 通常不是一个决策机构和项目的管理机构，而是一个项目决策的支持机构和项目管理的服务机构。

下面以企业为例介绍 PMO 的建立及职责。

3.2.1 项目管理办公室的层级设计

项目管理办公室的层级设计如图 3-4 所示。

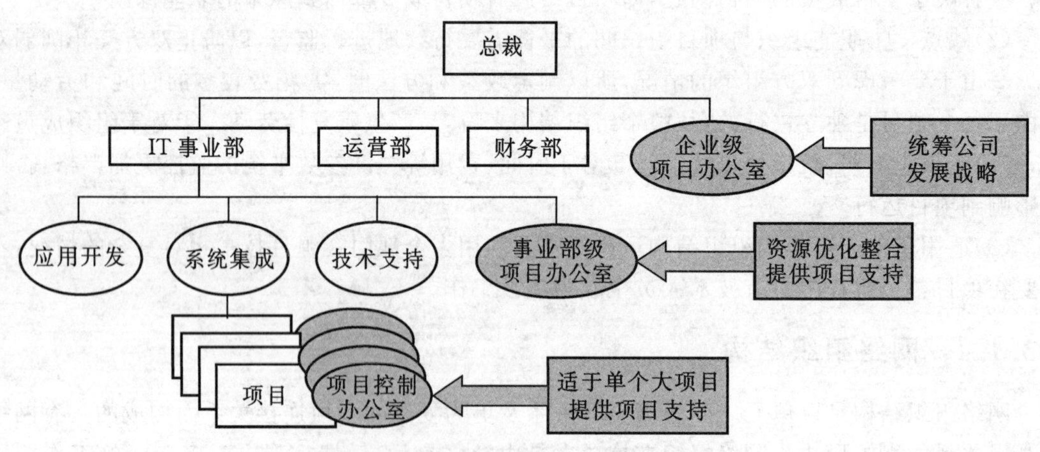

图 3-4 项目管理办公室的层级设计

3.2.2 项目管理办公室的建立

(1)确定 PMO 提供服务的内容。

(2)确定 PMO 人员的职责技能要求。

(3)建立 PMO 并宣布其开始运作。

(4)与客户(总经理、项目经理等)联系,了解他们的需求并满足他们需求。

(5)为客户服务时,通过不断地满足业务需求以扩展 PMO 的服务。

(6)在客户的参与下,不断地改进其技能和完善其职责。

3.2.3　PMO 常见的岗位

PMO 常见的岗位如下:

(1)项目办公室主任。

(2)项目资深顾问。

(3)项目信息处理员。

(4)项目财务专员。

(5)项目绩效专员。

(6)项目审计专家。

(7)项目人事行政助理。

(8)项目合同总控专员。

3.2.4　项目管理办公室的具体职责

项目管理办公室的具体职责如表 3-1 所示。

表 3-1　项目管理办公室的具体职责

工作范围	所提供的服务
项目计划工作的技术支持	选择和维护项目计划方法 保存和更新计划模板 收集和整理经验教训 维护项目进展情况的衡量标准 为时间和费用估计提供咨询
项目审计	制作检查项目每个里程碑所需的核对表(检查清单) 支援项目中问题的解决 记录和维护解决问题的方案或方法
项目控制方面的支持	不断地维护项目变更控制的记录 维护项目变更控制的措施及终止项目的条款 确定时间表中的项目并不断地维护 进行项目发展趋势的分析 支持项目状态报告的开发 对所有项目进行总结和提炼
项目团队方面的支持	参与项目团队的组建工作 对团队成员进行项目管理技术的训练和指导
开发项目管理的技能	对未来项目所需的技能进行评估 参与项目的绩效评价 支持项目团队的不断学习

续表 3-1

工作范围	所提供的服务
维护项目管理程序	维护和更新项目管理的基本方法 提出关于项目管理程序培训的一般要求 将项目管理制度化 确定程序所要求的培训 维护项目管理制度、程序和方法 确定程序所要求的通用培训 维护项目管理的政策、程序和方法
项目管理工具	为项目及组织机构进行工具的需求评估 评价现有工具对项目的适用性和兼容性 协调项目团队的工具培训 提供有关工具的技术专家意见
项目执行方面的支持	建立新项目的优先级 就跨项目的资源分配提出建议 审查对项目进展情况的评估结果 为执行项目的人员提供项目管理咨询
项目报告	定期或连续地收集和确认信息 准备并分发各种报告 为高层管理者准备报告
问题	为项目经理建立记录并跟踪相关问题 在问题解决之后核销该问题 维护有关问题的历史资料以供参考
风险	进行风险评估、量化、减轻风险 跟踪风险及结束风险事件 准备应急计划
行动方案	建立行动方案的记录并跟踪各项举措 在行动方案实施结束后进行整理 维护关于行动方案的历史资料
信息交流	准备信息交流计划 根据需要更新信息交流计划 向项目利益相关者分发各种报告 保存和维护各种交流信息的副本
进度表	利用自动化系统准备项目进度表 根据项目进展报告记录项目进展状态 根据需要制定项目进度表
费用	准备项目预算 根据费用支出情况维护费用预算 报告预算执行情况

续表 3-1

工作范围	所提供的服务
质量	准备质量保证和质量控制计划 维护质量保证和质量控制计划 准备测试和演示方案 保存和更新测试记录
内部项目管理咨询	对项目的各个阶段提供项目管理专家意见，以改善计划、控制项目、对技术问题提供建议、为项目的成功提供建议

3.3 典型的项目管理组织

3.3.1 组织级项目管理组织

组织级项目管理组织不仅包括各类单项目管理组织，而且在更高的层次还有对各单项目的支持与协调服务组织(项目管理办公室)及决策组织(项目管理委员会)，如图 3-5 所示。

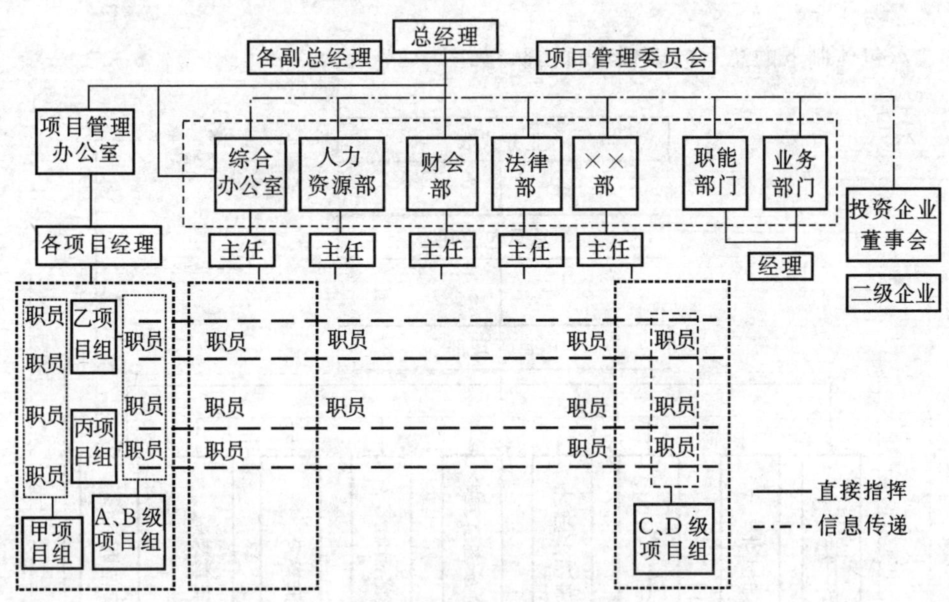

图 3-5 组织级项目管理组织

3.3.2 不同行业不同类型的单项目管理组织机构

(1)新产品研发项目管理组织。依据整个公司的组织架构，针对不同的具体研发项目应该选用不同的项目组织。

某研发企业为了适应全方位的产品创新活动，把研发管理组织框架按项目类别不同来区分，首先设立研发项目评审委员会，对研发项目进行分类和分配任务，如图 3-6 所示。

(2)工程建设行业项目管理组织。以某水电站建设企业的项目管理组织为例，介绍工程建设行业项目管理组织。

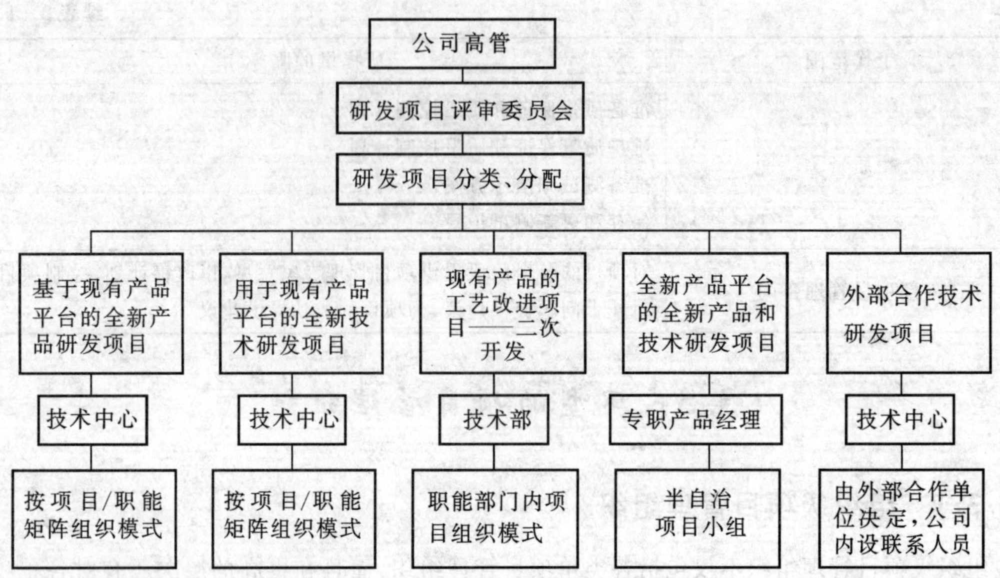

图 3-6　某公司的研发组织框架

①总承包体制下的总承包虚拟项目团队,如图 3-7 所示。

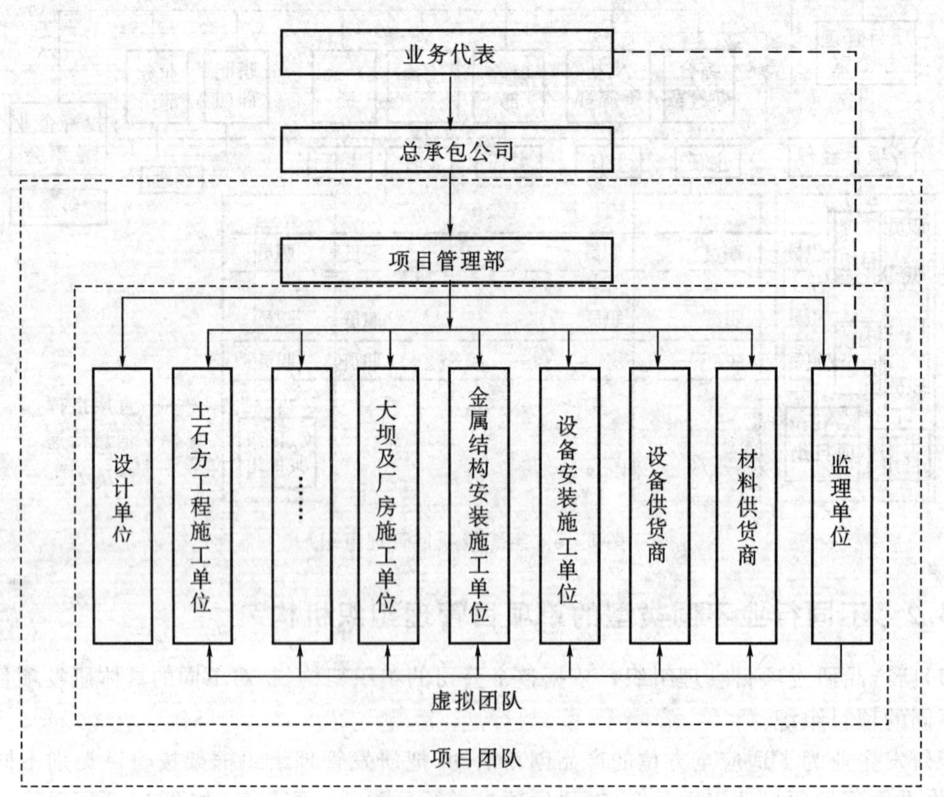

图 3-7　总承包体制下的总承包虚拟项目团队

总承包体制下的总承包虚拟项目团队，是以项目为对象、以项目目标的实现为共同目标，由法律合同关系联系起来的项目组织。

②核心项目管理团队，如图3-8所示。

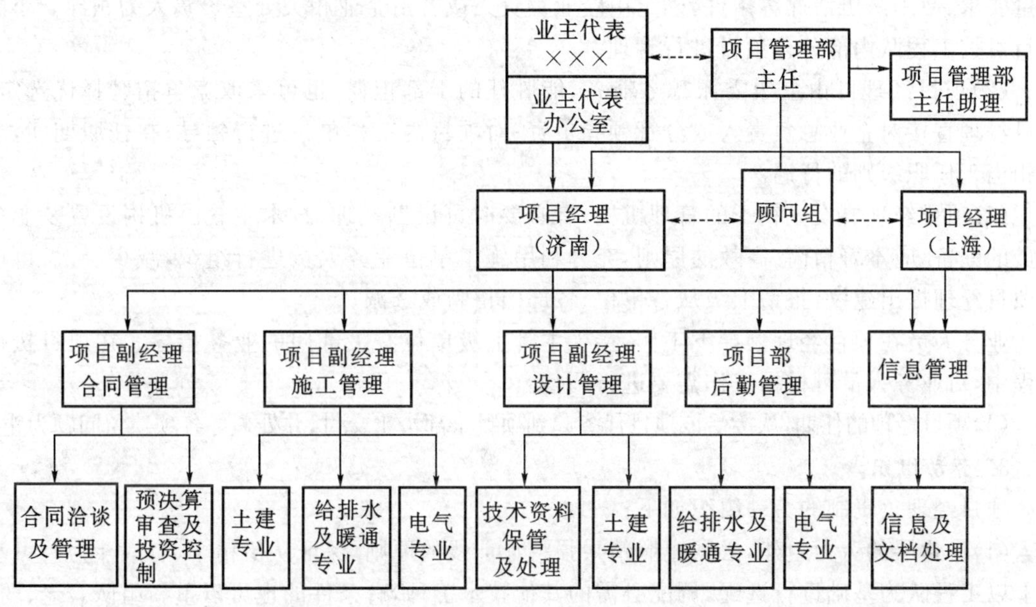

图3-8　核心项目管理团队

3.4　项目管理组织制度

有人说，现代项目管理与国际接轨的标志是项目法人责任制、建设监理制、招标投标制和合同管理制。在工程项目实施过程中充分利用“四制”，可以确保工程建设的质量、进度、安全和投资。其中项目经理负责制就是项目管理的组织制度之一。

3.4.1　项目经理负责制

此处以工程施工企业为例，对项目经理负责制进行说明。

在我国，各类基本建设项目均学习推广鲁布革工程管理经验，改善企业内部经营机制，加强以工程项目为主的管理制度。各工程项目实施企业在中标承包的工程项目中要实行项目经理负责制，实现安全、优质、快速、低耗、高效的要求。

1. 性质及任务

项目经理负责制的性质及任务如下：

(1)项目经理对所承担项目的生产经营管理工作，实行统一领导，全权负责。

(2)项目经理同上级（总公司或分公司）签订项目经理承包合同，实行责权利相结合的项目总承包。

(3)项目经理对所承担的工程项目实行独立核算，加强成本控制。项目管理实行内部层层承包的经济责任制。

2. 管理机构及领导关系

项目经理负责制的管理机构及领导关系：

(1)大中型项目或单项工程的项目经理，要根据工程的重要性、规模大小、复杂程度、工期质量要求、使用队伍情况等条件，确定由企业负责人或者由企业相关处室负责人为领导。小的项目可按工程队内部分包项目进行管理。

(2)项目经理可由上级委派德才兼备、能胜任的干部担任，也可采取竞争招聘择优选定。项目经理直接对企业总负责人或分管领导负责；对项目内工程单位进行领导；在任职期间，享受相当于任职级别的待遇。

(3)项目经理要设立精干的管理机构，有必要时可设副经理、技术主管。机构设置及业务人员的配备，应本着精简、高效的原则，充分利用施工单位业务人员进行组织，减少层次；也可由项目经理提出建议，报请上级从各单位、各部门招聘或选派。

业务人员在项目经理领导下工作，接受主管上级单位有关部门的业务指导。在项目执行过程中，对业务人员可根据工作需要进行调整。

(4)项目经理的任期，从接受该项目任务起到项目全部竣工交付，并处理好各项遗留问题为止。

3. 劳动组织

项目经理负责制的劳动组织如下：

(1)作业层的劳力组建，必须遵照精兵强将上前线的原则，保证队伍精干、有战斗力。可基本上以工程队为基础进行选配，调配必需的其他技术工种，有条件的也可以重新组队。老、弱、富余人员及家属不上一线，留在后方。

(2)根据施工需要，工作面作业人员实行混合编组，工种配套，工人一专多能。一线工人数量要压至最低限度。

4. 项目经理的主要职责

项目经理的主要职责为如下：

(1)认真贯彻执行党和国家的路线、方针、政策和法令，坚持物质文明、精神文明一起抓。

(2)严格履行承包合同规定的工期、质量、安全、效益等内容和要求。

(3)端正经营管理思想，实行方针、目标管理，建立各级岗位责任制。

(4)科学组织施工，采用先进技术，组织和指挥全体职工，保证完成生产计划及各项指标。

(5)积极推行全面质量管理，加强质量控制，保证工程质量达到规定标准，努力创出优质工程。

(6)严格执行安全生产责任制，加强安全管理，搞好环境保护和劳动保护工作，实现安全生产、文明施工。

(7)以提高经济效益为中心，积极推进改革，实行企业现代化管理，挖潜、搞活，增产、节支，不断提高生产效率和经济效益。

(8)贯彻按劳分配的原则，正确处理国家、企业、个人三者利益关系。多劳多得，奖勤罚懒，充分发挥职工参加生产和管理的积极性、创造性。

(9)加强上岗前培训工作和基础工作，提高职工素质和操作水平；加强人、财、物管理；参加编制工程总结、竣工资料和验交工作。

5. 项目经理的主要权限

项目经理的主要权限为：

(1)全面负责项目经营管理生产指挥权。

(2)对项目管理机构设置和编制的决定权。

(3)对项目内管理人员的任免、调动有建议权。

(4)经上级领导审批,对项目作业队伍的组建权。

(5)按合同规定对该项目的人、财、物资、设备有使用调配权。

(6)有权建立项目内部各种经济责任制,实行层层承包。

(7)对工资奖金的分配,在政策允许范围内有自主决定权。

(8)按管理权限,对项目内职工、干部有奖惩权。

(9)接受上级委托,负责或参与该项目的对外谈判、联系及办理外部协作事宜。

6. 承包合同的主要内容

承包合同的主要内容如下:

(1)承包项目。主要包括任务(投资总额、工作量、进度、工期)、安全、质量、效率、利润。

(2)上级保证条件。主要包括提供投标资料及设计文件;按合同条款提供物资供应及配备机械设备;提供核定的流动资金贷款。上级机关要提供科技咨询和工作服务,为项目实施创造良好环境。

7. 项目的群众工作

在项目管理机构中,项目经理要负责团队成员的思想工作,建立有利于发挥团队成员积极性的健康、宽松的组织氛围;也可以设置以兼职为主的群众政工人员,协助项目经理工作。

8. 奖惩

项目经理负责制的奖惩如下:

(1)在项目实施过程中,可按季对项目的经济指标进行考核,按适当比例预提奖金,真正把分配与项目效益挂钩。

(2)项目最终实现的利润扣除有关规定上缴的部分,按合同规定的比例进行分配。

(3)对项目经理按项目综合效益实行考核奖惩。成绩突出者要给予重奖,除奖金外,还可以晋级、升职;对完不成承包合同条款者,根据情节予以处罚,甚至撤换。

9. 其他

项目经理负责制,应在执行中不断总结、提高和完善。企业可根据本部分内容结合实际,拟订具体实施细则。

3.4.2 项目管理组织文化

1. 创建学习型组织

努力建设学习型团队,项目经理不但自己要加强学习,还要为员工创造提供各种学习的机会,以提高项目团队的业务能力。

为提高员工项目管理理论的知识水平和团队协作能力,结合企业整体培训安排,请国内知名专家学者举办项目管理知识培训班,多安排与项目管理有关的工程安全、质量体系贯彻、工程技术知识、国家政策法规等方面的培训活动。

项目经理引导、鼓励团队年轻人结合项目实际,加强项目管理理论学习,结合项目管理实践,总结项目管理工作的经验并发表项目管理论文,为项目后期和其他项目提供有效的借鉴。

为鼓励项目组成员群策群力,以促进高绩效团队的形成,项目经理应不定期召集团队成员举行开放式的恳谈会,鼓励大家就项目及其他大家感兴趣的问题,包括员工的生活、学习、工资待遇等畅所欲言。

2. 注重知识的积累管理

在项目实施管理过程中，项目团队以书面或者电子文档两种方式对所有技术管理信息进行归档保存。电子文档存储在企业指定的网络数据库中，企业全体员工可以共享。书面文件进行分类、编号后存放于项目管理部资料室，由专人管理并形成检索目录，供各利益相关方查阅和共享。

项目实施过程中定期进行质量分析、阶段总结，并将改进意见表发放给各利益相关者，分析前一阶段成功的管理经验和不足之处，对照计划提出下一阶段的改进措施，形成阶段管理总结报告；同时要求定期举办项目管理经验交流会，为管理人员提供交流平台；鉴于项目实施管理过程中形成的管理经验和教训，应及时对管理规章进行改进，并在企业内部发布，与其他项目共享。

3. 激励并培训员工

合理的激励机制能增强团队的凝聚力，充分调动每个团队成员的积极性，有效地发挥他们的能力，推进项目有序进展。大力宣传项目的重要性，鼓励企业各类人员积极参与项目。

为充分发挥团队成员的潜力，要记录成员的业绩。在每月召开团队例会时，制订下月计划及每个成员的任务分工，发现并记录成员在上月工作中做出的成绩和出现的不足，并根据项目进展合理调整各成员的职责分工，使每位成员最大限度地发挥自身的潜力。

人力资源部每月定期与项目经理进行电话或网上沟通，及时掌握项目团队成员的工作情况，在事实基础上，按比例对成员岗位工资作出适当调整，用以鼓励先进，鞭策落后。

人性化的培训制度使员工与企业共同成长，给员工提供了一个在管理和技术双渠道发展的职业发展道路。根据项目的特点，为团队成员设置了个性化的职业生涯规划图，如图 3-9 所示。根据成员的不同愿望，组织不同类型的针对性培训。

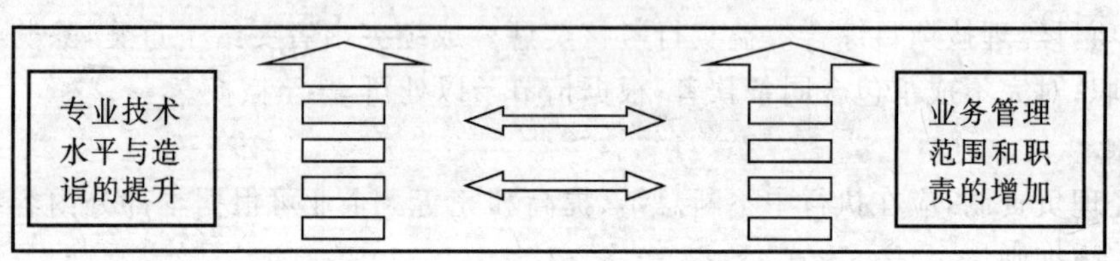

图 3-9　双渠道发展职业道路

复习思考题

1. 单项目管理中，项目式组织结构的优缺点分别是什么？
2. 单项目管理中，矩阵式组织结构的优缺点分别是什么？
3. 在现代管理中，网络组织正得到越来越广泛的应用，那么网络组织的特点是什么？
4. 项目管理办公室(PMO)的建立需要经过哪些程序和步骤？
5. 创建学习型组织对于项目管理组织文化的提升有什么样的意义？

第 4 章 项目管理过程

4.1 项目管理过程概述

4.1.1 项目管理过程与项目管理过程组的关系

1. 项目管理过程

项目都是由两重过程构成：一是项目可交付物（含阶段性可交付物和最终可交付物）的创造和生产过程，二是项目管理过程。项目管理过程是在项目质量、进度和费用等目标的制约下，为产出项目交付物而进行的综合努力过程，如图 4－1 所示。

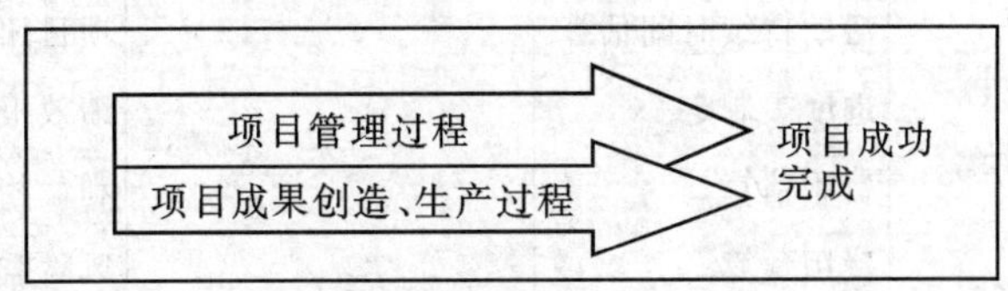

图 4－1 项目管理过程和项目生产过程关系示意图

2. 项目管理过程组

管理涉及多方面的工作，整个项目管理包含大量的工作环节、过程，项目全生命周期和项目每个阶段都需要有一个或多个相应的项目管理过程。关于启动过程、规划（计划）过程、执行（实施）过程、监控（控制）过程和收尾（结束）过程五个不同的管理过程组的概念和相互关系等内容已经在第 1 章有所介绍，这里不再赘述。

项目管理各过程的基本运行规律是遵循启动、计划、实施、监控、收尾这样的次序，但各过程之间也存在不同程度的搭接。各过程组在一个管理的循环周期中的搭接关系和活动强度如图 4－2 所示。

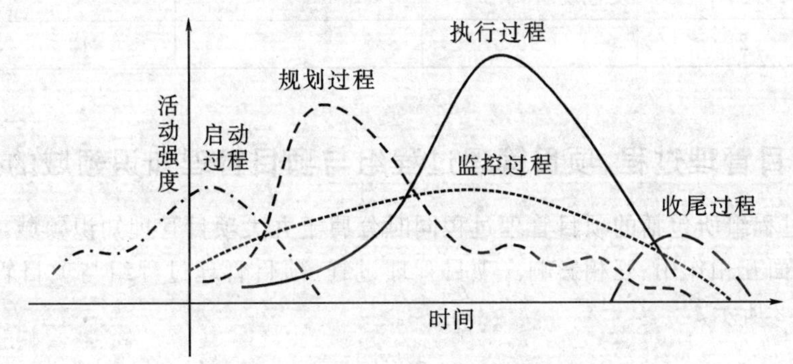

图 4－2 项目管理过程组的搭接关系和活动强度

3. **项目管理过程组与项目管理过程的关系**

PMBOK 认为，项目管理有 44 个管理过程，这 44 个项目管理过程可用于不同行业类型的项目，在项目生命周期不同阶段分属于五个不同的管理过程组。

项目管理过程组与项目管理过程的关系如表 4-1 所示。

表 4-1　项目管理过程组与项目管理过程的关系

	启动过程组	规划过程组	执行过程组	监控过程组	收尾过程组
项目管理过程	制定项目章程	制订项目管理计划	指导与管理项目执行	监控项目工作	项目收尾
	制定项目初步范围说明书	范围规划	实施质量保证	整体变更控制	合同收尾
		范围定义	项目团队组建	范围核实	
		编制工作分解结构	项目团队管理	范围控制	
		活动定义	信息发布	进度控制	
		活动排序	询价	费用控制	
		活动资源估算	卖方选择	实施质量控制	
		活动持续时间估算		项目团队管理	
		进度表制定		绩效报告	
		费用估算		利益相关方管理	
		费用预算		风险监控	
		质量规划		合同管理	
		人力资源规划			
		沟通规划			
		风险管理规划			
		风险识别			
		定性风险分析			
		定量风险分析			
		风险应对规划			
		采购规划			
		发包规划			
合计 44	2	21	7	12	2

4.1.2　项目管理过程、项目管理过程组与项目管理知识领域的关系

项目管理过程组所包括的项目管理过程同时分属于九大项目管理知识领域，在项目范围、费用、进度等方面互相作用、互相影响。项目管理过程、项目管理过程组与项目管理知识领域的关系如表 4-2 所示。

表 4-2　项目管理过程、项目管理过程组与项目管理知识领域的关系

	启动过程组	规划过程组	执行过程组	监控过程组	收尾过程组
整体管理	制定项目章程 制订项目初步范围说明书	制订项目管理计划	指导与管理项目执行	监控项目过程 整体变更控制范围	项目收尾
范围管理		范围规划 范围定义 编制工作分解结构		范围核实 范围控制	
时间管理		活动定义 活动排序 活动资源估算 活动持续时间估算 制定进度表		进度控制	
费用管理		费用估算 费用预算		费用控制	
质量管理		质量规划	实施质量保证	实施质量控制	
人力资源管理		人力资源规划	项目团队组建 项目团队管理	项目团队管理	
沟通管理		沟通规划	信息发布	绩效报告 利益相关者管理	
风险管理		风险管理规划 风险识别 定性风险分析 定量风险分析 风险应对规划		风险监控	
采购管理		采购规划 发包规划	询价 卖方选择	合同管理	合同收尾
合计	2	21	7	12	2

4.1.3　项目管理过程组与 PDCA 循环的关系

同项目管理各过程相互关系有关的另一个基本概念是 PDCA 循环，PDCA 循环源于质量管理，PDCA 是英语单词“plan”（计划）、“do”（执行）、“check”（检查）和“action”（处理）的第一个字母，PDCA 循环就是按照这样的顺序进行质量管理，并且循环不止地进行下去的科学程序。

目前,PDCA 循环不仅作为全面质量管理体系运转的基本方法,而且也是运作管理的一种基本方法。

与运作不同,项目在确立下来之前,没有努力的目标、管理对象和操作平台,还无法实施 PDCA 循环,所以项目管理还需要一个确立项目的启动过程;又因为项目有生命周期,项目管理是一种有限的努力,它还有一个收尾过程。所以启动过程组是这些循环的开始,而收尾过程组是其结束。由于项目自身的特点,项目管理过程组的综合性比 PDCA 循环更加复杂。但是经过扩展的 PDCA 循环可以用于过程组内及其之间的相互关系中。规划过程组与 PDCA 循环中的"计划"对应;执行过程组与 PDCA 循环中的"执行"对应;而监控过程组与 PDCA 循环中的"检查"和"处理"对应。此外,项目管理综合性要求监控过程组与其他过程组的所有方面相配合。项目管理各过程组的反复运用体现在项目的启动过程不仅用来启动一个项目,也用来启动一个项目阶段等方面,同样的道理也适用于其他过程组,如收尾过程组。随着这些过程的反复进行,项目团队能够阶段性地对项目和项目环境进行评估,判断是否偏离了项目目标或者环境是否发生了重大变化,使得项目团队能够预见问题或及时发现问题,及时采取措施,纠正偏差,解决问题。

4.1.4 项目管理过程(组)在项目中的循环运行

项目管理五个过程组在一个项目中反复进行,借鉴了质量管理领域 PDCA 循环的管理理念。其核心内容是,这五个过程不是运行一次就完结,而是多次循环进行,一部分的结果成为另一部分的依据。

但是项目管理五个过程组比 PDCA 循环更加复杂。项目管理过程的循环通过启动过程开始一个项目或者一个阶段,通过收尾过程结束一个项目或者一个阶段,确保项目或阶段有序地开始和有序地结束,一个阶段的收尾为另一个阶段的启动创造了条件和基础。在循环的中间,计划过程和执行过程头尾相接,又形成了循环。监控过程则对整个循环过程实行监控。

4.1.5 项目管理层级与管理过程

为了清晰地认识项目管理过程的运行环境,应对项目管理层次理解的具体化,提出适用于多数项目组织的项目管理层级。多数情况下,项目管理活动分布在三个主要的管理层级。

第一级是项目的决策层级。这个层级的工作考虑项目的战略性目标的可行性、资源保障和重大风险。对应这个层级的组织层面是项目的指导层,负责项目的关键性决策。这一层的管理者可根据各企业实际情况来确定,可以由公司的主管副总裁、项目管理委员会或者事业部经理、副总经理构成。

第二级是项目管理层。这个层级需要完成项目的计划、工作布置和控制。对应于这一层级的组织层面是项目经理。

第三级是执行层。这一层级的工作通过实施一项一项的具体工作(工作包以及组成工作包的任务清单)逐渐生产出项目交付物。对应于这一层级的组织层面是项目团队的工作小组负责人及成员。

管理层级及其对应的组织机构、工作内容、项目管理过程和计划级别如表 4-3 所示。需要说明的是,这三个层级指的是基本的层级,在具体实践中,可根据不同的组织和不同的项目管理环境围绕这三个层级作出更多的细分和交叉。

表 4-3　项目管理层级与项目管理过程关系表

序号	层级	组织分解		项目管理过程	工作分解（项目）	计划（项目）
		长期组织	项目			
1	高级综合层（战略决策、集成），公司	事业部、业务部	项目管理委员会、项目主管	启动规划监控收尾	组织级战略目标项目的构思立项资源保障项目成果	里程碑计划项目、总体目标计划
2	管理策略层	职能部门	项目部、项目管理部	启动规划执行监控收尾	项目的计划、实施布置安排和控制	项目总体目标计划、子计划项目
3	工作执行层	项目组员工	项目组团队成员	规划执行收尾	具体执行活动	工作报计划和执行活动计划

4.1.6　PRINCE 2 的管理过程

PRINCE 是由英国政府商务部（OGC）于 1989 年开发的受控环境下的项目管理——“project in controlled environment”的简称，多年来在不断地进行完善，1996 年开始推广的 PRINCE 2 是 PRINCE 的第二个版本。PRINCE 描述了如何以一种逻辑性的、有组织的方法，按照明确的步骤、过程对项目进行管理。2009 年的 PRINCE 2 版本可以归纳为“七、七、七、四、二”架构，即七个项目管理原则、七个项目管理主体、七个项目管理流程、四层项目管理组织结构及两个项目管理技术。

PRINCE 2 的七个管理过程是一种结构化的项目管理流程，是项目管理过程操作的具体化。

PRINCE 2 用一系列的过程（管理流程）来描述一个项目在何时发生了什么，应该如何管理。这些过程涵盖了从项目开始到项目结束的所有活动，这些过程和组成部分包括如商业论证、质量管理、风险管理和变更控制等各个方面，也可以根据不同项目的需要对其进行缩减和调整，以确保最终产品（交付成果）符合要求。

新版的 PRINCE 2 不包括项目计划流程，只设置了七个管理流程。

PRINCE 2 的七大管理流程，包括项目指导、项目准备、项目发起、项目阶段边界管理、项目阶段控制、项目产品交付、项目收尾，实现环环相扣，形成完整的管理互动链。

（1）项目指导（DP）是一个非常重要的过程，定义了项目管理委员会的职责。它确保了项目管理委员会对商业论证的最终负责，必要时对项目经理和高级管理层提出建议。

（2）项目准备（SU）过程可根据项目的需要来决定其正式程度，该过程明确了一个基本问题——我们的项目是否切实可行、值得进行。

（3）项目发起（IP）是第一个真正的项目过程。它为项目奠定了一个坚实的基础，与项目管理委员会在目标、风险和产品预期质量方面取得共识。

（4）项目阶段边界管理（SB）对项目现状价值的评估具有重要作用，有助于决定商业论证是否仍旧可行。

（5）项目阶段控制（CS）阶段包含项目经理的日常管理活动。

(6)项目产品交付(MP)过程管理涵盖根据产品描述中的质量标准制造和准备实际产品的工作。

(7)项目收尾(CP)确保项目的结束、必要的后续行动计划和项目后审查都能得到有效控制。

有关 PRINCE 2 的其他内容,请参看相关的资料,本节不再赘述。

4.2 项目启动

为了开始一个项目,必须要做一些前期工作。这些工作包括项目发起人和用户的组织战略规划和经营策略,组织对项目的经营要求、项目的技术可行性研究、组织资源分析,有些工作内容甚至可以追溯至项目发起人和用户的需求识别和项目构思、项目机会研究和项目选定。

开始一个项目的大量工作可能由项目范围之外的人完成,但对项目来说,这是一个启动的过程。

4.2.1 启动过程对项目管理的意义

"好的开始是成功的一半",这句话对项目管理来说同样是至理名言。

项目团队通过履行启动过程的工作步骤来了解项目的基本目标,了解项目产生的背景。如果是通过市场竞争赢得的项目,则需要研究合同的商业技术条款和客户的期望,检查是否存在无法实施的隐患,使项目有一个坚实的基础,并以有组织、受控的方式开始,确保项目有一个好的开端,为后续的项目过程作好准备。

严格地实施启动过程,还可以强制性地避免项目上级组织和项目团队在各种压力下不慎重地启动项目,埋下项目失败、组织受损失的隐患。

4.2.1 启动过程的工作依据

启动过程的工作依据如下:

(1)合同。

(2)组织的项目决策文件。项目决策文件是一个组织为了实现自己的战略规划和经营目标或者开拓新的业务领域、建立新的生产能力而进行构思和选定项目,并且决定立项的决策性文件。

(3)项目外部组织环境因素。项目启动过程的工作,应特别注意识别和了解项目的组织环境因素。这些因素包括:公司文化、组织结构报告关系、组织的项目管理成熟度水平;软硬件水平、人力资源水平;组织管理制度,相关的国家政策和行业管理规定。这些因素综合起来对项目管理工作的开展会产生很大的影响。如果对这些因素有清晰的了解并且认真对待,会使项目工作如鱼得水,或得到有力的支持和帮助;如果忽视这些外部环境因素的存在,则很可能给项目后续的工作造成障碍。

(4)组织档案资料。要主动地利用组织的业务积累。管理成熟度较高的组织一般拥有相对完整、具有专业管理水平的档案库。这些正式的档案资料收集了组织以往的项目和其他经营活动的工作计划、程序文件等档案记录,以及经验和教训。项目计划和项目实施等过程的工作可以在这些历史信息中得到很多借鉴。

4.2.3 启动过程的工作步骤

启动过程的工作步骤如图 4-3 所示。

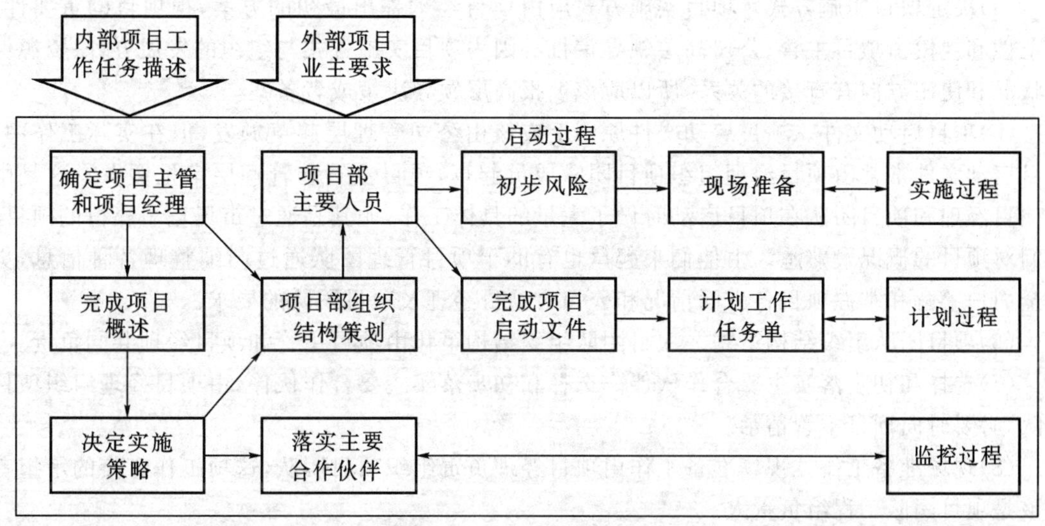

图 4-3 启动过程的工作步骤

项目管理过程不是一成不变地用于所有项目，在实际工作中，管理过程随着组织环境的不同、专业应用领域的不同而需要作出调整，即增加或者简化一些过程。图 4-3 所示的启动过程的前后次序也不一定是绝对的，标示出来是为了帮助读者理解启动过程的工作内容和各工作步骤的基本顺序。

4.2.4 启动过程的成果

项目在启动过程结束时应取得以下成果：

(1)各个参与方对项目的战略目标建立了一致的认识。

(2)对项目将要交付的产品有了初步的认识。

(3)确定了实施项目的方式。

(4)项目团队和项目主管对项目应保障的优先目标建立了认识。

(5)项目团队核心人员基本到位，对自己的任务有了初步认识。

(6)获得了项目上级组织对资源保障的承诺。

(7)对时间压力大的项目，开展此阶段条件允许的准备工作，为全面展开项目作准备。

(8)对主要风险建立了认识。

(9)在项目各个阶段重复进行的启动过程，应取得对应于相关阶段的成果，并发现可能出现的问题。

4.2.5 角色与责任

启动过程的角色和责任如下：

(1)确定项目主管和任命项目经理。

(2)配备主要管理人员。配备主要管理人员由项目主管、项目经理和组织的人力资源部门负责。

(3)制定项目概述。项目概述由项目经理和主要项目管理人员负责制定,项目主管审批。

(4)决定项目实施方式。项目实施方式应由项目经理提出最初的方案,视项目的重要性、复杂性和规模由项目主管、公司高层领导审批。因为项目实施方式与组织的发展方针、资源保有状况和使用方向有直接的关系,所以应该上报高层领导决策或者备案。

(5)项目启动文件。项目启动文件原则上应该由公司管理层起草颁发,但在实际工作中,项目启动文件常常由项目经理组织项目团队成员起草,项目主管和管理层审批颁发。这是由于项目经理和项目团队在项目启动时做了大量的具体工作,尤其是通过市场竞争赢得的项目,他们对项目的概况最熟悉。由他们来起草也有助于项目管理团队通过归纳整理各种信息,更加全面地了解和掌握项目各方面情况和公司对项目经理及项目团队的要求。

(6)项目团队组织结构策划。项目团队组织结构策化由项目主管和项目经理共同负责。

(7)选择和初步落实主要合作伙伴。选择和初步落实主要合作伙伴,由项目经理组织项目团队,必要时向项目主管请示。

(8)现场准备工作。现场准备工作由项目经理负责组织项目团队,这项工作直接的承担者应该是项目团队工程组负责人。

(9)初步风险列表。初步风险列表由项目经理负责组织项目团队,全体成员共同参加。全体成员根据各自对项目背景、概况的理解,对项目主要利益相关者期望的理解,凭借项目管理和专业领域的知识和经验,通过共同讨论,集思广益,检查识别项目潜在风险,归纳成风险列表。制作风险列表的过程本身是一个很好的团队建设过程,全体团队成员通过这个过程对项目的目标和困难能够建立主动地认识,有助于加强全体成员的工作责任心。

(10)准备计划阶段的工作任务计划。准备计划阶段的工作任务计划由项目经理和项目团队计划经理负责制订。这份文件主要是一份工作任务清单,在项目计划未完成之前指导项目工作。

➢4.2.6 启动过程的应用提示

与其他过程不同,启动过程中很多工作需要由项目团队以外的人员,比如项目主管、相关职能部门和项目团队成员,来共同完成。

4.3 项目规划

➢4.3.1 规划过程对项目管理的意义

制订项目管理规划就是为项目团队寻找通向目的地的道路,这是项目经理最重要的职责之一。

关于项目规划活动成果,有时被称为项目计划,有时被称为项目总体计划、项目集成计划或者项目规划、项目管理计划,这里,我们沿用 PMBOK 第四版的定义,称之为“项目管理计划”。

项目的规划过程对项目管理的意义如下:

(1)项目管理团队通过项目规划过程制订项目管理计划来管理项目,使模糊的项目概念变得清晰明确。它解决的是项目管理团队要做什么、怎么做、由谁来做、何时做的问题。

(2)项目管理规划明确了组织的项目决策、项目目标和全面项目计划，有助于项目团队了解项目的重要性，认识项目对自己的要求，加强团队成员的责任感及对项目的认同感。

(3)项目管理规划不仅是执行层的工作指南，也是高层管理者和项目管理层度量项目绩效和监控项目的基准。

(4)项目管理规划还是项目各相关利益主体加强沟通、促进了解的平台。

4.3.2 规划过程的依据

规划过程的依据如下：

(1)启动过程的各项成果。

(2)项目外部组织环境因素。

(3)组织档案资料。①专业应用领域的知识、技术、规范、标准和经验。计划过程组包括的多项子过程都需要以生产项目可交付物的专业应用领域知识、规范、标准和经验作为依据。②计划过程组各子过程之间的信息反馈。

4.3.2 规划过程的工作步骤

美国项目管理协会 PMBOK 归纳的规划过程组以及各子过程之间的相互关系如图 4-4 所示，目的是建立一个比较系统的标准概念。

规划过程组的 21 个子过程可归纳成七个方面的工作：项目范围定义、进度计划、成本费用计划、质量计划、人力资源计划、风险管理计划和采购计划。运用协调、权衡、集成的方法在项目的各阶段通过五大过程对这些方面的工作进行综合管理即是项目综合管理。

规划过程组的 21 个子过程如下：

(1)制订项目管理规划过程。该过程统领其他过程，确定项目管理计划的组成内容，编制所有专项计划，并经过项目管理的综合、协调、集成工作完成项目管理计划。项目管理计划是项目如何计划、实施、控制和结束的基本信息来源。

(2)范围计划。范围计划主要说明项目团队怎样确定、核实、控制项目范围，说明怎样建立和制作工作分解结构，其成果是项目范围管理计划。

(3)范围定义。该过程制订详细的项目范围管理计划，为将来项目决策奠定基础，其主要成果是项目范围说明书以及对之前相关计划文件可能有的变更请求。

(4)制作工作分解结构。这个过程将项目主要可交付成果和项目工作分解为较小的、更易于管理的组成部分，其主要成果是工作分解结构和可能有的变更请求。

(5)活动定义。活动定义是对组成工作分解结构最低一层——工作包的可交付成果进行识别和定义，其主要成果是活动清单、活动属性、里程碑清单和可能有的变更请求。

(6)活动排序。识别和记录各计划活动之间的逻辑关系。

(7)活动资源估算。估算各项活动需要的资源类型和用量。

(8)活动持续时间估算。估算完成各计划活动需要的单位工作时间。

(9)进度表制定。通过分析活动顺序、持续时间、资源要求、制约进度的各种因素完成进度表制作。

(10)费用估算。估算完成项目活动所需的各种资源的费用。

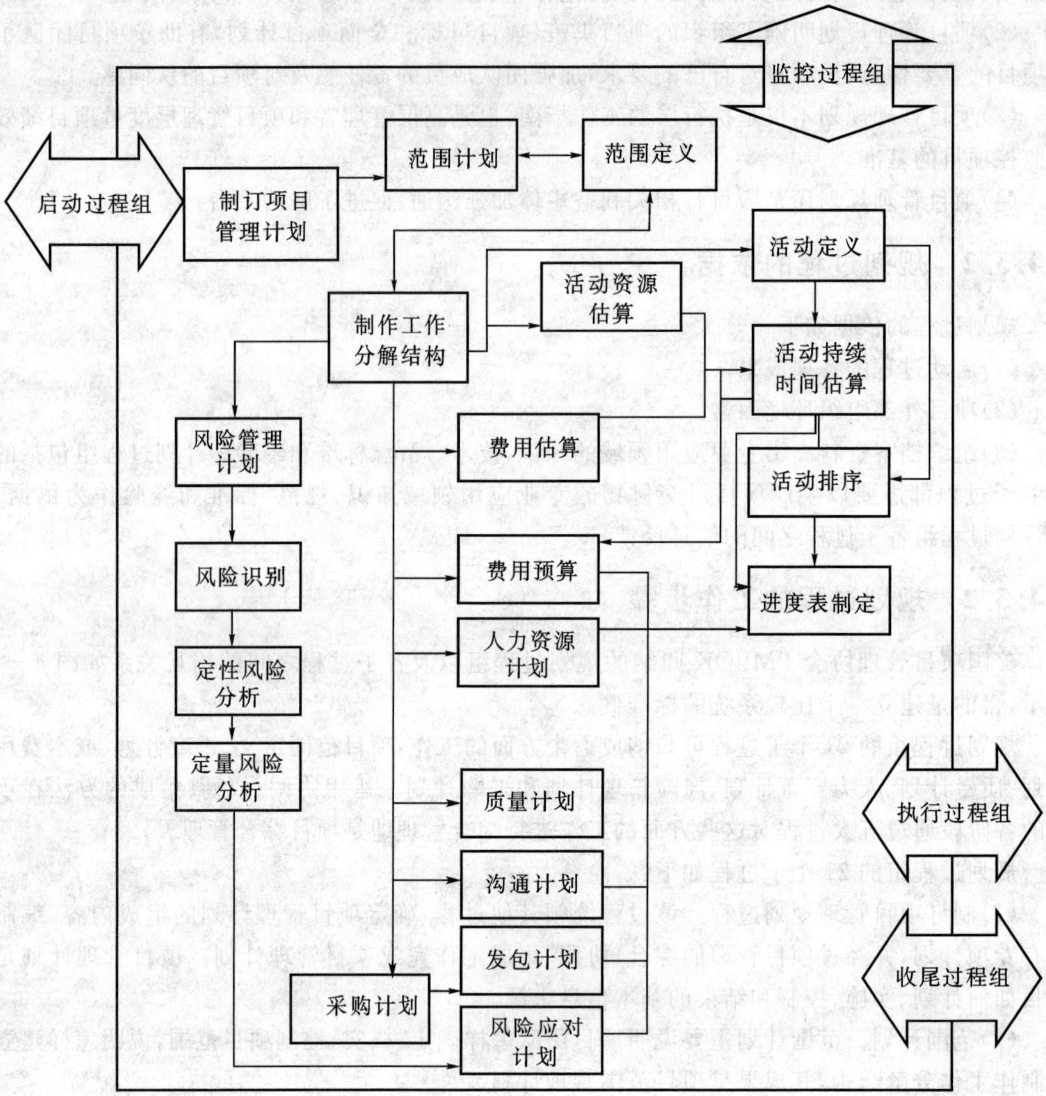

图 4-4　计划过程组以及各子过程之间的相互关系

(11)费用预算。汇总各单项活动或工作包的估算费用,制定费用基准。

(12)质量计划。识别与项目有关的质量标准,确定如何达到标准要求。

(13)人力资源计划。识别项目角色、责任、报告关系,形成文件,制订人员配备管理计划。

(14)沟通计划。确定项目利益相关者的信息和沟通要求。

(15)风险管理计划。决定如何对待、计划和执行项目风险管理的活动。

(16)风险识别。确定哪些风险可能影响到本项目并将其特征形成文件。

(17)定性风险分析。评价风险并将其发生概率与后果结合起来,确定各种风险重要性的大小顺序,便于进一步分析或采取行动。

(18)定量风险分析。对已经识别的风险对项目总体目标的影响进行量化分析。

(19)风险应对计划。为增加实现项目目标的机会、减少威胁而制订可供选择的行动方案。

(20)采购计划。确定哪些项目工作能够通过外包来实现,该过程还包括确定是否需要采购、怎样采购以及何时采购。

(21)招标(询价)/评标计划。识别对外包的产品、服务或成果的要求和选择卖方。

4.3.4 规划过程的成果

(1)项目管理计划。

(2)项目管理手册。项目计划过程的另外一个工作成果是项目管理手册。在项目管理计划的基础上为项目量身定做项目管理手册在很大程度上提高了成功完成项目的机会。项目管理手册发送给项目团队全体成员和项目经理部组织机构,如项目主管、公司各职能部门、业主和合作伙伴等,这样做的好处如下:

①指导并规范项目管理过程,使项目团队对项目目标、范围、要求、项目管理策略、里程碑计划、程序和工作流程有一个系统的了解,帮助团队成员在工作中主动规范自己的行为和提高目标意识。

②项目管理手册为项目执行层面的工作提供了系统的工作流程,保障项目团队在多项工作并行的工作环境里能够有序地完成各项工作。

③项目管理手册是项目部贯彻全面质量管理的依据,也是上级组织质量管理人员对项目部实施质量监控、沟通交流的有效工具。

④项目管理手册为项目团队内部成员之间、项目与其他团队和职能部门之间提供了沟通的工具。

⑤项目管理手册通过提供项目管理的具体步骤和工作模板,为新员工和没有太多经验的员工提供了工作指导。

⑥项目管理需要在实践中学习提高。贯彻使用管理手册能够起到培训的作用,可帮助新老员工继续学习,了解项目全貌,遵循工作程序,有效进行沟通,进而提高个人能力;并在此基础上,全面提升项目团队整体工作能力和项目管理水平。

4.3.5 角色与责任

1. 制订项目管理规划

(1)根据项目经理的安排,项目各相关工作单元责任人及成员负责收集与本职能相关的信息。调研范围包括对合同、项目说明书、初步范围说明书、招标书(询价书)、投标书(建议书)、其他项目启动文件,如会议纪要、来往函电、设计文件、设备、材料、服务等的初步询价和市场行情等,并提交书面成果和个人分析意见。

(2)计划经理负责在汇总各方面调研成果的基础上,与项目经理以及项目部管理团队共同工作,对进度、成本、范围(性能)等各项存在制约和冲突的专项计划进行分析、权衡。计划经理负责制订项目管理计划的具体工作。

(3)项目经理对项目管理计划的制订和决策负最终责任。

(4)项目主管负责给予全过程指导,从高端管理的角度掌握工作进程,并代表项目上级组织提供包括资源在内的各方面支持。

2. 项目管理规划的审核和批准

根据各项目上级组织的内部组织机构和职责权限设置,视项目重要性和复杂程度由项目主管或者公司最高领导审核批准。

3. 项目管理手册的制订和批准

(1)项目计划经理负责组织项目各工作单元负责人,根据项目管理手册和公司质量管理体系的指导性文件和程序文件进行制作,项目行政负责人配合。

(2)企业和项目组织可以根据具体情况,聘请项目管理咨询机构协助编制项目管理手册。

(3)项目主管(或项目经理)审核批准。

4.3.6 规划过程的应用提示

规划过程的工作步骤如图 4-5 所示。

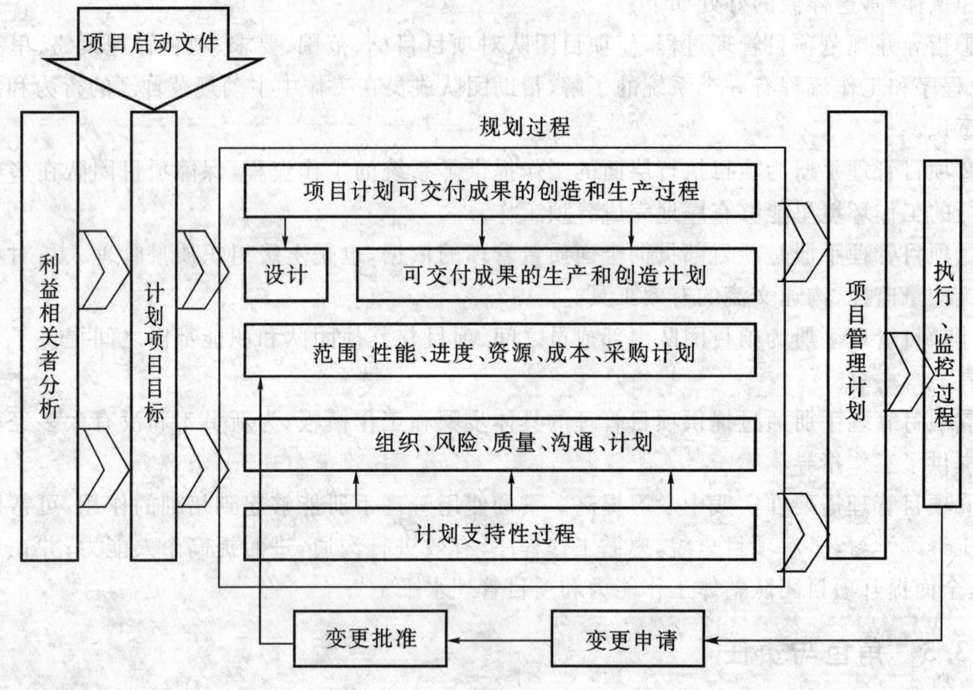

图 4-5 规划过程的工作步骤

本节从实际运用的角度,以项目管理规划为线索,介绍规划过程的几项重要内容并对需要注意的问题作一些提示。

1. 规划项目目标

项目经理组织项目团队对项目目标进行识别和定义是一个关键的过程,有利于指导和规范项目团队的工作思路和行为模式,有效组织团队为取得项目成功而协同工作。因此,制定项目目标具有非常重大的意义。

规划项目制约性目标的过程包括:

(1)识别项目交付成果的范围、性能和验收指标。

(2)识别工期成本等约束性指标。

(3)识别项目优先目标。项目经理在规划过程确定项目优先目标时,可以使用项目优先目标矩阵这个工具帮助自己思考。通过这个工具,项目经理可以利用可视的图形帮助自己更好地分析手头的资料，确定这三个制约目标中哪一个有最为刚性的制约，哪一个是顾客希望能够好于原来的承诺，哪一个可以容忍有限度的偏差。在这个分析基础上，项目经理会更加理性地对三个制约目标进行权衡，项目优先目标矩阵如图 4－6 所示。

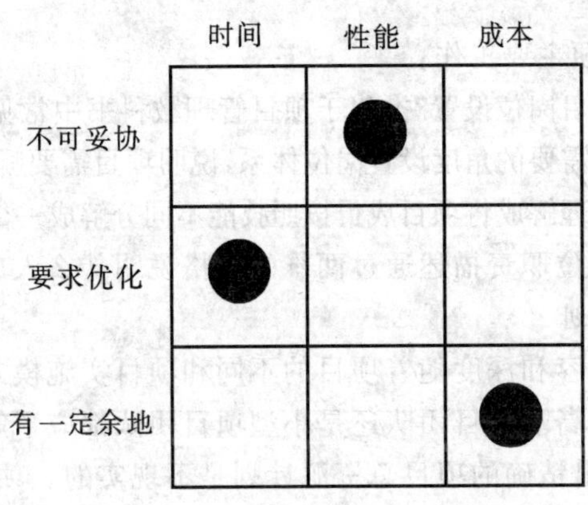

图 4－6　项目优先目标矩阵

2．项目范围

确定项目范围的工作过程包括以下几项：

(1)识别为了交付项目成果、完成项目目标而必须完成的工作。

(2)明确项目与项目外部工作接口的界面。

(3)了解项目管理层级。

(4)制作工作分解结构。工作分解结构层级与项目管理层级如图 4－7 所示。

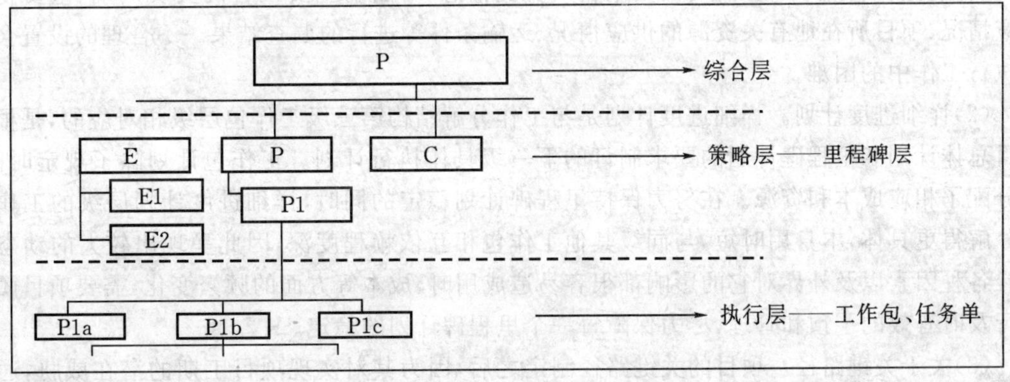

图 4－7　工作分解结构层级与项目管理层级

在项目管理各阶段推广、使用工作分解技术，可以避免很多因范围不清而导致的混乱和失败；但同时也应注意工作分解技术要符合项目管理过程管理逐步细化、逐步明确的特征。计划人员不宜为了追求准确性将工作分解结构的级别定得过多，做得过于复杂和琐细。尤其是具有一定规模、多个组织、多个团队共同合作的大型项目在作项目管理计划时，不宜在工作包以下进行过细的分级，要避免过于技术化的倾向。实际工作中每时每刻都存在着大量的变化，国内外很多实践表明，在计划阶段进行工作包以下的工作任务计划是一件得不偿失的事，其指定的过程设定了太多的假设，而项目的不确定性和面临不断变化的特征更使得早期过于具体的计划失去了指导意义。过于复杂、细分的工作分解结构还因为其繁琐和不适用，导致项目一线管理人员对这项技术和工具的消极抵触，遏制了团队成员的主观能动性。

3. 落实的组织计划

组织计划过程包括两项主要工作：

(1)项目岗位设置。“项目岗位设置”类似于项目管理教科书中常见的“组织分解结构(OBS)”。项目岗位设置是从项目工作需要的角度设置岗位体系，说明项目需要哪些岗位，每个岗位需要什么技能。组织分解结构则可以理解成将项目成员按照技能不同分解成一个体系化的结构。

(2)岗位职责描述。岗位职责描述通过两维的表格说明什么人应该承担什么工作。

4. 实事求是的资源计划

一方面，资源计划的内容和深度随着项目的不同和项目实施模式的不同有很大的区别；另一方面，无论是大型项目的高端项目团队还是小型项目团队都应了解，计划阶段试图以具体活动的资源计划为基础汇总出精确的项目总资源计划是不现实的。项目早期的资源计划只能根据经验，对设备、材料、人工的询价结果以及适当的假设估算工作包资源计划，并逐步汇总。

5. 系统的进度计划

(1)里程碑计划。里程碑计划在很多项目管理教科书中被归于项目范围识别的范畴。在此，我们还是根据习惯将其作为项目时间的控制内容。里程碑计划对应工作分解结构第二层级的工作。

制订里程碑计划应注意：根据项目交付物的生产过程设置里程碑点；注意里程碑点的数量、间隔以及阶段目标是否能够代表一个重要阶段或者一个方面工作的成果。里程碑计划的目的是要求、指导和测量工作分解结构工作包的进行，并为其提出阶段性目标。制订里程碑计划需要综合利用专家经验、公司同类项目的历史信息、对当前主要设备的交货周期、重要物资供应情况、项目所在地有关资源的供应情况、运输条件等进行的调查结果。不合理的设置会造成执行工作中的困难。

(2)详细进度计划。详细进度计划是与工作分解结构第三级工作包层级相对应的，是根据项目总体计划和里程碑计划的要求制订的下一级具体执行计划。工作包计划除了规定时间，还分配了相应成本和资源。在努力保持里程碑计划稳定的同时，详细进度计划层级的工作由于分解得更具体，本身用时短，与同级其他工作包相互依赖程度深，因此呈现出较大的动态特征。各种因素以及外界对它的影响都很容易造成用时、成本等方面的频繁变化，需要项目团队进行及时有效的干预和管理，尽力保障每一个里程碑计划的稳定。

(3)关于关键路径。项目的关键路径制定之后，因为其对实现项目工期的潜在威胁，通常会得到项目管理团队以及项目主管和客户等各个层面的特别注意，它会在资源、工作优先性等各方面给予保障。不过在实际工作动态的项目环境下，项目的关键路径会出现变化。很多时候，关键路径上的工作进度收到了较好的控制，而某个非关键路径却反而上升为关键路径，带来新的压力。出现这个现象有多种原因，比如分包商工作不力，或者受到某项客观制约，或者项目团队以及参与者因为该项工作拥有较多的自由时差而过于放松，掉以轻心所导致。

6. 务实的成本计划

制订成本计划的目的是有效利用财务资源，为项目监控提供根据，管理资金流量，同时也对相对应工作的时间估算产生影响。与资源计划和进度计划相同，成本计划同样具有逐步细化、逐步准确的规律。成本计划是在启动过程制作的初步预算基础上做进一步的工作，外部项目的成本计划还受到合同价格的制约。因此，项目团队应努力提高成本计划的准确性。

4.4　项目执行

4.4.1　执行过程对项目管理的意义

一个项目的绝大部分预算和资源都花在执行过程中。执行过程是生产和创造项目交付物的过程，项目团队在这个过程中，以项目管理计划为指南，运用和协调各类资源，以整合的方式开展各方面的项目活动，创造出项目交付成果，实现利益相关方的利益需求，实现项目目标。

4.4.2　执行过程的工作依据

项目执行过程的工作依据为：

(1)项目管理计划。项目管理计划包括各专项计划和有关说明的总体综合管理计划(包括经过批准的更新计划)。

(2)项目部的外部组织环境。

(3)组织的档案资料。组织以往的项目和其他经营活动的工作计划、程序文件等档案记录以及经验和教训为项目实施等过程的工作提供很多参照和借鉴。

(4)经过批准的计划变革、纠正执行偏差、预防潜在风险和缺陷补救措施。这些措施是项目监控过程在发现项目问题后制订的解决方案，并按照项目管理程序获得批准，通过实施过程予以实施。

4.4.3　执行过程的工作步骤

项目执行过程要求项目经理组织自己的团队全面采取行动执行项目管理计划，并积极应对多变的环境，处理问题、解决困难、完成项目。实施过程的工作内容和步骤如图4-8所示。

1. 落实项目资源

执行项目就是项目团队运用各种资源逐步完成项目的过程。

在组织中，资源需求和资源供应总是一对矛盾。在大部分组织里，资源需求和资源供应都只能以"新项目立项→资源短缺→落实资源→努力满足要求→又有新项目→再次出现短缺→再次落实"的模式来实现动态平衡。项目经理们不能期望上级组织时刻为所有项目准备充足的资源来等待他们各取所需。

(1)项目所需资源的种类。

①人力资源。人力资源是项目最重要也是最难以获得的紧张资源。无论项目种类大小、难易程度如何，取得项目成功最基本的要素是人，即有能力的项目团队成员。

②财务资源。

③物资材料资源。项目取得必要的物资材料是实施项目的基本条件。某些市场不易采购的特殊材料，或者由于自认条件或者人为的规定，对交货时间有严格要求的材料，项目团队应该予以特别关注，避免形成项目进程的瓶颈。

④设备工具。

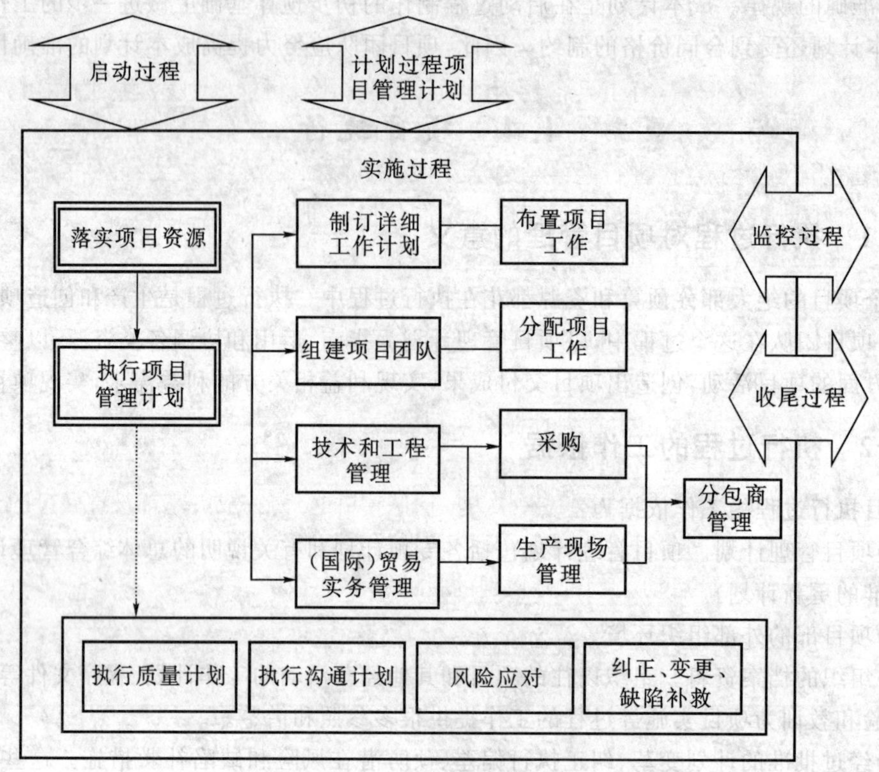

图 4-8　执行过程的工作内容和步骤示意图

⑤信息资源。

(2)落实资源的步骤。

①落实人力资源:第一,识别项目团队成员专业和专业类型需求;第二,招募符合要求的团队成员。

招募团队成员是一项复杂敏感的工作,其困难程度常常被低估,项目经理只能是竭尽全力尽可能地为自己的团队寻找并落实能够胜任工作的、足够的团队成员。简单地向公司人力资源部提交一份需求清单,然后坐等符合需要的人员源源不断地前来报到,绝大部分情况下这只能是美好的幻想。项目经理必须寻求公司人力资源部门的理解和支持。项目经理常常需要与项目团队成员原来的部门交涉、谈判,甚至进行“交易”,以获得该部门的支持。如果本公司现有资源不能满足项目需求,则要争取扩大招募范围,如从社会人才市场招募。

项目经理要及时对招募的人员进行知识、经验和技能方面的甄别,了解其能力状况和欠缺之处,为下一步团队建设和培训作准备。天下没有十全十美的人,项目经理要清醒地认识到这一点,并训练自己有准备地领导一个有能力短板甚至性格缺陷、但对实现项目有作用的人员组成的团队一起努力工作。

②落实财务资源:第一,制订资金计划;第二,资金计划报批。

③关键物料和设备的落实:识别项目需要的关键物料、设备、机具,提前落实,避免形成项目执行的瓶颈。

④落实项目办公条件:包括办公室、计算机、汽车及其他设施和消耗品。

⑤收集足够的与项目相关的各种资料、信息。

2. 组建项目团队

人是决定一切的因素，有了具备能力的项目团队，才有可能计划、实施、监控和完成项目。

(1)项目管理团队(项目经理部)。项目管理团队在大型复杂项目中指的是高端的核心管理团队，这个团队除了直接进行一些项目活动外，还负责管理数量不等的分包商、供应商等合作伙伴。在小型的项目里，项目管理团队则可能包揽了全部的具体工作。

(2)岗位设置和职责说明。

①岗位设置。项目经理在设置岗位时，应注意项目三个管理层级的规律。

②职责说明。对各个岗位的职责进行详细的说明。

3. 团队建设

在项目团队建设早期，由于各种各样的人初次参与到一个项目中来，拥有不同生活背景和组织环境、组织文化背景，具有不同的个性。具有这些不同特点的一群人可能从未在一起工作过，却必须在很短的时间里形成一个具有凝聚力的团队，共同努力完成大家都没有做过的工作。

如何组织团队，项目经理要做的第一件事是进行培训。培训可以通过多种形式进行，如项目互动培训班或者项目启动会。进行培训的目的是将松散的一群人迅速组织起来一起工作。项目启动会如表4-4所示。

表4-4　项目启动会

项目启动会
目的： 1. 通过识别项目的背景、项目利益相关者的期望、可交付成果和项目目标，在团队成员之间建立对项目的共识。 2. 通过识别项目范围、项目组织、项目制约性目标，了解并认可项目计划。 3. 了解并认可项目管理和操作模式，使团队开始运转。 4. 确定沟通方案和沟通渠道，鼓励沟通文化。 参加者：项目经理、全体团队成员。 嘉宾：项目主管、相关职能部门代表、资深技术专家/项目管理专家。 主要内容： 1. 团队成员自我介绍，相互结识。 2. 系统介绍项目背景、交付成果、直接目标和组织战略目标。 3. 说明项目的综合计划和各专项计划、项目工作范围、各项制约因素，以及各项制约因素之间的权衡考虑。 4. 介绍项目的上级组织机构、业主情况及主要利益相关者。 5. 介绍项目部各岗位的设置和职责描述，使团队每位成员了解自己的岗位、工作任务和职责。 6. 明确各级岗位的权限，介绍项目团队的报告关系。 7. 讨论项目部的管理手册，介绍工作程序和管理程序。组织团队成员积极参与，鼓励项目团队成员对管理手册提出问题和修改意见，提高项目团队成员对项目团队和项目管理程序的认同感，为今后良好的工作关系打下基础。 8. 介绍项目的上级长期组织的工作和行政管理规定、程序，避免在今后的项目工作中由于不了解公司的工作程序或者规定遭遇障碍。 形式：专题报告、讲座、结合项目讨论互动。

项目管理计划和项目管理手册是进行项目启动培训的主要基础文件和工具。

团队建设是一项贯穿项目始终的工作，是项目经理最重要的工作之一。项目团队随着项目生命周期的展开也存在一个生命周期，这个周期遵循一个“五阶段”规律，即组建期、混乱期、认同期、工作期、解散期。项目经理的任务就是通过团队建设，运用各种管理方法和技术激励，维护自己的团队以最好的状态走过每一个阶段，在成功实现项目目标的同时，使团队成员这一段生命历程过得有意义、有价值。

4. 项目虚拟团队

项目虚拟团队，通常指的是项目团队中的兼职成员或者在公司谋位于另外一个城市甚至另外一个国家的子公司或者代表处的员工，以其部分或全部时间参加项目团队工作。在项目管理实践中还存在着另外一类“虚拟”团队。在当前经济全球化、社会合作空前广泛的大背景下，即使一个小型项目也大多数是由数家拥有不同专业特长的公司完成。相对项目管理核心团队，这些合作方多以分包商或者供应商的身份，为了“项目”这一“共同目标”，走到一起来，以分包合同、供货合同为基础和法律依据参与项目工作。在实际工作中的很多时候，项目核心团队与其分包商之间的关系更接近公司同事的关系。这说明项目的主要分包商和供货商是与项目核心团队有着共同利害关系的“虚拟团队”成员。项目经理在团队建设的进程中应注意与这些虚拟团队成员的沟通，在博弈的同时认识双方的利益共同点和战略伙伴关系，建立起对争取项目成功的认同。这方面的工作步骤如下：

(1)尽量寻找有资质、负责任、眼光长远、具有事业心的合作伙伴。

(2)签订公平、合理、明确的合同，对分包商和供应商既有明确的要求和制约，也关注双方的合理利益，建立以合同为纽带的伙伴关系。

(3)为分包商和供货商提供执行合同的方便，主动关心他们在执行项目方面的困难和问题。

(4)在分包/供货合同条款基础上，介绍项目的总体计划要求和质量要求，提出项目团队所需要的支持和帮助，获得分包单位的主动配合。

(5)根据合同坚持有序的管理。

(6)与分包单位的领导者和代表建立良好的互信关系。

5. 项目管理计划的执行

(1)制订详细的工作计划。详细的工作计划是项目的执行计划。在此之前，项目团队在制订项目管理计划的过程中已经制定了项目工作分解结构，识别了项目管理范围，提供了项目总体构成的描述，制订了项目的总体进度计划、里程碑计划以及工作包计划。如表 4-5 所示的内容说明了项目的时间计划各层级的内容和形式，以及与三个管理层级的对应关系。

表 4-5　时间计划层级

序号	管理层级	工作者	时间计划层级
1	高级综合层	项目管理委员会、项目主管	项目总体描述和计划
2	策略层	项目经理	里程碑计划 项目岗位职责 项目一级、二级进度表 (甘特图或者网络图)

续表 4－5

序号	管理层级	工作者	时间计划层级
3	执行层	工作组、团队成员	作为工作报的责任分工 工作报计划和执行活动计划 项目三级或者四级进度表 (甘特图或者网络图)

制订详细进度计划的工作内同时安排组成工作包的具体任务和活动时间。计算投入的各类资源，确定各项活动的相对关系。它对应的是工作分解结构最低一层及以下的工作。

由于项目环境具有动态变化的特征，所以具体的工作计划制订和检查周期应在 10 天至两周之间。详细的工作计划不宜过细，但仍然应该以一定的工作成果为标志划分项目。

详细工作计划的制订可以由项目经理组织计划经理负责，更多的时候由项目工作组根据项目计划的指导和要求自行制订，并由项目经理批准，如某项目初步设计的工作计划如表 4－6 所示。

表 4－6　工作计划

工作计划			责任单位和责任人						
项目名称：×××		Z. 执行 J. 决策 B. 报告 C. 检查 S. 监督 X. 协助	项目主管	业主项目部	项目经理	总工程师	技术管理组	设计组	商务执行组
项目名称： 初步设计 E2									
编码	任务名称	时间(　年　月　日)							
E2.1	提交资料			S	J	Z		Z	
E2.2	第一次协调会		J	C	Z S	Z	Z	Z	Z B
E2.3	完成初稿			S		Z	Z		
E2.4	第二次协调会		J	C	Z S	Z	Z	Z	Z B
E2.5	完成修改稿			S	Z	Z	Z	X	
E2.6	设计审查会		Z C	C	Z S	Z	Z	Z	Z B
E2.7	完成终稿		J	C	S J	Z	Z	Z	X
E2.8	初设批准			Z	S			B	

详细工作计划应包含以下几个方面：

①定期地识别实现某个里程碑计划所需要完成的所有任务。

②确定责任人和责任。

③估算工作内容和用时。

④制订工作包内的活动计划。

(2)批准详细计划。

①将工作任务计划纳入总体管理计划。项目经理针对各工作单元提出的详细工作计划要履行审核和批准的程序,并及时将项目执行过程中产生的详细工作计划充实到总体工作计划中去。这个过程不仅细化了项目上一级的计划,有时也会对计划进行修改。

②布置工作。为保证各项工作有序进行,项目经理负责将任务分配到执行层开展工作。

项目经理应通过适当的场合和方式,例如,利用项目部工作例会与项目部各工作单元的负责人沟通会议,使项目团队的主要成员了解一定工作周期(如一个月)的工作任务计划和项目实施进展状况,为各工作单元更加主动地采取行动开展工作提供更大范围的背景资料。

(3)执行质量管理计划。项目团队成员应当在项目经理的领导下全面落实质量管理计划中的每一项工作和任务。

(4)执行沟通计划。合理的沟通可以促进项目各参与者的互相理解,减少猜疑和防范;有助于项目团队的团结合作,也有助于承包方和业主之间建立在同一目标指引下的伙伴关系,形成双赢局面。

项目实施过程的沟通可运用各类沟通手段和技术进行,并且依托一定的形式保证沟通频率。有些项目部下属的工作单元地理位置遥远,应特别发挥网络技术的作用。可运用的沟通方式如下:

①书面报告或文件。定期的报告或文件有周简报(团队内部)、月简报(发送至上级组织、相关外部组织、业主);不定期的报告或文件有合同、计划、不定期报告、会议纪要和会议记录。

②会议。定期召开的会议有周例会(项目团队内部)、月进度会(项目团队与业主);不定期召开的会议有专题会(根据内容需要)。

③日常联系。

④电子邮件、信函、传真、手机短信。

⑤正式和非正式的工作讨论和联系。

(5)认真执行采购计划。项目所需的各种资源均需通过采购来完成,制订经济合理的采购计划并付诸实施对于项目目标的实现是非常重要的。

(6)分包商管理。在项目具体实施中,项目团队以项目总体管理计划、进度计划、成本计划、质量计划为依据,对分包商(含设计和供货商)进行管理。

(7)现场管理。现场管理部是一个比较特殊的工作单元。它远离总部,甚至处于异国他乡,工作在一定程度上自成一体。对于工程项目来说,现场的土建、设备安装、调试、试运行等一系列工作是项目其他各工作环节的总成,现场管理若出现失误,则其他工作单元的努力和成果都会失去意义。另外,现场工作还存在不确定因素集中的特点,还会给各管理工作带来很大压力。

(8)技术和工程管理。项目管理的过程指的是对项目产品生产和创造活动进行管理的过程,而不是生产活动本身。但是,项目管理团队对这一部分活动不能完全放手,否则将造成项目隐患或者返工,给项目的性能或者工期和成本控制带来灾难性的后果,因此,项目团队在技术和工程管理方面应该作出以下努力:

①在项目团队中根据项目规模和复杂程度设置不同规模的技术专家组。

②项目团队的技术专家(组)对项目目标、技术指标和客户要求建立深刻的理解,并将这种

理解通过细致的工作使之成为各分包商、供货商的共识。

③从项目工程技术角度检查审核设计、制造、施工的技术文件，保证符合项目目标和客户期望。

④在项目各个过程中参加全部重要的技术管理活动，如设计审查、施工方案报批等，追踪各项工作进展，监督设备建造、包装、运输和业主人员的培训各过程，及时发现问题，与业主、专家组保持定期联系，随时了解其意见。这个方面可以从改善技术交流和技术管理两个方面发挥作用。

6. 国际工程项目中的管理过程

国际工程项目管理中的许多内容与国际贸易相关，具有其自身的特点，在此不再论述。

4.4.4 执行过程的成果

实施过程的最终成果是完成项目的可交付产品，并通过规定的验收试验，达到标准。实施过程的另外一项成果是项目实施过程中累积的项目档案资料，如项目文件和报告、风险列表、记录总结的经验和教训等。

4.4.5 角色与责任

项目执行过程的角色与责任：

(1)提供项目管理组织环境、承诺资源、批准重大决策——由组织最高管理层负责。

(2)制定项目关键决策和设定方向——由项目主管暨项目管理委员会负责。

(3)制订详细工作任务计划——由各工作组负责人和成员负责。

(4)详细工作任务计划的批准——由项目经理负责。

(5)布置工作任务——由项目经理负责。

(6)项目详细工作任务实施——由项目部各工作组负责人和团队成员负责。

4.4.6 项目执行过程的应用提示

(1)组织环境和企业文化。项目团队在有其上级组织的环境中开展工作，项目实施活动离不开公司领导和职能部门的支持和管理。无论在哪一种结构的项目组织中，项目管理团队与公司的长期组织都存在着工作界面。项目经理应该了解公司的组织形式以及该组织形式对自己项目实施的影响，并知道自己的行为。

企业文化表现为组织中的行为准则、习惯、广为接受的价值观和大家彼此相处的方式。项目经理也应该对公司的文化保持敏感，使自己和项目团队的集体行为方式和项目管理策略能够为环境所理解和接受，尽量为自己和团队争取好的工作环境。

(2)编制简洁明确的岗位责任书。项目经理应注意本着简洁明确的原则编制岗位责任书，并突出任务、责任人和角色三个因素，让使用者一目了然，易于指导动作。另外，应注意职责分配合理可行，在分配的过程中最好包括与团队成员的互动活动，使团队成员对自己的岗位有所了解，并认可自己将来要承担的责任。

(3)运用工作流程实现具体项目活动的有序管理。

(4)了解合作伙伴单位的项目管理水平。大型项目的分包合同对分包商来说也是一个项目。在当前项目管理越来越普及的情况下，很多公司都宣称自己实行了项目管理模式，并任命了项目经理，但事实可能并非如此。项目团队为了保证工作进度和质量，必须投入力量追踪其各环节的工作，或者寻求该公司领导层的支持。如果不及时了解这一点，盲目地管理这一个分包单位，有可能耽误最佳跟踪管理的时机，将小问题转化成大问题。

(5)项目团队要主动应对变化。项目管理的重要意义之一是应对变化、解决问题。一个好的项目团队在实施过程中应注意识别具体的条件和环境的变化，及时主动地应对困难和风险。

4.5 项目监控

4.5.1 监控过程对项目管理的意义

项目管理的监控过程是通过系统的方法步骤，根据项目计划对项目进展和质量进行观察和测量，及时发现潜在的问题，并采取必要的行动纠正和控制项目的实施活动，保障项目按照计划的方向发展。

项目监控过程是贯穿项目始终的工作，在项目生命周期的实施阶段活动强度最高，最为活跃。项目团队必须从项目启动开始，经过计划、实施过程直至收尾，坚持持之以恒的检查监督，及时对项目的非正常迹象提出预警，对计划的偏离进行纠正。

4.5.2 监控过程的工作依据

(1)项目管理计划。

(2)工作绩效信息。工作绩效信息是项目实施情况的反应，在不同的组织环境中以不同的形式表示，如项目绩效报告、项目月报或者周报等，也包括项目团队以及其他参与者在工作中产生和传递的有效信息。

(3)组织档案资料。

(4)合同。

(5)其他过程的相关成果。由于项目各过程组之间互相关联、互相作用，除了项目管理计划，监控过程组的各项子过程有时还需要其他过程或子过程的成果作为工作依据。

4.5.3 监控过程的工作步骤

监控过程各项工作步骤如图 4－9 所示。

项目经理履行监控过程可采取以下三个基本步骤：

1. 建立项目绩效基准

项目计划一方面指导项目实施，另一方面为项目监控提供测量基准。建立项目绩效测量基准属于制订项目管理计划的工作内容，在监控过程中，为了工作方便，有必要将计划基准进一步条目化，方便使用。项目绩效基准是明确的文件。

2. 收集、测量数据，计算项目进展

收集数据是为了计算和追踪项目各专项计划实施进展情况，以便尽早发现项目对计划的偏离，并决定是否需要采取纠正行动。

(1)测量项目进度。追踪与测量项目进度的主要任务就是收集数据，了解项目关键路径的进度提前还是拖后。

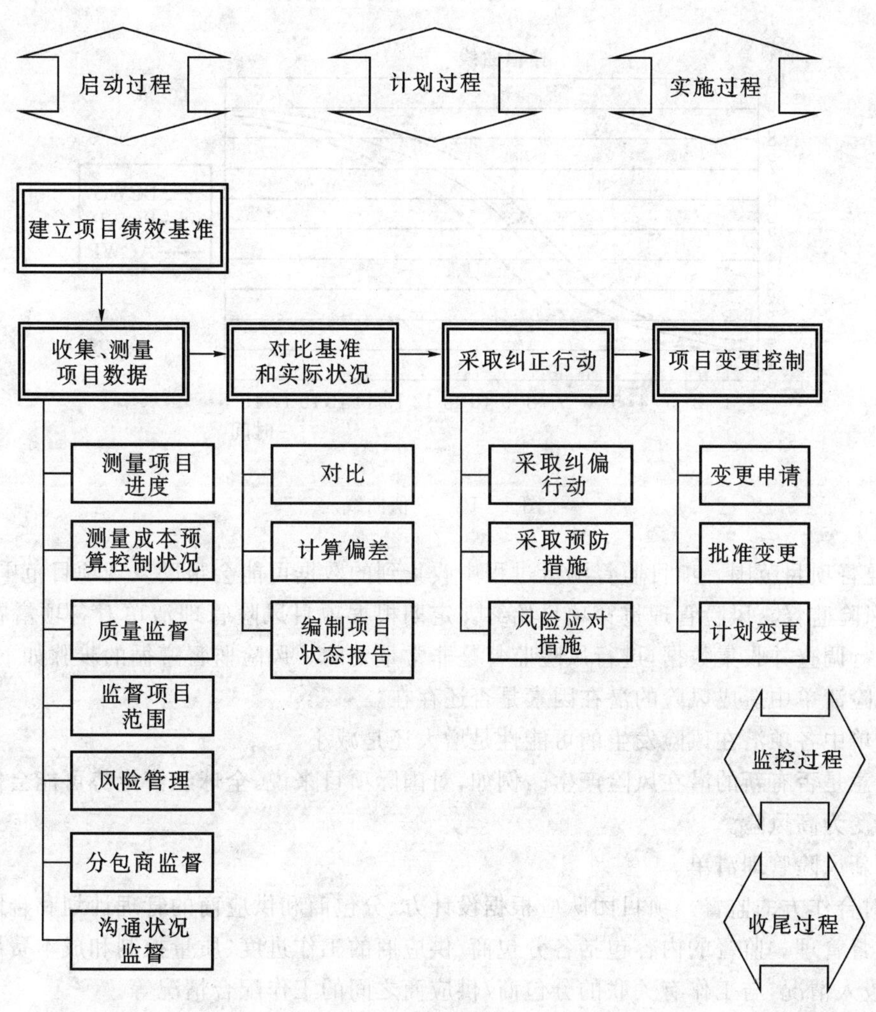

图 4-9　项目监控过程工作步骤示意图

(2)测量成本预算控制状况。使用挣值技术,我们可以计算出两个有价值的数据:成本偏差和工作量偏差。通过观察成本偏差是正值还是负值,我们可以判断项目成本是超支还是有所节省;通过观察工作量偏差的正负值,可以判断项目进度的平均值与基准计划相对比是提前还是拖期。

得到当前的成本偏差以后,通过一些适当的假设(如假设今后每个工作包的成本都能够控制在基准以内),可以预测从测量当天到项目完工前需要花费的成本。挣值曲线如图 4-10 所示。

(3)质量监督。项目质量的监督包括对项目管理的质量和项目可交付成果的技术和生产质量的监督。

(4)项目团队组织管理监督。在项目管理活动中,项目团队是决定项目成败的关键因素。追踪测量工作可通过检查规章制度、工作记录、面谈、问卷、直接感受等多种方式对团队组织工作进行监督。项目所获得的数据和情况说明,时间和成本绩效很多时候能够直接反映项目团队的管理和组织是否存在问题。

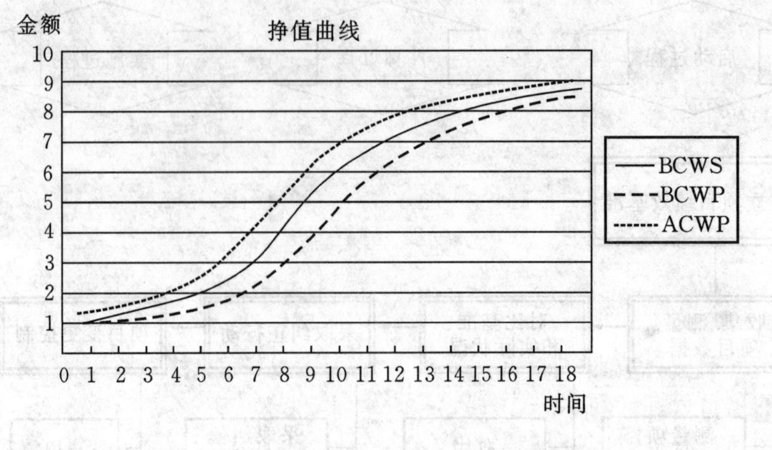

图 4-10　挣值曲线

(5)监督项目范围。项目监督测量过程中收集到的数据可能会帮助发现项目范围的变化。

(6)风险监督。风险管理贯穿项目始终。定期根据项目风险管理清单对各项潜在的风险的状况进行调查并收集数据,进行风险监督是非常重要的。风险监督遵循的步骤如下:

①风险清单中造成风险的潜在因素是否还存在。

②清单中各项潜在风险发生的可能性是增大还是减小。

③注意是否有新的潜在风险产生。例如,对国际项目来说,全球经济走势可能会使原来的低风险转变为高风险。

④更新风险管理清单。

(7)对合作方的监督。项目团队应根据设计方、分包商和供应商的管理计划和合同对合作方进行监督管理。监督的内容包括各分包商/供应商的工作进度、质量控制和成本费用控制情况,资源投入情况,与工作有关联的分包商/供应商之间的工作配合情况等。

监督项目合同款的支付情况对预防差错、更好地管理分包商/供应商也非常重要。

(8)项目沟通计划执行状况的监督。项目经理积极沟通、有效地管理项目主要利益相关者是一件事半功倍的事情。有统计表明,项目经理,尤其是大项目经理,其80%以上的时间和精力都花在了沟通管理方面。

对沟通计划执行状况进行监督,能够有效地促进项目经理重视沟通,改善项目团队成员之间的合作和配合,促进项目团队与客户和上级主管之间的理解,并更好地获得支持,为项目顺利实施创造良好的环境。

3. 对比项目计划和实际状况,报告项目状态,提出变更申请

在项目执行过程中,当有必要对项目管理计划作出部分变更时,必须对其进行严格的变更管理,并将得到批准的变更内容反映到项目管理计划和项目基准之中,使执行过程得到授权,从而有效地实施这些变更的内容。

4.5.4　监控过程的成果

监控过程的成果就是使项目管理和项目主管以及其他利益相关者能够及时发现项目潜在问题和需要特别注意的方面,并采取纠正措施或预防措施。在必要时,对项目管理计划和项目计划基准进行修改变更，并对此变更根据工作程序进行控制和审批，交由执行过程实施变更。

监控过程的各步骤的具体成果如下：

1. 监控项目工作的成果

(1)推荐的纠正措施。

(2)推荐的预防措施。

(3)对可能发生的问题或趋势的预测。

(4)推荐的缺陷补救。

(5)提出变更请求。

2. 变更控制的成果

(1)经过批准的变更请求。

(2)更新的项目管理计划。

(3)更新的项目管理范围说明书。

(4)经批准的纠正措施。

(5)经批准的预防措施。

(6)经批准的缺陷补救。

(7)确认的缺陷补救。

(8)可交付成果。

4.5.5 角色与责任

(1)建立监控基准。

①项目经理制定工作原则。

②项目计划经理根据项目管理计划负责建立监控基准。为了使测量项目绩效的工作简便明确，可列出绩效基准核对清单，如表 4-7 所示。

表 4-7 绩效基准核对清单

测量项目	定量数据	定型数据
时间/费用	实际开始和结束时间 预算使用统计 目前进展状况	
质量		是否满足客户要求 是否有质量问题
范围		有何变化或问题

(2)追踪项目活动，收集数据。

①计划经理负责根据项目管理计划和项目基准策划设计调查表或者调查提纲。

②各工作单元负责人及团队负责收集数据填写调查表并按时提交。

(3)实际状况与基准对比。

①项目经理负责召集会议研究讨论。

②计划经理负责执行。

(4)报告项目状态和提出变更申请。

①计划经理负责项目经理报告和申请。

②项目经理视其权限和变更事项性质直接决定或者报项目主管直至公司决策层联席会。

(5)批准预防措施。预防措施由项目经理负责批准。

(6)批准变更申请。

①根据项目部上级组织的工作权限规定,视变更事项的性质和价值分别由项目主管或项目经理负责。

②重大事项交由项目部上级组织决策层联席会议决定。

(7)根据批准的变更申请修改计划基准。

①项目经理授权修改。

②计划经理执行。

(8)授权执行变更和预防措施,由项目经理签发工作单。

(9)采取行动。由项目部相关工作单元责任人及其成员负责执行。

(10)分级控制。对某项变更的批准应视权限由不同岗位的人员批准,这反映的是一个分级管理、分级控制的概念。我们在阐述工作分解结构、组织结构、项目管理计划时曾反复强调项目管理活动分级的概念。工作分解结构有综合层级(项目)、策略层级(里程碑)和工作层级(工作包),一一对应组织结构中的组织高层、项目经理和各个工作单元,项目管理计划也包括相对应的三个层级。监控过程的分级控制同样对应这个结构。J. Rodney Turner 设计了一幅关于项目监控流程的示意图,非常直观地解释了这个概念,如图 4-11 所示。

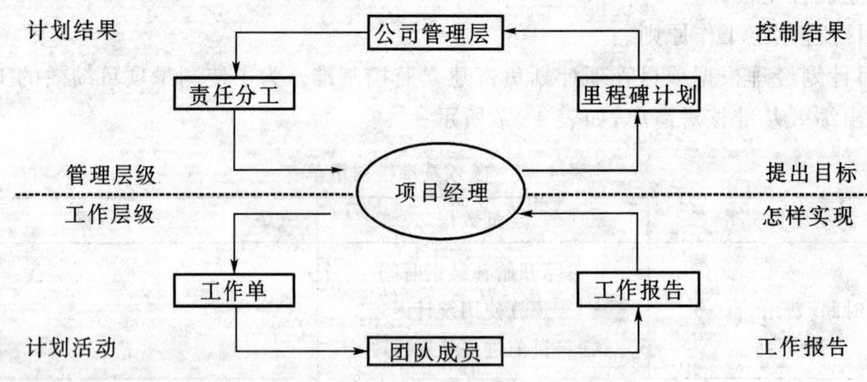

图 4-11 项目监控流程示意图

4.5.6 监控过程的应用提示

在项目管理的几大过程中,如果说执行过程是最不可能被忽视的过程,那么监控过程则是最容易被忽视的。

改变经验式粗放管理比较好的起点是从里程碑级管理切入。初期将监控工作的基准建立在里程碑计划级别。通过对里程碑级别的监控管理实践以及恰当的课程培训,带动组织和员工熟悉和适应项目管理的要求,并且作好人才准备,并在此基础上逐步提高管理的深度和精细度。

值得一提的是,在我国,目前的项目还应考虑法律、道德和人文方面的监督。通常工程项目的监督由监理公司实施,由项目所在组织的审计、监察等部门介入。

4.6 项目收尾

4.6.1 收尾过程对项目管理的意义

中国有一句农谚,“编筐编篓,贵在收口”。在项目管理实践中,收尾过程在实现项目阶段性可交付成果和最终可交付成果各项活动中的意义就好像编箩筐中收口的意义,如果收尾过程进行得不好,项目在计划、实施和控制过程中经过艰苦努力创造的成果则可能被抵消。项目的收尾过程要求项目团队将注意力集中到项目目标。由于每个项目都有其自身的商业经营目的,都承载着发起项目和承建项目等组织的战略规划和战略目标,每一个主要利益相关者都希望项目为其带来利益。

由于各种人为的或者不可抗力因素,有时候,项目不得不以被中止的形式结束。在这种情况下,收尾过程则更加关键。有时在工作中还要作一些调整来结束这个被中止的项目。

4.6.2 收尾过程的工作依据

(1)项目管理计划。

(2)项目任务书。项目任务书有关项目经理与项目团队如何结束项目的规定是收尾过程的依据。

(3)合同文件。合同的概念包括总承包合同和分包、采购以及项目所涉及的其他各种形式的合同本身及其相关条款,特别是技术、商务保证条款和支付条款。

(4)项目外部组织环境因素。

(5)组织档案资料。

(6)工作绩效信息。

4.6.3 收尾过程的工作步骤

收尾工作的工作步骤如图 4-12 所示。

1. 结束一切项目工作

项目完工时间已经临近,为了有序地完成项目范围的全部工作,项目经理可采取以下措施:

(1)制作收尾工作清单,识别大大小小的一切工作。

(2)项目经理班子作好分工,保证有足够的注意力分配到比较琐细的工作上。

(3)为适应收尾工作的特点,以往的周例会也许需要改成隔日碰头会,以便更及时地决策和解决问题。

2. 移交项目可交付成果

移交项目可交付成果的过程,是项目经理及其团队如何通过总承包合同规定的移交和验收试验,取得最终验收证书,顺利移交项目成果,为项目组织获得合同受益。负责任的承包商还要关注顾客满意度,以及设施移交之后的运营使用状况。

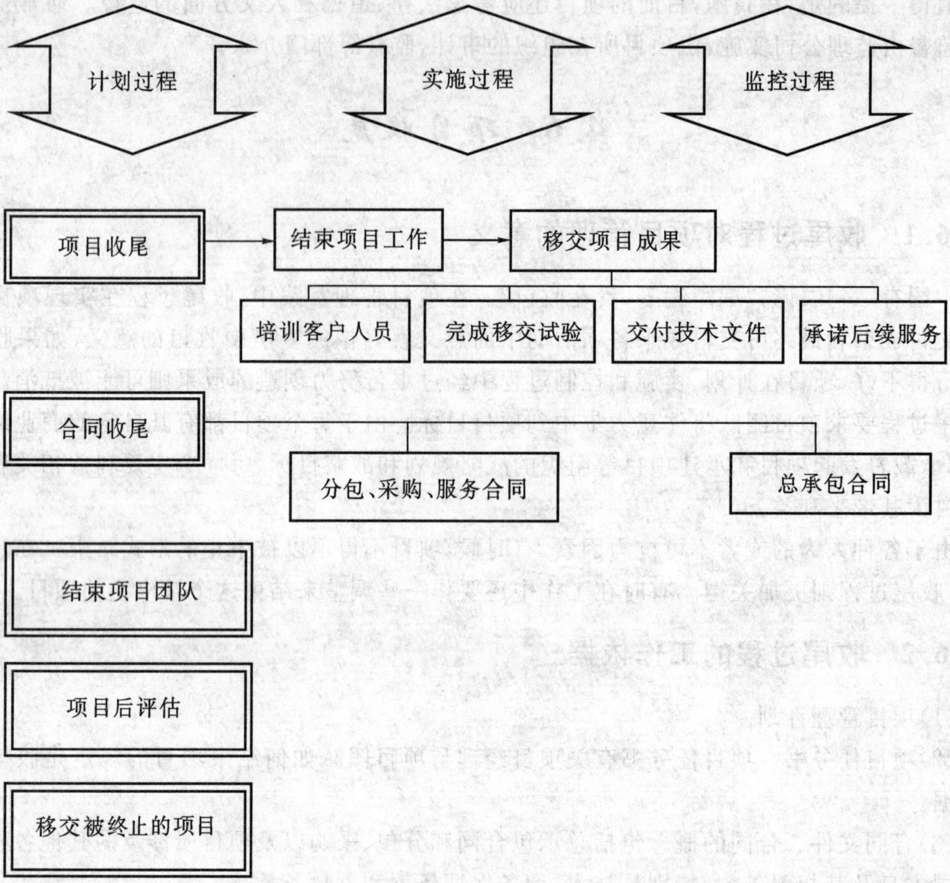

计划过程

实施过程

监控过程

项目收尾 → 结束项目工作 → 移交项目成果

培训客户人员

完成移交试验

交付技术文件

承诺后续服务

合同收尾

分包、采购、服务合同

总承包合同

结束项目团队

项目后评估

移交被终止的项目

图 4-12 收尾过程的工作步骤

真正的移交过程包括以下几个方面的工作：

(1)为客户培训生产运营人员。

(2)制定验收试验大纲。

(3)系统提交技术文件和竣工设计资料。、

(4)努力实现干净利落的移交。作为一系列过程的工作成果，通过收尾过程的工作程序以及细致的核对、补救和补遗，项目交付物的移交通过一系列程序直至业主签发最终验收证书，应将项目的所有权、双方责任，如承包方提交合格交付物的责任以及业主方完全支付的责任等，进行明确的交割。

(5)保障后续服务。根据项目合同，承包商应通过有效的机制保障长期备件供应和项目交付物的维修维护服务。为了便于管理，避免不必要的冲突，项目的后续服务以独立于项目之外的收费服务为好。

(6)移交被中止的项目。各方完成各自义务之后，根据合同规定进行移交。

3. 合同收尾

(1)分包合同、采购合同、咨询服务合同以及各种其他形式的合同。关于这一类合同的收尾，项目团队作为买方需要关注三方面的内容：①根据合同范围和质量要求检查卖方的工作成

果的质量和内容，如有遗漏或缺陷，应要求其限期补救；②按照合同规定与各卖方结算合同款，及时支付，并结束合同；③与承担保质期义务的各卖方就项目完工之前的工作做各项了结工作，并落实各卖方承担质保期义务的措施和方案，建立保证履行义务的担保机制，如质保期保函、暂扣尾款等。

(2)总承包合同。从项目总承包商的项目团队角度来看，合同收尾工作包括：

①对合同标的物(项目的可交付成果)的数量、质量、性能、技术标准的符合情况以及双方各自承担的其他责任义务完成情况进行检查确认。

②在合同标的物通过了必要的实验和验收，总承包方完成其合同中规定的义务之后，依照合同规定取得《初步接收证书》，进而在完成合同质保期义务之后获得《最终完工证书》，至此，合同项下总承包方合同义务全部完成。

③按照合同规定的进度回收全额合同款，撤销各类银行保函。

④若发生违约行为，如项目拖期或某项指标不达标，经总承包方努力后，业主仍然坚持主张其权利，应与业主完成有关结算。

4. 结束项目团队

项目团队的组建是项目启动和项目实施过程中的重要内容，团队的结束同样也不能忽视。

从对项目负责和对员工负责两个方面考虑，项目经理和项目主管都必须以关心、细致的态度做好这一项工作。

(1)提前考虑团队成员的出路，努力向其他队员或者部门介绍团队成员的特点。

(2)感谢团队成员对项目的贡献并予以嘉奖，尤其应注意使团队成员的长期领导了解其优异表现。

(3)组织结束团队的告别活动，为团队成员创造说出心声、留下记忆的机会。

(4)为尚未觅到新职位的员工提供咨询和帮助。

5. 项目后评估

项目后评估工作可包括以下内容：

(1)归档项目管理计划、项目合同、竣工设计及其他工作信息。

(2)评估并归档项目成本、进度计划及其执行落实状况。

(3)总结、评估归档合同执行水平和项目产品技术领域的成就和缺陷。

(4)评估和归档项目的成功经验和失败教训。

4.6.5 项目收尾的成果

(1)项目的最终产品，可能是某种设施、服务或研究成果。

(2)组织的档案资料得到丰富和刷新。

(3)组织的员工得到了培养和提高。

4.6.6 角色与责任

1. 结束项目工作

(1)项目经理负责全面工作。

(2)项目各工作单元负责人及其团队负责自己职责范围内的工作。

2. 移交项目可交付成果

(1)为客户培训生产运营人员:①项目经理负责全面工作;②计划经理负责制订培训计划;③项目总工程师或技术负责人培训策划;④商务经理/行政经理负责培训合同和培训具体安排。

(2)制定验收试验大纲,由项目总工程师或技术负责人负责。

(3)系统提交技术文件和竣工设计,由项目总工程师或技术负责人组织技术组和资料组负责。

(4)移交。移交以完成验收试验、签发验收证书、回收全部合同款、撤销相应的银行担保为标志,是需要集项目团队全体之力的工作。移交主要的责任人为项目经理、项目技术负责人、商务经理、行政经理。

(5)依据合同规定,保障后续服务。项目经理负责根据公司的实际能力和制造厂的经营策略作出慎重承诺;项目团队是一个临时性组织,对项目产出物运营期的服务保障依靠项目的长期性由上级组织实现。单位根据其组织结构和运营方式,由公司售后服务部门或者市场营销部门负责。

3. 合同收尾

(1)分包合同、采购合同、咨询服务合同以及其他形式的合同。它们由项目经理决策,商务经理、采购/合同经理、行政/财务经理负责具体操作。

(2)总承包合同。它由项目经理决策,商务经理、采购/合同经理、行政/财务经理负责具体操作。

4. 结束项目团队

结束项目团队,由项目经理、上级组织人力资源部门负责操作,项目主管提供指导和支持。

5. 项目后评估

根据各公司组织机构与职责设置,项目后评估由项目管理委员会或者经营管理部、项目管理部等机构负责。

6. 移交被中止的项目

移交被中止的项目,由项目经理负责。

4.6.6 收尾过程的应用提示

(1)收尾过程不是简单的照章办事。在比较长的项目实施过程中,不可避免地会有这儿或那儿的失误和偏差,业主所承诺的条件和承担的责任也未必能够完全兑现,有时候业主风险甚至会导致承包商较大的计划外费用支出。如何说服和向业主争取额外费用的补偿,使双方达成一致意见,顺利移交项目成果,需要项目经理及其团队具有较高的商业智慧,丰富的项目管理经验,诚恳坦率的、建设性的交流方式和敬业精神,在公平合理的前提下解决和补救存在的问题。

(2)验收移交工作是否顺利,很大程度上取决于之前的工作基础。项目团队在计划、设计、实施的过程中牢记项目的成功标准,积极执行沟通方案,重视与客户的及时沟通,满足客户对项目关键信息的需求,邀请客户参加重要的决策和批准过程。

(3)一些大型复杂项目通常在承包商的承诺下继续工作,消除项目存在的缺陷之后完成初步验收,进入质保期。在接下来的质保期中,承包商应同时付出大量努力。此时项目团队大部分人员已经转入新的工作之中，项目经理也可能已经转入其他工作。不少项目就是因为消缺工作不能满足业主要求，从而导致长期不能完成最终验收，所以应该重视，并引以为戒。

复习思考题

1. 项目管理过程与项目管理过程组之间的联系是什么？
2. 项目管理过程组与 PDCA 循环之间的关系是什么？
3. 项目启动过程对项目管理的意义体现在哪些方面？
4. 项目规划过程的工作依据是什么？
5. 项目执行过程的角色与责任如何界定与划分？
6. 项目经理在监控过程应该注意哪些问题？
7. 如何理解项目收尾过程对项目目标实现的重要性。

第5章 项目管理知识领域

5.1 项目范围管理

5.1.1 概念内涵

项目范围是指为了成功达到项目的目标，对项目所规定的要做到的工作内容。也就是说通过确定项目范围为项目划定一个界限，明确哪些方面是属于本项目应该做的，哪些是不应该包括在本项目内的，从而定义项目管理工作的边界，确定项目的目标和主要可交付的成果。

1. 项目范围管理的定义

项目范围包括两层含义：①所交付成果的范围。项目所交付的最终产品包含具体的特征和功能。②交付项目成果应该涵盖的工作范围。就是项目“应该做什么”“谁做”“如何做”“做到什么标准”。

项目范围管理就是对“项目应该包括什么”和“不应该包括什么”进行定义、规划和控制，为项目所交付的成果所设计的人、要进行的所有工作以及所需要的过程的管理。

PMBOK 第四版对项目范围管理的定义是：项目范围管理是项目管理的一项内容，它包括保证项目完成并仅仅完成全部要求的工作以便成功完成项目所需要的过程。具体由下列项目管理过程组成：

(1)收集需求：为实现项目目标而定义并记录干系人的需求的过程。

(2)定义范围：制定项目和产品详细描述的过程。

(3)创建工作为解结构：将项目可交付成果和项目工作分解为较小的、更易于管理的组成部分的过程。

(4)核实范围：正式验收项目已完成的可交付成果的过程。

(5)控制范围：监督项目和产品范围状态的过程。

2. 项目范围管理的意义

项目的范围是项目实施的前提和依据性工作，是项目计划的基础，是后续工作正常进展的关键。经验证明，项目启动之时就应同步进行范围管理，这是项目成功的前提和先决条件。一个好的项目范围管理对项目的最终顺利交付具有重要意义，具体如下：

(1)有利于确定项目进度和费用控制的基准。

(2)提高项目费用、时间和资源估算的准确性。

(3)有利于清楚地区分和分派责任，有利于绩效考核。

(4)有利于区分项目范围的变更和对变更的控制。

(5)可以保证对项目交付物数量和质量的顺利验收,防止和减少纠纷。

(6)有利于处理好项目各利益相关方的关系。

5.1.2 工作内容

1. 项目目标

项目目标往往不是单一的,而是多目标的集合,是一个目标体系,主要包括:

(1)交付成果/产品目标。交付成果/产品是有形的交付物时,其目标为数量、档次、规格、特征、功能等要素;如是无形的服务,则其目标为服务的广度、深度、标准等要素。

(2)时间目标。约定项目开始到结束的时间。

(3)质量目标。交付成果/产品是否达到使用要求和验收标准。

(4)费用目标。费用目标有分成本目标和项目投资(支出)目标两方面内容。

(5)客户和利益相关方的满意度。该满意度包含组织的业绩、效益、实力、品牌、市场份额、知名度的提升,员工的成长,社会效益的提高等。

2. 项目工作分解结构

由于项目的规模大小、复杂程度和行业业务的不同,项目结构可按交付物/产品、过程、专业要素或功能进行分解,分解成为相互独立、相互联系、相互影响、相互依赖的多层次项目单元,形成一个系统的项目工作结构。

项目结构分层的原则是项目单元由粗到细、由大到小,同一层次的项目单元应按同一原则分解,一个项目单元不能同时属于两个上层单元。

对于大型、复杂项目,可先绘制项目结构分解图,把整个项目分解成子项目、小项目,然后再绘制工作分解结构图。

3. 项目利益相关方分析

项目参与方的框架是基于合同分解结构形成的,并随着项目的进展逐步到位。项目参与方的框架一般可分为三个层次:核心层是项目的主要管理和参与方,属紧密层;中间层是项目的其他参与方和有关方;其他关系属于外围层。

例如,管理咨询模式的利益相关者示意图如图 5-1 所示,该图可分为三个层次:

(1)核心层是对项目直接责任的各方,属紧密层,对项目的成败相关度大。

(2)中间层的数量最多,对项目的成败有一定作用。

(3)外围层与项目相关度较小,但也不能忽略。

随着项目的进展,利益相关方的相关度在变化,所以要不断地认识各利益相关方的权重来指导对利益相关方的管理。

4. 项目范围管理职责分工

项目范围管理的职责分工是工作界面和权限的表述,分为项目组内和项目中主要参与方两种情况,如某管理咨询项目主要参与方的责任分配表如表 5-1 所示。

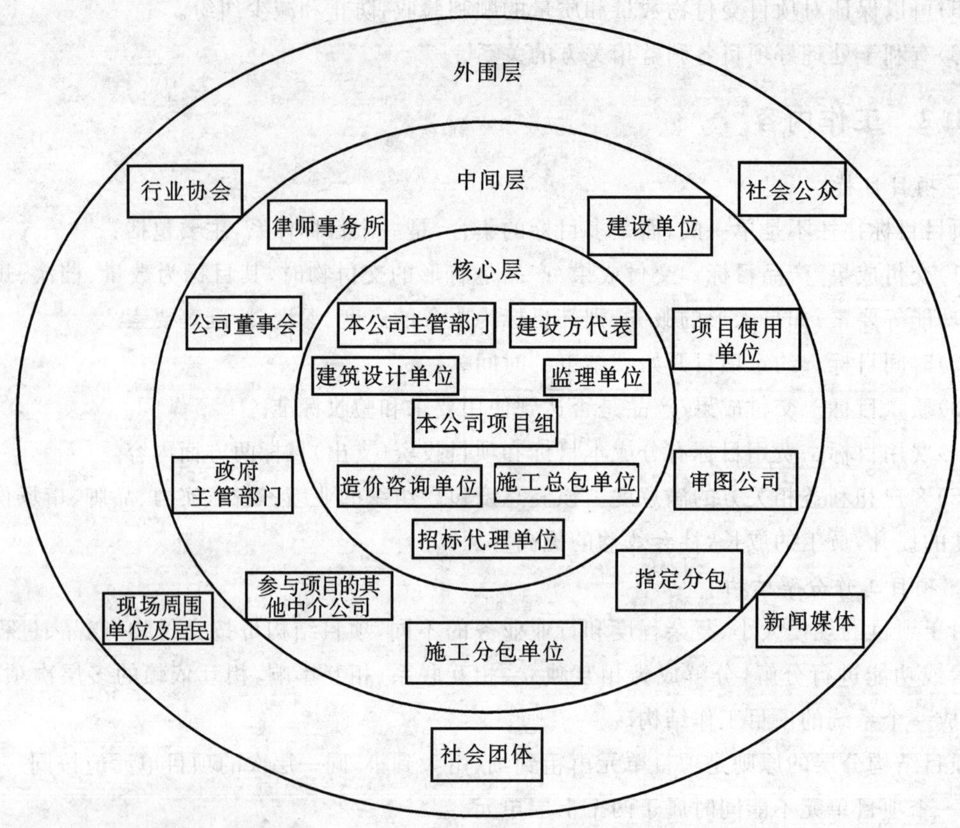

图 5-1　管理咨询模式的利益相关者示意图

表 5-1　某管理咨询项目主要参与方的责任分配表

建设阶段 \ 参建单位		建设方	管理方	设计方	施工总包	投资控制	监理方	招标代理	审图公司	施工分包
设计阶段	质量管理	P	Z/X	F					J	
	进度管理	P	Z/X	F						
	费用管理	P	Z/X	F		S				
施工阶段	质量管理	P	Z/X	S	F		J			C
	进度管理	P	Z/X		F		J			C
	费用管理	P	Z/X		F	S	S			C
	采购管理	P	Z/X	C	F		S			
全过程	报批配套	P	F	C	C	C	C			
	招标投标	P	Z/X	C	C	C	C	F		
	沟通管理	P	F	C	C	C	C	C	C	
	安全管理		S		F		P/J			C
	信息管理	P	Z/X	C	F	C	C	C	C	
	变更管理	P	S	SC/F	F/C	S	S			C

注：X——协调，P——批准，F——负责，C——参与，J——监督，Z——组织。

5. **项目范围的变更管理**

项目范围的变更只有建设方可以做,其他项目参与方都不可做。

项目范围的变更管理要按项目范围管理流程执行。

5.1.3 管理流程

项目范围管理也要遵循一定的流程,不同类型的项目,其范围管理流程也各有特点,图5-2所示是某技改项目总承包方的项目范围管理流程。

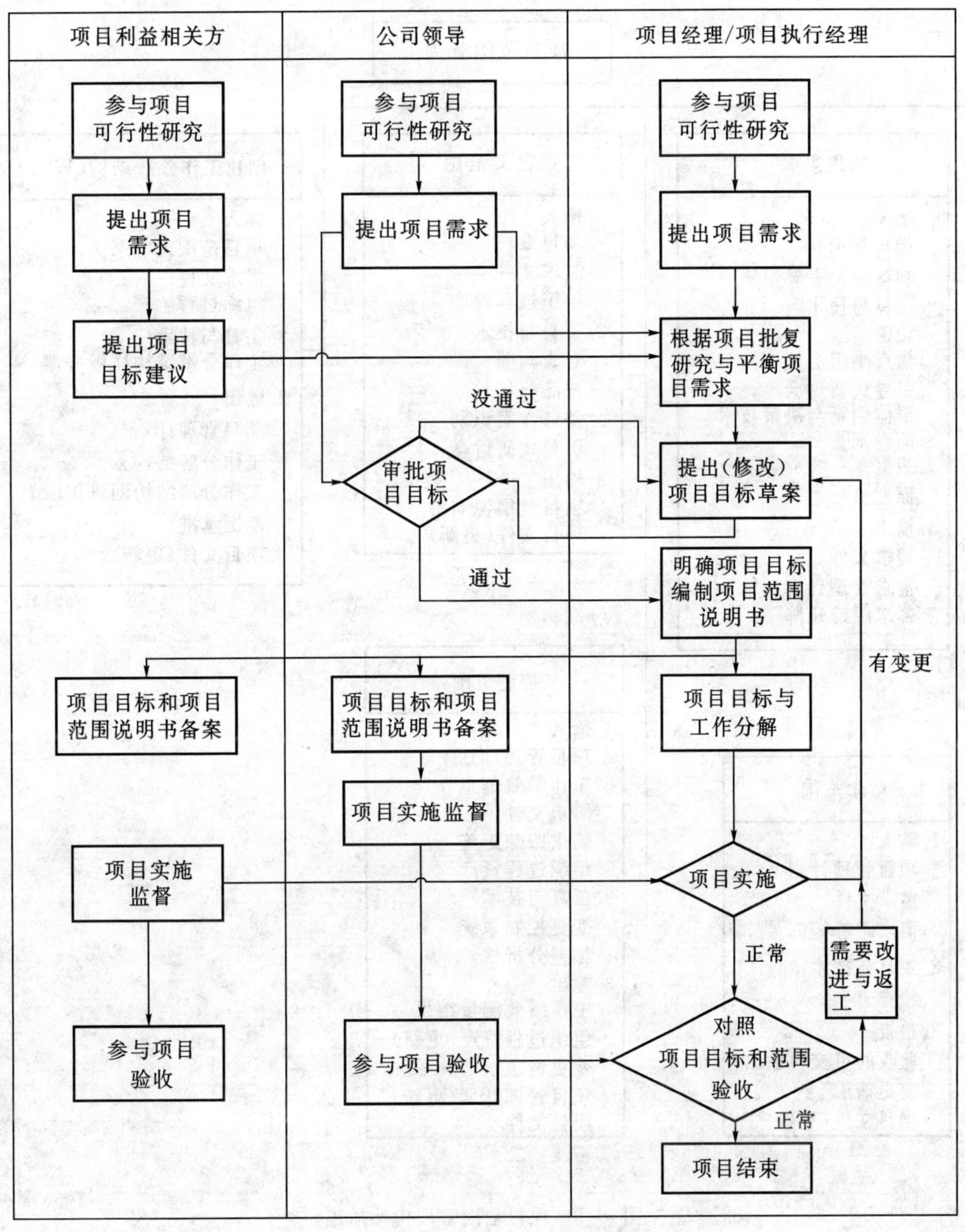

图5-2 某技改项目范围管理流程

➢5.1.4 技术、方法和工具

范围管理所运用到的技术、方法和工具有：系统工程、目标管理、头脑风暴法、工作分解结构(WBS)、责任矩阵、流程图、层次图。

➢5.1.5 项目范围管理架构

对项目范围管理架构的描述如图5-3所示。

项目范围管理

收集需求
1. 输入
   项目章程
   利益相关方登记册
2. 工具与技术
   访谈
   焦点小组会议
   引导式研讨会
   群体创新与决策技术
   问卷调查
   观察
   原型法
3. 输出
   需求文件
   需求管理计划
   需求跟踪矩阵

定义范围
1. 输入
   项目章程
   需求文件
   组织过程资产
2. 工具与技术
   专家判断
   产品分析
   备选方案识别
   引导式研讨会
3. 输出
   项目范围说明书
   项目文件(更新)

创建工作分散结构(WBS)
1. 输入
   项目范围说明书
   需求文件
   组织过程生产
2. 工具与技术
   工作分散结构样板分解
3. 输出
   项目管理计划
   工作分解结构
   工作分解结构词典
   范围基准
   项目文件(更新)

核实范围
1. 输入
   项目管理计划
   需求文件
   需求跟踪矩阵
2. 工具与技术
   检查
3. 检查
   验收的可交付输出
   变更请求
   项目文件(更新)

控制范围
1. 输入
   项目管理计划
   工作绩效信息
   需求文件
   需求跟踪矩阵
   组织过程资产
2. 工具与技术
   变更控制系统
   偏差分析
3. 输出
   工作绩效测量结果
   组织过程资产(更新)
   变更请求
   项目管理计划(更新)
   项目文件

图5-3 项目范围管理构架描述

5.2　项目整合管理

5.2.1　概念内涵

项目整合管理也称项目集成管理、项目整体管理或综合管理，是指为确保项目各项工作能够有机地协调和配合所展开的综合性和全局性的项目管理工作。项目整合管理涉及了将项目管理各种不同要素综合为整体的过程和活动，是以项目总体目标为导向进行任务系统化地分解与综合的管理过程，是以追求项目价值最大化而综合比较多方案并平衡利弊的协调、整理、统筹、优化过程。

项目整合管理就是为尽量满足各利益相关方的需求，识别、定义、组合、统一与协调项目管理过程组和项目中各领域管理活动所涉及的过程和进行的活动。项目整合管理立足于项目总体目标和全过程，涉及项目生命周期、项目管理过程和各项目管理领域，协调它们的相互关系和彼此影响，是一项综合性、全局性的至关重要的工作。

5.2.2　工作内容

项目整合管理主要包括：项目目标管理、项目计划、实施管理、变更管理、对项目利益相关方管理、项目监督管理与项目收尾管理等内容。

1. 项目目标管理

(1)项目目标的特点。项目目标，就是实施项目所要达到的最后结果，项目目标具有以下四个特点：

①系统性。一般项目的目标是由多个要素(目标)组成的系统(集合)。项目目标系统按要素分为：时间目标、费用目标、质量目标、资源目标、环保目标、创新目标等，如图 5-4 所示。各目标之间彼此既相互联系又互相冲突，实施项目的过程就是多个目标之间协调的过程。

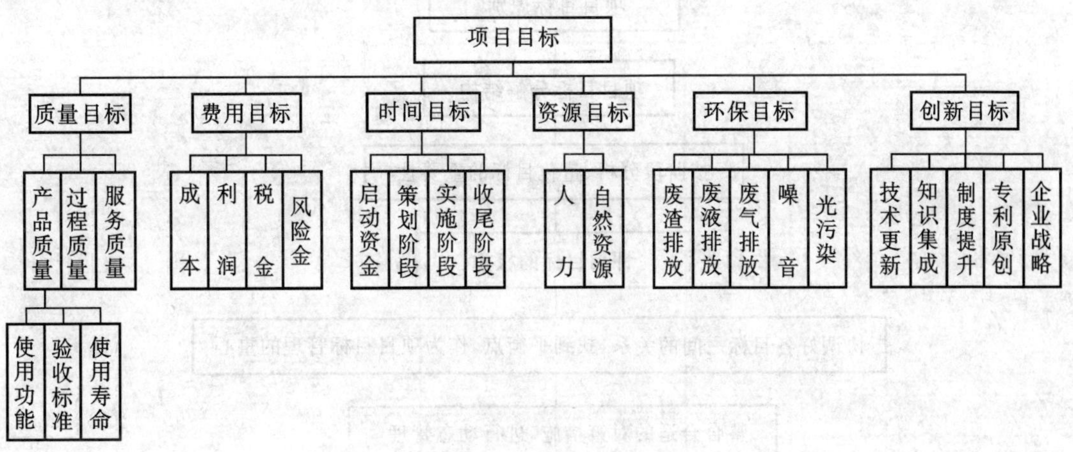

图 5-4　按要素分解的项目目标系统

②层次性。项目目标根据组织或作业层次可分解为一个目标结构体系。上层目标是下层目标的方针、原则，下层是上层目标的细化，具有可操作性。例如，按国家标准目标创优的分解

体系如图 5 - 5 所示。

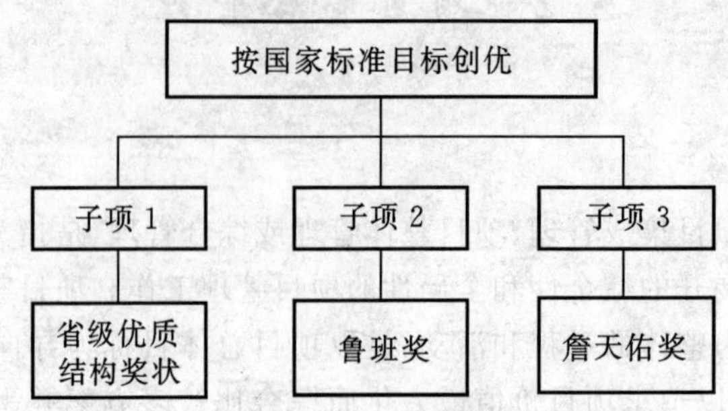

图5 - 5　按层次分解的项目产品验收标准目标系统示例

③优先性。由于一个项目是一个对目标的系统，且有层次性，所以各个目标的重要性不相同。因此，在实施项目中，协调同层次目标或不同层次目标时，可依据权重作优先级排序与掌控。

④动态性。项目生命周期的阶段不同，其各项目目标的重要性也是不同的。就是说，各项目目标的权重不是固定不变的。当然，不同项目的同类目标，在项目生命周期的同样阶段，其重要性也不一定相同。

(2)项目目标管理的内容。项目目标是一个有层次的多要素的目标系统，我们需要根据具体项目的背景、项目的环境、项目的具体实施阶段和实施项目的约束条件，动态地识别项目目标系统中各目标的权重，找到一个平衡点，作为目标管理的重心。

项目目标系统的分解是项目目标管理的手段，它可以使复杂问题简单化，从而协调好各目标之间的轻重缓急。有所失，有所得，放弃局部次要的利益，最后经集成、整合，实现项目目标的整体最佳效果，是立足于全局的综合管理思想。

(3)项目目标管理流程。项目目标管理流程如图 5 - 6 所示。

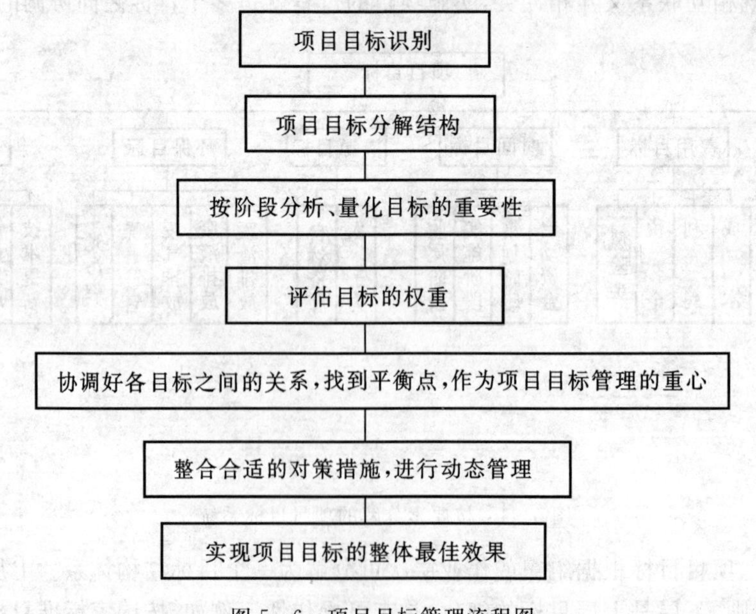

图 5 - 6　项目目标管理流程图

2. 项目计划管理

(1)项目计划的含义。项目计划是根据项目目标的要求,对项目实施的各项活动作出的周密安排,它是项目管理活动的首要环节。项目目标是项目计划的灵魂。所以,项目目标所具有的系统性、层次性、权重(优先)性、动态性等特点,项目计划也都具有。

计划是为了实施,所以,对项目的计划要进行分解,把它分解成相对独立,又紧密相关的有机协调的子计划系统。

(2)项目计划管理的综合性。首先,项目管理的总体计划具有综合管理的思想。其次,在计划的执行过程中,要围绕项目目标不断地进行平衡、协调。

对于某些工程项目,也可以把设计内容视为计划的一部分。这时的设计管理就显得很重要,设计管理是项目计划编制、执行的基础和灵魂。

根据项目中参与方的定位不同,可分为建设方的设计管理和设计方的设计管理。由于设计管理是项目不同主体管理的一个专门分支内容,这里就不再介绍。

3. 实施管理

项目实施是产生项目成果的过程,实施管理的主要工作包括以下几方面:

(1)编制和下达项目作业计划。根据项目工作包级别的进度计划,通过下达作业计划如工作任务单,将工作任务明确分配到有关责任人开始实施。这项工作有时需要对项目综合计划进行细化,细化的内容应履行审批程序纳入项目综合计划。

(2)记录并报告项目综合计划实施的实际情况。根据项目计划基准,对计划的执行状况进行监督、测量,并形成书面记录。定期进行状态报告,将项目执行实际状况与项目基准进行对比,形成分析意见。状态报告应根据沟通计划发布到所有项目参与者和利益相关方。

(3)调度、协调、控制项目实施。对项目的执行状况全面权衡,通过对进度、资源、费用等不同领域的工作进行权衡、调度,对项目的实施进行控制,必要时采取纠偏行动,确保实现项目目标。当需要对计划进行修改和变更时,应根据工作程序提交变更申请,报决策层审批。

(4)根据批准的变更计划实施变更和纠偏工作。

(5)实施管理的原则。其原则包括:①系统化的原则;②透明化的原则;③标准化的原则;④统一指挥与适度授权的原则。

(6)实施管理的成果。其成果包括:①项目实施所创造和生产的可交付成果;②组织管理资产和人力资源的成长。

4. 变更管理

(1)变更是项目的特性之一。项目的特性告诉我们,处于一个不断变化环境中的项目,不变是相对的,变化是绝对的。针对项目的变化状况,所采取的相应应变措施就是项目变更。

从变更的内容分析,有项目的需求、目标、范围、组织、资源、造价、法规、标准等方面的变更,其中需求变更是最大的变更,牵一发而动全身。

从变更的原因分析,有业主提出的、项目实施方(设计或施工方)提出的和不可抗力引发的变更。

从变更发生的时机分析,变更会在项目生命周期中的任一阶段。

(2)变更对项目产生的影响。项目变更会影响项目的时间目标、费用目标、质量目标或项目的范围、组织、资源等方面,重大变更会同时影响到几个方面。变更对项目产生的影响有多种情况:有利、不利,或部分有利、部分不利。有利的变更,如设计优化,计划的优化,新工艺、新材料、新技术的应用等。较常见的是不利的变更,会影响项目部分目标或全部目标的实现。还有的情况是变更会使实现某些目标有利,而实现另一些目标不利。

(3)变更管理的原则。

①宜早不宜迟。不管是有利的变更,还是不利的变更,“宜早不宜迟”是实施变更的重要原则。即使是有利的变更,错过了适宜的时机,其对项目的有利会减退,不利会增加,甚至无法实施变更。

不利的变更实施越早,越容易实现,对项目的损失较小;不利的变更实施越迟,变更的难度就越大,对项目的损失就越大,甚至导致灾难性后果。项目变更的可能性及对项目的影响示意图如图 5-7 所示。

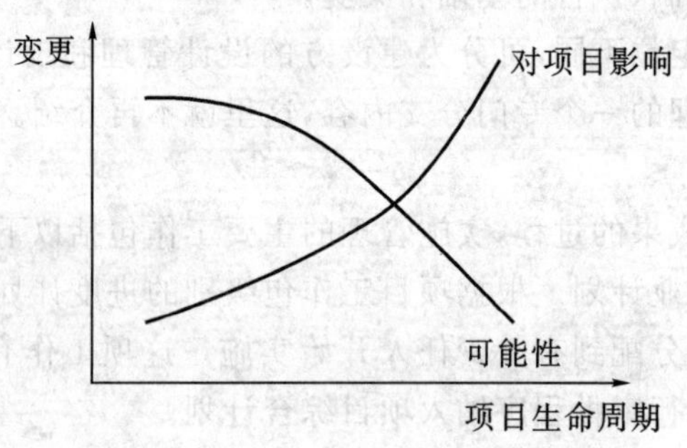

图 5-7 项目变更的可能性及对项目的影响示意图

②多方案比较。变更宜作多方案的比较,每个变更方案对项目产生的利弊是有差异的。通过比较,排列出对项目有利和不利两方面影响大小的次序,从而找到平衡点,选择出满足业主需求和期望的最适宜方案。

(4)变更管理的流程。既然项目变更是不可避免的,那么在项目的策划阶段,就应该制定好项目变更的管理流程,使项目变更一旦发生,就按既定的规则办事,从而提高处置问题的效率,避免人为的随意性,将损失降到最低程度。

(5)变更的范例。以工程建设项目为例,按变更的提出方不同,项目变更可分为以下三种情况:

①业主方的变更。业主方的变更往往是需求变更引起的,也有的是由于咨询顾问的建议被业主接受而产生的,还有的是政府主管部门对项目的审批意见由业主转达所产生的。业主方的变更流程图如图 5-8 所示。

业主方变更风险全部由业主承担。

②设计方的变更。由于设计的“错、漏、碰、缺”等原因引起的设计修改,也是一种变更。如在设计过程中,最终的设计成果未交付前,设计修改是很正常的工作,只要走设计单位的内部流程即可。这里介绍的是设计成果已交付施工,再发生设计变更的管理流程,如图 5-9 所示。从理论上讲,因设计过失引起变更而产生的项目损失,应由设计方承担。但我国的市场经济体制尚不成熟,目前的设计收费标准还没有包含风险金。工程保险制度很不健全,社会诚信机制正在建立中。所以,在现阶段,由于设计过失引起的变更而产生的项目损失一般仍是由业主方承担。

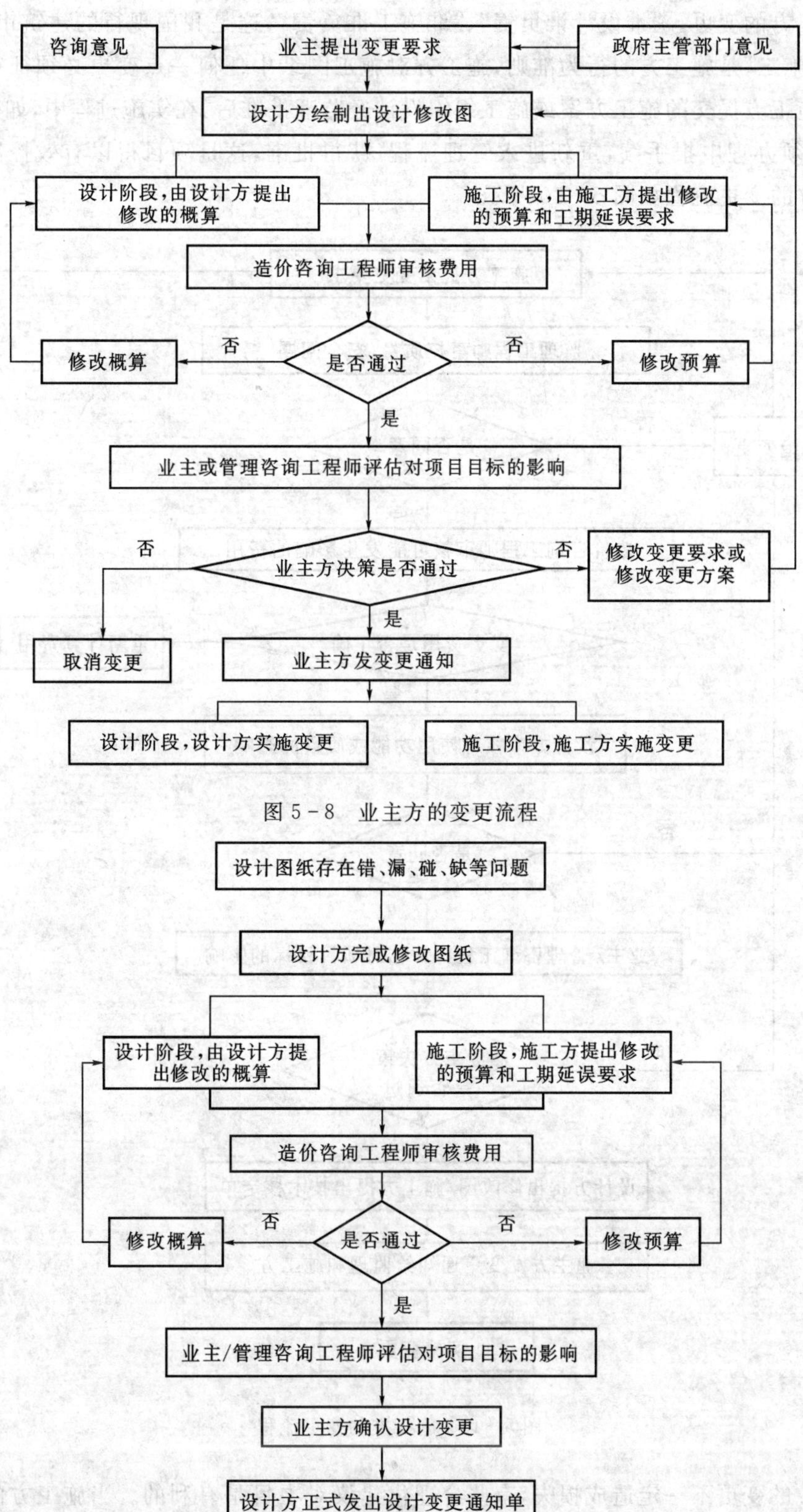

图 5-8　业主方的变更流程

图 5-9　设计方的变更流程

③施工方的变更。“谁设计谁负责”、“谁施工谁负责”，这是我国现行的建筑市场的规则，所以“按图施工”是施工方的行为准则，施工方对施工图纸中任何一点变更必须征得批准后方可实施。施工方提交的施工方案或施工组织设计经监理批准后，在实施过程中，如要变更施工方案，也必须办理申报手续，重新进入管理流程，获得批准，这是项目得以有效控制的必须环节。施工方的变更流程如图 5－10 所示。

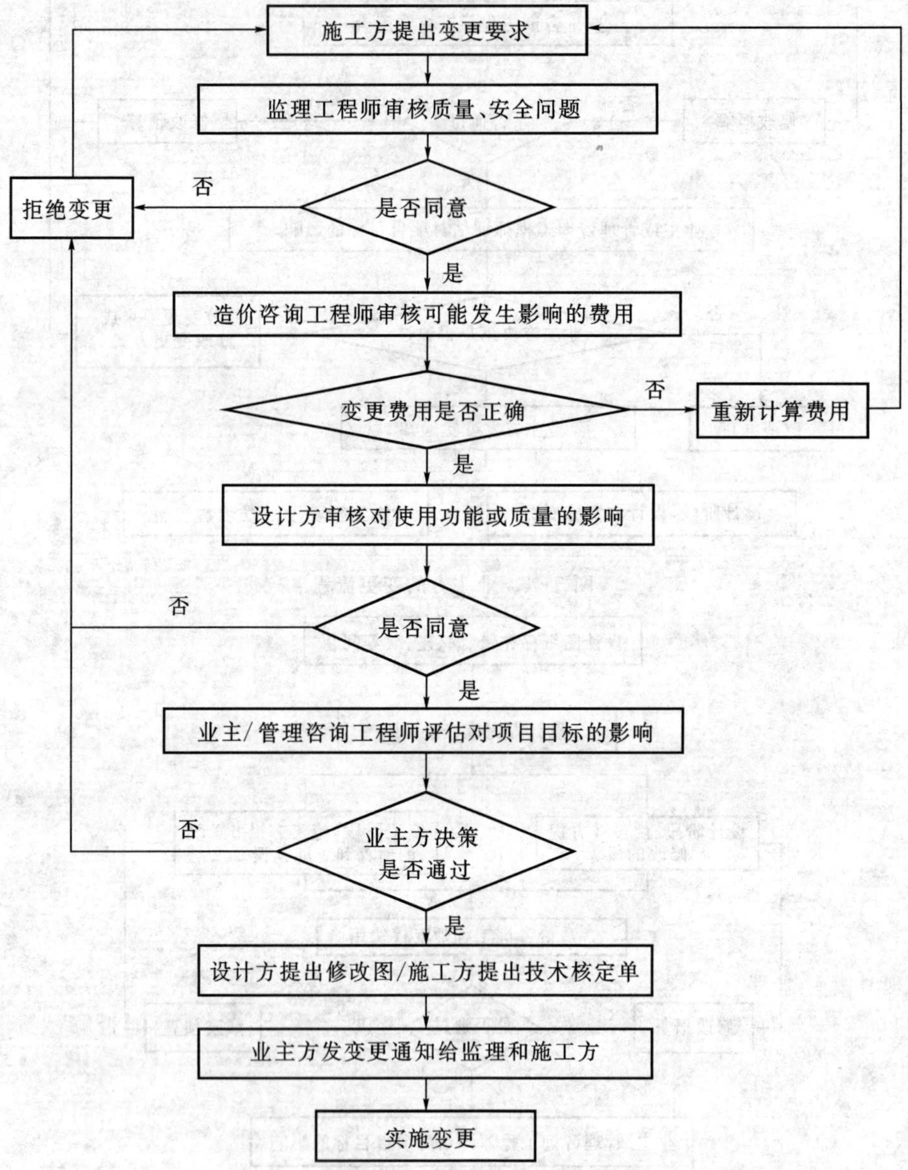

施工方提出变更要求
监理工程师审核质量、安全问题
是否同意（否→拒绝变更；是↓）
造价咨询工程师审核可能发生影响的费用
变更费用是否正确（否→重新计算费用→施工方提出变更要求；是↓）
设计方审核对使用功能或质量的影响
是否同意（否→拒绝变更；是↓）
业主/管理咨询工程师评估对项目目标的影响
业主方决策是否通过（否→拒绝变更；是↓）
设计方提出修改图/施工方提出技术核定单
业主方发变更通知给监理和施工方
实施变更
拒绝变更→施工方提出变更要求

图 5－10　施工方的变更流程

施工方的变更不一定造成损失，有些合理化建议对项目是有利的。当施工方的变更影响了工期和造价，且由施工方自行承担由此产生的损失，这时的变更较易得到批准。一般要业主方承担施工变更的损失时,这类变更是难以获得批准的。

合理化建议的变更给项目带来利益如何分配,或不利的变更给项目带来损失由谁承担,均由生效的合同约定。合同没有约定的,要协商解决。

5. 对项目利益相关方的管理

作为整合管理主要角色的项目经理和项目整合管理部门,首先要分析项目的利益相关方和他们对项目的要求,通过沟通和协调,综合确定统一的项目目标。

与项目范围管理不同,项目整合管理不仅要确定项目的利益相关方和分析利益相关方的需求。更重要的是要在项目进行过程中,以项目价值最大化为目标,不断地分析各阶段的利益相关方的权重,找出利益冲突中的平衡点;及时与项目利益相关方联系、沟通、不断化解矛盾,求大同存小异;争取理解和支持,进而凝聚合力,团结一致,为实现项目目标而努力工作。对利益相关方管理的流程如图 5-11 所示。

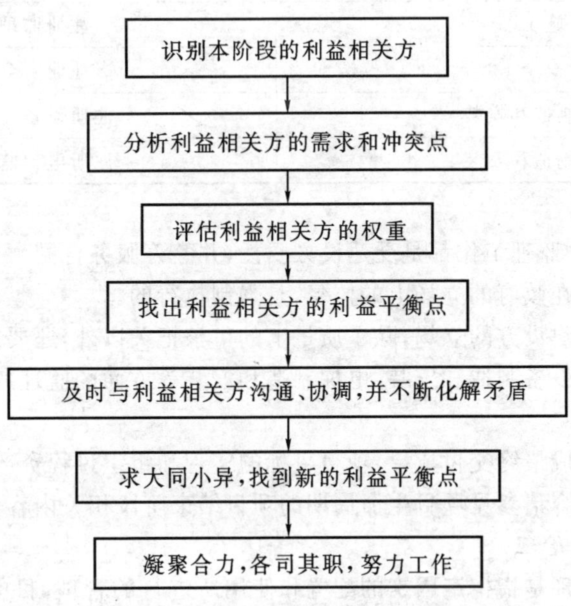

图 5-11 对利益相关方管理的流程

6. 项目监督管理

项目的监督管理工作是整个项目实施过程中的重要工作之一。项目能否顺利进行,能否达到投资预期目的,建立行之有效的监督机制是项目正常进展的不可缺少的环节。

项目的监督管理主要是项目投资方对各部门、人员和参与实施单位是否能严格遵循项目操作程序,按照相关的法律、法规进行经济活动的监督管理。

以工程建设领域为例,我国已推行 10 多年的“建设监理制”是投资方委托第三方对项目的监督和管理。监理是项目的参与方。监理职能包括从初衷的投资控制、工期控制、质量控制、合同管理、信息管理、组织协调(简称“三控二管一协调”),到目前市场认同增加的安全管理(或“HSE”管理)。政府的监督职能有些改为了“备案制”。

除了监理，有些项目还要接受项目所在组织设置的监督机构的监督，如审计部门、监察部门和组织设定的其他监督机构的监督。

从项目的需求和实际操作可能性来看，如表 5－2 所示的内容都是存在的，只是监理机构要具备相应的资质、能力和专业人员。

表 5－2　监理范围和资质要求

监理范围	资质要求
勘察	注册土木工程师(岩土)
设计	注册一级建筑师 注册一级结构工程师 注册设备工程师
施工图审查	
投资	注册咨询工程师(投资)
造价	注册造价工程师
施工	注册监理工程师
安全	注册安全工程师
设备制造和安装	注册设备监理工程师
电梯制造和安装	注册电梯监理工程师

表 5－2 中的各种监理工作都是受建设方委托，并签订服务合同。

施工图审查是站在政府的立场上的监督，是强制执行的。

设计监理是站在建设方的立场，除了质量上的审核把关以外，还要提供优化设计的技术咨询服务。对于勘察及设备制造和安装、电梯制造和安装等方面的监理各地正在摸索、试行中。

7. 项目收尾管理

项目收尾涉及形成最终交付成果、项目目标的实现和组织过程资产的成型，也是整合管理的重要内容。详细内容请参见项目生命周期的项目结束阶段相关内容。

8. 项目生产要素管理

项目生产要素管理是指生产因素的配置和使用所进行的管理，目的在于最大限度地节约和充分发挥活劳动和物化劳动的作用。项目生产要素是指生产力作用于项目的各种要素，如利益相关方、人力、物资、设备、技术、资金和环境等。

中国项目管理知识体系把生产要素管理列入整合管理之中，详细内容可以参考相关资料。

在项目整合管理的各项内容中，项目整合管理的核心过程是计划、执行和控制，其流程如图 5－12 所示。

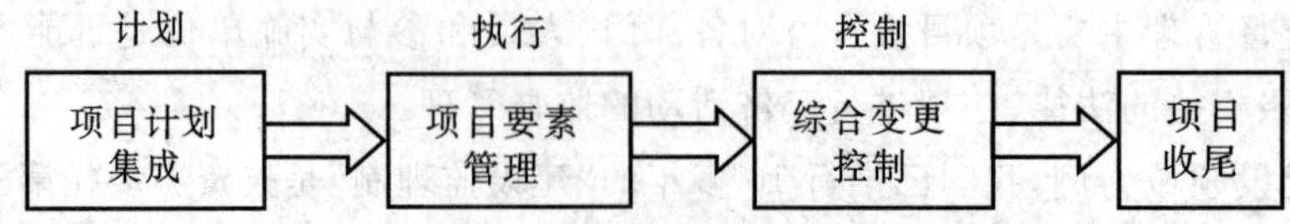

图 5－12　项目整合管理的核心流程

(1)项目计划集成。项目计划集成是指综合指导编制项目建设方/管理咨询方全局及各层次、各方面的管理计划;并依此为依据指导监督设计单位、施工总包等单位编制相关的各类计划;检查监督各层次、各方面计划的执行情况,及时审查、变更、调整各类计划,使项目按目标顺序进行。项目的目标管理是计划管理的终极追求。设计管理是计划执行的前提和灵魂。

项目经理重点控制项目的里程碑计划,通过挣值方法等定期或不定期检查、控制项目的进度、费用情况。建设单位通过审图单位控制设计图纸质量,通过监理控制施工质量。

项目经理要十分重视施工安全文明的管理计划和措施的落实。

项目团队要指导和监督各项计划的制订,及时搜集、汇总、分析、计划、执行信息,全面监管落实各项计划。

(2)项目要素管理。项目要素管理是对项目要素的全面全过程的管理,涉及配置、优化、使用、动态控制和综合协调,其过程要特别注意对冲突的化解和各方面的沟通。

(3)综合变更控制。综合变更控制是指根据项目目标、范围和计划,审查所有的变更请求及方案,全面协调由此可能带来的目标变更,批准变更并控制可交付成果。变更管理是项目控制的灵魂。

整合管理是对项目全局的管理和项目灵魂要素的管理。

5.2.3　管理流程

整合管理需要遵循的流程很多。项目整合管理的核心过程是计划、执行和控制。如图5-12所示为项目整合管理的核心流程。

此外属于管理的分项流程还有一些,如本章前一部分列出的部分流程:

(1)图5-6所示项目目标管理流程。

(2)图5-8所示业主方的变更流程。

(3)图5-9所示设计方的变更流程。

(4)图5-10所示施工方的变更流程。

(5)图5-11所示对利益相关方管理的流程等。

5.2.4　技术、方法和工具

整合管理所运用到的技术、方法和工具有:系统工程、流程图、目标管理、变更管理、沟通协调、价值工程、方案比较法、里程碑计划、甘特图、工作分解结构。

5.2.5　项目整合管理架构

项目整合管理构架如图5-13所示。

项目整合管理

制定项目章程

1. 输入
   项目工作说明书
   商业论证
   合同
   事业环境因素
   组织过程资产
2. 工具与技术
   专家判断
   组织管理系统
3. 输出
   项目章程

制订项目管理计划

1. 输入
   项目章程
   其他规划过程的输出
   事业环境因素
   组织过程资产
2. 工具与技术
   专家判断
   组织管理系统
3. 输出
   项目管理计划

指导与管理项目执行

1. 输入
   项目管理计划
   批准的变更要求
   事业环境因素
   组织过程生产
2. 工具与技术
   专家判断
   项目管理信息系统
3. 输出
   可交付成果
   工作绩效信息
   变更请求
   项目管理计划(更新)
   项目文件(更新)

监控项目工作

1. 输入
   项目管理计划
   绩效报告
   事业环境因素
   组织过程资产
2. 工具与技术
   专家判断
   组织管理系统
3. 检查
   变更请求
   项目管理计划(更新)
   项目文件(更新)

整体变更控制

1. 输入
   项目管理计划
   工作绩效信息
   变更请求
   事业环境因素
   组织过程资产
2. 工具与技术
   专家判断
   变更控制会
   项目管理信息系统
3. 输出
   变更请求状态(更新)
   项目管理计划(更新)
   项目文件(更新)

结束项目或阶段

1. 输入
   项目管理计划
   验收的可交付成果
   组织过程资产
2. 工具与技术
   专家判断
   组织管理系统
3. 输出
   最终产品、服务或成果移交
   组织过程资产(更新)

图 5-13 项目整合管理构架

5.3 项目时间管理

5.3.1 概念内涵

项目时间管理也称项目进度管理，是指项目管理者根据工期和实际进度来对项目及所拥有的资源，运用系统的理论和方法进行高效率的计划、实施和控制，最终获得项目目标交付物的系统管理方法。也可以将项目进度管理理解为在项目实施过程中，为了确保能够在规定时间内实现项目的目标，项目的进度和日程安排、项目活动需要的各种资源所进行的管理过程。

5.3.2 工作内容

项目进度管理具体内容包括进度计划和项目进度控制等内容。

进度计划按时间可分为项目总进度计划、分项进度计划、年进度计划、月进度计划、周进度计划、日进度计划等。

进度计划按项目层次划分可分为项目总进度计划、单项工程进度计划、单位工程进度计划、分部工程进度计划、单元工程进度计划。

1. 项目进度计划编制

(1)项目进度管理的计划系统。进度计划是项目进度管理始终围绕的核心。因此,事先编制各种相关进度计划便成为项目进度管理工作的首要环节。以工程项目管理为例,按管理主体不同,项目进度计划可区分为建设单位、设计单位及施工承包单位等不同主体所编制的不同种类计划,这些计划既互相区别又互有联系,从而构成了项目进度管理的计划系统,其作用是从不同的层次和方面共同保证项目进度管理总体目标的顺利实现。

(2)项目进度计划的表示方法。概括而言,编制项目进度计划一般可借助两种方式,即文字说明与种种进度计划图表。其中,常用的进度计划图表和技术方法包括:横道图、线形图、网络图、前锋线法、形象进度图。

(3)进度计划编制的主要依据。

①建设单位对项目的目标工期要求。

②项目的施工条件及工程特点。

③项目的设计文件及经济指标。

④项目各项工作时间的估算。

⑤项目资源供应情况。

⑥国家颁布的相应技术规范、标准。

(4)编制进度计划的基本要求。

①运用现代项目管理方法、技术、工具编制进度计划,以提高计划的科学性和质量。

②充分落实编制进度计划的条件,避免过多的假设条件而使计划失去指导作用。

③大型、复杂、工期长的项目要实行分期、分段、分级编制进度计划的方法,对不同阶段、不同时期编制相应的进度计划,以指导项目实施的前锋作用。

④进度计划应保证项目实现工期目标。

⑤保证项目的均衡性和连续性。

⑥进度计划与费用、质量等目标相协调,既有利于工期目标的实现,又有利于费用、质量、安全等目标的实现。

⑦编制计划应充分考虑自然条件及其他利益相关方对项目执行的影响。

2. 进度计划的编制步骤

不同类型的进度计划,其编制步骤也不尽相同,但以下步骤是不可缺少的。项目进度计划编制流程如图 5-14 所示。

(1)项目描述。项目描述是用一定的表格形式列出项目目标、项目范围、项目如何执行、项目完成计划等内容,是制作项目计划和绘制工作分解结构的依据。

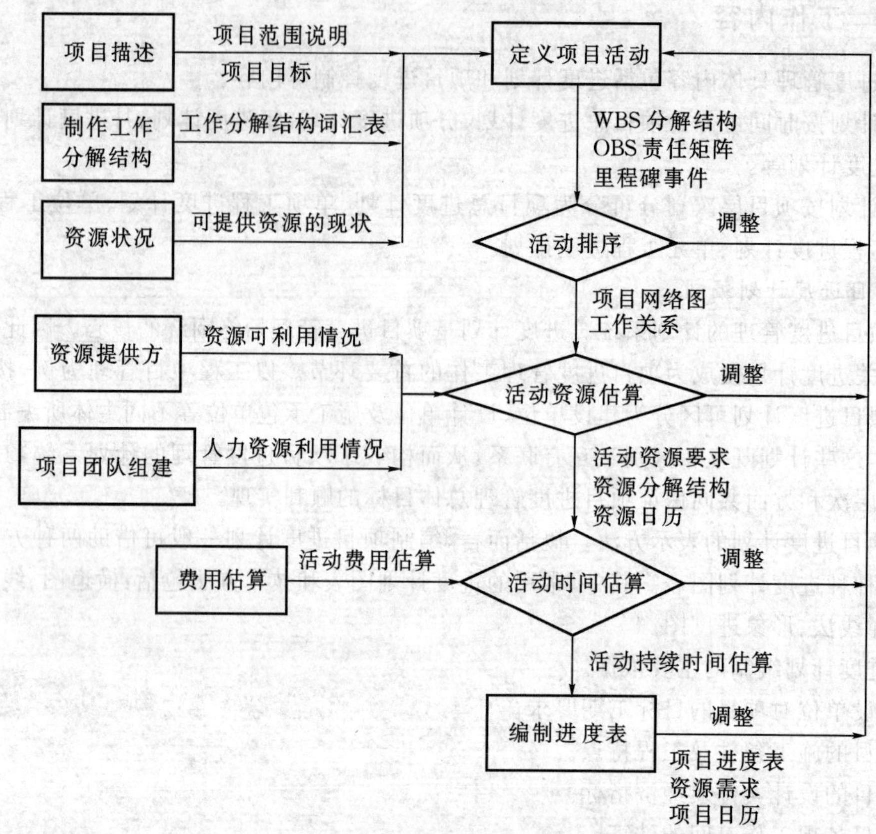

图 5-14　项目进度计划编制流程图

项目描述的依据是项目的立项规划书、已经通过的初步设计方案和批准后的可行性研究报告。

项目描述可以用表格的形式表达，其主要内容包括项目名称、项目目标、交付物、交付物完成准则、工作描述、工作规范、所需资源估算、重大里程碑等，如表 5-3 所示。

表 5-3　项目描述表

项目名称	描述内容	备注
项目目标		
交付物完成准则		
工作描述		
工作规范		
所需资源估算		
重大里程碑		
项目经理审核意见		

(2)定义项目活动。为使项目目标得以实现,根据项目进度管理,项目各参建单位及管理人员应对涉及项目及其各可交付物的具体活动进行识别和定义。

①定义活动。定义活动是一个过程,涉及了确认和描述一些特定的活动,完成了这些活动意味着完成了 WBS 结构中的项目细目和子细目。通过定义活动这一过程可使项目目标体现出来。

项目活动定义的主要工作如表 5-4 所示。

表 5-4 项目活动定义的主要工作

输入	工具和方法	输出
项目范围叙述 历史资料 制约因数 假设条件 专家判断	分解技术 参考样板	活动目录 更新的分解结构(WBS) 辅助性资料说明 可交付物说明

②工作描述。工作描述一方面作为编制项目进度计划的依据,另一方面便于项目实施过程中更清晰地领会各项工作的内容。工作描述的依据是项目描述和工作分解结构,其结果是工作描述及项目工作分解表。

项目结构分解的工具是工作分解结构(WBS)原理,它是一个分解的树形结构,是将项目按照其内在结构或实施过程的顺序进行逐层分解而形成的示意图。

工作描述如表 5-5 所示。

表 5-5 工作描述表

工作名称	描述内容	备注
工作交付物		
验收标准		
技术条件		
工作描述		
假设条件		
信息源		
约束条件		
其他需要描述的问题		
项目经理审核意见		

③工作列表。工作列表是项目所有工作的汇总,其包括的主要内容如下:

A. 工作代码。工作代码是计算机管理工作的唯一标识符。

B. 工作名称。

C. 输出。完成该工作后输出的信息。

D. 输入。完成该工作所要求的前提条件。

E. 内容。定义本工作要完成的具体内容和流程。

F. 负责单位。

G. 协作单位。

H. 审查单位。

I. 子工作。WBS 分解结构中与本工作直接相连的下属工作。

工作列表如表 5－6 所示。

表 5－6　工作列表

工作代码	工作名称	输入	输出	内容	负责单位	协作单位	审查单位	子工作

(3)项目活动排序。项目活动一般来说是有先后顺序的，在项目活动定义完成后，需对项目所有活动确定先后顺序，即项目活动排序。项目活动必须要正确地排序，以便今后制订项目可行的进度计划。项目活动排序可以利用计算机软件排序或手工排序。对于小项目和大项目，前期用手工排序较方便，大项目中后期使用计算机排序较方便。

①活动排序工作内容。项目活动排序的主要工作如表 5－7 所示。

表 5－7　项目活动排序的主要工作

输入	工具和方法	输出
活动目录 产品描述 内在相关性 指定的相关性 与外部相关性 结束 假设	前驱图法(PDH) 箭头图法(ADM) 条件图法 网络参考样板	项目的网络图 个性后的目录

②项目关系工作列表。项目活动排序的最终结果是获得描述项目各工作关系的项目网络以及工作的详细关系。项目活动排序工作关系列表如表 5－8 所示。

表 5－8　项目活动排序工作关系列表

任务编码	任务名称	紧前工作编码	紧后工作编码	持续时间	负责人

(4)项目活动时间估算。

①基本概念。项目活动时间(历时)的估算是根据现有项目范围和资源的相关信息，对完成项目的各项活动所需要的时间作出正确的估计测算，为项目进度计划表设定各项活动时间

的过程。项目活动时间估算除了涉及对活动时间的估算外，同时还会涉及对项目中每项活动以及整个项目作出成本和资源需求的估算。

②一般过程。项目活动时间估算的一般步骤如下：

第一，输入原始资料及经验数据并建立估算假设，如设备的数量及生产能力、人员明细及技术能力。

第二，使用相应的估算工具和方法对每一个具体的活动进行估算。其估算内容包括：估算每个活动的时间长度；估算出每个活动的平均资源利用率；每个活动的总工时（或成本）；每一个活动的非人力资源需求成本。

③影响因素。项目活动时间的估算应尽量接近现实，尽量确保项目将来的实施。在项目计划和实施阶段也要随着时间的推移和经验的增多而不断进行更新估算，以便随时掌握项目的进度和后续工作所需要的时间。在项目实施过程中，项目各项活动实际所花费的时间与事前估算的结果总是有所不同的，其影响因素主要有突发事件、熟练程度、沟通状况、活动的细节层次等。

④有效时间。有效时间是指人力资源有效的工作时间和设备资源的有效使用时间，包括有效工作时间、有效使用时间、活动时间。

项目时间估算的主要工作如表 5－9 所示。

表 5－9　项目活动时间估算的主要工作

输入	工具和方法	输出
活动目录 约束 假设 资源需求 资源库质量 历史资料	专家判断 类推估算 仿真	活动时间估计 估计的基础 活动目录修改

(5)进度计划安排。在完成了项目活动定义，确定各项工作和活动先后顺序、计算工程量或工作量估计出各项工作持续时间的基础上编制项目时间进度。

①进度安排的依据主要有：工作持续时间的估计；根据项目所包含的各项工作的先后顺序绘制的网络图；资源需求；资源配置描述；日历；限制和约束。

②进度安排的工具和技术主要有：数学分析方法；持续时间的压缩；模拟技术；资源分配的启发方式；项目管理软件。

③项目进度计划的主要内容和形式。

A. 项目进度。项目进度应包括每项工作的计划开始和期望完成时间。

项目进度有两种表现形式，即表格和图形表现形式。图形表现形式直观易懂，所以，项目进度以多种图形描述进度计划，主要的图形有甘特图、里程碑图、带有日历的项目网络图。

时间坐标网络图用表格形式表达项目进度计划的基本格式如表 5－10 所示。

表 5-10　项目进度计划表

序号	工作名称	持续时间	最早时间		最迟时间		时差		完成情况
			开始	完成	开始	完成	总时差	自由时差	

B. 细节说明。需说明项目有关的假设和约束，另外还应包括各种应用方面的详细说明。

C. 进度管理计划。进度管理计划主要说明计划的执行、检查、调整、控制等问题。

D. 资源需求更新。这是根据进度计划对资源的需求计划及活动列表所进行的更新。

3. 项目进度计划控制

(1)项目进度计划控制概述。项目进度计划控制就是根据项目进度计划与项目的实际进展情况不断进行对比、分析和调整，确定进度偏差是否已经发生；对造成项目进度偏差的因素加以分析，当偏差发生时对实际偏差进行管理(调整计划、采取补救措施等)，从而确保项目目标的实现。项目进度控制过程如图 5-15 所示。

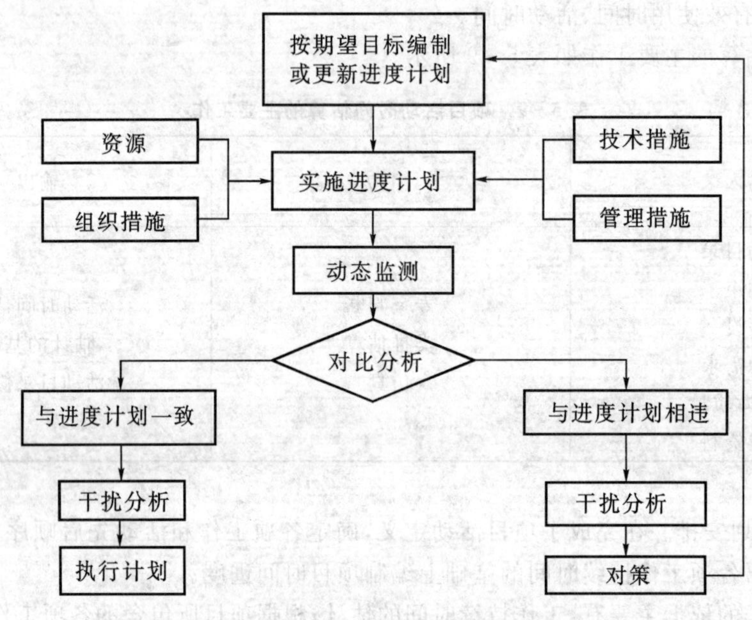

图 5-15　项目进度控制过程

(2)项目计划的实施。

①实施的阻力分析。在进度计划实施过程中，会遇到各种阻力，这就需要根据项目的具体情况预测、分析可能会遇到的障碍，提出消除障碍的措施并加以实施。实施的阻力主要有人、资源、环境等。

②计划实施准备。计划实施的准备主要包括建立组织机构、编制实施计划、培训有关人员。

③保证措施。保证措施主要有进度计划的贯彻、调度工作、抓关键工作、保证资源的及时供应、加强组织管理工作、加强进度控制。

(3)项目进度动态监测。在项目实施过程中，为了收集反映项目进度实际状况的信息，以便对项目进展情况进行分析，掌握项目进展状态，应对项目进展状态进行观测。项目观测通常采用日常观测、定期观测，并将观测结果以报告的形式加以描述。

①日常观测。随着项目的进行，不断观测进度计划中所包括的每一项工作的实际开始时间、实际完成时间、实际持续时间、目前状况等内容，并加以记录，以此作为进度计划的依据。记录的方法有项目管理日志、实际进度前锋线法、图上记录法、报告表法等。

②定期观测。定期观测是指每隔一定时间对项目进度计划执行情况进行一次较为全面、系统的观测、检查。

③项目进展报告。项目进度观测、检查的结果通过项目进展报告的形式向有关部门和人员报告。项目进展报告的形式可分为日常报告、例外报告和特别分析报告。常见的几种项目进展报告有进度计划执行情况报告、项目关键点检查报告、项目状态执行报告、任务完成报告、重大突发事件报告、项目变更报告、项目进度报告、项目管理报告。

(4)项目进度计划控制的主要内容。项目进度计划控制的主要内容包括以下几方面：

①利用一定的组织和手段跟踪核查项目的实际进度。

②利用一定的工具和方法比较项目的实际进度与计划进度是否发生了偏差变化，如果发生了，找出偏差发生的原因。

③如有必要就及时对项目进度偏差变化的因素进行控制，采取措施对偏差加以纠正，不错过进度计划控制的最佳时机，从而确保这种偏差变化朝着有利于项目目标实现的方向发展。

(5)进度控制原理。

①动态原理。项目进度控制是随着项目的进行而不断进行的，是一个动态过程，也是一个循环的过程。

②系统原理。项目计划是一个系统，某项目进度计划系统图如图 5－16 所示。进行项目进度控制，也必须遵循系统管理。

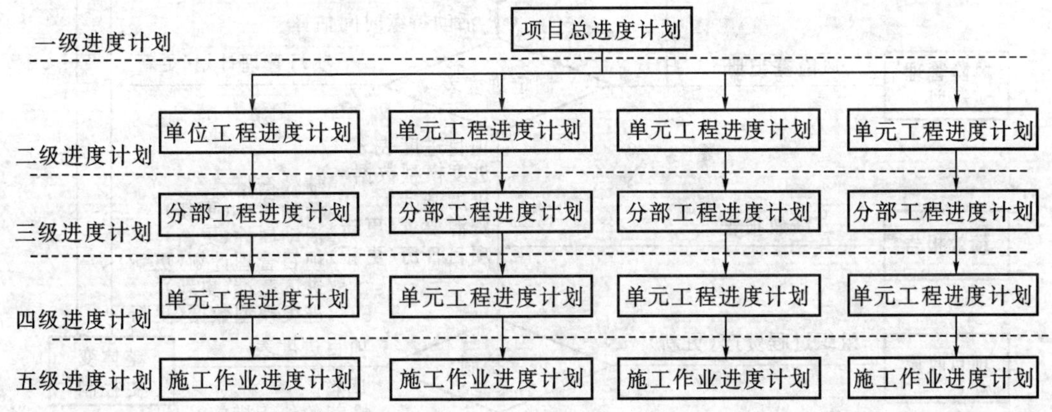

图 5－16　某施工项目计划系统图

③封闭循环原理。项目进度控制全过程是一种循环性的例行活动，其活动包括编制计划、实施计划、检查、比较与分析、确定调整措施、修改计划，形成了一个封闭循环的系统。

④信息管理。

⑤弹性原理。

⑥网络计划技术原理。

5.3.3 管理流程

项目进度管理的过程可以分为五个阶段，其先后顺序是收集资料、编制进度计划、实施进度计划、检查与调整进度计划、分析与总结(也称处理阶段)。

项目进度管理主要内容包含五个过程，每个过程使用的工具和技术不同，其表现的形式既相对独立又相互联系。项目进度管理的相关流程如图5-14、图5-15、图5-17所示。

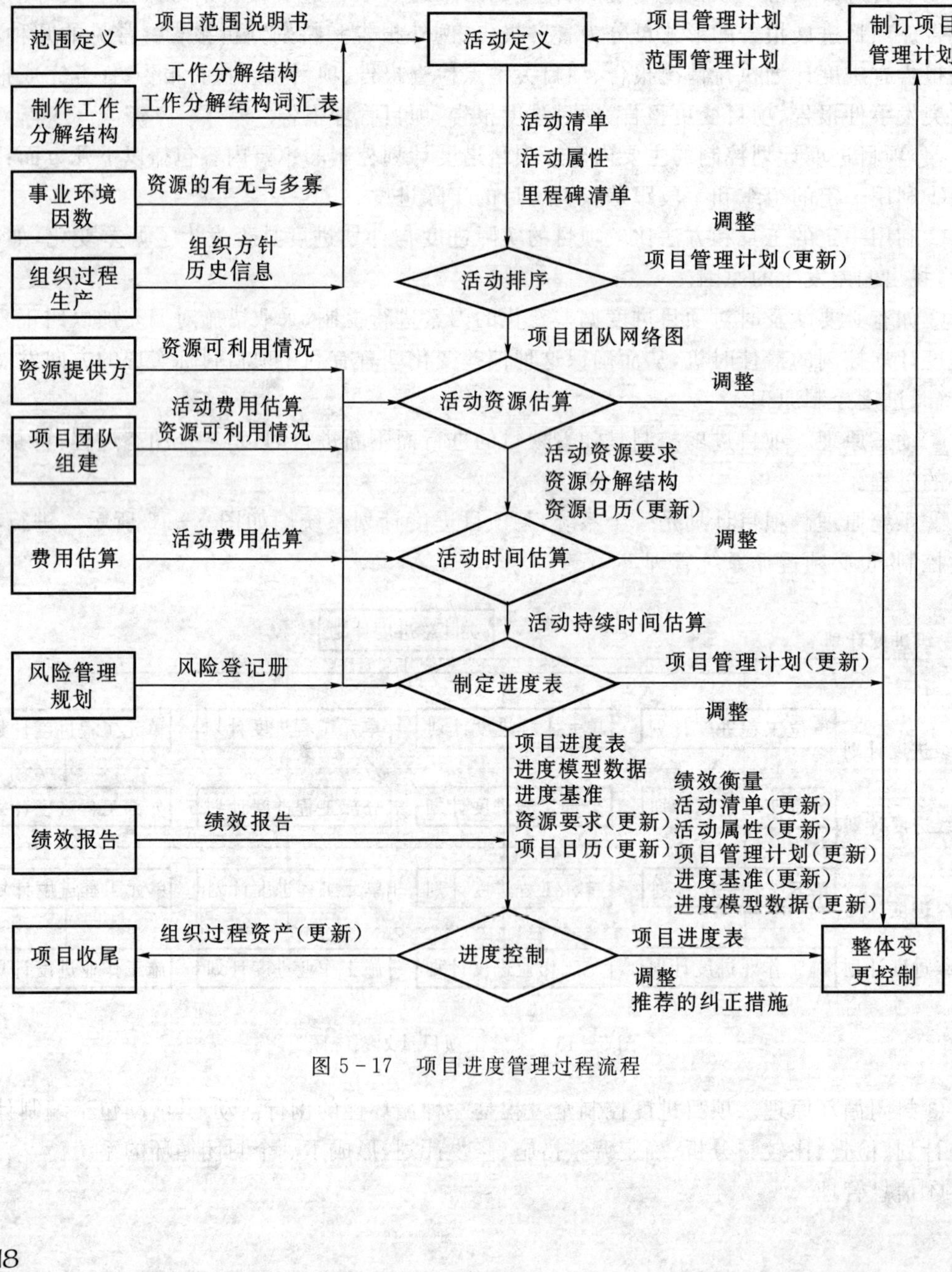

图5-17 项目进度管理过程流程

5.3.4 技术、方法和工具

项目进度管理所涉及的技术、方法和工具主要包括以下六个方面的内容：

(1)项目活动定义方面。项目活动定义方面包括：分解、样板、滚动式规划、专家判断、规划组成部分。

(2)项目活动排序方面。项目活动排序包括以下几方面：

①紧前关系绘图法(单代号网络图 PDM)。

②箭线绘图法(双代号网络图 ADM)。

③计划网络样板。

④确定依赖关系。它包括强制依赖关系、可斟酌处理的依赖关系、外部依赖关系。

⑤利用时间提前量与滞后量。

(3)活动资源估算方面。活动资源估算方面包括：专家判断法、多方案分析、出版的估算数据、项目管理软件、自上而下估算。

(4)活动持续时间估算方面。活动持续时间估算方面包括：专家判断、类推估计、仿真。

(5)制定进度表方面。制定进度表包括以下几方面：

①数学分析。最常用的数学方法有：关键路线法(CPM)、GERT(图表审评技术)、PERT(计划评审技术)

②时间压缩法。时间压缩法包括应急法、平行作业法。

③资源调整尝试法。

④项目管理软件。

(6)进度控制技术、方法和工具。进度控制技术、方法和工具包括：进度报告、进度改变控制系统、执行情况测定、计划更新、偏差分析、项目管理软件、进度比较横道图。

5.3.5 项目进度管理架构

项目进度管理架构如图 5-18 所示。

5.4 项目质量管理

5.4.1 概念内涵

(1)质量。质量是一组固有的可区分的特征满足明示的，通常隐含的或必须履行的需求或期望的程度(GB/T19000—2000 中的定义)。

(2)项目质量。项目质量包括产品实体和服务这两类特殊产品的质量，它是国家现行的有关法律、法规、技术标准、设计文件及合同中对项目的安全、使用、经济、美观等特性的综合要求。

典型的工程项目质量特性如图 5-19 所示。

项目质量同时还包括工作质量。工作质量包括：环境工作质量，如社会调查、市场预测、质量回访和保修服务等；过程工作质量，如管理工作质量、技术工作质量和后勤保障工作质量等。项目质量通过加强工作质量来保证和提高。

项目进度管理

定义活动	排列活动顺序	估算活动资源
1. 输入 项目范围基准 事业环境因素 组织过程资产 2. 工具与技术 分解 模板 滚动式规划 专家判断 3. 输出 活动清单 活动属性 里程碑清单	1. 输入 项目范围说明书 活动清单 活动属性 里程碑清单 组织过程资产 2. 工具与技术 紧前关系绘图法(PDM) 确定依赖关系 利用时间提前量与滞后量 进度网络样板 3. 输出 项目进度网络图 项目文件(更新)	1. 输入 活动清单 活动属性 资源日历 事业环境因素 组织过程资产 2. 工具与技术 专家判断 备选方案分析 出版的估算数据 自上而下估算 项目管理软件 3. 输出 活动资源要求 资源分解结构 项目文件(更新)

估算活动持续时间	制订进度计划	控制进度
1. 输入 活动清单 活动属性 活动资源要求 资源日历 事业环境因素 组织过程资产 2. 工具与技术 专家判断 类比估算 参数估算 三点估算 储备分析 3. 输出 活动持续时间估算 项目文件(更新)	1. 输入 项目范围说明书 活动清单 活动属性 里程碑清单 组织过程资产 2. 工具与技术 进度网络分析 关键线路法 进度压缩 假设情景分析 资源平衡 关键链法 调整时间提前与滞后量 进度计划编制工具 项目管理软件 3. 输出 项目进度计划 进度基准 进度数据 项目文件(更新)	1. 输入 进度管理计划 项目进度计划 工作绩效信息 组织过程资产 2. 工具与技术 绩效审查 偏差分析 进度变更控制系统 项目管理软件 资源平衡 假设情景分析 调整时间提前与滞后量 进度压缩 进度计划编制工具 3. 输出 绩效衡量结构 变更请求 组织过程资产(更新) 项目管理计划(更新) 项目文件(更新)

图 5-18　项目进度管理架构

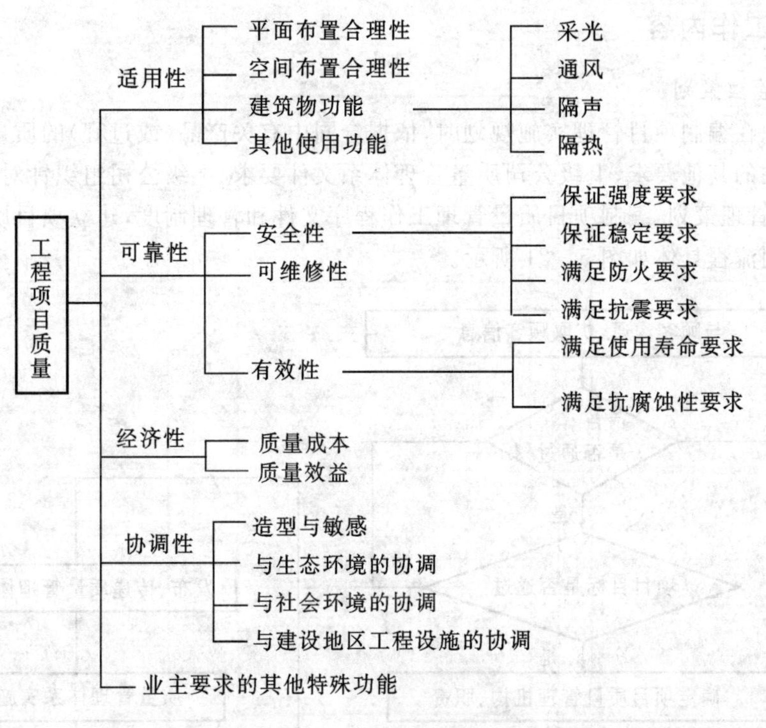

图 5-19 工程项目质量特性

(3)项目质量管理。项目质量管理是指为满足项目质量要求而采取的作业技术和活动。它要求对项目实施活动所涉及的各种影响因素进行管理，通过提高工作质量来提高项目质量，使之达到规定的质量标准。项目质量管理流程如图 5-20 所示。

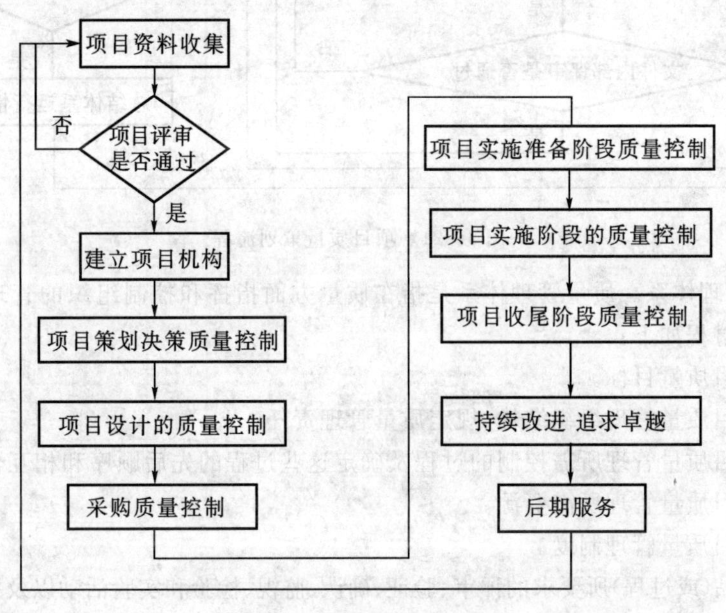

图 5-20 项目质量管理流程

5.4.2 工作内容

1. 质量管理策划

项目组织在编制项目管理实施规划时，依据合同中有关产品(或过程)的质量要求、与产品(或过程)有关的其他要求、上级公司质量管理体系文件要求、上级公司组织针对项目的其他要求，进行质量管理策划，编制项目质量管理工作程序文件和管理制度，建立项目质量管理体系。项目质量策划流程具体如图5-21所示。

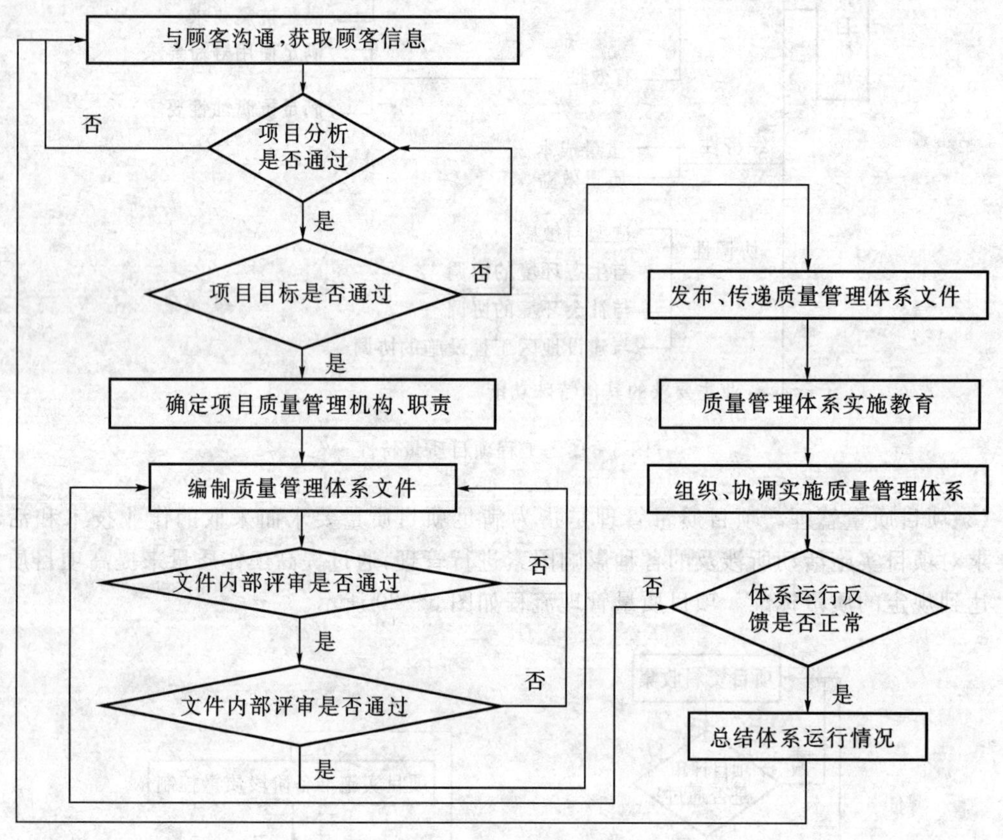

图5-21 项目质量策划流程

(1)质量管理体系。质量管理体系是指在质量方面指挥和控制组织的管理体系。质量管理体系的建立过程如下：

①明确项目质量目标。

②建立项目质量管理组织结构，规定质量管理责任。

③设立项目质量管理所需控制的过程及确定这些过程的先后顺序和相互作用。

④确定项目质量管理所需资源。

⑤编制项目质量管理制度。

⑥确定产品(或过程)所要求的评审、验证、确认、监视、检验和实验活动以及接受质量基准。

⑦准备为实现过程及其产品满足要求提供证据所需的记录表格。

(2)质量目标。项目质量目标要确保在项目组织的各部门和层次上进行分解，形成合同环

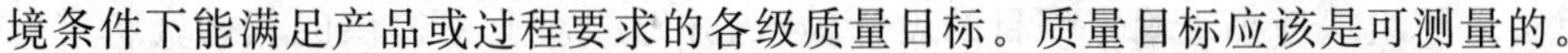

境条件下能满足产品或过程要求的各级质量目标。质量目标应该是可测量的。

质量目标的分解主要是从以下两个角度展开：

①从时间上展开，形成全过程控制。通过目标展开，把整个项目所要达到的质量要求和总体进度计划联系在一起，按照进度要求，分解质量目标，明确什么时候达到什么样的质量标准，达到什么样的质量目标。同时在一些关键时期建立质量考核目标点，以便考核质量目标的完成情况。

②从空间上展开，实现全方位和全员质量目标管理。通过目标展开，把质量目标分解到项目实施各方，包括项目的参与各方、各部门、各作业队伍、各工序和各岗位，以全面落实质量目标。

③项目质量管理组织及职责。业主以及项目各参与方考虑项目组织的复杂性、规范性，结合项目的质量目标和项目内外环境因素变化建立项目质量管理组织机构。

2. 项目质量控制

项目质量控制主要是监督项目的实施结果，将项目的结果与事先制定的质量标准进行比较，找出其存在的差距，并分析形成差距的原因，质量控制贯穿于项目的始终。项目质量是按照项目的实施程序，经过项目实施系统各个阶段逐步形成的。不同的项目有不同的实施程序，下面就以典型的工程项目为例来说明项目不同阶段的质量控制。

(1)项目策划决策质量控制。在项目策划决策阶段，所运用到的是现代工程学、经济学和管理学理论，对项目拟建区、行业进行调查分析，对项目的规模、条件、技术方案进行比较研究，同时进行财务评价、社会评价、国民经济评价和风险评价，组织编制符合国家宏观调控政策与规划、地区发展规划、行业发展规划的项目研究报告，并通过国家相关部门的审核。

项目策划决策主要作好以下质量控制：

①首先必须站在客观的立场进行调查研究，做好基础资料收集工作。对收集的基础资料，要按照客观实际情况进行论证评价，如实反映客观规律，从客观数据出发，通过科学分析，得出项目是否可行的结论。

②项目研究报告的内容和深度必须达到国家的标准，且基本内容完整。项目研究报告必须体现国家宏观经济政策、市场经济规律和可持续发展的要求，对项目的市场需求(或社会需求)、项目规模、技术方案(或标准)、经济效益、社会效益和各种风险等充分调查和论证，真实、全面地反映项目的有利和不利因素，提出可供选择的建议。

③项目研究报告还必须通过与项目无经济利益关系的专家对项目的目的、目标、效益和风险等方面的评估。

(2)项目设计的质量控制。工程项目设计阶段，是根据项目决策阶段已确定的质量目标和水平，通过项目设计使其具体化的过程。

项目设计的质量目标是在严格遵守技术标准、法规的基础上，正确协调资金、资源、技术和环境的约束条件的限制，使项目设计能更好地满足业主所需的功能和使用价值，能充分发挥项目的最大效益。

①项目设计策划。项目的设计策划工作由设计负责人负责，主要任务是依据项目合同和组织质量管理体系编制设计实施计划。设计实施计划要对设计的输入、设计实施、设计输出、设计评审、设计验证、设计更改等设计重要过程的要求及方法予以确认。同时应明确不同小组的职责分工，对小组之间的接口进行有效管理，以确保沟通的畅通。

②项目设计输入。项目的设计输入包括项目合同、适用的法律法规及标准规范、项目有关批文和纪要、历史信息、项目基础资料、设计任务书、项目研究报告和其他专题报告等。

项目设计负责人要组织各小组确定项目的设计输入，并组织对业主提供的基础资料进行评审和确认，各小组负责人还应对本小组适用的标准规范版本的有效性进行评审。

③项目设计活动。项目设计实施后，各小组负责人应根据设计实施计划编制各小组的设计规定。各小组负责人负责组织各小组的设计人员按流程和组织标准进行设计工作。

各小组负责人负责组织本小组设计人员拟定设计方案，按照质量管理要求，进行方案比较和评审。在拟定方案时，要充分考虑环境、职业健康安全和可操作性要求；在方案评审时，应对有关环境、职业健康安全和可操作性要求进行评审。

各小组负责人负责组织本小组设计人员按照小组设计技术要求，进行本小组的项目设计工作。

各小组负责人负责小组之间设计条件的接受和确认，并由各小组负责人向相关小组发出设计文件和资料。

④项目设计输出。项目设计输出文件包括设计图纸和文件、采购技术文件和试运行技术文件。项目设计输出基本要求如下：

A. 满足设计输出的要求。

B. 满足项目采购、项目实施、试运行的要求。

C. 满足项目实施、试运行过程的环境、职业健康安全要求。

同时输出文件的内容和深度应满足项目各有关行业的内容和深度规定的要求。输出文件在提供给用户前，应由负责人进行验证和评审。

⑤项目设计评审。项目设计评审包括方案评审、重要的中间文件评审、环境和职业健康安全评审、可操作性和设计成品评审。评审的重点包括：

A. 评价设计过程和结果满足要求的能力，包括参与人员、方法、参数等满足要求的程度。

B. 识别任何问题并确定必要的措施，包括对设计和生产、使用过程中可能出现的问题进行预测和分析，并及时制定相应的预防措施。

根据项目特点，要确定重要设计中间文件和环境与职业健康安全文件评审办法，建立评审管理规定。

⑥项目设计验证和设计确认。项目设计验证的方式是设计文件的校审（校核、审核、审定），验证方法包括校对验算、交换方法计算、与已证实的类似项目进行比较等。

项目设计验证由规定的、有资格的人员按文件校审规定进行，需其他小组人员会签的，在成品输出前进行会签。

项目设计验证人员对文件进行校审后，需设计人员进行修改时，修改后的设计文件应经验证人员重新校审，符合要求后，设计、校审人员方可在设计文件签署栏中签署，并按国家有关规定，在设计成品文件上加盖相关执业章。

⑦项目设计变更控制。

(3)采购质量控制。采购质量控制包括对项目、劳务分包和物资、设备的采购控制，主要对采购策划、采购文件编制、供方的考察、评审和选择、采购合同的签订、执行、跟踪、验证、总结等过程进行质量控制。

项目组织应建立项目采购管理和采购质量控制文件，建立合格供方名录，并定期根据项目需求建立合格供方评价准则，对合格供方进行评审。

①合格供方名录建立。组织应对拟选供方进行考察评估，主要从以下方面考虑：

A. 供方的资质。

B. 营业执照。

C. 人力资源、技术、设备等资源。

D. 近年来从事与同类项目要求有关的业绩。

E. 必要时,进行质量、环境、职业健康安全管理体系认证。

评定合格的供方列入合格供方名录。

在项目执行时,组织应对供方从产品质量、时间、售后服务等进行评审,并保持记录。根据记录对供方履约评定,凡评定不合格的供方,将其从合格供方名录中删除。

②采购策划。项目采购策划由采购负责人负责,主要任务是编制"采购实施计划",组织编制询价文件。询价文件包括技术文件和商务文件。

③供方的评审、选择。采购负责人组织有关有经验的人员对供方提交的报价文件进行技术、商务和综合评审,确定供方排序,并由组织负责人审批。

④供方跟踪、验证。采购负责人负责对采购文件进行交底,交由执行人负责执行,并对供方中间执行情况进行跟踪、分析。采购负责人执行负责对采购内容进行验证,办理移交手续。

在供方完成采购任务后,对采购过程和内容进行总结,并对供方进行综合评价。

(4)项目实施准备阶段质量控制。项目实施准备阶段质量控制是指项目正式实施前,对各项准备工作及影响质量的各因素和有关方面进行质量控制。准备工作不仅在项目实施前要做好,而且要贯穿整个项目实施过程。

①项目技术资料、文件准备的质量控制。

A. 项目所在地的自然条件及技术经济调查资料收集。项目所在地的自然条件及技术经济调查资料收集包括:地形与环境条件,地质条件,地震级别,水文地质情况,气象条件及当地水、电、能源供应条件,交通运输条件,材料供应条件等。项目所在地的自然条件及技术经济调查资料是选择实施技术和组织方案的基础资料。

B. 实施组织技术。实施组织技术是指导实施准备和组织实施的全面技术经济文件,其主要控制两方面:一是选定合理实施方案,合理安排项目实施顺序、流向、进度,对重要、特殊部位选定恰当的方法和技术保障措施;二是要进行技术经济比较,确保项目在满足符合性、有效性和可靠性的同时,还要满足时间短、费用低、安全、效益好的要求。

C. 国家及政府有关部门颁布的有关质量管理的法律、法规性文件及质量验收标准。质量管理方面的法律、法规性文件,规定了项目参与方的质量责任和义务;规定了质量管理体系建立的要求、标准;同时还规定了质量问题的处理要求、质量验收程序。

②项目设计交底和项目设计文件会审的质量控制。项目设计文件是进行质量控制的重要依据。为了使项目实施方熟悉有关的设计文件,了解拟实施项目特点、设计意图和工艺与质量要求,减少设计文件差错,消灭设计文件中的质量隐患,需要做好项目设计交底和项目设计文件审核工作。

A. 项目设计交底。在项目实施前,由设计方向相关方进行设计交底,主要内容包括:地形、地貌、水文现象、工程地质及水文地质等自然条件;项目设计依据;设计意图;项目实施注意事项。

交底后,由实施方提出设计文件中的问题和疑点以及需解决的问题。经协商后,议定解决办法,形成记录。

B. 项目设计文件会审。项目设计文件会审时,项目参与方对项目设计文件共同审核,这是进行质量控制的重要手段,是项目参与方熟悉设计文件,了解设计意图和关键部位的工程质量要求，发现和减少设计差错，保证项目质量的重要方法。

会审内容主要包括：对设计人员的资格认定；项目设计文件是否满足抗震、防火、环境、职业健康安全及其他国家强制专项要求；项目文件中有无遗漏、差错或互相矛盾之处，项目文件表示方法是否清楚并符合标准要求；地质及水文地质等资料是否充分、可靠；所需原材料有无保证，能否替代；项目工艺布置是否合理，项目实施方法能否满足项目设计文件要求，能否保证质量；项目文件中涉及的各种标准、规范、规程是否有效。

③质量教育与培训。通过教育与培训和其他措施提高项目参与人员的能力，提高质量意识和顾客意识，是项目参与方人员满足从事质量工作对能力的要求。

主要注重的培训内容有：质量意识培训；充分理解和掌握质量方针和目标；质量管理体系有关的内容；质量保持和改进的意识；项目的特殊能力要求。

(5)项目实施阶段的质量控制。

①技术交底。按照项目的重要复杂程度，由组织技术负责人或项目技术负责人组织全面技术交底。

交底内容包括项目设计文件交底、项目实施组织设计交底、分项项目技术交底等。通过交底，明确项目结构空间平面布置及几何尺寸、材料规格等方面的要求，明确工序搭接、工种配合、实施方法、进度等安排，明确质量、安全措施等。

②材料控制。

A. 对供货方质量保证能力进行评价。对供货方质量保证能力评定原则包括：材料供应表现状况，如材料质量、交货期等；供货方质量管理体系对于按要求如期提供产品的保证能力；供货方的顾客满意程度；供货方交付材料之后的服务和支持能力；其他，如价格、履约能力等。

B. 建立材料管理制度，减少材料损失、变质。对材料的采购、加工、运输、储存建立管理制度，可加快材料的周转，减少材料的占用量，避免材料损失、变质，使材料按质、按量、按期满足工程项目的需要。

C. 对原材料、半成品、构配件进行标识。进入项目现场的原材料、半成品、构配件等，要按型号、品种，区分堆放，予以标识；对有防湿、防潮要求的材料，要有防雨防潮措施，并有标识；对容易损坏的材料、设备，要做好防护；对有保质期要求的材料，要定期检查，以防过期，并作好标识。标识应有可追溯性，即应有其规格、产地、日期、批号、加工过程、使用后的分布和场所。

D. 材料检查验收。用于项目上的主要材料，进场时应有出厂合格证和材质化验单；凡标志不清或认为质量有问题的材料，需要进行追踪检验，以确保质量；凡未经检验和已经验证为不合格的原材料、半成品、构配件和设备不能投入使用的，按规定执行。材料验收应考虑相关的有效期及对环保的影响。

E. 发包人提供的原材料、半成品、构配件和设备。发包人提供的原材料、半成品、构配件和设备用于项目上时，项目组织应对其作出专门的标识，接受时应验证，储存或使用时给予保护和维护，并得到正确的使用。上述材料经验证不合格，不得用于工程。发包人有责任提供合格的原材料、半成品、构配件和设备。

F. 材料质量抽样和检验方法。材料质量抽样应按规定的部位、数量及采选的操作要求进行。材料质量检验的项目分为一般试验项目和其他试验项目，一般试验项目即通常进行的实验项目，其他试验项目是根据需要而进行的项目。材料质量检验的方法有书面检验、外观检验、理化检验和无损检验等。

③设备控制。

A. 设备使用形式决策。项目上所使用的设备应根据项目特点及工程量，按必要性、可能性和经济性的原则确定其使用形式。使用形式包括：自行采购、租赁、承包和调配。采用何种使用形式，应通过技术经济分析来确定。

B. 注意设备配套。设备配套包括两层含义：一是一个工种的全部过程和环节配套；二是主导设备和辅助设备在规格、数量和生产能力上的配套。

设备的合理配备、配套使用，能充分发挥设备效益，获得较好的经济效益。

C. 设备的合理使用。合理使用设备，正确进行操作，是保证项目实施质量的重要环节。设备的合理使用，应贯彻人机固定，实行定机、定人、定岗位责任的"三定"制度；设备的合理使用，要合理划分项目段，组织好设备在整个项目上的流水施工，减少进出场时间和装卸费用；设备的合理使用，要使环境、平面布置适合设备作业要求，为设备的良好使用创造有利条件。同时，要关注设备的合理使用年限。

D. 设备的保养和维修。设备的保养与维修能使设备处于良好的技术状态，提高设备运转的可靠性和安全性，减少设备磨损，降低能耗，提高设备使用效率，保证项目质量。

④计量控制。项目实施的计量工作，包括投料计量、项目实施过程中监测计量和对项目、产品或过程的测试、检验、分析计量。

计量工作的主要工作是统一计量单位制度，组织量值传递，保证量值的统一。这有助于项目实施工艺过程，促进生产技术的发展，提高项目质量。

计量工作主要注意如下内容：

A. 建立计量管理部门和配备计量人员。

B. 建立健全和完善计量管理的规章制度。

C. 积极开展计量管理的规章制度。

D. 积极开展计量意识教育。

E. 确保做好自检器具的管理工作和强检计量器具的及时检定。

对于工程项目，还要关注测量控制。测量控制主要注意以下几个方面：

A. 对于给定的原始基准点、基准线和参考标高等测量控制点应做好复核工作，审核批准后，才能据此进行准确的测量放线。

B. 施工测量控制网的建立。施工测量控制网是控制项目测量放样的基础，它的精度决定测量定位、定点，影响项目检查结果。所以，在测量基准点确定后，要根据项目特点，建立满足项目要求精度的施工测量控制网。

C. 施工测量。建筑的定位放样，就是将设计的建筑物标定在实地，要符合相关的测量要求。复测，就是对项目实施过程中的建筑物放样、中间建筑物定型轮廓、最终的建筑物成型轮廓进行的校测，是监测项目成型质量的重要监测方法。

⑤工序控制。工序控制是产品制造过程的基本环节，也是组织生产过程的基本单位。工序是指一个（或一组）工人在一个工作地对一个（或若干个）劳动对象连续完成的各项生产活动的总和。项目就是由一系列相互关联、相互制约的工序所构成的。要控制项目质量，首选应控制工序质量。

工序质量包括两方面内容：一是工序活动条件的质量；二是工序活动效果的质量。就质量控制而言，这两者是互为关联的。一方面要控制工序活动条件的质量，使每道工序投入品的质量符合要求；另一方面应控制工序效果的质量，使每道工序所形成的产品（或结果）达到其质量要求的标准。工序质量控制，就是对工序活动或活动效果进行质量控制，从而达到对整个项目的质量控制。

A. 工序质量控制的基本原则。工序质量控制的基本原则包括：严格遵守工序作业标准或规程；主动控制工序活动条件的质量；及时控制工序活动效果的质量；合理设置工序质量控制点。

B. 工序质量控制点。工序质量控制点是指在不同时期工序质量控制的重点。质量控制点的涉及面较广，根据项目的特点，视其重要性、复杂性、精确性、质量标准和要求等程度的不同，质量控制点可能是材料、操作环节、技术参数、设备、作业顺序、自然条件、项目环境等。质量控制点可归纳为以下几类：

第一类，人的行为。对操作者应从人的生理、心理、技术能力等方面进行考核、控制，避免因人的失误造成质量问题。

第二类，物的状态。根据不同工序的特点，对作业场所的控制，如对静电的处理等。

第三类，材料的质量和性能。材料的质量和性能是直接影响项目质量的主要因素。

第四类，关键的操作。对于直接影响项目质量的操作，应作为控制重点。

第五类，作业顺序。对于工序或操作，必须严格控制相互之间的先后顺序。

第六类，技术参数。与质量相关的技术参数，应严格控制。

第七类，新工艺、新技术、新材料的应用。由于操作人员缺乏经验，将其工序操作作为重点严加控制。

第八类，质量不稳定、质量问题较多的工序。通过对质量数据的统计分析，查找出质量波动、不合格率较高的工序，将其设置为质量控制点。

质量控制点的设置是保证项目质量的有力措施，也是进行质量控制的重要手段。在工序质量控制过程中，首选应对工序进行全面分析、比较，以明确质量控制点；然后应分析所设置的质量控制点在工序进行过程中可能出现的质量问题或造成质量隐患的因素，并加以严格控制，使工序质量的波动限制在要求的界限内。

⑥项目变更控制。

A. 项目变更的含义。项目任何形式上的、质量的、数量上的变动，都称为工程变更。它既包括项目具体的某种形式上的、质量的、数量上的变动，也包括合同文件内容的某种改动。

B. 项目变更的范围。项目变更的范围包括设计变更、工程量的变动、项目实施时间的变更和项目合同文件的变更。

a. 设计变更：其主要原因是投资者对投资规模的压缩或扩大，而需重新设计；另一原因是对已交付的设计文件提出新的设计要求，而需对原设计进行修改。

b. 工程量的变动：对于工程量清单中的数量上的增加和减少。

c. 项目实施时间的变更：对已批准的项目实施计划中安排的项目实施时间或完成时间的变动。

d. 项目合同文件的变更：项目设计文件的变更；项目实施方提出合理化建议，其节约价值的分配；由于不可抗力或者双方事先都未预料而无法防止的事件发生，允许进行合同变更。

C. 项目变更的交底和控制。项目变更可能导致项目工期、成本或质量的改变，所以，应对项目变更进行严格的管理和控制。

项目变更控制中，主要考虑的方面有：管理和控制那些能够引起项目变更的因素和条件；分析和确认各方面提出的变更合理性和可行性；当变更发生时，应对其进行管理和控制，分析变更引起的风险；针对变更要求及时进行变更交底的策划。

项目变更要求均应通过逐级交底实施，同时应及时办理相关的变更手续。

⑦项目实施过程的监视和测量。项目质量受多种客观因素的影响，易出现波动，为控制和保证项目质量，项目组织需加强项目实施过程的监视和测量。

项目实施过程的有效性主要取决于过程能力的质量。项目组织通过日常检查、专项检查、考核评价、质量审查等方法对项目实施过程进行监视和测量，可以通过以下方式对项目实施过程进行监视和测量。

A. 项目组织的专门管理负责人员对现场的各项目实施质量活动进行日常检查、填写项目管理日志。

B. 项目负责人组织对项目质量管理进行的专项检查。

C. 项目组织以项目月报方式向企业组织相关部门、项目主管报告项目进展。

D. 企业组织相关部门对项目实施过程进行的监督检查。

E. 企业组织对项目实施过程进行的项目质量审核。

F. 企业组织或项目组织聘请外部专家对项目实施过程进行的审核或评价。

所有过程的监视和测量中发现的一般问题由项目负责人分析原因，采用相应的纠正措施。当发现过程能力存在问题时，由质量负责人分析原因，报项目负责人采取纠正措施，以确保过程符合策划的要求。

⑧成品保护。成品保护是在项目实施过程中，某些项目已完成，而其他部位还在实施；在这种情况下，项目组织需对已完工部位采取妥善措施予以保护，以免因缺乏保护或保护不善而造成损伤或污染，影响项目整体质量。

成品保护可根据需要保护项目的特点不同，分别采取“防护”“包裹”“覆盖”“封闭”等保护措施，以及合理安排项目实施顺序来达到保护成品的目的。

(6)项目收尾阶段质量控制。

①项目收尾阶段。项目收尾阶段是项目管理全过程的最后阶段，包括竣工收尾、验收、结算、决算、回访保修、管理考核评价等方面的管理。

项目组织应编制项目收尾阶段工作计划，提出各项管理要求，同时整理项目技术资料。项目技术资料主要包括以下内容：

A. 项目开工报告。

B. 项目竣工报告。

C. 图纸会审和设计交底记录。

D. 设计变更通知单。

E. 技术变更核定单。

F. 质量事故发生后的查证和处理资料。

G. 水准点位置、定位测量记录、沉降及位移观测记录。

H. 材料、设备、构件的质量合格证明资料。

I. 试验、检验报告。

J. 隐蔽工程验收记录及施工日志。

K. 竣工图。

L. 质量验收评定资料。

M. 竣工验收资料。

②项目试运行。试运行管理内容包括试运行管理计划编制、试运行准备、人员培训、试运行过程指导和服务等。项目组织应按合同约定向业主提供项目试运行的指导和服务。

③项目完工及服务的质量控制。项目完工后,项目组织应自行组织有关人员进行检查评定,合格后向业主提请组织、申请完善其他国家规定的竣工验收要求,并移交项目。移交项目应按国家有关标准、法规的规定对工程档案归档整理并移交。

项目企业应建立项目回访制度,与用户建立售后服务联系网络,收集和接受用户意见,及时获取项目的生产运作信息,做好回访工作,填写回访记录,编写回访报告,反馈项目信息。

3. **持续改进追求卓越**

持续改进旨在持续增强质量管理的改进能力。持续改进的范围包括:质量管理体系、过程和产品三个方面。

(1)持续改进的作用。

①持续改进的目的在于不断提高质量管理体系的有效性,以不断增强顾客和其他相关方的满意度。

②持续改进是增强满足要求的能力循环活动,改进的重点是改善产品的特殊性和提高质量管理体系的有效性。

(2)持续改进的方法。

①建立和实施质量目标,营造一个激励改进的氛围和环境。

②确定质量目标,以明确改进方向。

③通过数据分析、质量审核不断寻求改进机会,并作出适当的改进活动安排。

④通过纠正和预防措施及其他适用的措施实现改进措施。

⑤在管理评审中评价改进结果,确定新的改进目标和改进措施。

(3)持续改进的步骤。

①收集与质量有关的记录,主要有:产品的过程监视和测量数据、过程监视和测量数据、项目目标的实现评价数据、质量审核记录、顾客和其他相关方的满意度数据。

②分析和评价现状、需求,以识别改进的区域。

③确定改进目标。

④寻找可能的解决办法以实现这些目标。

⑤评价解决办法并作出选择。

⑥实施解决办法。

⑦测量、验证、分析和评价实施结果以评价目标的实现度。

⑧对结果进行评审,以确定进一步改进机会。

(4)顾客满意度的测量和监视。对顾客满意度的测量和监视应当以与顾客有关的信息的评审为基础。信息的收集可以是主动的或被动的。项目负责人应当建立有效收集、分析和利用顾客信息的过程,以改进组织的业绩。项目组织应当以书面和口头的形式得到顾客和最终使用者的信息。

与顾客有关的信息包括:对顾客和使用者的调查,有关产品方面的反馈、顾客要求和合同信息、市场需求、服务提供数据、竞争方面的信息。

项目负责人应当将顾客满意程度的测量作为一种重要测量工具。征询、测量和监视顾客满意程度的反馈过程，并考虑与要求的符合性、满足顾客的要求和期望以及产品价格和交付等方面的情况，从而预测未来的需求。

(5)相关方满意程度的测量和监视。项目组织要识别满足顾客以外的相关方需求所要求的与组织过程相关的测量信息，以便均衡地配置资源。其信息要包括与组织内人员、所有者和投资者、供方和合作者以及社会有关的测量。具体的测量内容如下：

①对组织内人员，组织应当：调查人员对组织满足其需求和期望方面的意见；评定个人和集体的业绩以及他们对组织成果所作出的贡献。

②对项目所有者和投资者，组织应当：评定其达到规定目标的能力；评定其财务业绩；评价外部因素对结果产生的影响；识别由于采取措施所带来的价值。

③对供方和合作者，组织应当：调查供方和合作者对组织采购过程的意见；监视供方和合作者的业绩及其与组织采购方针的符合性，并提供反馈；评定采购产品的质量、供方和合作者的贡献以及通过合作给双方带来的利益。

④对社会，组织应当：规定并追踪与其目标有关的适宜数据，以使其与社会的互相影响令人满意；定期评定其采取措施的有效性和效率以及社会相关方面对其业绩的感受。

(6)质量审核。质量审核是对质量管理体系的适宜性、充分性进行评价。项目质量审核过程为独立评定任何指定过程或活动的管理方面的工具，项目负责人确保采取对质量审核结果作出反应的改进措施得到有效执行。在实施质量计划时，应当考虑来自拟审核区域的相关输入以及其他相关方的输入。

质量审核考虑的事项包括：

①过程是否得到有效和高效地实施。

②持续改进的机会。

③过程的能力。

④是否有效和高效地使用了统计技术。

⑤信息技术的应用。

⑥质量成本数据的分析。

⑦资源是否得到了有效和高效地利用。

⑧过程和产品性能的结果和期望。

⑨业绩测量的充分性和准确性。

⑩改进活动。

⑪与相关方的关系。

质量审核报告是组织卓越业绩的证据，以便提供项目负责人承认和激励组织内人员的机会。

(7)财务测量。项目负责人应考虑将过程有关的数据转换为财务方面的信息，以便提供对过程的可比较的测量并促进项目组织有效性和效率的提高。财务测量可包括：预防和鉴定成本的分析、内部和外部故障成本的分析、寿命周期成本的分析。

(8)自我评定。自我评定是一种仔细认真的评定，通常由项目组织的负责人来实施，最终得出组织的有效性和效率以及质量管理体系成熟水平方面的意见或判断。组织通过自我评定能将其与外部组织业绩进行水平对比。

(9)项目不合格品控制。对项目管理过程中和产品交付后发现的不合格品进行识别和控制，防止不合格品的放行、非预期使用或支付。

①不合格品的识别。相关负责人通过实施下列活动识别不合格品：

A. 产品实现过程的监视和测量(如项目管理过程的评审、验证、确认活动,测量过程的检查验收,项目实施的检查验收活动等)。

B. 产品交付后现场服务或回访服务。

C. 顾客/上级审查,主管部门监督检查。

D. 顾客反馈或投诉等。

E. 采购和顾客提供的产品。

②不合格的处置。

A. 一般不合格品。对于项目产品的不合格品,一般采用返工、返修,必要时建议设计更改等措施,对于一般的不合格品,返修后要经质量人员验证。

B. 较大不合格品。对于较大不合格品,由项目经理组织有关部门人员,确定采取的措施,处置后由项目负责人会同质量人员进行验证所采取措施的有效性。

C. 重大不合格品。对于重大不合格品,项目负责人编写不合格品报告并报企业项目负责人,由企业项目负责人组织评审并提出处置要求,项目相关人员按处置要求进行纠正,处置后的成果由企业技术负责人会同项目负责人、质量人员验证合格后,方可放行/交付使用。

(10)数据分析。项目组织应当汇总和分析各种来源的数据,以便对照组织的计划、目标和其他规定的指标评定组织的业绩并确定改进的区域,也包括相关方可能的利益。

与质量有关的数据为:产品的过程监视和测量数据、项目目标的实现评价数据、质量审核记录、顾客和其他相关方的满意度数据。

项目组织根据有关的数据,应采取有效的分析方法、适宜的统计技术、基于逻辑分析的结果,权衡经验和直觉,作出决策并采取有效措施。

进行数据分析,可使项目组织确定现有或潜在问题的根本原因,指导组织作出为改进所需的纠正和预防措施的决定。使用数据分析结果,可确定以下方面内容:趋势,顾客的满意程度,其他相关方的满意程度,过程的有效性和效率,供方的贡献,组织业绩改进目标的完成情况,质量经济性、财务和与市场有关的业绩,业绩的水平对比,竞争能力。

(11)纠正措施。项目组织应建立和保持项目纠正和预防措施控制办法,以消除不符合的原因。程序中规定以下方面的要求：

①评审不符合(包括顾客及相关方抱怨)。

②确定不符合的原因。

③评价确保不符合不再发生的措施的要求。

④确定并实施所需要的纠正措施。

⑤跟踪并记录纠正措施的结果,包括对不符合的评审、原因分析、采取的具体措施的效果验证。

⑥技术部门对所采取的纠正措施的有效性进行评审,对未达到预期效果的措施重新分析原因,提出新的纠正措施。

实施并保持因纠正措施而引起的对形成文件程序的任何更改记录。

(12)预防措施。为消除管理体系各过程中潜在的不符合及查找其原因,防止不符合的发生,预防措施要规定以下方面的要求：

①确定潜在的不符合及其原因。

②评价防止潜在的不符合发生的预防措施的需求。

③确定并实施所需的预防措施的要求。

④跟踪并记录预防措施的结果,相应记录予以保持。

⑤质量人员对采取的预防措施的有效性进行评审,对未达到预期效果的措施重新分析原因,并提出新的措施。

(13)项目组织的持续改进。为了有助于确保组织的未来并使相关方满意,项目负责人应当创造一种文化,以使组织内人员都能积极参与寻求过程、活动和产品性能的改进机会。

为使组织内人员积极参与,最高项目负责人应当营造一种环境来分配权限,从而使组织内人员都得到授权并接受各自的职责,以识别组织业绩的改进机会。为了做到这一点,可进行以下活动:

①确定人员、项目和组织的目标。

②与竞争对手的业绩和最佳做法进行水平比较。

③对改进的成就给予承认和奖励。

④建议计划,包括项目负责人及时作出的反应。

为了确定改进活动的结构,最高项目负责人应当对持续改进的过程作出规定并予以实施,这样的过程适于产品的实现和支持过程以及各项活动。为了确保改进过程的有效性和效率,组织应当就以下几个方面考虑产品的实现和支持过程。

①有效性(如满足要求的输出)。

②效率(如以时间和费用来衡量的单位产品所耗用的资源)。

③外部影响(如法律法规发生变化)。

④潜在的薄弱环节(如缺少能力和一致性)。

⑤使用更好方法的机会。

⑥对已策划的和未策划的更改的控制。

⑦对已策划的收益的测量。

组织应当将持续改进的过程作为提高组织内部有效性和效率以及提高顾客和其他相关方满意程度的工具。

项目负责人应当支持将渐进的持续改进活动作为现有过程以及突破性机会的组成部分,以便为组织和相关方带来最大利益。

支持改进过程的输入,包括来自以下方面的信息:

①确认数据。

②过程的投入产出比数据。

③试验数据。

④自我评定数据。

⑤相关方明示的要求和反馈。

⑥组织内人员的经验。

⑦财务数据。

⑧产品性能数据。

⑨服务提供数据。

项目负责人应当确保产品或过程的更改得到批准、优化、策划、规定和控制,以满足相关方的要求并避免超出组织的能力。

5.4.3 管理流程

项目全过程的质量管理，除了本节前面介绍的相关质量管理流程外，本节针对不同类型的项目、不同主体的项目管理，再介绍几个可供参考的流程，具体如下：

图 5－20 为项目质量管理流程。

图 5－21 为项目质量策划流程。

图 5－22 为某工厂建设项目总承包质量控制流程。

质量目标确定
设计质量计划管理
实施方案质量控制
人员培训
建立质量保证体系
1
土建工程
材料和设备质量控制
工艺质量控制
施工工序质量控制
工程过程监督隐蔽工程验收
各部门工程验收
工程验收支付
质量档案
运行质量监督
2
设备及安装调试
设备采购制造质量控制
现场监督预先验收
设备安装调试
设备试用验收
3
产品试制方面
工艺审定
材料验收
工装验收
设备验收
定型程序
专家组验收
质量档案
运行质量监督
4
后勤保障方面
（略）
5
项目管理方面
（略）

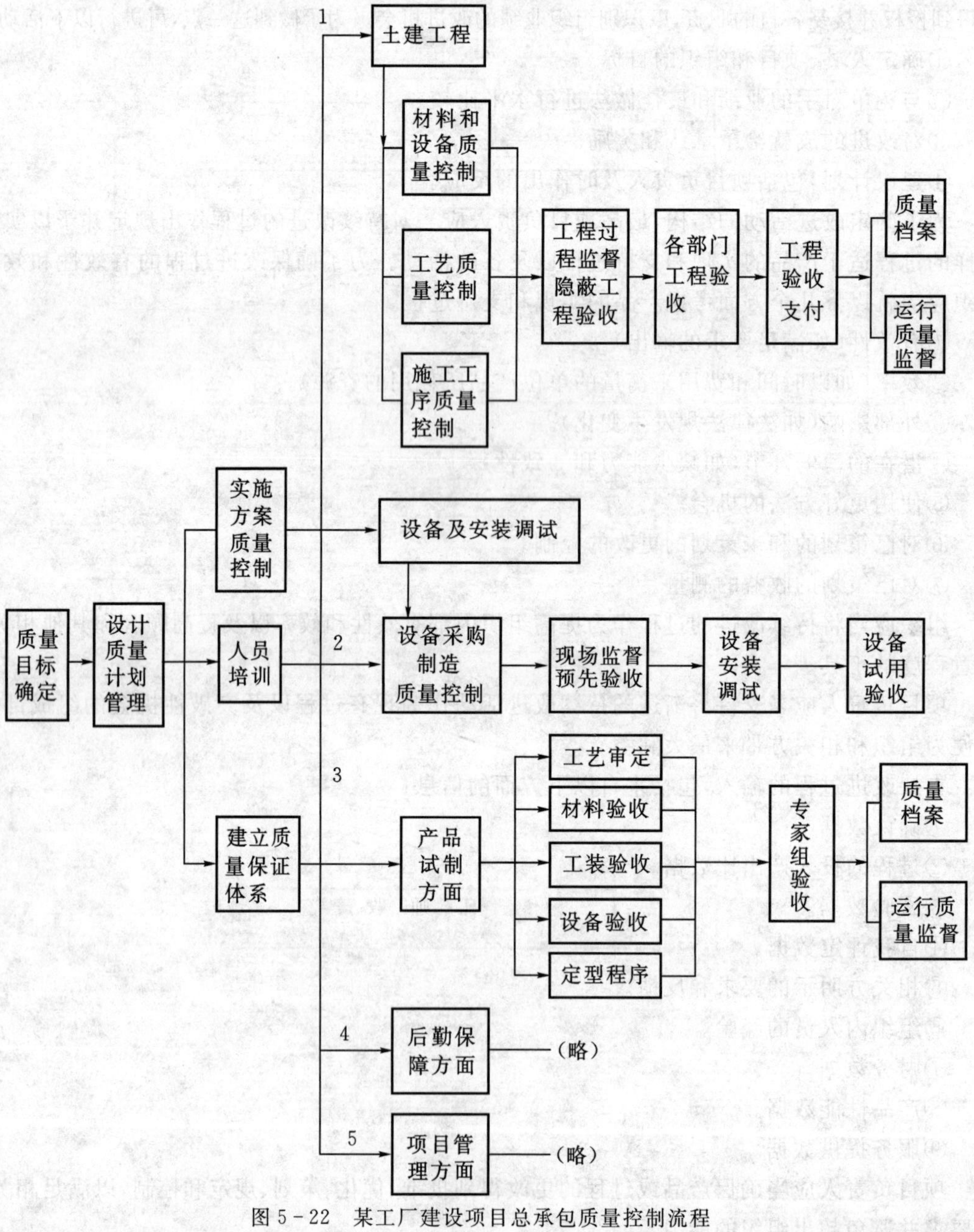

图 5－22　某工厂建设项目总承包质量控制流程

图 5-23 为建设方施工阶段质量控制流程。

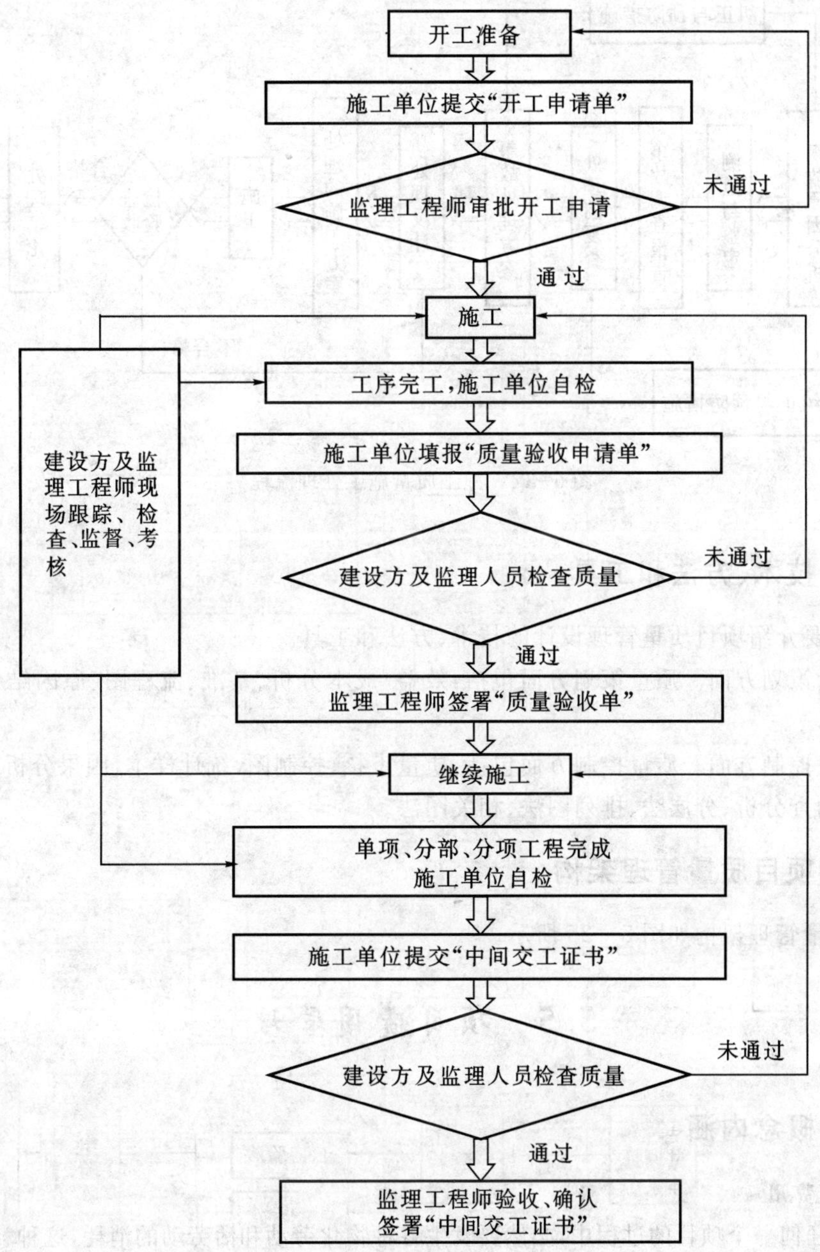

图 5-23 建设方施工阶段质量控制流程

图 5-24 为施工质量施工处理流程。

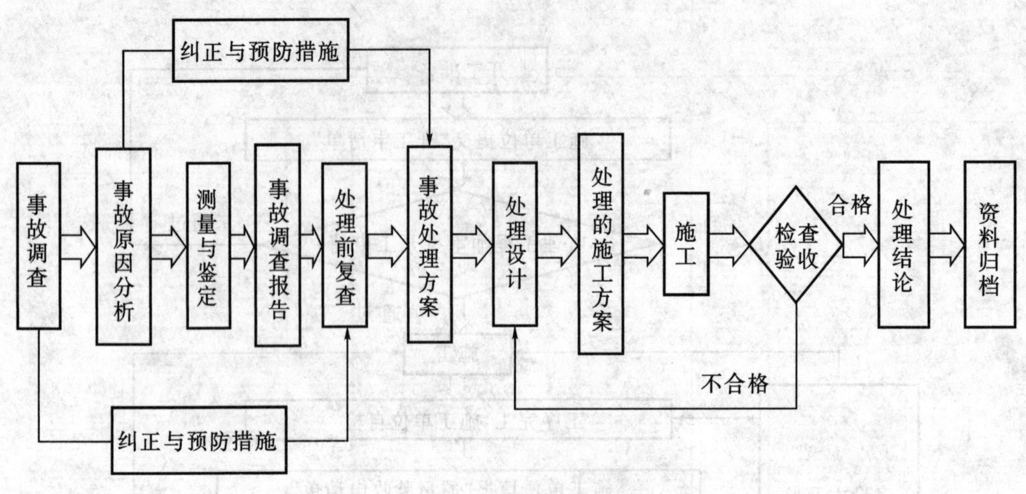

图 5-24　施工质量施工处理流程

5.4.4　技术、方法和工具

下面简要介绍项目质量管理设计的技术、方法和工具。

(1)质量策划方面。质量策划方面包括:效益/成本分析、基准、流程图、原因结果图、试验设计。

(2)质量控制方面。质量控制方面包括:质量审核、控制图、统计样本、因果分析图法、趋势分析、统计调查分析、分层法、排列图法、相关图法。

5.4.5　项目质量管理架构

项目质量管理架构如图 5-25 所示。

5.5　项目费用管理

5.5.1　概念内涵

1. 项目费用

在完成任何一个项目的过程中,必然要发生各种物化劳动和活劳动的消耗,这种耗费的货币表现就是项目费用。目前也有书籍中称项目费用为项目成本,新版 PMBOK 称为项目费用。

对于建设项目,项目费用是指项目建设预期开支(项目估算)或实际开支的全部固定资产投资费用(项目决算),即对项目建设过程中形成固定资产、无形资产所需的全部费用。

2. 项目费用管理

项目费用管理(project cost management)是指为保证项目实际发生的费用不超过项目预算费用所进行的项目的资源计划编制、项目费用估算、项目费用预算和项目费用控制等方面的管理过程和活动。项目费用管理在工程项目上也称工程项目的造价管理、项目的成本管理。

项目质量管理

规划质量

1.输入
范围基准
利益相关方登记册
费用绩效基准
风险登记册
事业环境因素
组织过程资产
2.工具与技术
成本效益分析
质量成本
控制图
流程图
标杆对照
实验设计
统计抽样
专有的质量管理方法
其他质量规划工具
3.输出
质量管理计划
质量测量指标
质量核对表
过程改进计划
项目文件(更新)

实施质量保证

1.输入
项目管理计划
质量测量指标
工作绩效信息
质量控制测量结果
2.工具与技术
规划质量和质量控制
质量审计
过程分析
3.输出
变更请求
组织过程资产(更新)
项目管理计划(更新)
项目文件(更新)

实施质量控制

1.输入
项目管理计划
质量测量指标
质量核对表
工作绩效测量结果
批准的变更请求
组织过程资产
2.工具与技术
因果图
控制图
流程图
直方图
帕累托图
趋势图
散点图
统计抽样
检查
审查已批准的变更请求
3.输出
质量控制测量结果
确认的变更
确认的可交付成果
变更请求
组织过程资产(更新)
项目管理计划(更新)
项目文件(更新)

图 5-25　项目质量管理架构

项目资源计划(project resource planning)就是要确定完成项目活动所需资源(人力、设备、材料等)的种类,以及每种资源的需要量,从而为项目费用的估算提供基础信息。项目资源计划应该列入项目费用的管理范围。

3. **项目费用管理的理念**

为了能科学、客观地遵循项目费用管理的客观规律,我们在项目费用管理中应该树立两个理念:一是全过程——项目全生命周期费用管理的理念;二是全方位——项目全面费用管理的理念。

(1)项目全生命周期费用管理。项目全生命周期费用管理(life cycle costing,LCC)的理念主要是由英美的一些学者和实际工作者于20世纪70年代末和80年代初提出的,其核心包括以下方面:

①项目全生命周期费用管理是项目投资决策的一种分析工具,是一种用来选择项目备选方案的方法。

②项目全生命周期费用管理是项目设计的一种指导思想和手段，项目全生命周期费用管理要计算项目整个服务期的所有费用，包括直接的、间接的、社会的和环境的等费用。

③项目全生命周期费用管理是一种实现项目全生命周期（包括项目前期、项目实施期和项目使用期）总费用最小化的方法。

项目全生命周期费用管理理念的根本就是要求人们从项目全生命周期出发，去考虑项目费用和项目费用管理的问题，其中最关键的是要实现项目整个生命周期总费用的最小化。

(2)项目全面费用管理。全面费用管理就是通过有效地使用专业知识和专业技术去计划和控制项目资源、费用、盈利和风险。国际全面费用管理促进会对"全面费用管理"的系统方法所涉及的管理内容给出了界定，项目全面费用管理主要包括以下几个阶段与工作：

①启动阶段相关的项目费用管理工作。

②说明目的、使命、目标、指标、政策和计划阶段相关的项目费用管理工作。

③定义具体要求和确定管理技术阶段相关的项目费用管理工作。

④评估和选择项目方案阶段相关的项目费用管理工作。

⑤根据选定方案进行初步项目开发与设计阶段相关的项目费用管理工作。

⑥获得设备和资源阶段相关的项目费用管理工作。

⑦实施阶段相关的项目费用管理工作。

⑧完善和提高阶段相关的项目费用管理工作。

⑨退出服务和重新分配资源阶段相关的项目费用管理工作。

⑩补救和处置阶段相关的项目费用管理工作。

(3)项目费用管理的过程。项目费用管理的过程为：项目资源计划编制→项目费用估算→项目费用预算→项目费用控制。

4. 项目费用控制

项目费用控制(project cost control)是按照事先确定的项目费用预算基准计划，通过运用多种科学、适当的方法，对项目实施过程中所需费用的使用进行管理，以确保项目的实际费用控制在项目费用预算范围内的过程。

项目费用控制的主要目的是对造成实际费用与费用基准计划发生偏差的因素施加影响，保证其向有利的方向发展，同时对与费用基准计划已经发生偏差和正在发生偏差的各项费用进行管理，以保证项目的顺利进行。项目费用控制主要包括以下几个方面的内容：

①检查费用实际执行情况。

②发现实际费用与计划费用的偏差。

③确保所有正确的、合理的、已核准的变更都包括在项目费用基准计划中，并把变更后的项目费用基准计划通报给项目的利益相关者。

④分析费用绩效，从而确定需要采取的纠正措施和活动。

项目费用控制的过程必须和项目的其他控制过程（如项目范围的变更、进度计划的变更和项目质量控制等）紧密结合，防止单纯控制项目费用而出现项目范围、进度、质量方面等的问题。

费用控制贯穿于项目各个阶段的各个环节，特别是项目实施阶段，从设计、采购、施工、试运行及市场的变化，不可抗力的影响等，费用控制更为重要。费用控制的目的都是想方设法降低项目成本，实现项目目标，从而获取相应的利润。

5.5.2 工作内容

1. **项目资源计划**

(1)项目资源计划的主要工作。项目资源计划的主要工作如表 5-11 所示。

表 5-11 项目资源计划的主要工作

依据	工具和方法	结果
工作分解结构 项目进度计划 历史资料 项目范围说明书 项目资源说明 项目组织的管理政策和原则	资源计划矩阵 资源数据表 资源需求甘特图 专家判断法 资料统计法 资源平衡法	资源计划说明书

(2)编制资源计划的工具。项目资源计划的工具包括:资源计划矩阵、资源数据表、资源需求甘特图。

(3)项目资源计划的方法。项目资源计划的方法包括:专家判断法、资料统计法、资源平衡法。

2. **项目费用估算**

(1)项目费用估算的定义。项目费用估算(project cost estimating)是指为实现项目的目标,根据项目资源计划所确定的资源需求以及市场上各资源的价格信息,对项目所需资源的费用进行的估算。

项目费用估算与项目报价是两个既有区别又有联系的概念,费用估算所涉及的是对项目目标费用进行的量化评估,是项目组织为了向外提供产品或服务的费用总和;报价是一个经营决策,即项目组织向客户收取它所提供的产品或服务的收入总和,项目报价中不仅包括项目费用,还包括从事项目的组织应获取的报酬,项目费用只是项目组织进行项目报价所需考虑的重要因素之一。

(2)项目费用估算的主要工作。项目费用的估算是项目费用管理的核心内容,它为项目费用预算及项目费用控制提供了基础。

项目费用估算的主要工作如表 5-12 所示。

表 5-12 项目费用估算的主要工作

依据	工具和方法	结果
工作分解结构 资源需求计划 资源的单价 活动时间 历史资料 会计科目表	自上而下估算法 参数模型估算法 自下而上估算法	项目费用估算文件 费用估算的详细依据 费用管理计划

(3)常用的费用估算方法。

①自上而下估算法。自上而下估算法(top-down estimating)又称类比估算法(analogous estimating),该方法的过程是由上到下一层层地进行的,它是一种最简单的费用估算方法,实质上也是专家评定法。通常在项目的初期或信息不足时常采用此方法,它是将以前类似项目的实际费用的历史数据作为估算依据,并以此来估算项目费用的一种方法。

②参数模型估算法。参数模型估算法(parametric modeling)是一种比较科学的、传统的估算方法,它是把项目的一些特征作为参数,通过建立一个数学模型来估算项目费用的方法。

③自下而上估算法。自下而上估算法(bottom-up estimating)也称工料清单估算法,它是一种自下而上的估算形式,先估算各个活动的独立费用,然后将各个活动的估算自下而上地汇总,从而估算出项目的总费用。

3. **项目费用预算**

(1)项目费用预算的定义。项目费用预算(cost budgeting)是进行项目费用控制的基础,是项目成功的关键因素,它是在费用估算的基础上进行的。项目费用预算是将项目费用估算的结果在各具体的活动上进行分配的过程,其目的是确定项目各活动的费用定额,并确定项目意外开支准备金的标准和使用规则,以及为测量项目实际绩效提供标准和依据。

项目费用预算的内容主要包括:直接人工费预算、咨询服务费用预算、资源采购费用预算和意外开支准备金预算。

在项目费用预算的构成中,我们必须关注的是意外开支准备金(也称风险准备金、不可预见费)预算。意外开支准备金是指为项目在实施过程中发生意外情况而准备的保证金,提高意外开支准备金估计的准确性可以减轻项目中意外事件的影响程度。在项目实际过程中,意外开支准备金的储备是非常必要的,特别是国际贸易中的新市场开拓、新产品开发项目和中、大型复杂工程项目等,必须要准备充足的意外开支准备金。

(2)项目费用预算的主要工作。项目费用预算的主要工作如表 5-13 所示。

表 5-13 项目费用预算的主要工作

依据	工具和方法	结果
项目费用估算文件 工作分解结构 项目进度计划	自上而下估算法 参数模型估算法 自下而上估算法	项目各项活动的费用预算 费用基准计划

4. **项目费用控制**

项目费用的计划和控制是项目管理的重要内容,这是因为质量、进度、材料的控制最终均与费用控制发生密切关系,并以获得合理的最佳效益为目标。

(1)项目费用总体控制。

①项目费用控制的基本原则。项目费用控制的基本原则为:在保证满足合同规定基本条件的前提下,合理采用设计、制造和施工标准规范,控制工程造价;提高估算质量,严格估算评审,合理运用未可预见费;合理安排进度计划,作好各项工作的衔接,避免停工、窝工损失或抢工增加的成本费用;提高工作效率,减少人工工时和劳动力消耗,严格管理工程质量,减少返工浪费;进行风险分析,采取防御措施,避免意外损失。

②项目费用控制的实施内容与程序。项目费用控制的实施内容与程序包括：制定项目工作分解结构，对项目费用估算进行评审；制定项目费用控制基准，项目费用控制接口条件，对项目费用实行监控；建立项目费用报告，对项目费用进行修正或调整；设备、材料采购实行定价款程序，项目费用付款程序以及项目施工招标标底的编制规定。

根据业主与项目实施方签订的合同项目，某项目费用构成分解结构、业主项目费用管理工作结构分解分别如图 5-26 和图 5-27 所示。

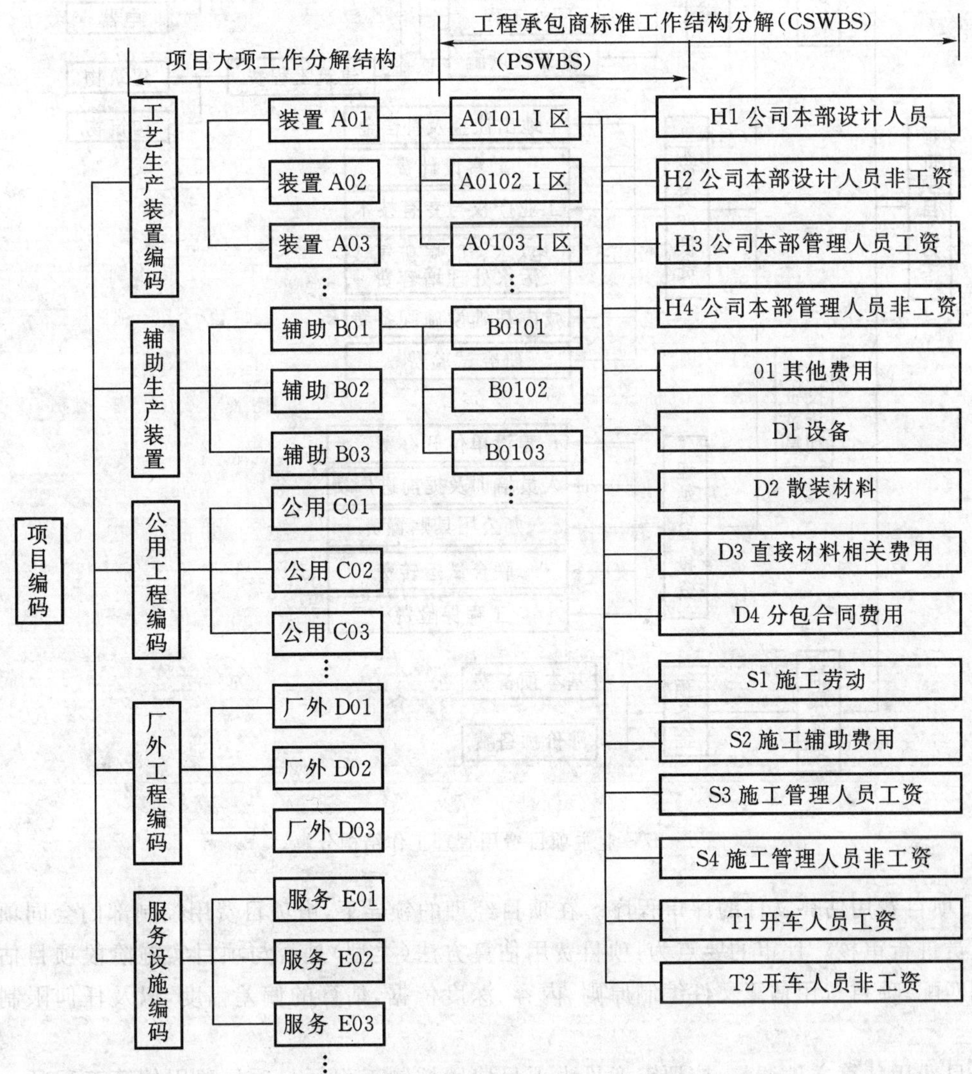

图 5-26 项目费用构成分解结构

③项目费用估算评审。项目费用估算评审是控制项目成本和估算文件质量的重要保证。

A. 项目费用估算文件评审内容。该内容包括项目报价估算文件、项目合同成本估算文件，也包括项目可行性研究阶段、初步设计阶段(基础设计)、施工图设计阶段(详细设计)、估算(概算、预算)文件评审，并根据承包商和业主的合同规定，对项目初期进行控制估算，批准的控制估算，核定估算文件的评审。

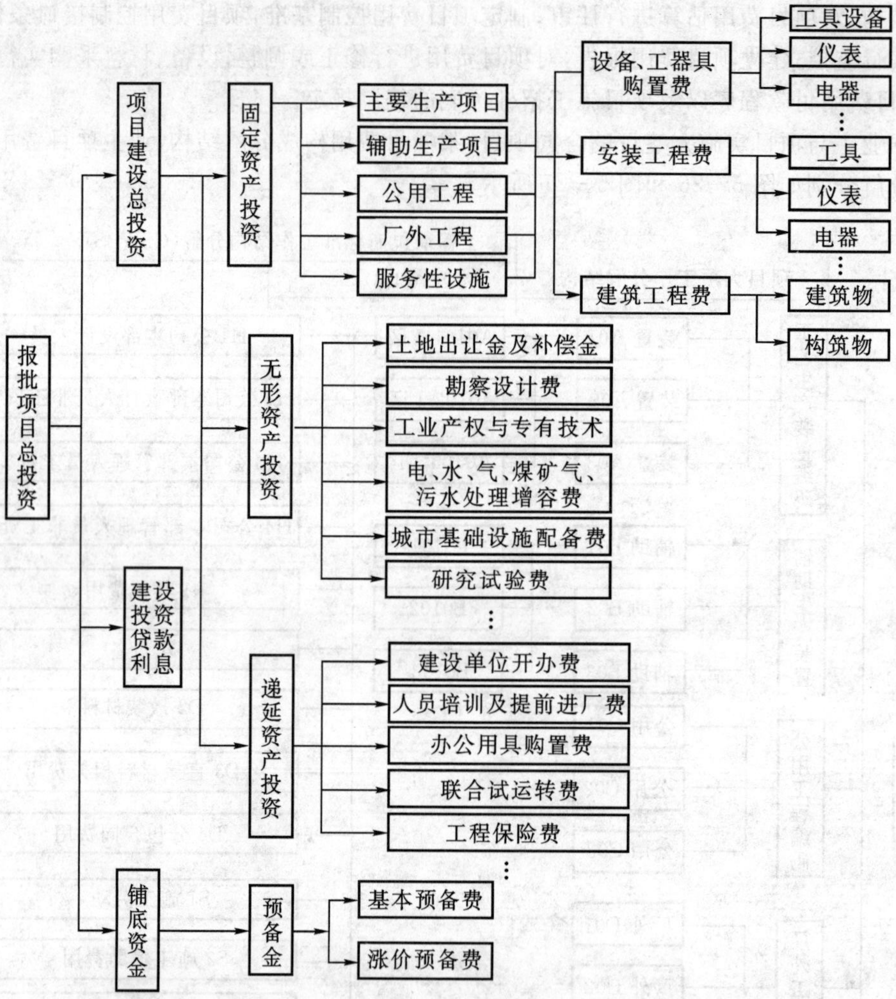

- 报批项目总投资
  - 项目建设总投资
    - 固定资产投资
      - 主要生产项目
      - 辅助生产项目
      - 公用工程
      - 厂外工程
      - 服务性设施
        - 设备、工器具购置费
          - 工具设备
          - 仪表
          - 电器
          - …
        - 安装工程费
          - 工具
          - 仪表
          - 电器
          - …
        - 建筑工程费
          - 建筑物
          - 构筑物
    - 无形资产投资
      - 土地出让金及补偿金
      - 勘察设计费
      - 工业产权与专有技术
      - 电、水、气、煤矿气、污水处理增容费
      - 城市基础设施配备费
      - 研究试验费
      - …
    - 递延资产投资
      - 建设单位开办费
      - 人员培训及提前进厂费
      - 办公用具购置费
      - 联合试运转费
      - 工程保险费
      - …
  - 建设投资贷款利息
  - 铺底资金
    - 预备金
      - 基本预备费
      - 涨价预备费

图 5-27　业主项目费用管理工作结构分解

B. 项目费用估算文件的评审程序。在项目经理的领导下，由项目费用控制部门会同项目管理人员进行审核。评审的要点为：项目费用估算方法（类型）是否与项目实施阶段项目估算条件相匹配；项目费用估算文件编制原则、内容、深度依据，估算的偏差幅度，以及任何限制性条件。

项目费用估算文件调整，按评审意见由项目费用控制工程师与项目费用估算工程师一起修改项目费用估算文件。由项目费用估算工程师将其调整后，项目费用估算文件送项目经理，再由项目经理报承包商主管经理。

④适时监测。在项目实施过程中，费用控制部门应不断地对认可的预计费和执行中实际发生的费用进行监测、评价，及时采取措施，以达到不增加或降低预算费用的目的。

⑤变更和调整。针对项目实施过程中发现的问题，采取有效措施，对原定的工程进度计划和预算费用进行变更和调整，达到既满足合同又不超过允许的费用限额的目标。

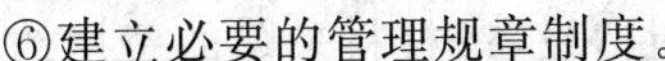

⑥建立必要的管理规章制度。

A. 计划成本要靠控制实际成本来实现，而实际成本的控制由各个部门层层把关，所以在制订费用控制计划的同时，必须制定必要的管理规章制度来确保项目费用控制计划的实现。在执行中，费用开支必须按计划执行，超支必须有审批手续，不得随意扩大支付范围。

B. 为实现费用控制的计划目标，在贯彻实施阶段应该建立一些行之有效的管理制度，主要的方面有：费用计划管理制度；外汇采购专项报告制度；物资采购、回收管理办法；当地雇员工资的支付方法；费用结算制度；费用报销审批制度；实物验收报销制度；差旅费报销及标准；出国人员国际旅途费用办法；奖罚办法；编制报批项目总投资按行业相关规定；固定资产项目编码亦可同设计主页项号；各类接口条件，如：项目费用控制接口条件，包括设备、材料采购接口（分交）条件，建筑工程接口条件，安装工程接口条件，设备、材料采购接口条件，并由设计部与材控部对接口条件的工程量负责。

⑦项目费用控制相关的流程、程序。项目费用控制流程如图 5 - 28 所示。

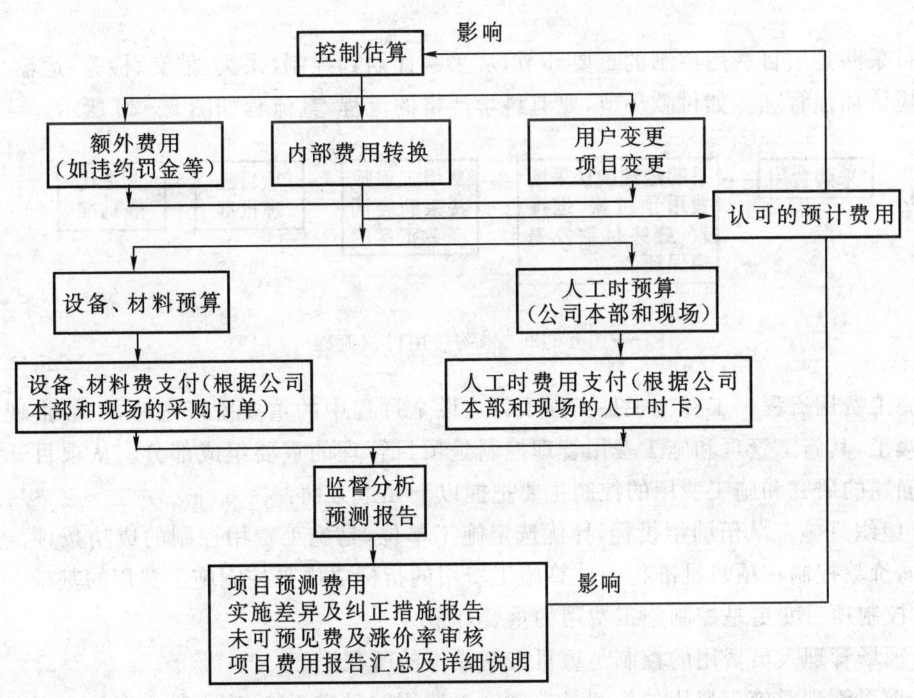

图 5 - 28　项目费用控制流程

(2)项目实施过程中的费用控制。

①设计费用的控制。对工程项目设计费用的控制，主要表现在以下两个方面：一是控制工程项目设计部分的投资，这是工程建设项目投资控制的重点；二是控制设计费用。设计费用的综合控制范围包括：项目本部设计人员的工资费用；项目本部设计人员的非工资费用（工资以外的各项开支）；项目本部设计管理人员的工资费用；项目本部设计管理人员的非工资费用。设计费用的主要组成部分是设计人工时费用，因此，设计费用的控制主要也是对设计人工时的控制。

②设备、材料采购费用的控制。对于大型的工程建设项目，设备、材料采购的费用约占项目投资的 45%～60%，因此，做好设备、材料的采购工作，对节约项目投资起着重要作用。

控制好设备、材料费非常重要，在国际项目管理中推行定价款制度，与国内计划采购制度一脉相承，其定价款程序如下：

A. 由设计部向采购部提出设备、材料采购的请购文件，由采购部向外进行多方询价，货比三家。

B. 设计部负责对报价的技术条件进行评估，供采购部选择。

C. 项目经理按项目费用控制工程师提供的设备、材料的控制基准规定定价申请书上标明的设备、材料定价款限额。

D. 采购部在定价款限额范围内采购时，无需修正定价款。

E. 当项目设备、材料范围变化时，按变更程序办理，并经批准后方能实施。

F. 项目设备、材料定价款单价在项目费用估算时，由采购部、设计部、费用估算师共同询价形成。

项目采购是项目费用控制的重要环节，从采购计划到控制(采买、催交、检验、运输)的每个环节都应该加强管理。如付款环节，要有科学严格的流程，其流程如图 5-29 所示。

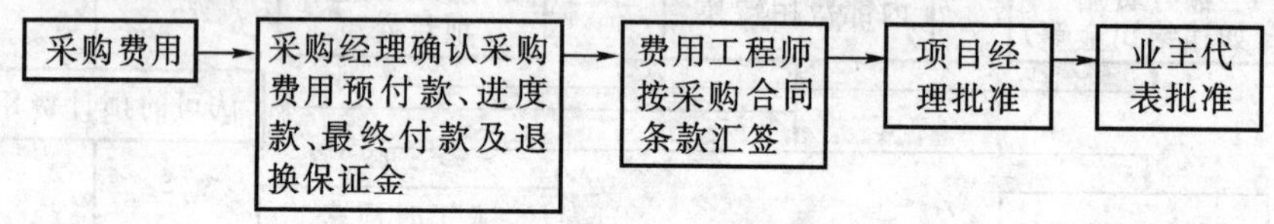

图 5-29　采购费用付款流程

③施工费用流程。工程施工是工程项目建设全过程中的重要阶段之一，一般指现场施工开始至竣工，其施工管理和施工费用管理控制是项目管理的重要组成部分。从项目开始即着手施工问题的研究和施工费用的控制主要把握以下几个方面：

A. 组织好施工队伍的招投标，择优选定施工单位，是施工费用控制的成功条件。施工分包的合同价款控制在项目批准控制估算施工费用的指标之内是控制施工费用的基础。

B. 控制项目变更是控制施工费用的重要环节。

C. 现场管理人员费用的控制是项目控制成本的所在。

D. 项目管理对施工费用的控制是控制施工费用的日常工作，它无处不在。

现场管理水平的高低对施工费用的控制有举足轻重的作用。由于市场的激烈竞争，导致施工单位在投标时采用“低价中投，索赔挣钱”的现象越来越普遍，作为项目管理人员如何依据合同的规定处理好反索赔，是项目管理人员的水平所在，也是控制施工费用的一个重要方面。

E. 严格执行项目费用付款程序。项目费用付款必须遵照项目实施合同条件。

项目费用(采购费用、施工费用)付款通常按预付款、进度款(一次或多次)、最终付款及退还质保金，按合同付款条件办理。其中，施工费用付款程序如图 5-30 所示。

④项目变更控制。工程项目的变更是不可避免的，工程项目变更是可控制的，如何减少项目变更，将项目变更控制在最佳状态，进而实现对项目费用的控制，是项目管理者的重要工作之一。

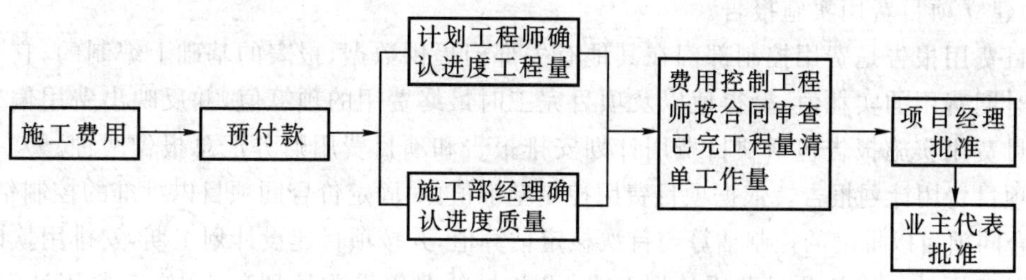

图5-30 施工费用付款程序

⑤材料控制。项目材料控制工作涉及项目组内的项目控制、设计、采购、施工等部门，同时涉及材料供货和施工分包单位，并且要做好与业主的协调、联系工作，需要建立项目的材料控制程序，主要包括：

A. 材料进度的控制程序。

B. 项目材料管理程序。该程序包括到货材料的接受、检验、入库、保管、出库、回收的管理程序。

C. 材料变更控制程序。该程序包括请购单(设计)变更、采购变更和现场材料代用的审查批准程序和职责分工。

D. 项目材料控制计划。材料进度计划的目的是适时保证现场施工需要，既不延误施工工期，又不过早进货占用流动资金并增加仓库管理费用。

E. 材料进度计划的重点。材料进度计划的重点包括：注意采购周期长的材料的提前订货，一般要求在基础工程设计初期工艺设计完成即开始采购，以保证必要的订货和制造周期。确定首批批量散装材料的订货时间和比例。

材料进度计划由材料控制工程师编制，项目控制经理审查，项目经理批准。有关的主要控制点，如设备、材料请购单的提出日期、设备材料的询价、订货、到货日期等，要分别纳入设计和采购进度计划，并由材料控制工程师监督执行。

F. 材料数量计算。材料数量计算的目的是为了提高材料采购数量的准确性。这既保证了工程需要的数量，又避免了材料剩余积压。

材料采购数量由设计部门提出设计数量，采购部门提出采购数量，由项目材料控制工程师分析、汇总，项目控制经理审查，项目经理批准。

G. 检查、监督项目材料控制实施状况。

(3)监理进行费用控制的主要办法。

①确定费用控制目标。业主与承包商之间签订的施工合同中，确定的合同总价是监理进行费用控制的目标。

②确定工程数量及其支付是监理费用控制的手段，也是对费用执行情况的检查与核实，使费用始终处在动态控制中。

③设计变更的审核。设计变更、现场签证是影响费用控制的重要因素之一，设计变更会引起费用的增减。

对经业主审核后发出的设计变更，由承包单位依据合同规定所编制的变更预算进行严格审查。

(4)建立项目费用实施报告。

项目费用报告是费用控制部门在其他有关部门提供数据、报表的基础上编制的,它主要反映填表时期费用的实耗值、赢得值以及项目完工时最终费用的预算值,并反映出费用偏差。

项目费用实施报告包括项目费用计划安排报告和项目费用财务汇总报告两种。

①项目费用计划报告。依据项目费用控制基准值,对固定价合同项目以批准的控制估算,对开口价合同项目以批准的控制估算与首次核定估算值,并按项目建设计划工期,安排用款计划。

项目费用计划包括项目费用计划总表、设备材料费用采购计划分表、施工费用计划分表、无形资产费用计划分表、递延资产计划分表、预备费计划,还应有文字说明。

项目费用计划报告随项目费用实施变化而定期进行调整。

②项目费用财务报告(汇总报表)。项目费用财务报告编制原则是根据项目费用实际合同金额,实际支付预付款、进度款、最终付款、退还的质保金逐项编制。项目费用财务报告包括项目费用财务报告总表,包括设备、材料采购费用、施工费用、其他费用、变更费用,还应有文字说明。项目费用财务报告需定期按月上报。

5.5.3 管理流程

考虑到费用管理内容与办事程序、流程(在不同的单位和场合,流程也称为程序)的紧密相关性,为了阐述与理解的方便,本章项目费用管理流程已经放到主要内容中介绍了。本部分再将这些流程集中列示如下:

图 5－28 为项目费用控制流程。

图 5－29 为采购费用付款流程。

图 5－30 为施工费用付款程序。

5.5.4 技术、方法和工具

相关内容已经在前面内容中介绍过,在此不再赘述。

5.5.5 项目费用管理架构

项目费用管理架构如图 5－31 所示。

5.6 项目风险管理

5.6.1 概念内涵

1. 项目风险管理的定义

(1)风险。目前,学术界和项目管理界对风险还没有一个统一的定义。普遍比较认同的是:风险是指发生损失与伤害的可能性。

风险具有客观性、突发性、多变性、相对性、无形性等特征。

(2)项目风险。项目风险管理是指项目管理组织对项目可能遇到的风险进行规划、识别、估计、评价、应对、监控的过程。风险管理是以科学管理方法实现项目最大安全保障的实践活动的总称。

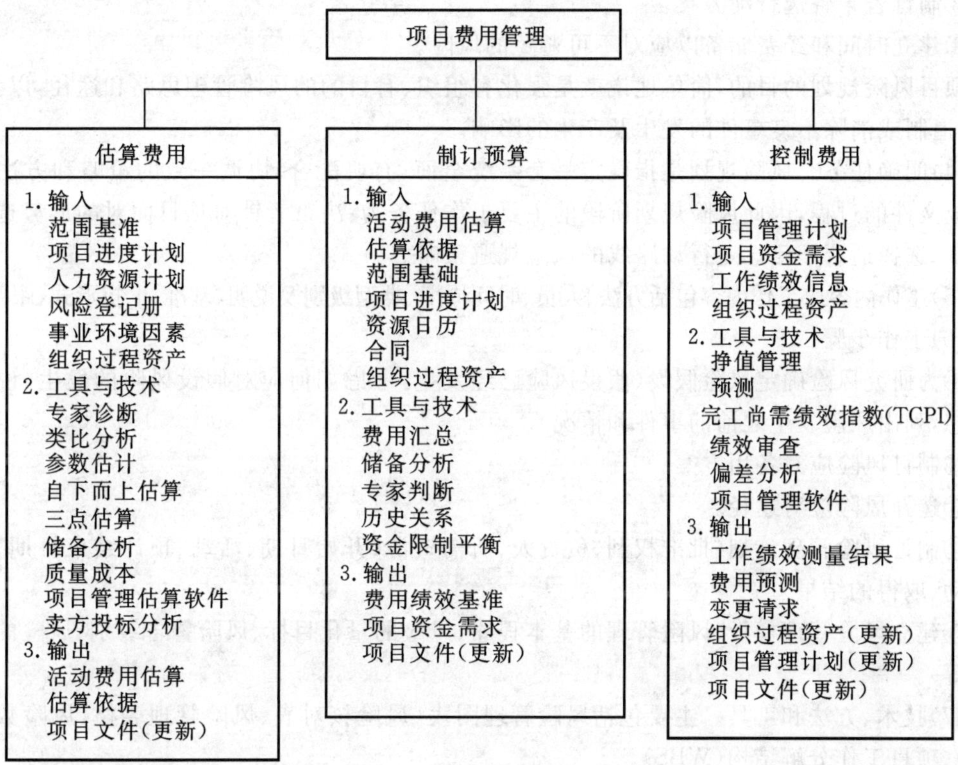

图 5-31 项目费用管理架构

2. **项目风险管理的意义**

项目风险管理的意义如下:(1)项目风险管理能促进本项目实施决策的科学化、合理化,降低决策的风险水平;能为本项目组织提供安全的经营环境;能够保障本项目组织经验目标的顺利实现;能促进本项目组织经营效益的提高。

5.6.2 工作内容

项目风险管理的主要内容包括:项目风险规划、项目风险识别、项目风险估计、项目风险评价、项目风险应对、项目风险监控、项目风险总结。

1. **项目风险规划**

(1)概念。项目风险规划就是项目风险管理的一整套计划,主要包括定义项目组及成员管理的行动方案及方式,选择适合的风险管理方法,确定风险判断的依据等,用于对风险管理活动的计划和实践形式进行决策。

(2)风险特征分析。

①至少是部分未知的。

②随时间而变化的。

③是可管理的,即可以通过人为活动来改变它的形式和程度。

(3)确定目的。

①尽可能消除风险。

②隔离风险并使之尽量降低。

③制订若干备选行动方案。

④建立时间和经费储备以应对不可避免的风险。

项目风险规划的目的，简单地说就是强化有组织、有目的的风险管理思路和途径，以预防、减轻、遏制或消除不良事件的发生及产生的影响。

(4)明确任务。风险规划是指确定一套系统全面、有机配合、协调一致的策略和方法并将其形成文件的过程，因此风险规划阶段的主要工作任务为：决策者针对项目面对的形势选定行动方案，选择适合于已选定行动路线的风险规避策略。

(5)工作内容。工作内容包括方法、人员、时间周期、类型级别及说明、基准、汇报形式、跟踪。

(6)工作步骤。

①为研究风险确定风险假设（假设风险已经发生，考虑如何应对假设风险的发生，说明风险设想，列出风险发生之前的事件和情况）。

②制订风险应对备用方案。

③选择风险应对途径。

④制订风险管理计划（批准权利、负责人、所需资源、开始日期、活动、预计结束日期、采取的行动、取得的结果）。

⑤建立风险管理模板（风险管理的基本程序、风险的量化目标、风险警告级别、风险的控制标准等）。

(7)技术、方法和工具。主要包括风险管理图表（风险核对表、风险管理表格、风险数据库模式）、项目工作分解结构（WBS）。

2. 项目风险识别

(1)概念。项目风险识别就是确定何种风险事件可能影响项目，并将这些风险的特性整理成文档。

(2)作用。

①帮助找出最重要的合作伙伴，为以后的管理打下基础。

②为风险分析提供必要的信息，是风险分析的基础性工作。

③确定被研究的体系或项目的工作量。

④是系统理论在项目管理中的具体体现，是项目计划与控制的重要基础性工作。

⑤通过项目风险识别，有利于项目组成员树立成功信心。

(3)特点。项目风险识别的特点是全员性、系统性、动态性、信息性、综合性。

(4)依据。项目风险识别的依据是项目计划、风险管理计划、风险种类、历史资料、制约因素和假设条件。

(5)步骤。项目风险识别的步骤为：确定目标；明确最重要的参与者；收集资料；估计项目风险形势；根据直接或间接的症状将潜在的项目风险识别出来。

(6)技术、方法与工具。项目风险识别的技术、方法与工具具体有：检查表、流程图、头脑风暴法、情景分析法、德尔菲法、SWOT 分析法、敏感性分析法。

3. 项目风险估计

(1)概念。项目风险估计是在有效辨识项目风险的基础上，根据项目风险的特点，对已确认的风险，通过定量和定性分析方法量测其发生的可能性和破坏程度的大小。项目风险估计对风险按潜在危险大小进行优先排序和评价、制订风险对策和选择风险控制方案有重要作用。

(2)内容。

①风险事件发生的可能性大小。

②风险事件发生的可能结果范围和危害程度。

③风险事件发生的预期时间。

④风险事件发生的频率等。

(3)技术、方法与工具。

①确定型风险估计(盈亏平衡分析、敏感性分析)。

②随机型风险估计。

③不确定型风险估计(等概念准则;乐观准则——大中取小;悲观准则——小中取大;折中准则——悲观/乐观混合准则;遗憾准则——最小后悔值准则)。

④贝叶斯概率法。

⑤风险可能和危害分析。

⑥项目假定测试。

⑦数据精度分级。

⑧决策树。

⑨PERT 等。

4. 项目风险评价

(1)概念。项目风险评价是对项目风险进行综合分析,并依据风险对项目目标的影响程度进行项目风险分级排序的过程。

(2)依据。项目风险评价的依据是风险管理计划、风险识别的成果、项目进展状况、项目类型、数据的准确性和可靠性、概率和影响程度。

(3)目的。

①对项目诸风险进行分析和综合评价,确定它们的先后顺序。

②挖掘项目风险之间的相互关系。

③综合考虑各种不同风险之间相互转化的条件,研究如何才能化危机为机会,明确项目风险的客观基础。

④进行项目风险量化研究,进一步量化已识别风险的发生概率和后果,减少风险发生概率和后果估计中的不确定性,为风险应对和监控提供依据和管理策略。

(4)准则。项目风险评价的准则有:风险回避准则、风险权衡准则、风险处理成本最小原则、风险成本/效益比准则、社会费用最小准则。

(5)步骤。

①系统研究项目风险背景信息。

②确定风险评价基准。

③使用风险评价方法确定项目整体风险水平。

④使用风险评价工具挖掘项目各风险因素之间的因果关系,确定关键因素。

⑤作出项目风险的综合评价,确定项目风险状态及风险管理策略。

(6)技术、方法与工具。项目风险评价的技术、方法与工具具体有:主观评分法、决策树法、层次分析法、模糊风险综合评价、故障树分析法、外推法、蒙特卡罗模拟法。

5. 项目风险应对

(1)概念。项目风险应对就是对项目风险提出处置意见和办法。

(2)依据。项目风险应对的依据有:风险管理计划、风险排序、风险认知、风险主体、一般风险应对。

(3)策略。

①减轻、预防有形手段:防止风险因素出现,减少已存在的风险因素,将风险因素与人、财、物在时间和空间上隔绝。

②无形手段:教育法、程序法、合理的设计项目组织形式、转移(财务性风险转移、非财务性风险转移)、回避(主动回避、完全放弃)、接受(主动接受、被动接受)和储备措施(预算应急费、进度后备措施、技术后备措施)。

(4)技巧。

①创造性(视图化、实验、探索、校正)。

②协作交流(避免发送错误信息、避免收到错误信息、避免交流环节中断)。

6. 项目风险监控

(1)概念。项目风险监控就是通过对风险规划、识别、估计、评价、全过程进行监视和控制,从而保证风险管理能达到预期的目标,它是项目实施过程中的一项重要工作。项目风险监控不能忽视对合作伙伴、分包单位的风险监管。

(2)依据。项目风险监控的依据有:风险管理计划、风险应对计划、项目沟通、附加的风险识别和分析、项目评审。

(3)步骤。项目风险监控的步骤为:监控风险设想;跟踪风险管理计划的实施;跟踪风险应对计划的实施;制定风险监控标准;采用有效的风险监视和控制方法、工具,报告风险状态;发出风险预警信号;提出风险处置新建议。

(4)方法。项目风险监控的具体方法有:系统的项目监控方法、风险预警系统、制订应对风险的应急计划、合理确定风险监控时机、制订风险监控行动过程。

(5)技术、方法与工具。

①风险监控技巧。

②风险监控技术(审核检查法、监视单、项目风险报告、费用偏差分析法——挣值法)。

③风险监控工具(直方图、因果分析图、帕累托图)。

7. 项目风险总结(归类信息管理范畴)

项目风险管理职责分工与考核如表5-14所示。

表5-14 项目风险管理职责分工与考核

	责任部门 / 工作任务	上级主管	项目经理	执行经理	风险管理专员	团队成员
1	项目风险识别	△	★	●	▲	△
2	项目风险估计	△	★	●	▲	△
3	项目风险评价	★	●	▲	▲	△
4	项目风险应对	★	●	▲	▲	△
5	项目风险监控	△	★	●	▲	△

注:▲—负责;△—协助;●—审核;★—批准。

5.6.3 管理流程

项目的风险管理流程如图 5-32 所示。

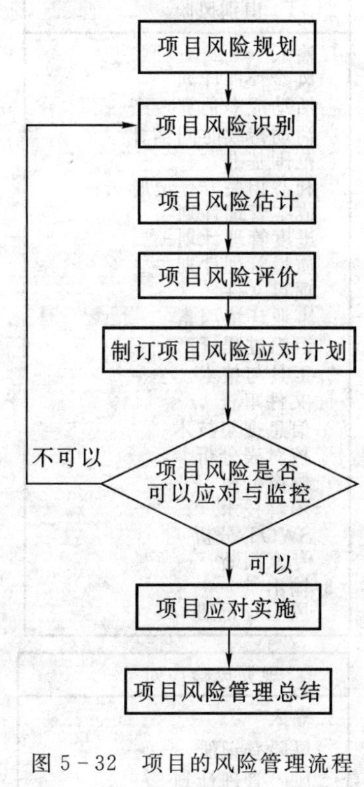

图 5-32 项目的风险管理流程

5.6.4 技术、方法和工具

项目风险管理所涉及的技术、方法和工具，已经在前述风险识别、风险估计、风险评价、风险应对、风险监控等内容中分别列出，此处不再赘述。

5.6.5 项目风险管理架构

项目风险管理架构如图 5-33 所示。

5.7 项目人力资源管理

5.7.1 概念内涵

1. 人力资源管理

人力资源管理，就是运用现代化的科学方法，对于一定物力相结合的人力进行合理的培训、组织和调配，使人力、物力经常保持最佳比例，同时对人的思想、心理和行为进行恰当的诱导、控制和协调，充分发挥人的主观能动性，使人尽其才，事得其人，人事相宜，以实现项目组织目标。

项目风险管理

规划风险管理

1. 输入
   项目范围说明书
   成本管理计划
   进度管理计划
   沟通管理计划
   事业环境因素
   组织过程资产
2. 工具与技术
   规划会议与分析
3. 输出
   风险管理计划

实施定量风险分析

1. 输入
   组织过程资产
   风险登记册
   风险管理计划
   费用管理计划
   进度管理计划
2. 工具与技术
   数据收集和表现技术
   定量风险分析和建模
   专家判断
3. 输出
   风险登记册(更新)

识别风险

1. 输入
   风险管理计划
   活动成本估算
   活动持续时间估算
   范围基准
   利益相关方登记册
   成本管理计划
   进度管理计划
   质量管理计划
   项目文件
   事业环境因素
   组织过程资产
2. 工具与技术
   文件审查
   信息搜集技术
   核对表分析
   假设分析
   图解技术
   SWOT 分析
   专家判断
3. 输出
   风险登记册

规划风险应对

1. 输入
   风险登记册
   风险管理计划
2. 工具与技术
   消极风险或威胁的应对策略
   积极风险或机会的应对策略
   应急应对策略
   专家判断
3. 输出
   风险登记册(更新)
   与风险相关的合同决策
   项目管理计划(更新)
   项目文件(更新)

实施定性风险分析

1. 输入
   组织过程资产
   项目范围说明书
   风险管理计划
   风险登记册
2. 工具与技术
   风险概率与影响评估
   概率影响矩阵
   风险数据质量评估
   风险分类
   风险紧迫性评估
   专家判断
3. 输出
   风险登记册(更新)

监控风险

1. 输入
   风险管理计划
   风险登记册
   工作绩效信息
   绩效报告
2. 工具与技术
   风险再评估
   风险审计
   偏差和趋势分析
   技术绩效衡量
   储备金分析
   状态审查会
3. 输出
   风险登记册(更新)
   变更请求
   组织过程资产(更新)
   项目管理计划(更新)
   项目文件(更新)

图 5－33　项目风险管理架构

根据定义，可以从两个方面来理解人力资源管理，即：

(1)对人力资源外在因素——量的管理。对人力资源进行量的管理，就是根据人力和物力及其变化，对人力进行恰当的培训、组织和协调，使二者经常保持最佳比例和有机的结合，使人和物都充分发挥出最佳效应。

(2)对人力资源内在因素——质的管理。质的管理主要是指采用现代化的科学方法，对人的思想、心理和行为进行有效的管理(包括对个体和群体的思想、心理和行为的协调、控制和管理)，充分发挥人的主观能动性，以达到组织目标。

2. 项目人力资源管理

项目人力资源管理包括项目团队组建和管理的各个过程。项目团队包括为完成项目而分派有角色和职责的人员，而各个过程包括人力资源规划、项目团队组建、项目团队建设、项目团队管理。各个过程不仅彼此相互作用，而且还与其他知识领域的过程发生交互作用。根据项目需要，每个过程可能涉及一人或者多人或者集体的努力。每个过程在每个项目中至少出现一次，并可在项目的一个或者多个阶段中出现。

5.7.2　工作内容

1. 现代人力资源管理的一般内容

现代人力资源管理的一般内容通常包括：职务分析与设计、人力资源计划、员工招聘与选拔、绩效考评、薪酬管理、员工激励、培训与开发、职业生涯规划、劳动关系管理。

2. 现代人力资源管理的内容

项目人力资源管理的整个过程包含所有的一般人力资源管理内容，又对其赋予了新的内容。按照项目管理的全生命周期，项目人力资源管理内容包括以下几个部分：

(1)人力资源管理计划。确定、记录并分派项目角色、职责，请示汇报关系，制订人员配备管理计划。

(2)项目团队组建。招募项目工作所需的人力资源。

(3)项目团队建设。培养团队成员的能力，以及提高成员之间的交互作用，从而提高项目绩效。

(4)项目团队管理。跟踪团队成员的绩效，提供反馈，解决问题，协调变更事宜以提高项目绩效。

3. 在项目人力资源管理的职责分配

项目人力资源管理职责分配如表 5－15 所示。

表 5－15　项目人力资源管理职责分配

人力资源管理内容	项目管理全过程				
	上级主管	项目经理	执行经理	人力资源管理专员	组织人力资源管理部门
职务分析与设计		★	●	▲	△
人力资源规划	★	●	▲	△	●
员工招聘与选拔		●	△	▲	★
绩效考核		★	●	▲	●
薪酬管理		●	▲	△	★
员工激励		★	△	▲	●
培训与开发		★	●	▲	△
职业生涯规划		★	●	▲	△

注：▲—负责；△—协助；●—审核；★—批准。

4. 项目经理

项目人力资源管理的一个重要特点是发挥项目管理人在管理中的灵魂作用。对于不同的项目需要具有不同能力和特点的项目经理、项目负责人。最新版的国际项目管理资质认证标准(ICB3.0)对此有明确的要求,我们可以参考。

5.7.3 管理流程

人力资源管理流程是把人作为资源,对组织内人员进入、提升和离开等活动进行设计,通过把这些活动与企业的战略联系起来,实现组织对人力资源价值获取、开发与维护的目标。

1. 项目人力资源规划流程

项目人力资源规划流程如图 5-34 所示。

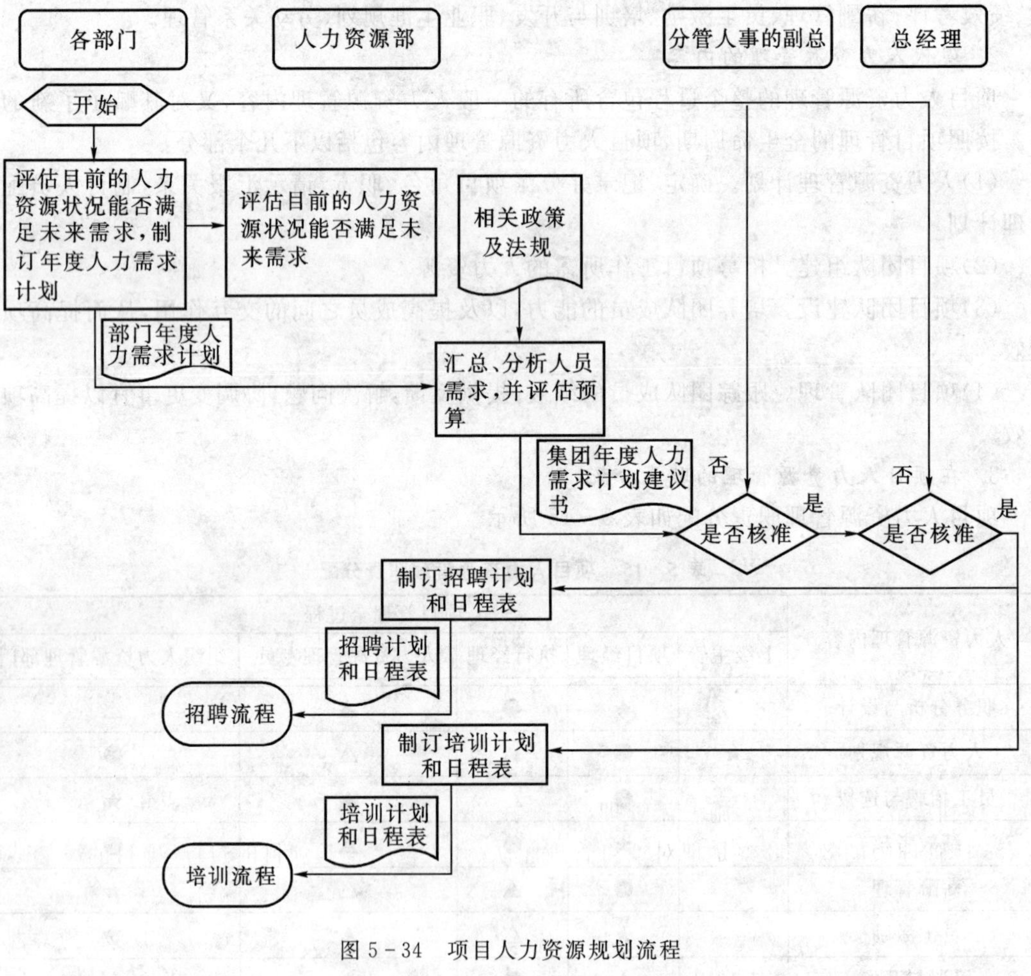

图 5-34 项目人力资源规划流程

2. 项目团队组建流程

项目团队组建流程如图 5-35 所示。

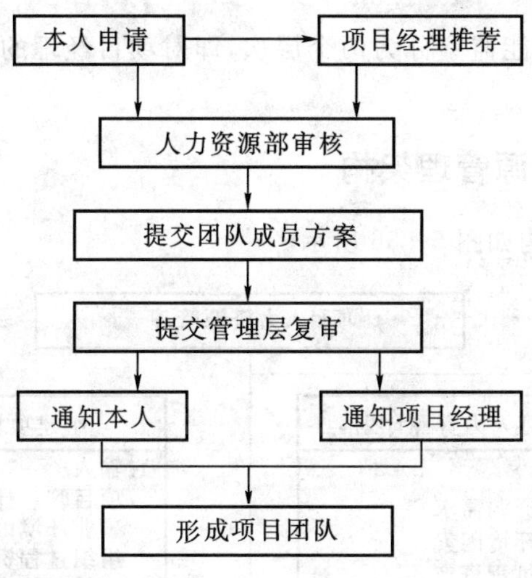

图 5-35　项目团队组建流程

5.7.4　技术、方法和工具

1. 人力资源管理通用的技术、方法和工具

人力资源管理通用的技术、方法和工具原则上适用于项目的人力资源管理。

2. 双渠道培训

管理和技术两方面发展的双渠道的职业发展道路强调团队成员综合能力的培养。在众多项目管理中，对团队成员的能力不再单一的在技术或者管理能力上进行要求，更多的是要求成员具备管理与技术双重能力。因此，双渠道培训是项目人力资源管理的有效方法。

“双管齐下”的培训方式可以培育出“一专多能”高素质人才，全面推动项目的发展。

3. 效能监察办法

效能监察是现代企业管理的重要手段，通过效能监察可以促进企业管理科学化、程序化；可以激励员工的工作积极性、竞争性，做到优胜劣汰；可以合理地利用各种生产要素，最大限度地提高生产效率和经济效益，真正做到靠质量树信誉，靠信誉拓市场，靠市场增效益，靠效益求发展，达到培养一流人才，实施一流管理，创造一流效益的目的。

项目管理中的效能监察是把对项目管理团队、个人的考评与项目的目标、项目的发展战略及项目的使命联系起来的系统化的考核评估。对于项目效能监察的要求，有以下几点需注意：

(1)当前业绩与长远发展相结合。效能监察既应关注团队与个人的当前表现，又要考虑团队和个人的未来发展；既能对项目团队当前业绩给予应有激励，又能对项目未来的发展产生巨大的推动作用。

(2)定量考核与定性评估相结合。考评体系应该将定量指标和定性指标相结合，以公平合理地评估项目现实与预期的业绩。

(3)客观因素与主观努力相结合。考评要结合项目客观环境的变化以及项目团队与个人主观努力的情况，对项目团队与个人的绩效给出公正合理的评估。

项目管理中的效能监察机制由考评体系、考评指标、考评方法与流程、考评制度与规则等要素组成，其考查的对象为项目组织内部相互联系的子系统（如项目团队）或组成系统的基本元素（如各类人员）。

因此，对项目人员的效能监察分为两个层次，即对项目经理的考评和对项目团队成员的考评。

5.7.5 项目人力资源管理架构

项目人力资源管理架构如图 5-36 所示。

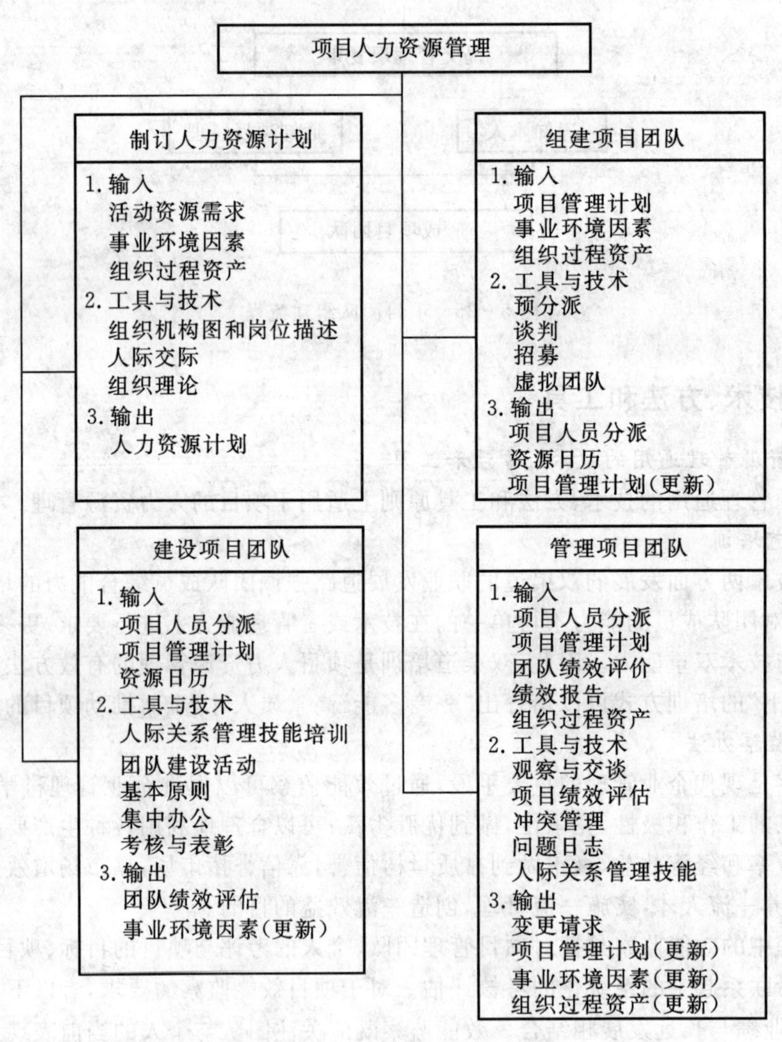

图 5-36 项目人力资源管理架构

5.8 项目采购管理

5.8.1 概念管理

PMBOK 将采购管理定义为：为实现项目目标而从执行组织外部获取资源（货物或服务）所需的过程。项目采购管理几乎贯穿项目的整个生命周期，对项目整体管理起着举足轻重的作用。

5.8.2 工作内容

1. 采购的划分

采购按不同的方式，具有不同的类别，具体分类如下：

(1)按照采购主体不同，采购可分为建设方的采购和承包商的采购。

由建设方负责进行采购的有：施工总承包商、指定分包商，主要材料、设备供应商，以及设计、造价咨询、招标咨询、招标代理等服务性单位三大类。

由施工总承包商负责进行采购操作的有：各专业分包工程和其他材料设备。

(2)按照采购标的划分，采购可分为工程项目采购、货物采购、咨询服务项目采购等。

(3)按照采购方式划分，采购分为招标采购和非招标采购。招标采购又可分为公开招标采购、邀请招标和指定招标采购。

2. 采购管理的内容

不同的项目管理主体，项目采购管理的内容有所不同。以项目管理咨询方为例，其工作内容包括：

(1)编制本项目的采购管理计划。

(2)提出采购管理方式的建议。

(3)提出采购管理程序的建议。

(4)提出采购管理的工作要点。

(5)建立本项目招投标管理的组织体系。

(6)协调招标代理单位实施招投标的过程操作。

(7)审核招标代理单位提供的技术经济分析，提交建设决策。

(8)提出合同类型的建议，参与合同谈判，协助建设单位签订合同。

(9)审核招标代理单位提交的招投标管理报告，并报告建设单位。

5.8.3 管理流程

按照 PMBOK 的描述，项目采购的过程主要包括以下六个步骤：

(1)采购计划编制：确定采购的标的物以及采购的时间计划。

(2)询价计划编制：确定需要采购的产品，并列出潜在的合格供应商名单。

(3)询价：获得招标或询标文件，然后进行投标和出价。

(4)选择供方：根据询价结果选择合适的供应商。

(5)合同管理：管理与合同另一方的关系。

(6)合同收尾:合同的完成和解决,包括任何未解决事项的决议。

采购管理的过程如表 5－16 所示。

表 5－16　采购管理的流程

过程	输入资料	工具和手段	输出成果
采购计划编制	范围描述 产品说明 市场状况 约束条件 其他相关计划	专家判断 合同计划	采购管理计划 采购方式 采购程序 组织体系 采购要点
询价(招标)计划编制	采购管理计划 其他相关计划	标准格式 专家判断	采购文件 评标方法
询价(招投标)	采购文件 合格的供方名单	公告 踏勘、澄清 招投标系列会议	入围供方名单 项目建议书 投标文件
选择供方(评标、决标)	投标文件 评标方法 政策或规定	评标体系 加权评分 合同谈判	中标供方候选名单 中标、落标通知书 合同
合同管理	合同 执行情况 变更 付款申请	合同评审 合同变更管理系统 支付系统	合同评审意见 阶段性检查报告 合同变更 付款意见
合同收尾	合同 合同变更 执行情况	采购审计 采购管理总结	尾款支付 合同归档 采购管理总结报告

1. 招投标流程

招标采购中的公开招标采购和邀请招标采购的流程如图 5－37 和 5－38 所示。

2. 工程项目采购模式

(1)设计—招标—施工方式。这种项目采购管理模式是由建设方与设计机构签订设计服务合同,然后进行设计。在设计阶段进行施工招标文件的准备,随后通过招标选择承包商。

(2)建筑工程管理模式(CM 模式)。CM(construction management)模式又称为阶段发包式或快速轨道方式,是由建设方委托的 CM 经理与建筑师组成一个联合小组共同负责组织和管理工程的规划、设计和施工。在主体设计方案确定后,随设计工作的进展,完成一部分分项工程的设计后,即对这一部分分项工程进行招标、发包,由建设方直接就每个相互独立的分项工程与承办商签订承包合同,实现有条件的边设计边施工。

该采购管理模式可大大缩短建设周期,比较早地取得收益,减少投资风险。但这种模式除了与我国目前规定的总包负责制有矛盾外,它还有待进一步讨论。

(3)设计—建造(engineering project contractor, EPC)管理模式。在项目原则确定之后,建设方只需选定一家公司负责项目的设计和施工。这种采购管理模式在投标和订合同时,是以总价合同为基础的。建设方授权一位建设方代表或项目管理公司负责有关的项目管理工作。而设计—建造总承包商对整个项目的建造成本负责,进行设计和施工。该总承包商需要

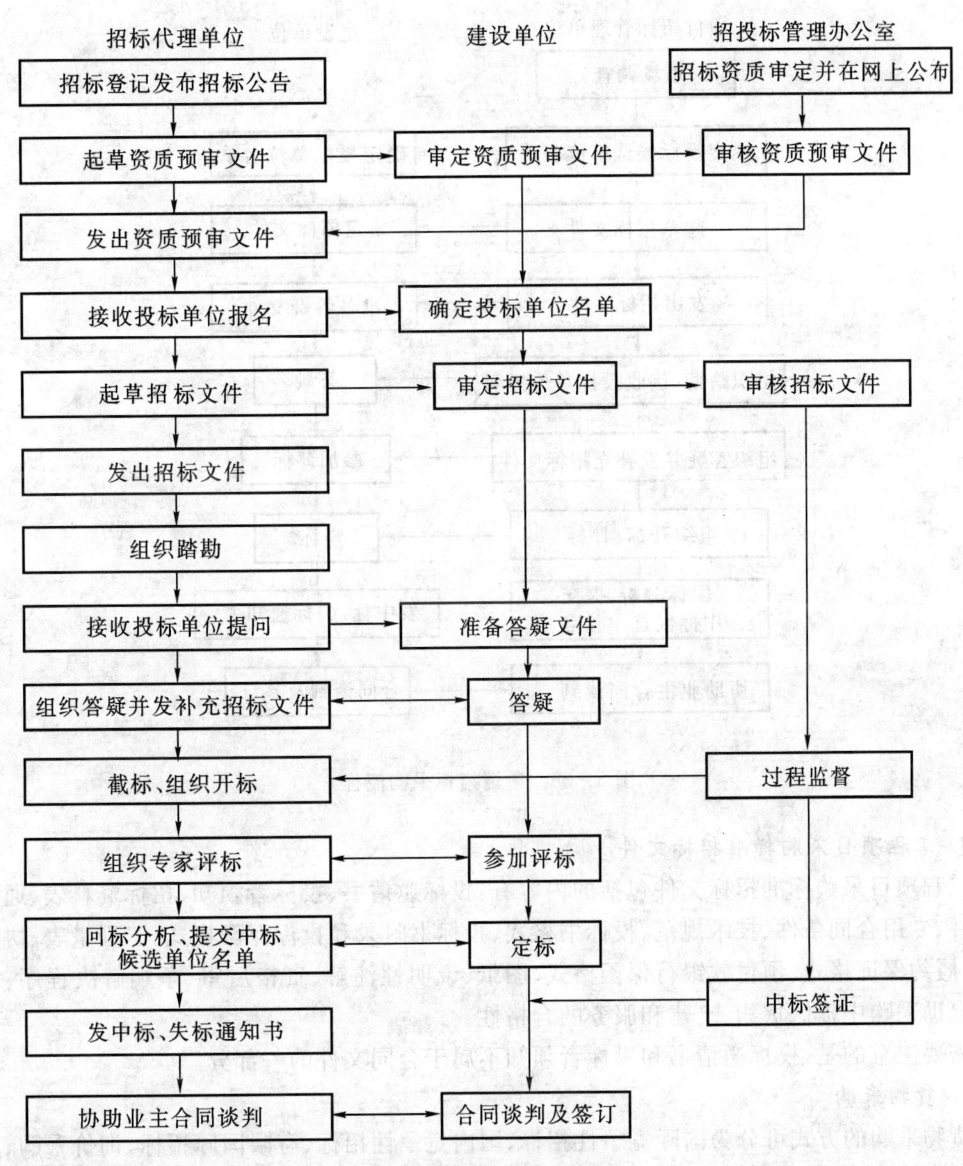

图 5－37 公开招标采购流程

有设计或施工资质，它也可发包施工或发包设计。

(4)设计—管理工程项目采购模式。设计—管理工程项目采购管理模式是同一公司向建设方提供设计和管理服务(D＋PM)的工程管理方式。而在通常的CM模式中，建设方分别就设计和施工服务签订合同。

采用这种模式通常有以下两种形式：

①建设方与设计—管理公司和总承包商分别签订合同，由设计—管理公司负责设计并对项目的实施进行管理，有设计资质的项目管理公司通常采用这种管理模式。

②业主与设计—管理公司签订合同，由设计公司分别与施工单位和供货商签订合同，这种采购管理模式要求该设计—管理公司必须具备设计资质和总承包商。

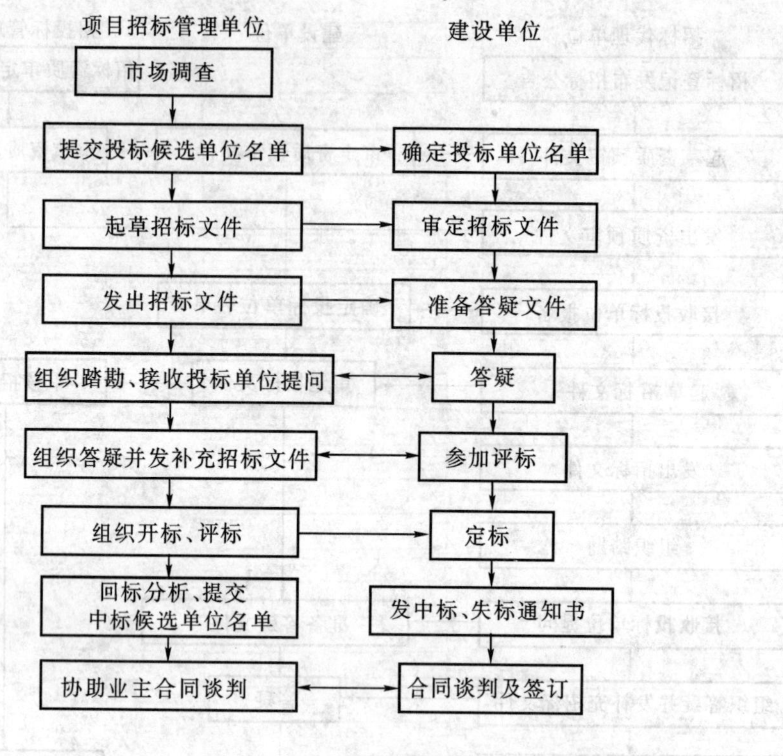

图 5-38　邀请招标采购流程

3. **工程项目采购标准招标文件**

工程项目采购标准招标文件包括的内容有：投标邀请书、投标者须知、招标资料表、通用合同条件、专用合同条件、技术规范、投标书格式、投标书附录和投标保函格式、工程量表、协议书格式、履约保证格式、预付款银行保函格式、图纸、说明性注解、资格后审、争端解决程序、世界银行自助采购中提供货物、土建和服务的合格性。

需要注意的是，投标邀请书和投标者须知不属于合同文件的一部分。

4. **货物采购**

货物采购的方式可分为国际竞争性招标、国内竞争性招标、有限国际招标、询价采购、直接采购、自营工程等。

(1)货物采购招标的程序。根据世界银行 2001 年 1 月最新修订的世界银行贷款项目货物采购国际竞争性招标文件的规定，货物采购的招标程序如图 5-39 所示。

(2)货物采购招标文件的内容。货物招标文件通常包括所需货物、招标程序和合同条件等方面的内容，其具体包括：招标邀请书、投标者须知、招标资料表、通用合同条件、专用合同条件、货物需求一览表、技术规格、投标格式和报价表、投标担保书格式、合同格式、履约保证书格式、预付款银行担保格式、承包商授权资格证书等。

5. **咨询服务采购**

(1)咨询服务的内容。常见的咨询服务内容有：可行性研究、规划、设计、勘察、审价、监理、招标代理、项目管理、技术咨询、管理咨询、保险咨询、投资咨询、策划、法律咨询、税务咨询、报关咨询、检验、检测、检索、物流、培训等。

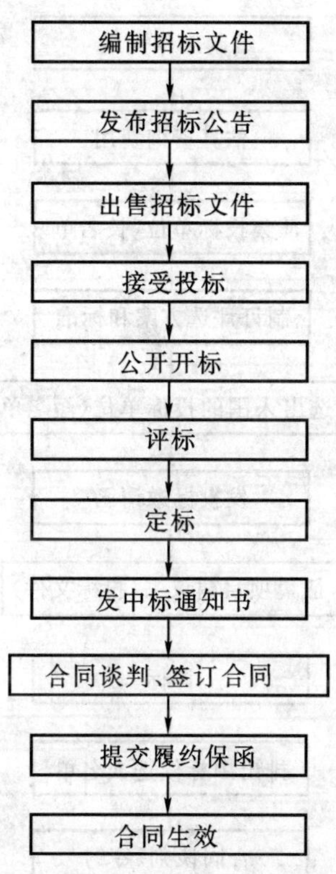

图 5-39 货物采购招标程序

(2)咨询服务合同的类型。

根据付款方式的不同,咨询服务合同的类型可以分为以下几种:总价合同、基准人工单价的总价合同、雇佣费或成功费合同、百分比合同、计时合同。

(3)咨询服务的招标方式。国际上通行的咨询服务招标方式有以下三种:

①公开招标。世界银行和亚洲开发银行都采用这类国际竞争性招标方式。

②邀请招标。短名单以 5～7 家为宜,属有限竞争性招标方式。

③指定招标。指定指标在特殊资格条件下采用,如军事保密任务、独家拥有专利技术、项目的连续性等。

(4)咨询服务招标的程序。按照国际惯例,以公开招标方式选择咨询公司的过程如图 5-40所示。

6. 信息技术(IT)项目采购

(1)IT 项目的特点。IT 项目与一般的工程项目相比有其独特的背景和特征,其特点如下:

①IT 技术的更新发展很快,项目技术内容和用户的需求多变。

②用户的使用习惯差异很大,难以确定定义。

③项目的周期一般较短,但缺陷责任和保修期可能很长。

④软件产品几乎做不到没有任何缺陷,其评估只能在用户的使用过程中进行。

⑤IT 项目除了提供软件和硬件外,同时要提供专业的咨询服务。

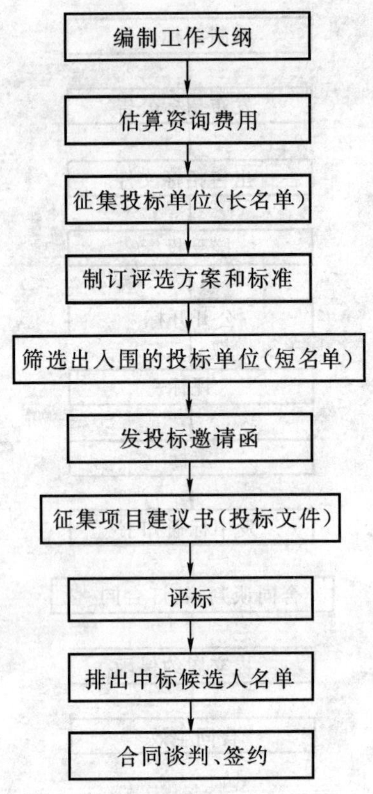

图 5-40　咨询服务公开招标程序

(2)IT 项目采购的模式。IT 项目采购模式一般可分为四类,如表 5-17 所示。

表 5-17　IT 项目采购模式

采购模式	单纯的 IT 咨询服务	现成 IT 产品的供应和维护	信息系统的设计、供应和安装	复杂的系统工程或系统集成全面服务
服务性质	提供高水平的专业智力服务	提供市场现成的产品、安装和售后服务	完成信息系统的设计、供应和安装及后续服务	系统的设计、开发、供应、安装、培训、运行、技术支持
服务内容	制订采购招标策略、计划,编制招标文件或管理服务	如:局域网的采购、安装,宽带网的供应、安装,提供商务数据库管理软件	如:在局域网上实施大型软件包的设计、供应、安装、培训和应用启动等工作	设计方明确技术方案和规范,施工方供应并安装,设计和施工双方应保证系统通过运行验收
采购过程	同一般的咨询服务	同货物采购	可以通过一次招标过程完成	分设计和施工两阶段招标
业主责任	提供任务大纲	制订出项目实施和产品的技术规范	提供一套完整的定义清楚的功能需求和技术规范	只能给出项目功能需求,不提出技术规范

7. 合同管理

(1)合同管理策划要点。

①合同管理的策划。合同管理是项目采购管理的实现阶段,关系到项目参与各方的利益是否能够得到保护,项目目标能否得到完整的体现。合同管理的过程应该引申到合同和协议签订前的策划准备工作,合同管理的策划对合同管理的成败至关重要。合同管理的策划如表5-18所示。

表5-18 合同管理的策划

	业主方/发包方	承包方
招投标准备阶段	选好业主代表 委托管理咨询公司 制作合同分解结构 制订采购计划:合理划分各项目参与方的工作界面、权限、职责 制定招标模式、规则和评标标准、方法	成立合同管理部
招投标阶段	编制招标文件 发售标书 澄清投标意向者的疑问 要求中标候选者技术答疑,对问题书面澄清	研究招标文件,理解项目需求和招标要点 做好市场调研和现场踏勘工作 要求业主进行问题的澄清 作风险分析:承接项目的可行性 制定投标策略 对招标文件中不完善甚至错缺之处提出建议,对不合理的规定提出意见,力争在合同谈判中作出适当的修改
合同谈判阶段	准备合同的草稿文件 合同谈判 要求潜在的中标者澄清技术、管理、商务和法务各方面的问题,使自己处于主动地位	在答疑和澄清中,注意答复对自己的技术、管理、商务和法务各方面的影响,宣传自己的能力及报价的合理性,给对方建立良好的形象
	双方对所有招投标及谈判前后发出的文件、文字说明、解释性资料进行清理,以"补充合同"的形式,确定变动的内容和宣布作废的内容 为确保协议的合法性、符合国家的法律,须经双方的律师审核确认 确定最终合同文稿,签约	
合同实施	任何一方违约时,都会引起对方的索赔。索赔的处置方法:协商、调解、仲裁或诉讼 投保是转移风险的主要方式之一。对咨询、设计、监理公司可投职业责任保险;对施工企业可投工程一切险、第三方保险等。国际上常由业主和所有项目参与方联合投保。这样的保险费较优惠,保险公司全覆盖,避免索赔时与不同保险公司之间的争执	

②合同管理的组织结构。合同管理的组织结构可按专业设置为矩阵式的,也可按合同设置为职能式的,或将专业和职能混合设置为复合式的。职能式的组合结构要求每一位管理员具备很宽的知识面,有各阶段的经验和很强的组织协调能力;矩阵式的组织结构处理合同中的

问题能发挥个人的专业特长，但专业之间的协调工作量较大，易形成职责不分明的状况。复合式的组织结构可吸取职能式和矩阵式的优点，减少二者的缺点。

对于一般项目而言，合同的管理员作为索赔事件的负责人，牵头项目部里的其他部门人员，共同协调解决。

③合同管理制度。

A. 建立合同管理流程：做到"有人负责，有章可循，有据可查，有人监督"。

B. 建立合同文件管理系统：要有纸质、电子和音像的分类、整理、存档。

C. 建立合同文件审核制度：要有一套内部文件流转程序。

D. 建立合同文件登记、借阅制度：查阅时，只允许查"复印件"。

(2)合同文件。合同文件体现了签约双方的要约和承诺，在技术、管理、商务和法务四个方面明确双方的义务和权利，对风险的管理要按照合理分担的精神体现到合同条款中去。

合同文本主要包括：合同协议书、中标函、投标书、合同通用条件、合同专用条件、规范、图纸、标价的工程量表、辅助资料表和附件等。

合同文件还有：来往信函、会议纪要、合同管理报告(周报、月报)和报表、工作程序文件、变更指令、各类支付证书、施工记录、财务报表等。

(3)合同管理的流程。合同管理是项目采购管理的实现阶段，是项目采购管理的核心，它将直接关系到项目的顺利实施，以及保护合同各方的利益的实现。

合同管理的一般流程如图 5-41 所示。

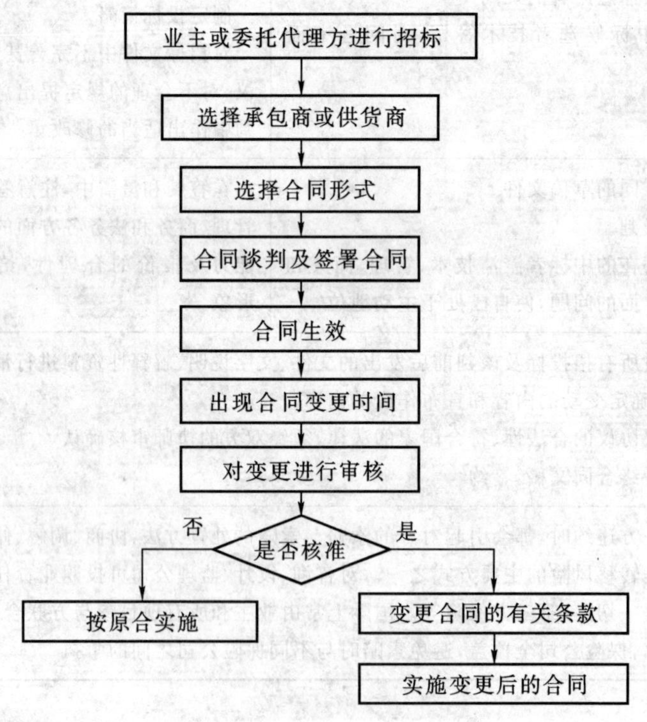

图 5-41　合同管理的一般流程

5.8.4 技术、方法和工具

采购管理所运用到的技术、方法和工具有：标准表格、专家判断、合同评审、合同变更控制系统、绩效报告。

5.8.5 项目采购管理架构

项目采购管理架构如图 5－42 所示。

项目采购管理

规划采购

1. 输入
   - 范围基准
   - 需求文件
   - 合作协议
   - 风险登记册
   - 与风险相关的合同决策
   - 活动资源要求
   - 项目进度计划
   - 活动费用估算
   - 费用绩效基准
   - 事业环境因素
   - 组织过程资产
2. 工具与技术
   - 自制或外购分析
   - 专家判断
   - 合同类型
3. 输出
   - 采购管理计划
   - 采购工作说明书
   - 自制或外购决策
   - 采购文件
   - 供方选择标准
   - 变更请求

实施采购

1. 输入
   - 项目管理计划
   - 采购文件
   - 自制或外购决策
   - 供方选择标准
   - 合格卖方名单
   - 卖方建议书
   - 合作协议
   - 项目文件
   - 组织过程资产
2. 工具与技术
   - 投标人会议
   - 建议书评估技术
   - 独立估算
   - 专家评判
   - 广告
   - 因特网搜索
   - 采购谈判
3. 输出
   - 选定的卖方
   - 采购合同授予
   - 资源日历
   - 变更请求
   - 项目管理计划（更新）
   - 项目文件（更新）

管理采购

1. 输入
   - 采购文件
   - 项目管理计划
   - 合同
   - 绩效报告
   - 批准的变更请求
   - 工作绩效信息
2. 工具与技术
   - 合同变更控制系统
   - 采购绩效审查
   - 检查和审计
   - 绩效报告
   - 支付系统
   - 索赔管理
   - 记录管理系统
3. 输出
   - 采购文档
   - 组织过程资产（更新）
   - 变更请求
   - 项目管理计划（更新）

结束项目或阶段

1. 输入
   - 项目管理计划
   - 采购文档
2. 工具与技术
   - 采购审计
   - 协商解决
   - 记录管理系统
3. 输出
   - 结束的采购
   - 组织过程资产（更新）

图 5－42 项目采购管理架构

5.9 项目信息管理

5.9.1 概念内涵

1. 信息

信息是经过加工处理对人们各项具体活动有参考价值的数据资料。信息具有客观性、可存储性、可传递性、可加工性、可共享性等特征。

2. 信息管理

信息管理就是指对项目信息进行收集、整理、分发、交换、查询、利用、存储和更新管理，以使项目信息及时、准确有效地应用，满足项目管理沟通的需要，从而更好地实现项目目标的管理过程。

项目的复杂程度越高，产生的信息就越多，信息管理就越复杂，为了对项目整个生命周期产生的各种数据进行有效的管理，需要把握信息管理的各个关节(包括信息的收集、加工管理、存储、传递、应用等)，建立项目管理信息系统。

项目管理信息系统是以计算机、网络通信、数据库为技术支撑，对项目整个生命周期中所产生的各种数据，及时、正确、高效地进行管理，为项目所涉及的各类人员提供必要的高质量的信息服务。

项目管理信息系统是一个收集、组织、存储、处理和分发项目管理信息的框架和方法论，也是一个系统。由于基于计算机的项目管理信息系统具有速度、容量、效率、经济性、准确性及对复杂情况的处理能力等方面的特点，这种系统已成为一种趋势。

项目管理信息系统经历了从无到有的发展过程，目前还不成熟，不过近几年项目管理软件的广泛应用对项目管理信息系统的发展起到了重要的推动作用。

3. 项目信息管理

项目信息管理就是指对项目信息进行收集、整理、分发、交换、查询、利用、存储和更新进行管理，以使项目信息及时、准确有效地应用，满足项目管理沟通的需要，进而更好地实现项目目标的管理过程。

现有的 PMBOK 所列的九大知识领域中没有信息管理，而有沟通管理。这里的沟通管理是指“为了确保项目信息的合理收集和传输所需要实施的一系列措施和涉及组织间、技术间、人员间、管理间的界面等的管理过程。项目沟通管理由沟通规划、信息发布、绩效报告和利害关系者管理等项目管理过程组成。”

由此可见，PMBOK 沟通管理其中有一部分内容就是信息管理的内容，还有一部分是人际交流与沟通，而在项目管理中对于更重要的有关项目质量、费用、进度计划、控制方面的内容所涉不多，有关信息管理系统建设、计算机信息管理、项目管理软件应用等涉及更少。《中国项目管理知识体系》(C－PMBOK 2006)中取消了沟通管理，设置了信息管理，而把有关人际关系的沟通归入了人力资源管理，把一部分沟通管理的内容纳入了信息管理，适当地充实了这部分的内容。

5.9.2　工作内容

1. 制定信息管理制度

信息管理制度可以保证信息管理工作有序地进行，是保证质量完成的基础。

2. 制订沟通计划

(1)分析确定项目的利益相关者。项目的利益相关者是指积极地参与该项目或其利益受到该项目影响的个人和组织。项目管理人员必须弄清楚项目的利益相关者，确定他们的需要和期望，然后对这些期望进行管理和施加影响，确保项目获得成功。一般情况下，项目的利益相关者包括：客户、项目发起人、业主、出资者、供应商、承包商、项目成员及其家庭、政府机构和新闻界、公民和整个社会等。

(2)制订沟通管理计划。沟通管理计划是确定项目未来信息传递的支持文件，它一般在项目初期制订，在计划中要说明以下几方面内容：

①详细说明信息收集渠道的结构，即采用何种办法，从何处收集何种信息，识别信息源，明确信息来源。

一般项目信息来源的种类如下：

A. 记录。记录分为内部和外部两种。内部记录多为书面形式，如进度记录、费用记录、质量记录、工作日志、关键事件记录、报告、信件等。这些记录可以从档案、工作记事本或项目管理软件中信息的更新中获得。外部记录是指从外部的各种渠道取得的资料，如以往相似项目的信息、期刊、统计年鉴、公开发布的统计报告、报纸等。

B. 抽样调查。如要取得尽可能准确的资料，就要进行全面客观地调查，而全面调查要花费大量的时间和金钱，所以往往采用抽样调查的方法。

C. 文件报告。这是指从组织内外的有关文件、报告中取得信息，如技术操作规程、竣工验收报告、工程情况进展报告、可行性研究报告、设计任务书等中取得信息。

D. 业务会议。通过召开各种会议，用座谈讨论的形式获取信息。这样可以在总体设想的基础上进一步扩大信息的来源并对信息进行综合评价和修正。

E. 直接观测。管理者直接到现场观察或测量实际情况来收集所需要的资料，在观测过程中，还可以收集部分样品，通过统计分析来得到信息。

F. 个人交谈。这是通过个人之间交换意见的形式来获取信息。个人交谈利于消除顾虑，可以充分发表个人的观点和意见。由于此种信息是面对面得到的，故其可靠程度的大小将取决于个人间的依赖程度。

②详细说明信息分发渠道的结构，包括：明确信息流路线，即信息(报告、数据、指示、进度报告、技术文件等)将流向何人；明确信息种类和各信息种类的传送方式，即以何种方法传送何种形式的信息(报告、会议、通知)。信息分发渠道的结构必须同项目组织结构图中说明的责任和报告关系相一致。

A. 项目信息流路线。一般信息流路线有以下几种：

a. 由上而下的信息。这通常是指上级通知下级的有关情况，一般分为下级必须了解的、应该了解的和想要了解的三种。下级必须了解的信息包括：项目目标及约束条件，项目组织系统及与该下级有关的工作部门和单位，项目内部各工作部门的任务和职责，项目开展的程序、进度、结束时间，项目有关的工作条例、标准、规定等。下级应该了解的包括：与该下级有关的工作进展情况，项目目标及约束条件的变化情况，以及与该下级有关的工作中出现的问题和困难等。下级想要了解的信息包括：下级想了解项目的特殊情况，以及近期的安排与原因等。

b. 由下而上的信息。项目经理在决策过程中，需要依赖大量的信息，其中来自下层的项目执行及进展情况最为关键，由下而上的信息为项目经理提供了最基本的信息渠道。作为项目经理最起码应掌握如下情况：项目目标及约束条件的实现情况（任务量、进度、成本、质量），人力、物力等资源计划的干扰因素及变化情况，下级较大的错误决策，参加项目或涉及的有关单位和部门造成的困难是哪些，项目内部成员的工作情况等。

c. 横向信息。横向信息指的是同一层的两个不同工作部门之间的信息关系。必须指出的是横向信息关系不是正常流，只有在特殊、紧急情况下为节约时间才允许发生。如果规定不允许横向流的话，两个工作部门之间的信息关系要通过由下向上再由上向下的信息路线来沟通，这样会增加信息流的时间。

d. 与顾问室的信息关系。在项目组织系统中，如果设置顾问室，那么其目的就在于帮助项目经理为决策做准备工作。顾问室既无决策权，也无指挥权，其主要职能是汇总信息、分析和分发信息。

B. 信息的种类。

根据项目的信息流路线，可将信息分为以下几种：

a. 自上而下的项目信息。这一般是指在正式会议（如例会、专题会议）以书面材料的形式传递的信息，或通过电话、广播、邮件、即时通信等技术手段传递的信息，如有特殊情况，还可以是以个别谈话（如给工作人员分析任务、检查工作、向个人提出建议和帮助等）形式传递的信息。

b. 自下而上的项目信息。这类信息一般以报告（如周报、月报）、工作日志等书面材料的形式传递，或在会议、工作人员集体讨论等场合以口头形式传递。

c. 横向流动的项目信息。一般项目经理可组织同一层人员进行座谈，互通有无，为共同的目标无距离沟通。

d. 以顾问室或经理办公室等综合部门为集散中心的项目信息。顾问室或经理办公室等综合部门为项目经理提供辅助材料，同时又是有关项目利益相关者信息的提供者，他们既是汇总、分析、传播信息的部门，又是帮助工作部门进行规划、检验任务，对专业技术与问题进行咨询的部门。

e. 项目管理者与环境之间流动的项目信息。该信息是指项目管理者与自己的领导、合作单位、银行、咨询单位、质量监督单位、国家有关管理部门等进行交流的信息。

根据项目信息的来源，项目信息又可分为以下几钟：

a. 外生信息，即产生于项目管理外的信息，可分为指令性或指导性信息、市场信息和技术信息等。

b. 内生信息，即产生于项目管理过程中的信息，包括基层信息、管理信息和决策信息。基层信息是项目基层工作人员所需要的及由他们产生的信息，这类信息多是原始记录或报表；管理信息是中层管理人员用于计划和控制的信息，这类信息需要对原始数据进行整理和汇总；决策信息是高层决策者所需要并产生的信息，如决策、计划、指令等。

③说明待分发信息的形式，包括格式、内容、详细程度和将要采用的符号规定和定义。

④制定出信息发生的日程表，在表中列出每种形式的通信将要发生的时间，确定提供信息

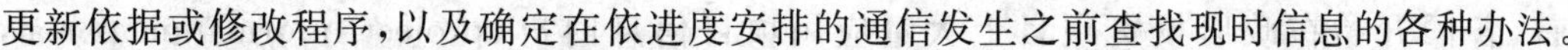

更新依据或修改程序，以及确定在依进度安排的通信发生之前查找现时信息的各种办法。

⑤制定随着项目的进展而对沟通计划更新和细化的方法。

3. 收集信息

按照沟通计划对利益相关者的分析和信息来源的说明进行信息的收集。

4. 项目信息的加工处理

信息的加工处理是指将收集到的原始信息，根据管理的不同要求，运用一定的设备、技术、手段和方法对其进行分析处理，以获得可供利用或可存储的真实可靠的信息资料。

对原始的信息加工主要包括判断、分类整理、分析和计算、编辑归档等几方面的工作。

(1)判断，是指去除原始信息中虚假信息和水分的过程。这部分工作及其有效性主要取决于信息工作者的经验及对业务的熟悉程度。

(2)分类整理，是指对初始收集到的杂乱、分散信息进行分类整理。这主要是把初始信息按一定标准，如时间、地点、使用目的、所反映的业务性质等，分门别类，排列成序。目前已有比较成熟的编码技术，可以协助信息工作者很快分类整理。

(3)分析计算，是指利用一定的方法，如数理统计和运筹学等方法将数据信息进行加工，从中得到符合需要的数据。

5. 信息存档

信息被加工处理后，必须储存起来，以供随时调用。目前有两种归档形式，一种是文档方式，一种是计算机存储方式。由于计算机存储具有简单方便、存储量大、易查询、费用低等特点，是目前最常用的编辑和归档保存方式。

6. 信息分发

信息分发就是把所需要的信息及时地分发给项目利益相关者，其中不仅包括沟通计划中涉及的内容，还应包括临时索取请求的回复。

信息分发的主要内容如下：

(1)项目进展情况。项目成员应对项目进展情况，如可交付成果完成情况、质量情况、进度怎样、费用如何等情况定期向利益相关者汇报。

(2)按照沟通计划中的要求进行分发。根据项目早期制订的沟通计划实施，并在实际操作中不断修改完善，以适应项目发展过程。

(3)项目计划。按照项目的进展情况，分阶段地将项目计划向利益相关者分发。

7. 信息利用

在项目的管理和控制过程中要充分利用与项目有关的各类信息，使之服务于项目目标的实现。

8. 建设项目信息管理系统

项目管理的应用经历了一个长期的发展过程。20 世纪 70 年代，工程领域开始出现项目管理软件的使用。最初出现的是以解决某一问题为目的的单项程序，如进度管理、合同管理、采购物料管理软件等。随着信息技术的发展，这些单项软件逐步集合形成管理系统，然后发展成为项目管理信息系统(PMIS)。20 世纪 80 年代末 90 年代初，为增强大型建设项目建设中业主方的决策与控制能力，在应用 PMIS 的基础上，出现了项目总控管理系统(project controlling Information system，PCIS)。比较典型的案例就是总投资超过 250 亿马克的德国统一后的全国铁路改造工程采用了类似的系统。20 世纪 90 年代末，随着互联网的广泛应用，以美国为首，各国开始在政府投资项目上大量应用项目信息门户（project information portal，PIP），实现了项目各参与方之间基于互联网的信息交流与协同工作。

整个发展过程虽体现了不同的时期会有不同的应用，但并不是说后来的系统完全替代了过去的系统，而是对应用的范围进行了扩充或深化。因此，今天既存在着同时具有 PCIS 和 PIP 功能作用的 PMIS，也存在着具有 PMIS 和 PCIS 功能作用的 PIP。

(1)项目管理信息系统(PMIS)。项目管理信息系统(PMIS)是通过对项目管理专业业务的流程电子化、格式标准化及记录和文档信息的集中化管理来提高管理团队的工作质量和效率。

PMIS 与一般 MIS 的不同在于它的业务处理模式是依照 PMBOK 的技术思路展开的。PMIS 既有相应的功能模块满足范围、进度、投资、质量、采购、人力资源、风险、文档等方面的管理以及沟通协调的业务需求，又蕴涵了“以计划为龙头、以合同为中心、以投资控制为重点”的现代项目管理理念。优秀的 PMIS 既突出了进度、合同和投资三个中心点，又明确了它们之间的内在联系，为在新环境下如何进行整个项目管理业务确立了原则和方法。这种务实地利用信息技术的策略方法，不仅提高了工作效率，实现了良好的大型项目群管理，而且将信息优势转化为决策优势，将知识转化为智慧，切实提升了项目管理的水平。

(2)项目控制信息系统(PCIS)。项目控制信息系统是通过信息分析与处理技术，对项目各阶段的信息进行收集、整理、汇总和加工，提供宏观的、高度综合的概要性项目进展报告，为项目的决策提供决策支持。

常见的情况是，当项目特别大或者面临的是项目群的管理时，管理组织的层次会比较多。此时，往往采用 PMIS 供一般管理层进行项目管理，而通过 PCIS 让最高决策层对由众多子项目组成的复杂系统进行宏观检查、跟踪和控制。

(3)项目管理信息门户(PIP)。项目管理信息门户是在对项目全过程中产生的各类项目信息，如合同、图纸、文档等进行集中管理的基础上，为项目各参与方提供信息交流和协同工作的环境的一种计算机辅助管理方式。

PIP 不同于传统意义上的文档管理，它可以实现多项目之间的数据关联，强调项目团队的协作性并为之提供多种工具。在美国纽约的自由塔等大型工程项目中，项目管理信息门户为项目团队及所有参与方提供了空前的可见性、控制性和协作性。

5.9.3 管理流程

项目信息管理有基本的总流程，也有不同主体、不同范围层次的信息管理。举例如图 5-43、图 5-44、图 5-45 所示。

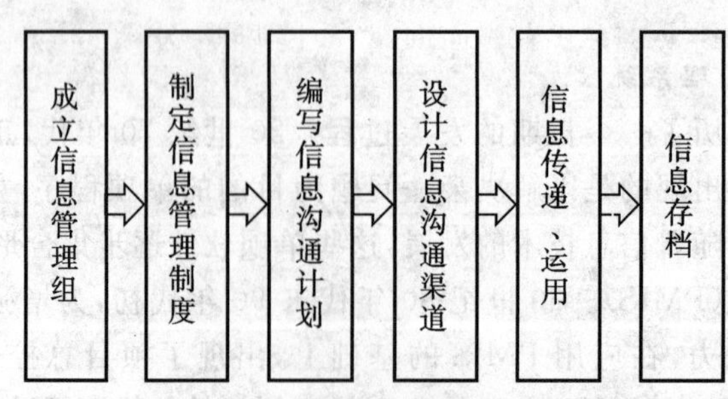

图 5-43 信息管理总流程

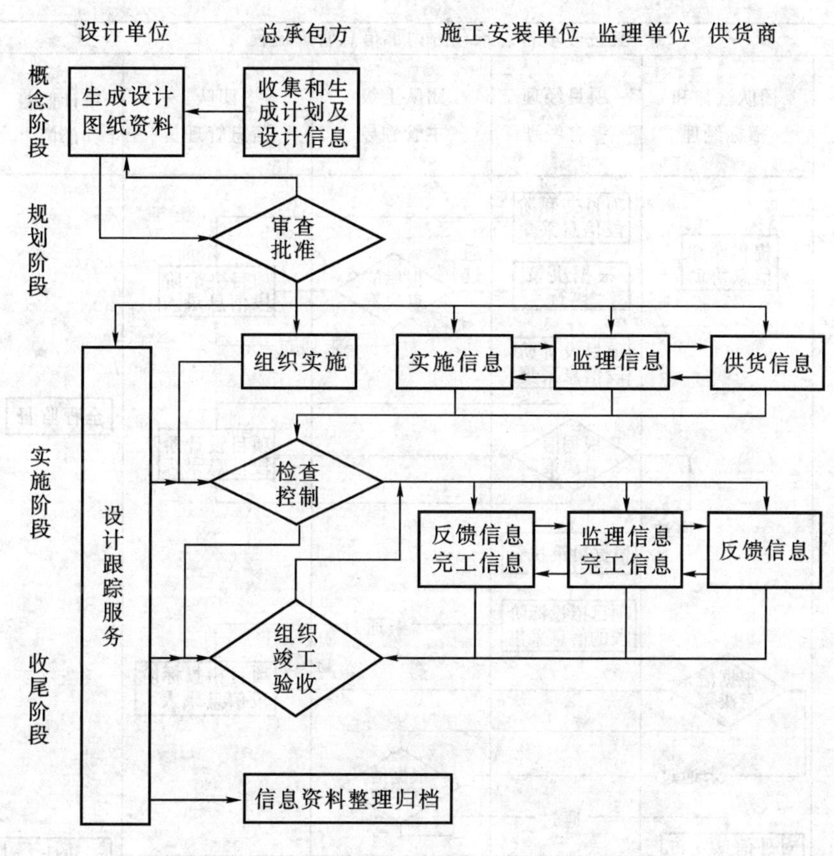

图5-44 总承包方与各合作方的信息管理流程

➢5.9.4 技术、方法和工具

1. 项目信息搜集的方法

当信息的来源渠道和信息搜集的内容确定后，就可以进行信息搜集了。一般把信息搜集的方法分为两类：一类是原始信息，即直接到产生的现场去调查研究；第二类是二手信息，即收集、整理已有的信息情报资料，间接获取信息。

(1)原始信息的收集方法。

①记录项目进展情况。如日志、进展情况报告、周报、月报、里程碑报告、关键点检查报告、利用项目管理软件跟踪检查等。

②询问法。询问法的主要方式有当面询问、会议调查、发函问卷调查、电话调查等。

③观察法。如项目现场观察、使用现场观察、供应厂家现场观察等。

④试验法。

(2)二手资料的收集方法。根据信息的来源，二手资料的收集方法可以分为：统计及年鉴资料分析法、报纸杂志分析法、文献资料分析法、研究报告分析法、网络资料分析法、专业信息资料分析法等。在进行二手信息搜集时，一定要关注以下几个问题：

①是谁收集的信息？

②二手资料的原始调研动机是什么？

③收集的是什么信息(样本结构)？

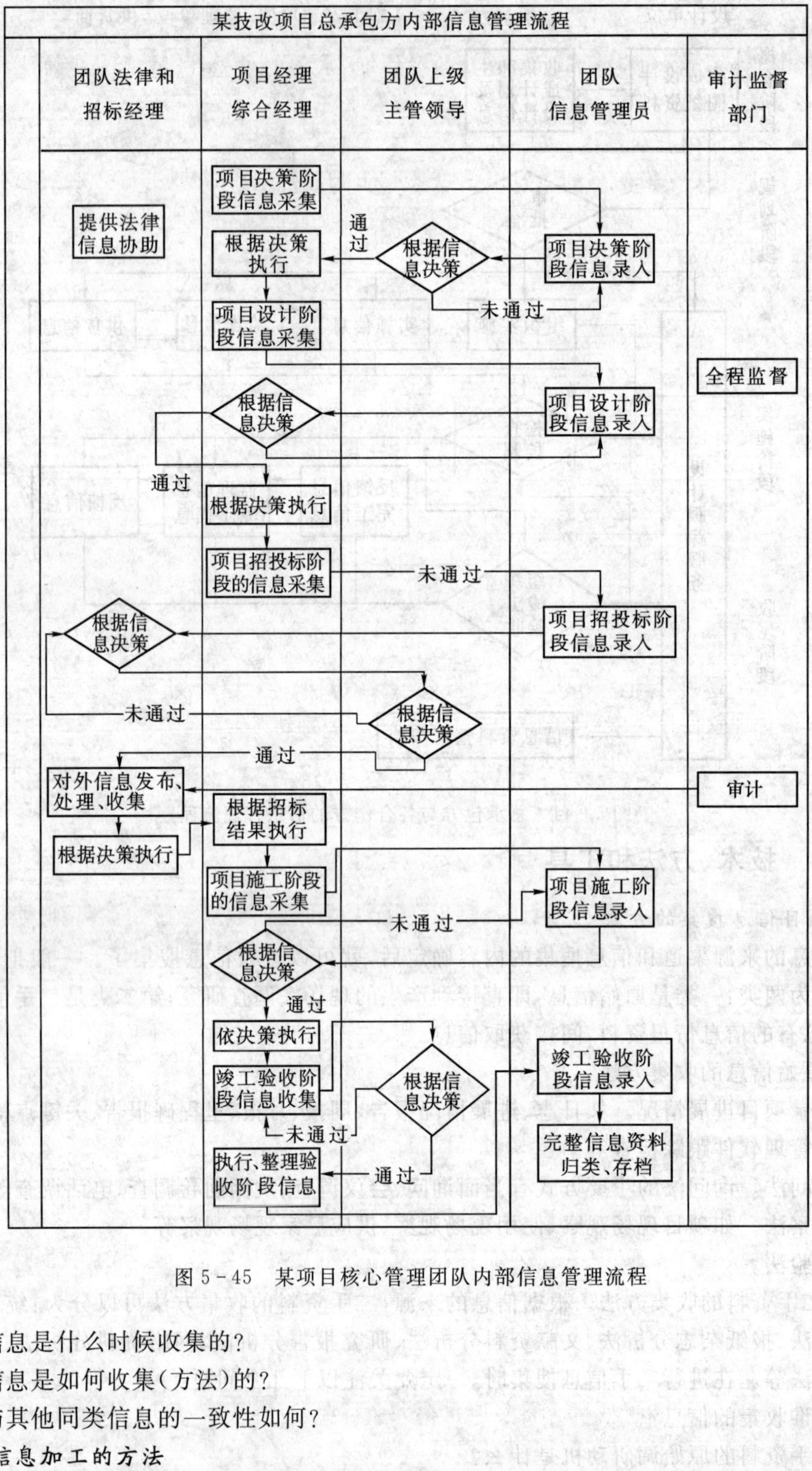

某技改项目总承包方内部信息管理流程

团队法律和招标经理	项目经理综合经理	团队上级主管领导	团队信息管理员	审计监督部门

项目决策阶段信息采集
项目决策阶段信息录入
根据信息决策
通过
未通过
提供法律信息协助
根据决策执行
项目设计阶段信息采集
项目设计阶段信息录入
全程监督
根据信息决策
通过
根据决策执行
项目招投标阶段的信息采集
未通过
项目招投标阶段信息录入
根据信息决策
未通过
根据信息决策
通过
对外信息发布、处理、收集
审计
根据决策执行
根据招标结果执行
项目施工阶段的信息采集
项目施工阶段信息录入
未通过
根据信息决策
通过
依决策执行
竣工验收阶段信息收集
根据信息决策
竣工验收阶段信息录入
未通过
完整信息资料归类、存档
通过
执行、整理验收阶段信息

图 5－45　某项目核心管理团队内部信息管理流程

④信息是什么时候收集的？

⑤信息是如何收集(方法)的？

⑥与其他同类信息的一致性如何？

2. 信息加工的方法

信息加工的概念很广，它包括：

(1)一般的信息处理方法,如排序、分类、合并、插入、删除等。

(2)数学处理方法,如数学计算、数值分析、数理统计等。

(3)逻辑判断方法,包括评价原始资料的置信度、来源的可靠性、数值的准确性,利用资料进行项目诊断和风险分析等。

3. 信息分发的工具和技术

沟通技能是用来交换信息的。发出信息者要能保证信息的清楚、准确,以便信息到达接收者(项目利益相关者)时正确无误,要保证信息能被接收者正确完整地理解。

项目管理中的信息沟通过程示意图如图 5-46 所示。

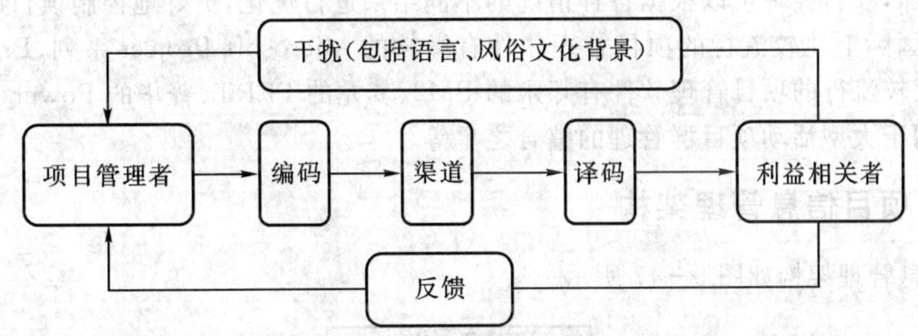

图 5-46　项目管理中的信息沟通过程示意图

4. 项目管理软件

近年来,由于项目管理软件的出现,使得许多复杂的项目管理软件技术和方法运用于实践成为可能,项目管理软件作为项目管理中的重要工具,正以前所未有的速度推动项目管理的发展。

项目管理软件具备的功能主要有:

(1)成本预算与控制。输入任务、工期、资源、资源的使用成本、所用材料的造价、人员工资等一次性分配到各任务包,即可得到该项目的完整成本预算。在项目实施过程中,可随时对单个资源或整个项目的实际成本及预算成本进行分析、比较。

(2)制订计划、资源管理及排定任务日程。用户对每项任务排定初始日期、预计工期、明确各任务的先后顺序以及可使用的资源,软件根据任务信息和资源信息排定项目日程,并随任务和资源的修改而调整日程。

(3)监督和跟踪项目。大多数软件都可以跟踪多种活动,如任务的完成情况、费用、消耗的资源、工作分配等。通常的做法是用户定义一个基准计划,在实际执行过程中,根据输入当前资源的使用状况或工程的完成情况,自动产生多种报表和图表,如资源使用状况表、任务分配状况表、进度图标等;还可以对自定义时间段进行跟踪。

(4)报表生成。与人工相比,项目管理软件的一个突出功能是能在许多数据资料的基础上,快速、简便地生成多种报表和图表,如甘特图、网络图、资源图表、日历等。

(5)方便的资料交换手段。许多项目管理软件允许用户从其他应用程序中获取资料,这些应用程序包括 Excel、Access、Lotus 或各种 ODBC 兼容数据库。一些项目管理软件还可以通过电子邮件发送项目信息,项目人员通过电子邮件获取信息,如最新的项目计划、当前任务完成情况以及各种工作报表等。

(6)处理多个项目和子项目。有些项目很大而且复杂,将其作为一个大文件进行浏览和操作可能难度较大,而将其分解成子项目后,可以分别查看每个子项目,便于管理。另外,项目经理或成员可能参加多个项目的工作,需要在多个项目中分配工作时间。通常,项目管理软件将不同的项目存放在不同的文件中，便于数据的使用；也可以用一个大文件存储多个项目，便于组织、查看和使用相关数据。

(7)排序和筛选。大多数项目管理软件都提供了排序和筛选功能。通过排序，用户可以按所需顺序浏览信息，而将其他信息隐藏起来。

(8)安全性。一些项目管理软件具有安全管理机制，可对项目管理文件以及文件中的基本信息设置密码，限制对项目文件或文件中某些数据项的访问，使得项目信息不被非法之徒盗取。

(9)假设分析。"假设分析"是项目管理软件提供的一个非常实用的功能，用户可以利用该功能探讨各种情况的结果。例如，假设某任务延长一周，则系统就能计算出该延时对整个项目的影响。这样，项目经理可以根据各种情况的不同结果进行优化，更好地控制项目的发展。

目前在国际上比较流行的项目管理软件有微软的 Microsoft Project 系列、Primavera P3 系列；国内比较流行的项目管理软件有邦永的 PM2、梦龙的 PERT、普华的 Power PIP、Power On 和近期用于大型活动项目群管理的整合之星等。

5.9.5 项目信息管理架构

项目信息管理架构如图 5-47 所示。

图 5-47 项目信息管理架构

复习思考题

1. 项目范围管理包括哪些管理过程?
2. 项目整合管理的概念内涵是什么?
3. 编制项目进度计划的主要方法有哪些?
4. 什么是项目质量管理?
5. 项目费用控制的主要内容是什么?
6. 项目采购管理的过程控制中需要注意哪些方面的问题?
7. 项目风险管理的意义是什么?
8. 项目信息管理与项目沟通管理有什么样的内在联系?

第6章 项目管理的技术、方法与工具

6.1 概述

项目管理作为一门学科，在建筑、工程、国防等行业的推动下并伴随计算机科学的出现，在20世纪50年代得到了迅猛发展，并逐渐形成了自身系统内一批创新的技术、方法与工具。这些技术、方法与工具在项目管理的应用中带来了非常显著的实际效果。

按照第1章中的介绍，这些技术、方法与工具可以划分为科学范畴的“硬技术”，如网络计划技术、挣值法等国际项目管理专业资质认证标准的“技术能力”；艺术范畴的“软技术”，如人力资源管理、沟通管理等国际项目管理专业资质认证标准的“行为能力”；以及哲学范畴的“理念和思维”，如项目的综合管理、风险管理等国际项目管理专业资质认证标准的“环境能力”。

项目管理技术、方法与工具，是对项目管理“理念和思维”的落实与实现，具有重要意义。

20世纪50年代初，为了在我国推广项目管理技术与方法，为了我国项目管理科学的创建和普及发展，系统科学家钱学森教授和数学家华罗庚教授，作出了巨大贡献。

改革开放后，在世界银行贷款招标建设的我国云南鲁布革水电站项目中，中标的日本公司运用项目管理取得了显著的效果，这在我国建筑行业引发了巨大反响，国家有关部门开始在我国推广项目管理。

1991年6月，中国项目管理研究委员会(Project Management Research Committee, China, PMRC)正式成立。PMRC成立后，开展了大量工作，推动了项目管理在我国的应用。

目前，项目管理技术、方法与工具已经在我国建筑、软件、航天、制造等行业得到了广泛的推广与应用，并且在我国的三峡水利枢纽工程、西气东输工程、载人航天飞船、2008年北京奥运会及2010年广州亚运会等举世瞩目的重大项目中发挥了重要作用。

在全球经济发展一体化的今天，由于系统工程、经济学、管理学、价值工程、决策科学、计算机科学、信息技术等科学的发展，项目管理技术、方法与工具也在不断创新之中。这一发展趋势的主要特点是国际化、行业化、集成化、信息化。可以预期的是，随着学术研究的深入和实践应用的普及，项目管理的技术、方法与工具的发展，无论是广度、深度、速度，还是在从单个项目级到多项目组织级的维度方面，一定会迈上更高的水平。

项目管理的技术、方法与工具很多，由于篇幅所限，本章只能介绍其中最重要、最常用的部分。

6.2 工作分解结构

工作结构分解(work breakdown structure, WBS)，在项目管理中具有非常重要的作用，是最有价值的项目管理工具之一，体现了系统思维、化繁为简、逐个解决的思维方法，是任务和责任层层落实的工作方法。

6.2.1　工作分解结构是什么

工作分解结构(WBS),以项目的交付成果为导向将项目整体工作分解为较小的、易于管理和控制的若干子工作或工作单元,并由此定义看整个项目的工作范围。WBS 每向下分解一个层次,就意味着整个项目工作的定义深入了一步。

WBS 的最底层次为工作包(work package),工作包是 WBS 的最底层元素,一般的工作包是最小的"可交付成果"(deliverable),而不是"计划活动"(schedule activity),这些可交付成果很容易识别出完成它的活动、成本和组织以及资源信息。

WBS 是一个描述思路的工具,它的作用是展现项目全貌,详细说明为完成项目所必须完成的各项工作,它可以清晰地表示各项工作之间的相互关系,帮助项目经理和项目团队确定并有效地管理项目的工作,具体如下:①清楚展示项目的所有工作,防止产生遗漏。②明确各项目工作之间的关联关系,有利于制订工作计划。③便于估算各项工作所需时间、成本、人力资源。④可以将各项工作落实到有关部门或个人,清楚界定工作责任。⑤有利于对各项工作进行有效地跟踪、控制和反馈。

6.2.2　工作分解结构如何做

1. WBS 的主要步骤

进行 WBS 的主要步骤如下:

(1)清楚了解项目的描述和范围说明书。

(2)有关人员确定项目工作分解的方式。

(3)尽量利用现成的模板分解项目工作。

(4)确定项目的最主要成果,形成 WBS 的第一层次。

(5)将 WBS 的第一层次分解为可交付成果更小的、易于管理的第二个层次,逐步形成层次结构图。如某公司软件开发的 WBS 层次结构图如图 6-1 所示。

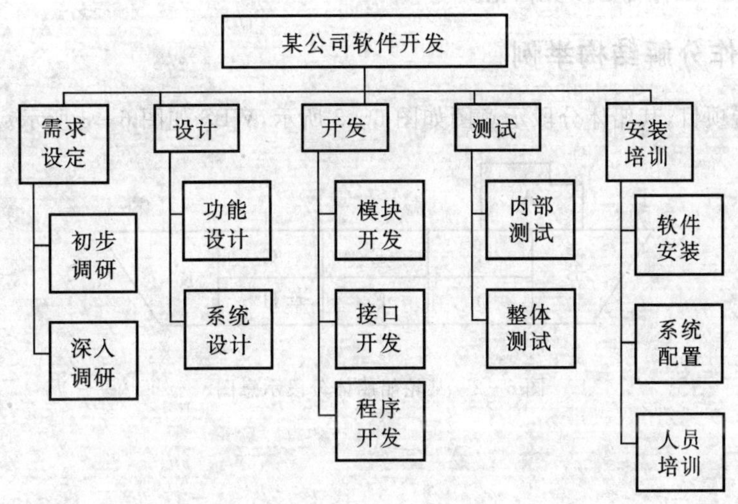

图 6-1　软件开发的 WBS 层次结构图

(6)验证上述分解的正确性。

(7)为 WBS 建立一个编号系统。

(8)不断地对 WBS 进行更新或修正。

WBS 可以用编号的表格，也可以由树形的层次结构图表示，如：

1.0
1.1
1.1.1
1.1.2
⋮
1.2

2. WBS 的分解方式

WBS 可以采用以下方式进行分解：

(1)按产品的物理结构分解。

(2)按产品或项目的功能分解。

(3)按照实施过程分解。

(4)按照项目的地域分布分解。

(5)按照项目的各个目标分解。

(6)按部门分解。

(7)按职能分解。

3. 创建 WBS 需注意的问题

创建 WBS 时需要满足以下几点基本要求：

(1)某项工作应该在 WBS 中的一个地方且只应该在 WBS 中的一个地方出现。

(2)WBS 中某项工作的内容是其下所有 WBS 项的总和。

(3)WBS 必须与实际工作中的执行方式一致。

(4)每个 WBS 工作都必须文档化。

6.2.3 工作分解结构举例

某轮船制造项目，其船体分段示意图如图 6-2 所示，WBS 如图 6-3 所示。

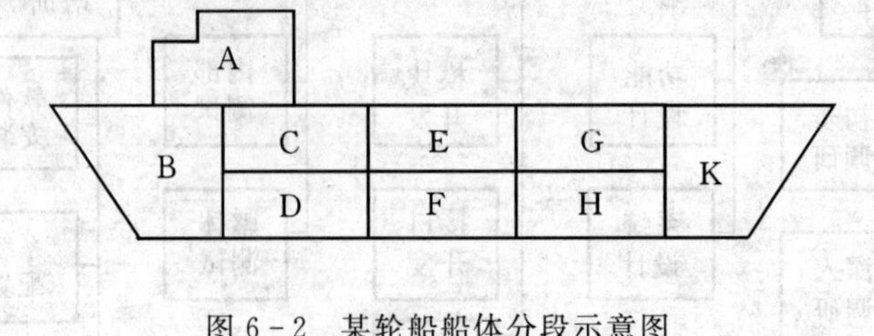

图 6-2 某轮船船体分段示意图

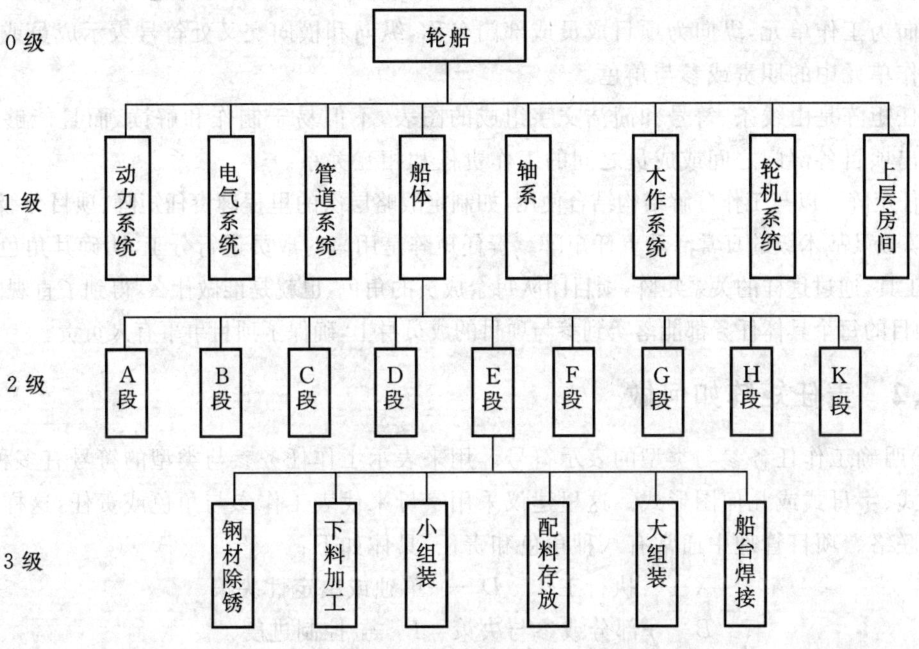

图 6-3　某轮船制造项目的 WBS

6.3 责任矩阵

项目需要完成的任务繁多，参与项目的成员数目众多，因此需要将任务落实到成员身上，确保每个任务都有相应的成员去负责和完成，这就是成员分工。责任矩阵就是用来进行成员分工的有效工具。

6.3.1 责任矩阵是什么

将 mn 个元素 $a_{11}, a_{12}, a_{13}, \cdots, a_{mn}$，排成 m 行（横排是“行”）、n 列（纵排是“列”）的矩阵，成为 m 行 n 列“矩阵”。

$$\begin{pmatrix} a_{11} & a_{12} & \cdots & a_{1n} \\ a_{21} & a_{22} & \cdots & a_{2n} \\ \vdots & \vdots & & \vdots \\ a_{m1} & a_{m2} & \cdots & a_{mn} \end{pmatrix}$$

当 $m=n$ 时，m 行 n 列矩阵称为 n 阶“方阵”。矩阵可按某些规则进行加法、乘法以及数与矩阵相乘等运算。矩阵的概念最初是由解线性方程组形成的，我国古代用筹算法解线性方程组时就是用筹码排成矩阵来进行的。矩阵理论在近代工程技术、物理学、管理科学及其他学科中有广泛应用。

在项目管理中，责任矩阵是将所分解的工作任务落实到项目有关部门或个人，并明确表示出他们在组织工作中的关系、责任和地位的方法和工具。责任分配矩阵是一种矩阵图，责任矩阵中横向为工作单元，纵向为项目成员或部门名称，纵向和横向交叉处符号表示成员或部门在某个工作单元中的职责或参与角色。

责任矩阵是由线条、符号和简洁文字组成的图表，不但易于制作和解读，而且能够较清楚地反映出项目各部门之间或成员之间的工作责任和相互关系。

责任矩阵可以与工作分解结构结合使用，如制定战略层次的里程碑责任矩阵、项目分级的程序责任矩阵以及战术级的日常活动责任矩阵。责任矩阵是用来对成员进行分工、明确其角色与职责的有效工具，通过这样的关系矩阵，项目团队每个成员的角色，也就是谁做什么，得到了直观的反映。这样，项目的每个具体任务都能落实到参与项目的成员身上，确保了项目事事有人负责。

6.3.2 责任矩阵如何做

(1)明确工作任务参与类型的表示符号。用来表示工作任务参与类型的符号有多种形式，如数字式、字母式或几何图形式。这里建议采用字母来代表工作参与角色或责任，这样便于加强彼此联络。项目管理中通常有八种角色和责任，具体如下：

X——执行工作　D——单独或决定性决策

B——部分或参与决策　P——控制进度

T——培训工作　C——必须咨询

I——必须通报　A——可以建议

(2)了解责任矩阵的特点和适用对象。用责任矩阵来确定项目组织或人员的责任已获得广泛应用。由于责任是由线条、符号和简洁文字组成的图标，它不但易于制作和解读，而且能够较清楚地反映出项目各工作部门或个人之间的工作责任和相互关系。责任矩阵可以使用在WBS的任何层次，如战略层次的里程碑责任矩阵、项目分级的程序责任矩阵以及战术级的日常活动责任矩阵。

(3)责任矩阵表示。表6-1、表6-2为一个以符号表示的责任矩阵示例；表6-3为一个以字母表示的责任矩阵示例。

表6-1　以符号表示的责任矩阵(1)

WBS \ 组织责任者		项目经理	项目工程师	程序员
确定需求		○	▲	
设计		○	▲	
开发	修改外购软件包	□	○	▲
	修改内部程序	□	○	▲
	修改手工操作系统流程	□	○	▲
测试	测试外购软件包	□	●	▲
	测试内部程序	□	●	▲
	测试手工操作流程	□	●	▲
安装完成	完成安装新软件包	●	▲	
	培训人员	●	▲	

注：▲—负责；○—审批；●—辅助；□—通知。

表 6－2　以符号表示的责任矩阵(2)

项目相关方	项目经理	土建总工	机电总工	总会计师	工程管理部	财务部	合同造价部	材料供应部	设计院	咨询专家	电力局	水电部	技术公司	某施工公司
设计	●	●	●	●					▲	●	□	○	□	□
招投标	●	●	●	●		●	▲		●	●	○	□	□	□
施工准备	▲	●	□	□					○	□	□			△
采购	○	□	●	□	□	●	●	▲	●	●				
施工	○	▲	●	□	●	●	●	●		●				▲
项目管理	▲	●	●	●	●	●	●	●		●				□

注:▲—负责;□—通知;●—辅助;△—承包;○—审批。

表 6－3　以字母表示的责任矩阵

活动/任务 \ 个人与部门	公司领导	职能部门领导	项目经理	项目支持办	网络管理者	项目成员	全体成员
召开项目定义会议	D	BX	BX	X		A	A
确定收益	D	B	PX	X		A	A
草拟项目定义报告		D	BX	X	I	I	A
召开项目启动会议		X	DX	X	X	X	
完成里程碑计划		B	DX	X	C	A	A
完成责任矩阵	D	BX	BX	X	C	A	A
准备时间估算		A	P	X	A	T	A
准备费用估算		A	P	X	A	T	A
准备收益估算		A	P			T	
评价项目活力	D	B	PX	B		C	C
评价项目风险	D	B	PX	X	C	C	C
完成项目自定义报告	D	B	BX	X	C	C	C
项目队伍动员		B	DX	X	X	X	

6.4　网络计划技术

网络计划技术是项目管理的重要方法,如关键路径法(CPM)和计划评审技术(PRET),就是常用的网络计划技术。

6.4.1　网络计划技术概述

网络计划是在网络图上加注工作的时间参数等而编制成的进度计划,由网络图和网络参数两大部分组成,如图 6－4 所示。网络图是由箭线和节点组成的用来表示工作流程的有向的网状图形。网络参数是按照项目中各项工作的延续时间和网络图所计算的工作、节点、线路等要素的各种时间参数。

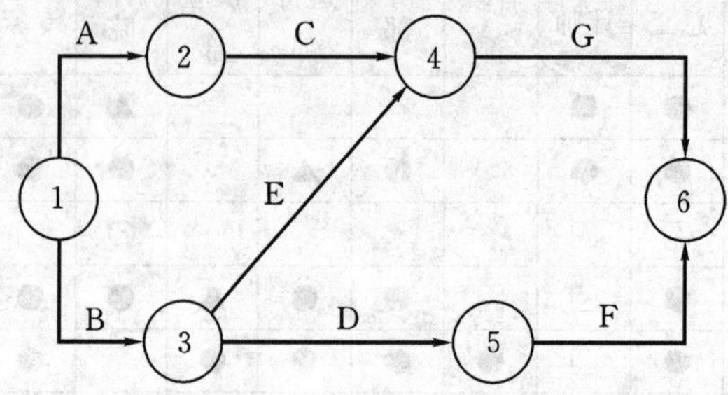

图 6-4　网络计划图示例

网络计划技术是用于项目的计划与控制的一种项目管理技术，它应用有向网络图来表达一项计划中每项工作的先后顺序和相互的逻辑关系，然后计算时间参数，找出计划中的关键线路和可利用的机动时间，并按照一定的优化目标，不断改善和优化计划安排，使计划达到整体优化，以保证计划目标的按期实现。

1. 网络计划技术的方法和优点

网络计划技术常用的有关键路径法和计划评审技术。

关键路径法是借助于网络表示各项工作与所需时间，以及各项工作的相互关系，通过网络分析研究费用与时间的相互关系，并找出在编制计划及计划执行过程中的关键路线。计划评审技术则注重对各项工作安排进行评价和审查。

网络计划技术适用于生产技术复杂、工作项目繁多、项目之间联系紧密的项目计划的制订和优化。它是继甘特图以后，在计划工具上取得的最大进步。它的优点如下：

(1)能充分反映工作之间相互联系和相互制约的关系，也就是说，工作之间的逻辑关系非常严格，通过网络图可使整个项目及其各组成部分一目了然。

(2)可足够准确地估计项目的完成时间，并指明哪些活动一定要按期完成。

(3)可以区分关键工作和非关键工作，便于跟踪项目进度，抓住关键环节。

(4)网络计划能够和电子计算机技术结合起来，从计划的编制、优化到执行过程中的调整和控制，都可借助电子计算机来进行。

2. 网络计划技术的工作关系

工作之间的先后顺序关系称为工作关系，它分为平行、顺序和搭接三种形式。

(1)平行。相邻两项工作同时开始即为平行关系。

(2)顺序。相邻两项工作先后进行即为顺序关系。前一项工作结束，后一项工作马上开始为紧连顺序关系。后一项工作在前一项工作结束后隔一段时间才开始为间隔顺序关系。在顺序关系中，当一项工作只有在另一项工作完成以后方能开始，并且中间不插入其他工作，则称另一项工作为该工作的紧前工作；反之，当一项工作只有在它完成以后，另一项工作才能开始，并且中间不插入其他工作，则称另一项工作为该工作的紧后工作。

(3)搭接，两项工作只有一段时间是平行进行的则为搭接关系。

3. 网络计划技术的网络图

网络计划技术的网络图分为双代号网络图和单代号网络图两种。

(1)双代号网络图,由节点表示事项,箭线表示工作,每一项工作由一根箭线和两个节点来表示。双代号网络图的三要素是节点(事项)、箭线(工作)和线路。

(2)单代号网络图,也是由节点、箭线和线路三要素组成。但是,在单代号网络图中,节点及其编号表达了一项工作。

例如,有三项工作A、B、C,其中A是B的紧前工作,C是B的紧后工作。可以分别用双代号网络图和单代号网络图表示,如图6-5、图6-6所示。

图6-5 双代号网络图　　图6-6 单代号网络图

4. 时间参数

在网络计划技术中,时间参数是非常重要的概念,网络计划时间参数可分为三类:

(1)节点参数:有节点最早时间 ET_i 和节点最晚时间 LT_i。

(2)工作参数:工作基本参数是工作持续时间,用 D_{i-j} 表示。它包括四种类型:工作最早开始时间 ES_{i-j},工作最早完成时间 EF_{i-j},工作最迟开始时间 LS_{i-j},工作最迟完成时间 LF_{i-j}。时差,分为工作总时差 TF_{i-j} 和工作自由时差 FF_{i-j}。

(3)线路参数:有计算工期 T_c 和计划工期 T_p。

以上时间参数的表达是在双代号网络计划条件下描述的,单代号网络计划条件下的表达见表6-4。

表6-4 时间参数的表达

时间参数		基本概念	表示方法	
			双	单
持续时间		一项工作从开始到完成的时间	D_{i-j}	D_i
工期	计算工期	根据网络计划时间参数计算而得到的工期	T_c	
	计划工期	根据要求工期和计算工期所得到的作为实施目标的工期	T_p	
最早可能开始时间		在其所有紧前工作全部完成后,本工作有可能开始的最早时间	ES_{i-j}	ES_i
最早可能结束时间		在其所有紧前工作全部完成后,本工作有可能完成的最迟时间	EF_{i-j}	EF_i
最迟必须结束时间		在不影响整个任务按期完成的前提下,本工作必须完成的最迟时间	LF_{i-j}	LF_i
最迟必须开始时间		在不影响整个任务按期完成的前提下,本工作必须开始的最迟时间	LS_{i-j}	LS_i

续表 6-4

时间参数	基本概念	表示方法	
		双	单
工作总时差	在不影响总工期的前提下，本工作可以利用的机动时间	TF_{i-j}	TF_i
工作自由时差	在不影响其紧后工作最早开始时间的前提下，本工作可以利用的机动时间	FF_{i-j}	FF_i
节点的最早时间	在双代号网络计划中，以该节点为开始节点的各项工作的最早开始时间	ET_i	
节点的最迟时间	在双代号网络计划中，以该节点为完成节点的各项工作的最迟完成时间	LT_j	

6.4.2 双代号网络计划

双代号网络图又称箭线网络图，每一条箭线表示一项工作。箭线的箭尾节点表示该工作的开始，箭线的箭头节点表示该工作的结束。

1. 绘制双代号网络图应注意的事项

绘制双代号网络图最基本的规则是明确地表达出工作的内容，准确地表达出工作时间的逻辑关系，并且使所绘出的图易于识读和操作。具体绘制时应注意以下几方面的问题：

(1)一项工作应只有唯一的一条箭线和相应的一对节点编号，箭尾的节点编号应小于箭头的节点编号。

(2)双代号网络图中应只有一个起始节点，一个终点节点。

(3)如果开始时有几个工序平行作业，或在几个工序结束后完工，如果这些工序不能用一个始点或一个终点表示时，那么可用虚工序把它们与始点或终点连起来。

(4)在网络图中严禁出现循环回路。

(5)双代号网络图中，严禁出现没有箭头节点或没有箭尾节点的箭线。

(6)双代号网络图节点编号顺序应从小到大，可不连续，但严禁重复。

(7)同一项工作在双代号网络图中不能表达两次以上。

(8)对平行搭接进行的工作，在双代号网络图中，应分段表达。

2. 绘制双代号网络图的步骤

双代号网络图的绘图步骤如下：

(1)任务分解，划分工作。

(2)确定完成工作计划的全部工作及其逻辑关系。

(3)确定每一工作的持续时间，制定工作分析表。

(4)绘制并修改网络图。

3. 节点时间参数的计算

双代号网络计划的时间参数既可以按工作计算，也可以按节点计算。所谓按工作计算法，就是以网络计划中的工作为对象，直接计算各项工作的时间参数。这些时间参数包括工作的最早开始时间和最早完成时间、工作的最迟开始时间和最迟完成时间、工作的总时差和自由时差。此外，还应计算网络计划的计算工期。

为了简化计算，网络计划时间参数中的开始时间和完成时间都应以时间单位的终了时刻为标准。如第三天开始是指第三天终了（下班）时刻开始，实际上是第四天上班时刻才开始；第五天完成是指第五天终了（下班）时刻完成。

(1)工作最早开始时间和最早完成时间的计算。

工作最早开始时间和最早完成时间的计算应从网络计划的起点节点开始，可顺着箭线方向依次进行。其计算步骤如下：

①以网络计划起点节点为开始节点的工作，当未规定其最早开始时间时，其最早开始时间为零。

②工作的最早完成时间可利用公式进行计算，计算公式为：$EF_{i-j}=ES_{i-j}+D_{i-j}$。

③其他工作的最早开始时间应等于其紧前工作最早完成时间的最大值。

④网络计划的计算工期应等于以网络计划终点节点为完成节点的工作的最早完成时间的最大值。

(2)工作最迟完成时间和最迟开始时间的计算。

工作最迟完成时间和最迟开始时间的计算应从网络计划的终点节点开始，逆着箭线方向依次进行。其计算步骤如下：

①以网络计划终点节点为完成节点的工作，其最迟完成时间等于网络计划的计划工期。

②工作的最迟开始时间可利用公式计算，计算公式为：$LS_{i-j}=LF_{i-j}-D_{i-j}$。

③其他工作的最迟完成时间应等于其紧后工作最迟开始时间的最小值。

(3)工作总时差和自由时差的计算。

工作的总时差等于该工作最迟完成时间与最早完成时间之差，或该工作最迟开始时间与最早开始时间之差。

工作自由时差的计算应按以下两种情况分别考虑：

①对于有紧后工作的工作，其自由时差等于本工作之紧后工作最早开始时间减去本工作最早完成时间所得之差的最小值。

②对于无紧后工作的工作，也就是以网络计划终点为完成节点的工作，其自由时差等于计划工期与本工作最早完成时间之差。

需要指出的是，对于网络计划中以终点节点为完成节点的工作，其自由时差与总时差相等。此外，由于工作的自由时差是其总时差的构成部分，所以，当工作的总时差为零时，其自由时差必然为零，可不必进行专门计算。

(4)确定关键工作和关键线路。在网络计划中，总时差最小的工作为关键工作。特别地，当网络计划的计划工期等于计算工期时，总时差为零的工作就是关键工作。

找出关键工作之后，将这些关键工作首尾相连，便构成从起点节点到终点节点的通路，位于该通路上的各项工作的持续时间总和最大，这条通路就是关键线路。需注意的是，在关键线路上可能有虚工作存在。

4. 时间参数计算示例

下面以图 6-7 所示双代号网络计划为例，说明按工作计算法计算时间参数的过程，其计算结果如图 6-8 所示。

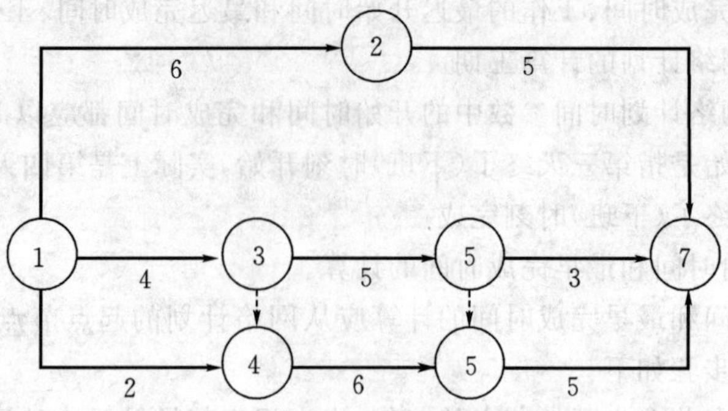

图 6-7 双代号网络计划

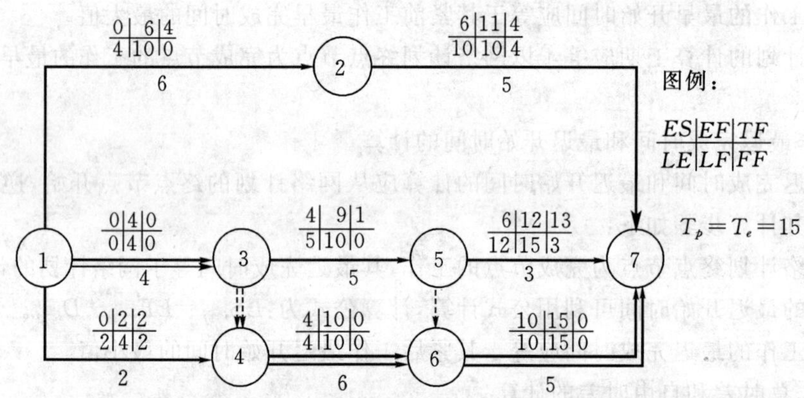

图 6-8 双代号网络计划(六时标注法)

(1)计算工作的最早开始时间和最早完成时间。

工作最早开始时间和最早完成时间的计算应从网络计划的起点节点开始，顺着箭线方向依次进行。其计算步骤如下：

①以网络计划起点节点为开始节点的工作，当未规定其最早开始时间时，其最早开始时间为零。在本例中，工作 1－2、工作 1－3 和工作 1－4 的最早开始时间都为零，即：

$$ES_{1-2} = ES_{1-3} = ES_{1-4} = 0$$

②工作的最早完成时间可利用下列公式进行计算：

$$EF_{i-j} = ES_{i-j} + D_{i-j}$$

式中：EF_{i-j}——工作 $i-j$ 的最早完成时间；

ES_{i-j}——工作 $i-j$ 的最早开始时间；

D_{i-j}——工作 $i-j$ 的持续时间。

在本例中，工作 1－2、工作 1－3 和工作 1－4 的最早完成时间分别为：

工作 1－2：$EF_{1-2} = ES_{1-2} + D_{1-2} = 0 + 6 = 6$

工作 1－3：$EF_{1-3} = ES_{1-3} + D_{1-3} = 0 + 4 = 4$

工作 1－4：$EF_{1-4} = ES_{1-4} + D_{1-4} = 0 + 2 = 2$

③其他工作的最早开始时间应等于其紧前工作最早完成时间的最大值，即：

$$ES_{i-j}=\max\{EF_{h-i}\}=\max\{EF_{h-i}+D_{h-i}\}$$

式中：ES_{i-j}——工作 $i-j$ 的最早开始时间；

EF_{h-i}——工作 $i-j$ 的紧前工作 $h-i$（非虚工作）的最早完成时间；

ES_{h-i}——工作 $i-j$ 的紧前工作 $h-i$（非虚工作）的最早开始时间；

D_{h-i}——工作 $i-j$ 的紧前工作 $h-i$（非虚工作）的持续时间。

在本例中，工作 3－5 和工作 4－6 的最早开始时间分别为：

$$ES_{3-5}=EF_{1-3}=4$$

$$ES_{4-6}=\max\{EF_{1-3},EF_{1-4}\}=\max\{4,2\}=4$$

④网络计划的计算工期应等于以网络计划终点节点为完成节点的工作的最早完成时间的最大值，即：

$$T_c=\max\{EF_{i-n}\}=\max\{ES_{i-n}+D_{i-n}\}$$

式中：T_c——网络计划的计算工期；

EF_{i-n}——以网络计划终点节点 n 为完成节点的工作的最早完成时间；

ES_{i-n}——以网络计划终点节点 n 为完成节点的工作的最早开始时间；

D_{i-n}——以网络计划终点节点 n 为完成节点的工作的持续时间。

在本例中，网络计划的计算工期为：

$$T_c=\max\{EF_{2-7},EF_{5-7},EF_{6-7}\}=\max\{11,12,15\}=15$$

(2)确定网络计划的计划工期。

在本例中，假设未规定要求工期，则其计划工期就等于计算工期，即：

$$T_p=T_c=15$$

计划工期应标注在网络计划终点节点的右上方，如图 6－8 所示。

(3)计算工作的最迟完成时间和最迟开始时间。

工作最迟完成时间和最迟开始时间的计算应从网络计划的终点节点开始，逆着箭线方向依次进行。其计算步骤如下：

①以网络计划终点节点为完成节点的工作，其最迟完成时间等于网络计划的计划期，即：

$$LF_{i-n}=T_p$$

式中：LF_{i-n}——以网络计划节点 n 为完成节点的工作的最迟完成时间；

T_p——网络计划的计划工期。

在本例中，工作 2－7、工作 5－7 和工作 6－7 的最迟完成时间为：

$$LF_{2-7}=LF_{5-7}=LF_{6-7}=T_p=15$$

②工作的最迟开始时间可利用下列公式进行计算：

$$LS_{i-j}=LF_{i-j}-D_{i-j}$$

式中：LS_{i-j}——工作 $i-j$ 的最迟开始时间；

LF_{i-j}——工作 $i-j$ 的最迟完成时间；

D_{i-j}——工作 $i-j$ 的持续时间。

在本例中，工作 2－7、工作 5－7 和工作 6－7 的最迟开始时间为：

$$LS_{2-7}=LF_{2-7}-D_{2-7}=15-5=10$$

$$LS_{5-7}=LF_{5-7}-D_{5-7}=15-3=12$$

$$LS_{6-7}=LF_{6-7}-D_{6-7}=15-5=10$$

(3)其他工作的最迟完成时间应等于其紧后工作最迟开始时间的最小值，即：

$$LF_{i-j}=\min\{LS_{j-k}\}=\min\{LS_{j-k}-D_{j-k}\}$$

式中：LF_{i-j}——工作 $i-j$ 的最迟完成时间；

LS_{j-k}——工作 $i-j$ 的紧后工作 $j-k$(非虚工作)的最迟开始时间；

LF_{j-k}——工作 $i-j$ 的紧后工作 $j-k$(非虚工作)的最迟完成时间；

D_{j-k}——工作 $i-j$ 的紧后工作 $j-k$(非虚工作)的持续时间。

在本例中，工作 3－5 和工作 4－6 的最迟完成时间分别为：

$$LF_{3-5}=\min\{LS_{5-7},LS_{6-7}\}=\min\{12,10\}=10$$

$$LF_{4-6}=LS_{6-7}=10$$

(4)计算工作的总时差。

工作的总时差等于该工作最迟完成时间与最早完成时间之差，或该工作最迟开始时间与最早开始时间之差，即：

$$TF_{i-j}=LF_{i-j}-EF_{i-j}=LS_{i-j}-ES_{i-j}$$

式中：TF_{i-j}为工作 $i-j$ 的总时差；

其余符号同前。

在本例中，工作 3－5 的总时差为：

$$TF_{3-5}=LF_{3-5}-EF_{3-5}=10-9=1$$

或

$$TF_{3-5}=LF_{3-5}-EF_{3-5}=5-4=1$$

(5)计算工作的自由时差。

工作自由时差的计算应按以下两种情况分别考虑：

①对于有紧后工作的工作，其自由时差等于本工作之紧后工作最早开始时间减去本工作最早完成时间所得之差的最小值，即：

$$FF_{i-j}=\min\{ES_{j-k}-EF_{i-j}\}$$
$$=\min\{ES_{j-k}-ES_{i-j}-D_{i-j}\}$$

式中：FF_{i-j}——工作 $i-j$ 的自由时差；

ES_{j-k}——工作 $i-j$ 的紧后工作 $j-k$(非虚工作)的最早开始时间；

EF_{i-j}——工作 $i-j$ 的最早完成时间；

ES_{i-j}——工作 $i-j$ 的最早开始时间；

D_{i-j}——工作 $i-j$ 的持续时间。

在本例中，工作 1－4 和工作 3－5 的自由时差分别为：

$$FF_{1-4}=ES_{4-6}-EF_{1-4}=4-2=2$$

$$FF_{3-5}=\min\{ES_{5-7}-EF_{3-5},ES_{6-7}-EF_{3-5}\}$$
$$=\min\{9-9,10-9\}$$
$$=0$$

②对于无紧后工作的工作，也就是以网络计划终点节点为完成节点的工作，其自由时差等于计划工期与本工作最早完成时间之差，即：

$$FF_{i-n}=T_p-EF_{i-n}=T_p-ES_{i-n}-D_{i-n}$$

式中：FF_{i-n}——以网络计划终点节点 n 为完成节点的工作 $i-n$ 的自由时差；

T_p——网络计划的计划工期；

EF_{i-n}——以网络计划终点节点 n 为完成节点的工作 $i-n$ 的最早完成时间；

ES_{i-n}——以网络计划终点节点 n 为完成节点的工作 $i-n$ 的最早开始时间；

D_{i-n}——以网络计划终点节点 n 为完成节点的工作 $i-n$ 的持续时间。

在本例中，工作 2－7、工作 5－7 和工作 6－7 的自由时差分别为：

$$FF_{2-7} = T_p - EF_{2-7} = 15 - 11 = 4$$
$$FF_{5-7} = T_p - EF_{5-7} = 15 - 12 = 3$$
$$FF_{6-7} = T_p - EF_{6-7} = 15 - 15 = 0$$

需要指出的是，对于网络计划中以终点节点为完成节点的工作，其自由时差与总时差相等。此外，由于工作的自由时差是其总时差的构成部分，所以，当工作的总时差为零时，其自由时差必然为零，可不必进行专门计算。在本例中，工作 1－3、工作 4－6 和工作 6－7 的总时差全部为零，故其自由时差也全部为零。

(6)确定关键工作和关键线路。

在网络计划中，总时差最小的工作是关键工作。特别地，当网络计划的计划工期等于计算工期时，总时差为零的工作就是关键工作。在本例中，工作 1－3、工作 4－6 和工作 6－7 的总时差全部为零，因此它们都是关键工作。

找出关键工作之后，将这些关键工作首尾相连，便至少构成一条从起点节点到终点节点的通路，通路上各项工作的持续时间总和最大的就是关键线路。需注意的是，在关键线路上可能有虚工作存在。

关键线路一般用粗箭线或双线箭线标出，也可以用彩色箭线标出。例如在本例中①—③—④—⑥—⑦即为关键线路，如图 6－7 所示。关键线路上各项工作的持续时间总和应等于网络计划的计算工期，这一特点也是判别关键线路是否正确的准则。

6.4.3 单代号网络计划

单代号网络图是利用节点代表工作，而用表示依赖关系的箭线将节点联系起来的一种绘制项目网络图的方法。大多数项目管理软件包都使用单代号网络计划。

单代号网络图中的节点一般都用圆圈或方框来绘制，它表示一项工作。如图 6－9 所示。在圆圈或方框内可以写上工作编号、名称和需要的作业时间。工作之间的逻辑关系用箭线表示。

工作编号
工作名称
工作时间

图 6－9 单代号网络中节点的表示

1. 单代号网络图的绘制原则

单代号网络图的绘制原则如下：

(1)单代号网络图中的节点必须编号。单代号标注在节点内，其号码可间断，但严禁重复。箭线的箭尾节点编号应小于箭头节点编号。一项工作必须有唯一的一个节点及相应的一个编号。

(2)用数字代表工作的名称时，宜由小到大按活动先后顺序编号。

(3)严禁出现循环回路。

(4)严禁出现双向箭头或无箭头的连线，严禁出现没有箭尾节点的箭线和没有箭头节点的箭线。

(5)单代号网络图只应有一个起点节点和一个终点节点。当网络图中有多项起点节点或多项终点节点时，应在网络图的两端分别设置一个虚工作，作为该网络图的起点节点(St)和终点节点(Fin)。

(6)箭线不宜交叉。当交叉不可避免时，可采用过桥法和指向法绘制。

(7)在同一网络图中，单代号和双代号的画法不能混用。

2. 单代号网络图的绘制步骤

单代号网络图的绘制步骤如下：

(1)列出工作清单，包括工作之间的逻辑关系，找出每一工作的紧前工作。

(2)根据工作清单，先绘没有紧前工作的工作节点。

(3)逐个检查工作清单中的每一工作，如该工作的紧前工作过节点已经全部绘在图上，则绘该工作节点，并用箭线和紧前工作连接起来。

(4)重复上述步骤，直至绘出整个计划的所有工作节点。

(5)绘制没有紧后工作的工作节点。

(6)绘制开始节点和结束节点。

3. 节点时间参数的计算

由于单代号网络计划中箭线只是单纯表示工作之间的逻辑关系，因此，单代号网络计划只需要计算工作参数和线路参数。如节点不太多，网络图绘制完以后，经检查正确无误，即可在网络图上直接计算其时间参数，计算方法与双代号网络相同，计算最早时间是从左向右逐个节点进行计算，即从第一个节点算到最后一个节点。计算最迟时间则从最后一个节点算起，一直算到第一个节点。有了最早与最迟时间参数后，即可计算工作的总时差和自由时差。

单代号网络计划关键工作的确定与双代号网络计划相同，即总时差最小的工作是关键工作。从起始节点开始到终止节点均为关键工作，而且所有工作的间隔时间都为零的线路是关键线路。

另外，假如节点数很多，时间参数的计算一般利用计算机来完成。

6.4.4 网络计划优化

网络计划优化是网络计划的精华之所在，它是在满足既定约束的条件下，按某种目标，通过不断调整，寻找最优网络计划方案的过程。网络计划优化包括工期优化、资源优化和费用优化。

1. 工期优化

工期优化也称为时间优化，是通过不断缩短关键线路上的关键工作的持续时间等方法，从而达到减少工期的目的。工期优化的常用方法如下：

(1)强制缩短法，即尽可能地缩短网络计划中某些关键工作的持续时间。

(2)调整工作关系，将项目中某些串联的工作调整为平行作业或交替作业。

(3)关键线路的转移,利用非关键工作的时差,用部分资源加强关键工作,以缩短关键工作的持续时间,使工期缩短。

2. 资源优化

任何一个项目都需要消耗资源,而在一定时间内,能够提供的各种资源的数量是有限的,因此就有一个合理利用有限资源的问题。资源优化,就是要解决资源的供需矛盾或实现资源的均衡利用。按目标来看,资源优化通常可以分为“资源有限,工期最短”“工期一定,资源均衡”。

(1)“资源有限,工期最短”的优化,就是使单位时间内资源的最大需求量小于资源限量,使需延长的工期最少。要逐步对各个时间单位进行资源检查,当资源需用量大于资源限量时,进行计划调整,使整个工期内每个时间单位都能满足资源限量的要求。

(2)“工期一定,资源均衡”的优化,是在可用资源数量充足并保持工期不变的前提下,通过调整部分非关键工作进度的方法,使资源的需求量随时间的变化趋于平稳的过程,也就是“削峰填谷”。一般来说,理想的资源计划安排是平行于时间轴的一条直线,如图 6-10 所示。

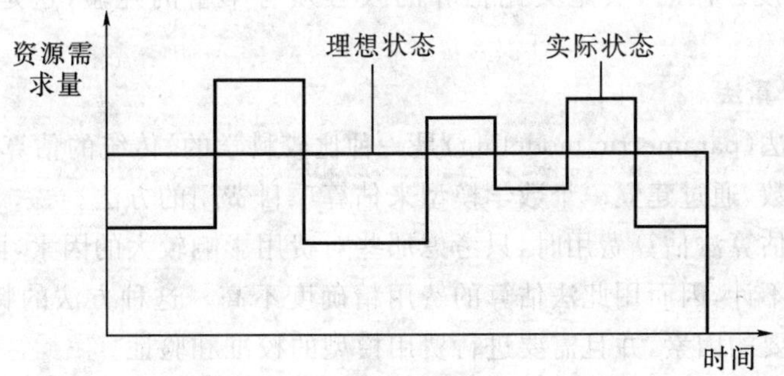

图 6-10 “工期一定,资源均衡”的优化示例图

3. 费用优化

在一定范围内,项目费用是随着时间的变化而变化的,在时间和费用之间存在一个最佳平衡点。网络计划的费用优化,也称为时间—费用优化,就是在一定的约束条件下,综合考虑费用与时间的相互关系,以达到费用低、时间短的优化目的。费用优化的一般步骤如下:

(1)按工作正常持续时间确定关键工作和关键线路。

(2)计算网络计划中各项工作的费用率。

(3)按费用率最低的原则选择优化对象。

(4)考虑不改变关键工作性质并在其能够缩短的范围之内,确定优化对象能够缩短的时间并按该时间进行优化。

(5)计算相应的费用增加值。

(6)考虑工期变化带来的间接费和其他费用,并在此基础上计算项目总费用。

(7)重复上述步骤,直到总费用最低为止。

6.5 费用估算

项目管理中的费用控制就是保证完成项目中各项工作的费用在容许偏差范围内进行,费

用控制的基础是要预先作好费用估算。

➢6.5.1 费用估算的概念

费用估算是指预先估计项目中各项工作所需资源，如人员、材料、设备费用的近似值。一般情况下，项目的费用和项目所需要的资源数量、质量、价格有关，和项目的工期长短、项目的质量要求有关。

➢6.5.2 费用估算方法

常用的费用估算方法主要如下：

1. 类比估算法

类比估算法(analogous estimating)是通过比较已完成的类似项目来估算费用，适合评估一些与历史项目在应用领域、环境和复杂度方面相似的项目。其前提条件是必须存在类似的具有可比性的项目，估算结果的精确度依赖于历史项目数据的完成性、准确度以及现行项目与历史项目的近似程度。同时，实施类比估算的人必须有丰富的经验，这是专家判断的一种形式。

2. 参数模型估算法

参数模型估算法(parametric modeling)是一种比较科学的、传统的估算方法，它是把项目的一些特征作为参数，通过建立一个数学模型来估算项目费用的方法。

应用参数模型估算法估算费用时，只考虑那些对费用影响较大的因素，而那些对费用影响较小的因素则忽略不计，因而用此法估算的费用精确度不高。这种方法的特点是必须能确定影响项目费用最重要的因素，并且需要进行费用模型的校准和验证。

采用参数模型估算法时，如何建立一个合适的模型，对于保证费用估算结果的准确性非常重要，为了保证参数模型估算法的实用性和可靠性，在建立模型时，必须注意以下几点：

(1)用来建模所参考的历史数据的精确性程度。

(2)用来建模的参数是否容易定量化处理。

(3)模型是否具有通用性。通用性也就是说模型适用于大型项目，在经过适当调整后也应适用于小项目。

例如，某投资人为出口一种家电产品建设一条生产线项目。项目安装的工艺设备已经选定，其他活动还未设计，所以采用参数模型估算法来估算该安装项目的费用。通过分析，设计该安装项目的费用估算模型如下：

$$Y = E \times X$$

式中：Y——新项目所需要的投资额；

E——参数(通过以前的历史费用数据分析得到)；

X——参考设备总建设费。

假设已知与被估算设备相类似 G 设备的投资额为 W；G 设备及其安装费与设备投资额的关系式为 $B=1.22W$，G 设备总建设费与设备及其安装费的关系式为 $X=1.54B$，则总建设费 $X=1.54B=1.54\times1.22W=1.88W$。

本项目的参数 E 为 1.88，当获得了 G 设备的投资额 W 后，就可以估算出新项目的总投资费 Y 了。

3. **自上而下估算法**

自上而下估算法(top-down estimating)的计算过程是由上到下一层层地进行,它是一种最简单的费用估算方法,实质上也是专家评定法。通常在项目的初期或信息不足时常采用此方法,它是由项目的中上层管理人员搜集类似项目费用的相关历史数据作为估算依据,再由项目的中层管理人员通过有关费用专家的帮助对项目的总费用进行估算,按照工作分解结构的层次把项目总费用的估算结果自上而下传递给下一级的管理人员,并在此基础上,下层管理人员对自己负责的子项目或子任务的费用进行估算并继续向下逐层传递他们的估算,一直到工作分解结构图的最底层,并依此来估算项目费用的一种方法。

自上而下估算法的优点如下:①简单易行,花费少,尤其是当项目的详细资料难以获取时,能在估算实践上获得优势。②在总费用估算上具有较强的准确性。③对各活动的重要程度有清楚的认识,从而可以避免过分重视某些不重要的活动或忽视某些重要的活动。

但此方法也有缺点,当估算的总费用按照工作分解结构图逐级向下分配时,可能会出现下层人员认为费用不足、难以完成相应任务的情况,然而,碍于权力的威严,下层人员未必会立即表达对此估算的不同看法,从而更不可能就合理的预算分配方案与上一级的管理人员进行沟通,只能等待上一级管理人员自己发现其中的问题才进行纠正,这样就会使项目的进度拖延,费用浪费,甚至导致项目失败。

4. **自下而上估算法**

自下而上估算法(bottom-up estimating),也称工料清单估算法,它是一种自下而上的估算形式,这种方法是利用项目工作分解结构图,先由基础层管理人员计算出每个工作单元的费用,再将各个工作单元的费用自下而上逐级累加,最后由高层管理者汇总得出项目的总费用。

采用自下而上估算法估算项目费用时,由于参加估算的部门较多,而且有必要把不同度量单位的资源转化成可以统一比较的货币表达形式,因此用于估算的时间和费用就会增加。自下而上估算法的最大缺陷还在于:自下而上估算法存在着一个独特的管理博弈(讨价还价)过程,下层人员可能会过分夸大自己负责活动的估算,因为他们害怕以后的实际费用高于估算费用将受到惩罚,同时希望以后的实际费用低于估算费用而受到奖励,但是高层管理人员会按照一定的比例削减下层人员所作的费用估算,从而使得所有的参与者陷入一个博弈怪圈。

自下而上估算法的优点在于它是一种参与管理型的估算法,比起那些没有亲身参与工作的上级管理人员而言,底层的管理人员往往会对资源的估算有着更为准确的认识。另外,底层的管理人员直接参与到估算工作中去,可以促使他们更愿意接受费用估算的最终结果,从而提高工作的效率。

虽然自下而上项目估算法估算项目的结果比较准确,但是实际中自下而上估算法应用的却非常少,其主要原因是有时上层的管理人员不相信底层管理人员所汇报上来的费用估算,认为他们会夸大自己所负责的活动的资源需求,片面强调自己工作的重要性。另外,有些高层管理人员认为费用估算是组织控制项目最重要的工具,导致他们不信任自己下属的工作能力和经验。要解决这个问题,需要提高人员的素质和加强相互的信任与沟通。

5. **计算机软件估算法**

计算机软件估算法是利用计算机软件,编制费用估算的有关程序,通过直接输入项目费用的有关数据进行费用估算的方法。

计算机软件估算法可以参考选用的项目费用估计和控制主要工具软件如表6-5所示。

表 6-5 项目管理软件简介

软件名称	版本	专业用途	文件格式
Primavera P 3	P3ec	进度计划	P3 格式
Adobe Acrobat	5.0	编辑工具	PDF
Project	2006	项目管理	
MS Word	2000	文字处理	DOC
MS excel	2000	表格处理	XLS
MS Powerpoint	2000	演示	PPST

6.5.3 费用估算的步骤

进行费用估算的三个主要步骤如下：

(1)识别和分析项目费用的构成要素，如人工费用、材料费用、设备费用、管理费用等。

(2)根据每个构成要素的单价和数量，从而估算出每个构成要素的费用。

(3)分析费用估算的结果，识别各种可以相互替代的费用，协调各种费用之间的比例关系。

6.5.4 其他费用(投资、成本)估算参考方法

根据以上内容可知，进行费用估算的主要依据是项目的工作分解结构、资源需求计划、资源的单价、项目的延续时间、类似项目历史资料、会计科目表等。但是在项目中，特别是技术工程项目中涉及的费用内容相当繁杂，以下简要介绍一些估算方法。

1. **生产能力指数法**

生产能力指数法是根据已建成的、性质类似的建设项目的投资额和生产能力与模拟项目的生产能力估算拟建项目的投资额。其计算公式为：

拟建项目的投资额＝已建类似项目的投资额×(拟建项目的生产能力/已建类似项目的生产能力)^n×综合调整系数

式中：综合调整系数——新老项目建设间隔期间内定额、单价、费用变更等的综合调整系数；

n——生产能力指数($0 \leqslant n \leqslant 1$)。

需要注意的是，运用这种方法估算项目投资的投资额时，要有合理的生产能力指数。

(1)若已建类似项目的规模和拟建项目的规模相差不大，生产规模比值在 0.5～2 之间，则指数 n 的取值近似为 1。

(2)若已建类似项目的规模和拟建项目的规模相差不大于 50 倍，且拟建项目规模的扩大仅靠扩大设备规模来达到时，则 n 取值为 0.6～0.7。

(3)若已建类似项目的规模和拟建项目的规模相差不大于 50 倍，且拟建项目规模的扩大靠增加类似相同规格设备的数量达到时，则 n 取值为 0.8～0.9。

采用生产能力指数法，计算简单、速度快；但要求类似工程的资料可靠，条件基本相同，否则误差就会增大。

2. **比例估算法**

比例估算法又分为以下两种：

(1)以拟建项目的全部设备费为基数进行估算。

这种估算方法根据已建成的同类项目的建筑安装费和其他工程费用等占设备价值的百分比,求出相应的建筑安装费及其他工程费等,再加上拟建项目的其他有关费用,其总和即为项目或装置的投资。其计算公式为:

$$c = e \times (1 + f_1 \cdot p_1 + f_2 \cdot p_2 + f_3 \cdot p_3 + \cdots + f_n \cdot p_n) + i$$

式中:c——拟建项目的投资额;

e——根据拟建项目当时当地价格计算的设备费(含运杂费)的总和;

$p_1, p_2, p_3, \cdots, p_n$ 为已建项目中建筑、安装及其他工程费用等占用设备费百分比;

$f_1, f_2, f_3, \cdots, f_n$ 为由于时间因素引起的定额、价格、费用标准等综合调整系数;

i 为拟建项目的其他费用。

(2)以拟建项目的最主要工艺设备费为基数进行估算。

此种方法根据同类型的已建项目的有关统计资料,计算出拟建项目的各专项工程(总图、土建、暖通、给排水、管道、电气及电信、自控及其他工程费用等)占工艺设备投资(包括运杂费和安装费)的百分比,据此求出各专项的投资,然后把各部分投资(包括工艺设备费)相加、求和,再加上工程其他有关费用,即为项目的总投资。其计算公式为:

$$c = e \times (1 + f_1 \cdot p'_1 + f_2 \cdot p'_2 + f_3 \cdot p'_3 + \cdots + f_n \cdot p'_n) + i$$

式中:$p'_1, p'_2, p'_3, \cdots, p'_n$ 为各专业工程费用占工艺设备费用的百分比;

其他符号同上。

3. 系数估算法

(1)朗格系数法。

$$d = c(1 + \sum k_i)z$$

式中:d——总建设费用;

c——主要设备费用;

k_i——管线、仪表、建筑物等项费用的估算系数;

z——管理费、合同费、应急费等间接费在内的总估算系数。

总建设费用与设备费用之比为朗格系数 kl,即 $(1 + \sum k_i)z$。

这种方法比较简单,但没有考虑设备规格、材料的差异,所以精确度不高。

(2)设备及厂房系数法。一个项目,工艺设备投资和厂房土建投资之和占了整个项目投资的绝大部分。如果设计方案已经确定生产工艺,初步选定了工艺设备并进行了工艺布置,就有了工艺设备的重量及厂房的高度和面积。那么,工艺设备投资和厂房土建的投资就可以分别估算出来。其他专业,与设备关系较大的按设备系数计算,与厂房土建关系较大的以厂房土建投资系数计算,两类投资加起来就得出了整个项目的投资。这个方法在预可行性研究阶段使用是比较合适的。

4. 投资估算指标法

估算指标是以独立的建设项目、单项工程或单位工程为对象,综合项目全过程投资和建设中的各类成本和费用,反映出其扩大的技术经济指标,具有较强的综合性和概括性。

投资估算指标分为建设项目综合指标、单项工程指标和单位工程指标三种。建设项目综合指标一般以项目的综合生产能力单位投资表示,如元/t;单项工程指标一般以单项工程生产能力单位投资表示，如元/m²；单位工程指标按规定应列入能独立设计、施工的工程项目的费用，即建筑安装工程费，如管道区别不同材质、管径以元/m 表示。

5. **建设投资分类估算法**

建设投资由建筑工程费、设备及工器具购置费、安装工程费、工程建设其他费用、基本预备费、涨价预备费、建设期利息等七部分构成。

(1)建筑工程费的估算。建筑工程费是指为建造永久性和大型临时性建筑物和构筑物所需要的费用。

建筑工程费估算一般可采用以下三种方法：

①建筑工程投资费用的方法。

②单位实物工程量投资估算法。单位实物工程量投资估算法，是以单位实物工程量的投资乘以实物工程总量来估算建筑工程投资费用的方法。

③概算指标投资估算法。在估算建筑工程费时，对于没有上述估算指标，或者建筑工程费占建设投资比例较大的项目，可采用概算指标估算法。

(2)设备及工器具购置费的估算。设备及工器具购置费包括设备的购置费、工器具的购置费、现场自制非标准设备费、生产用家具购置费和相应的运杂费。对于价值高的设备应按单台(套)估算购置费，价值较小的设备可按分类估算。设备购置费应按国内设备和进口设备分别估算，工器具购置费一般按占设备费的比例计取。

①国内设备购置费的估算。国内设备购置费的估算分为国产标准设备原价和国产非标准设备原价两种情况。

A. 国产标准设备原价。国产标准设备原价一般指的是设备制造厂的交货价，即出厂价。设备的出厂价分两种情况，一是带有备件的出厂价，二是不带备件的出厂价。在计算设备原价时，应按带备件的出厂价计算。如设备由设备成套承包商供应，则应以订货合同为设备原价。

B. 国产非标准设备原价。非标准设备原价有多种计价方法，如成本计算法、系列设备插入估价法、分部组合估价法、定额估价法等。无论采用哪种方法都应该使非标准设备计价接近实际出厂价，并且计算方法要简便。按成本计算估价法，非标准设备的原价由以下各项组成：

a. 材料费。

b. 加工费。加工费包括生产工人工资和工资附加费、燃料动力费、设备折旧费、车间经费等。

c. 辅助材料费。

d. 专用工具费。

e. 废品损失费。

f. 外购配套件费。

g. 包装费。

h. 利润。

i. 税金。税金主要指增值税，其计算公式为：

增值税＝当期销项税额－进项税额

当期销项税额＝销售额×适用增值税率

j. 非标准设备设计费。按国家规定的设计费收费标准计算。因此，单台非标准设备原价为：

单台非标准设备原价={[(材料费+加工费+辅助材料费)×(1+专用工具费率)×(1+废品损失费率)+外购配套件费]×(1+包装费率)-外购配套件费}×(1+利润率)+增值税+非标准设备设计费+外购配套件费

②国内设备购置费。国内设备购置费为设备原价加运杂费。

③进口设备购置费估算。进口设备购置费的计算公式为:

进口设备购置费=进口设备货价+进口从属费用+国内运杂费

进口从属费用=国际运费+运输保险费+进口关税+增值税+外贸手续费+银行财务费+海关监管手续费

A. 进口设备的货价。进口设备货价通过向有关生产厂商询价、报价、订货合同价计算。

B. 进口从属费用。

a. 国际运费。国际运费是指从装运港(站)到达我国抵达港(站)的费用。其计算公式为:

国际运费=离岸价(FOB价)×运费率或国际运费=单位运价×运量

b. 运输保险费。其计算公式为:

运输保险费=(离岸价+国际运费)×国外保险费率

c. 进口关税。进口关税是指由海关对进出口国境或关境的货物和物品征收的一种税。其计算公式为:

进口关税=(进口设备离岸价+国际运费+运输保险费)×进口关税率

d. 增值税。我国增值税条例规定,进口应税产品均按组成计税价格和增值税税率直接计算应纳税额。其计算公式为:

增值税额=组成计税价格×增值税税率;

组成计税价格=关税完税价格+进口关税+消费税

其中,增值税税率根据规定的税率计算,2008年我国进口设备适用税率为17%。

e. 外贸手续费。外贸手续费是指国家对外贸易经济合作部规定的对进口产品征收的费用。其计算公式为:

外贸手续费=[进口设备离岸价(FOB价)+国际运费+运输保险费]×外贸手续费率

f. 银行财务费。银行财务费一般指中国银行手续费。其计算公式为:

银行财务费=进口设备离岸价(FOB价)×银行财务费率

g. 海关监管手续费。海关监管手续费是指海关对进口减免税、保税设备实施监督、管理、提供服务的手续费。对全额征收关税的货物不征收海关监管手续费。其计算公式为:

海关监管手续费=进口设备到岸价×海关监管手续费率

C. 国内运杂费。国内运杂费通常由以下各项构成:

a. 运费和装卸费。

b. 包装费。

c. 设备供销部门的手续费。

d. 采购与仓库保管费。

设备运杂费按离岸价乘以设备运杂费率计算,其计算公式为:

设备运杂费=设备离岸价×设备运杂费率

其中,设备运杂费率按各部门及省、市等的规定计取。

④工具、器具及生产家具购置费的估算。工具、器具及生产家具购置费是指新建或扩建项

目初步设计规定的，保证初期正常生产必须购置的没有达到固定资产标准的设备、仪器、工卡模具、器具、生产家具和备品备件等的购置费用。工具、器具及生产家具购置费一般以设备购置费为计算基数，按照部门或行业规定的工具、器具及生产家具费率计算。其计算公式为：

工具、器具及生产家具购置费＝设备购置费×定额费率

现场自制非标准设备，由材料费、人工费和管理费组成，按其占设备总费用的一定比例估算。

(3)安装工程费的估算。安装工程费通常按行业有关安装工程定额、取费标准和指标进行估算。具体计算可按安装费率、每吨设备安装费或者每单位安装实务工程量的费用估算，即：

安装工程费＝设备原价×安装费率

安装工程费＝设备吨位×每吨安装费

安装工程费＝安装工程实物量×安装费用指标

(4)工程建设其他费用的估算。工程建设其他费用，按其内容大体可分为以下三类：

①与土地使用有关的费用。建设项目要取得其所需土地，必须支付土地征用及迁移补偿费。

土地征用及迁移补偿费是指工程建设项目通过划拨的方式取得无限期的土地使用权，依据《中华人民共和国土地管理法》等规定所支付的费用，具体包括：

A. 土地补偿费。征用耕地的土地补偿费，为该耕地被征用前三年平均年产值的 6～10 倍；征用其他土地的土地补偿费，由各省、自治区、直辖市参照征用耕地的标准规定；征用城市郊区的菜地，用地单位应当缴纳新菜地开发建设基金。

B. 安置补助费。征用耕地的安置补助费，按照需要安置的农业人口数计算。需要安置的农业人口数，按照被征用的耕地数量除以征地前被征用单位平均每人占有耕地的数量计算。每一个需要安置的农业人口的安置补助费标准，为该耕地被征用前三年平均年产值的 4～6 倍。但是，每公顷被征用耕地的安置补助费，最高不得超过被征用前三年平均年产值的 15 倍。征用其他土地的安置补助费，由各省、自治区、直辖市参照征用耕地的安置补助费标准规定执行。

C. 地上附着物和青苗补偿费。被征用土地上的房屋、水井、树木等地上附着物和青苗的补偿标准，由各省、自治区、直辖市规定。

②土地使用权出让金。土地使用权出让金是指建设单位为取得有限期的土地使用权，依照《中华人民共和国城镇国有土地使用权出让和转让暂行条例》，向国家支付的土地使用费。

③与工程建设有关的其他费用。与工程建设有关的其他费用具体包括：

A. 建设单位管理费。建设单位管理费是指建设项目从立项到竣工验收交付使用建设全过程管理所需的费用，内容包括建设单位经费和建设单位开办费。

建设单位经费包括工作人员的基本工资、工程招标费、工程咨询费等。

建设单位开办费是指新建项目为保证筹建和建设工作正常进行所需办公设备、生活家具、用具、交通工具等购置费用。

计算公式为：

建设单位管理费＝工程费用×建设单位管理费率

工程费用＝建筑安装工程费用＋设备工器具购置费用

B. 勘察设计费。勘察设计费是指为建设项目编制项目建议书、可行性研究报告及设计文件等所需的费用。

根据原国家计委、建设部发布的《工程勘察设计收费管理规定》(计价格[2002]10号),工程勘察和工程设计收费根据建设项目投资额的不同情况,分别实行政府指导和市场调节价。建设项目总投资估算额500万元及以上的工程勘察和工程设计收费实行政府指导价;建设项目总投资估算额500万元以下的工程勘察和工程设计收费实行市场调节价。

C. 研究试验费。研究试验费是指为本建设项目提供或验收设计参数、数据、资料等进行必要的研究实验以及设计规定在施工中必须进行试验、验证和支付国内专利、技术成果一次性使用费的所需费用。

D. 建设单位临时设施费。建设单位临时设施费是指建设期间建设单位所需临时设施的搭设、维修、摊销费用或租赁费,包括临时宿舍、文化福利及公用事业房屋与构筑物、仓库、办公室、加工厂以及规定范围内的道路、水、电、管线等临时设施和小型临时设施。

新建项目一般按建筑安装工程费用的1%计取,改、扩建项目按建筑安装工程费用的0.6%计取。

E. 工程建设监理费。工程建设监理费是指依据国家有关机关规定和规程规范要求,工程建设项目法人委托工程监理机构对建设项目全过程实施监理所支付的费用。

F. 引进技术和进口设备其他费用。引进技术和进口设备其他费用包括出国人员费用、国外工程技术人员来华费用、技术引进费、分期或延期付款利息、担保费以及进口设备检验鉴定费。

G. 与未来企业生产经营有关的其他费用。与未来企业生产经营有关的其他费用具体包括:

a. 合试运转费。合试运转费是指进行整个车间的负荷或无负荷联合试运转发生的费用支出大于试运转收入的亏损部分,不包括应由设备安装工程费项目下开支的单台设备调试费及试车费。

b. 生产准备费。生产准备费是指新建企业或新增生产能力的企业,为保证竣工交付使用进行必要的生产准备所发生的费用。

c. 办公及生活家具购置费。办公及生活家具购置费是指为保证新建、改建、扩建项目初期正常生产、使用和管理所必须购置的办公和生活家具、用具的费用。

(5)基本预备费。基本预备费是指在可行性研究阶段难以预料的费用,又称工程建设不可预见费,主要指设计变更及施工过程中可能增加工程量的费用。

基本预备费以建设工程费、设备及工器具购置费、安装工程费及工程建设其他费用之和为基数,按行业主管部门规定的基本预备费率计算。其计算公式为:

基本预备费=(建筑工程费+设备及工器具购置费+安装工程费+
工程建设其他费用)×基本预备额费率

(6)涨价预备费。涨价预备费是对建设工期长的项目,在建设期内价格上涨可能引起投资额增加而预留的费用,也称为价格变动不可预见费。涨价预备费以建筑工程费、设备及工器具购置费、安装工程费之和为计算基数。其计算公式为:

$$pc = \sum i + [(1+f)t - 1]$$

式中:pc——涨价预备费;

i——第t年的建筑工程费、设备及工器具购置费、安装工程费之和;

f——建设期价格上涨指数;

t——建设期。

(7)建设期利息。建设期利息是指项目借款在建设期内发生并计入固定资产的利息,包括借款利息及手续费、承诺费、管理费等财务费用。

①贷款在各年年初发放:

$$q=[p+a]\times i$$

②贷款在隔年年内均匀发放:

$$q=[p+a/2]\times i$$

式中:q——建设期贷款利息;

p——年末贷款累计金额与利息累计金额之和;

i——贷款年利率。

一般没有专门说明的条件下,按照均匀发放执行。

(8)流动资金估算。流动资金估算通常有扩大指标估算法和分项详细估算法。

①扩大指标估算法。扩大指标估算法是一种简化的流动资金估算法,一般可参照同类企业流动资金占销售收入、经营成本的比例,或者单位产量占用流动资金的数额估算。虽然扩大指标估算法简便易行,但准确度不高,一般适用于项目建议书阶段的流动资金估算。

②分项详细估算法。分项详细估算法是指对流动资金构成的各项流动资产和流动负债分别进行估算。在可行性研究中,为简化起见,仅对存货、现金、应收账款和应付账款等四项内容进行估算,计算公式为:

流动资金=流动资产-流动负债

流动资产=应收账款+存货+现金

流动负债=应收账款

流动资金本年增加额=本年流动资金-上年流动资金

流动资金估算的具体步骤,首先计算存货、现金、应收账款和应付账款的年周转次数,然后再分项估算占用资金额。

6.6 挣值法

挣值法(earned value management,EVM)作为一项先进的项目管理技术,最初是美国国防部与1967年首次确立的。到目前为止国际上先进的工程公司已普遍采用挣值法进行工程项目的费用、进度综合分析控制。用挣值法进行费用、进度综合分析控制,基本参数有三项,即已完工作预算费用、计划工作预算费用和已完工作实际费用。

6.6.1 挣值法的三个基本参数

1. 已完工作预算费用

已完工作预算费用(budgeted cost for work performed, BCWP),是指在某一时间已经完成的工作(或部分工作),以批准认可的预算单价为标准所需要的资金总额。由于业主正是根据此数值为承包人完成的工作量支付相应的费用,也就是承包人获得(挣得)的金额,故称赢得值或挣值。其计算公式为:

已完工作预算费用(BCWP)=已完成工作量×预算(计划)单价

2. **计划工作预算费用**

计划工作预算费用(budgeted cost for work scheduled,BCWS),即根据进度计划,在某一时刻应当完成的工作(或部分工作),以预算单价为标准所需要的资金总额。一般来说,除非合同有变更,BCWS在工程实施过程中应保持不变。其计划公式为:

计划工作预算费用(BCWS)=计划工作量×预算(计划)单价

3. **已完工作实际费用**

已完工作实际费用(actual cost for work performed,ACWP),即到某一时刻为止,已完成的工作(或部分工作)所实际花费的总额。

已完工作实际费用(ACWP)=已完成工作量×实际单价

6.6.2 挣值法的四个评价指标

在上述三个基本参数的基础上,可以确定挣值法的四个评价指标,它们也都是时间的函数。

1. **费用偏差**(cost variance, CV)

费用偏差=已完工作预算费用(BCWP)-已完工作实际费用(ACWP)

当费用偏差(CV)为负值时,即表示项目运行超出预算费用;当费用偏差(CV)为正值时,表示项目运行节支,实际费用没有超出预算费用。

2. **进度偏差**(schedule variance, SV)

进度偏差(SV)=已完成工作预算费用(BCWP)-计划工作预算费用(BCWS)

当进度偏差(SV)为负值时,表示进度延误,即实际进度落后于计划进度;当进度偏差(SV)为正值时,表示进度提前,即实际进度快于计划进度。

3. **费用绩效指数**(CPI)

费用绩效指数(CPI)=已完工作预算费用(BCWP)/已完工作实际费用(ACWP)

当费用绩效指数(CPI)<1时,表示超支,即实际费用高于预算费用;当费用绩效指数(CPI)>1时,表示节支,即实际费用低于预算费用。

4. **进度绩效指数**(SPI)

进度绩效指数(SPI)=已完工作预算费用(BCWP)/计划工作实际费用(BCWS)

当进度绩效指数(SPI)<1时,表示进度延误,即实际进度比计划进度拖后;当进度绩效指数(SPI)>1时,表示进度提前,即实际进度比计划进度快。

费用(进度)偏差反映的是绝对偏差,结果很直观,有助于费用管理人员了解项目费用出现偏差的绝对数额,并依此采取一定措施,制订或调整费用支出计划和资金筹措计划。但是,绝对偏差有其不容忽视的局限性。如同样是10万元的费用偏差,对于总费用1000万元的项目和总费用1亿元的项目而言,其严重性显然是不同的。因此,费用(进度)偏差仅适合于对同一项目作偏差分析。费用(进度)绩效指数反映的是相对偏差,它不受项目层次的限制,也不受项目实施时间的限制,因而在同一项目和不同项目比较中均可采用。

在项目的费用、进度综合控制中引入挣值法,可以克服过去进度、费用分开控制的缺点,即当我们发现费用超支时,很难立即知道是由于费用超出还是进度提前;相反,当我们发现费用低于预算时,也很难立即知道是由于费用节省还是由于进度拖延。而引入挣值法即可定量地判断进度、费用的执行效果。

6.6.3 挣值法的应用

在项目管理中，挣值法主要用来进行项目费用和进度的偏差分析，偏差分析可以采用不同的表达方法，常用的有横道图法、表格法和曲线法。

1. **横道图法**

用横道图法进行费用偏差分析，是用不同的横道标识已完工作预算费用(BCWP)、计划工作预算费用(BCWS)和已完工作实际费用(ACWP)，横道的长度与其金额成正比例，如图6－11所示。

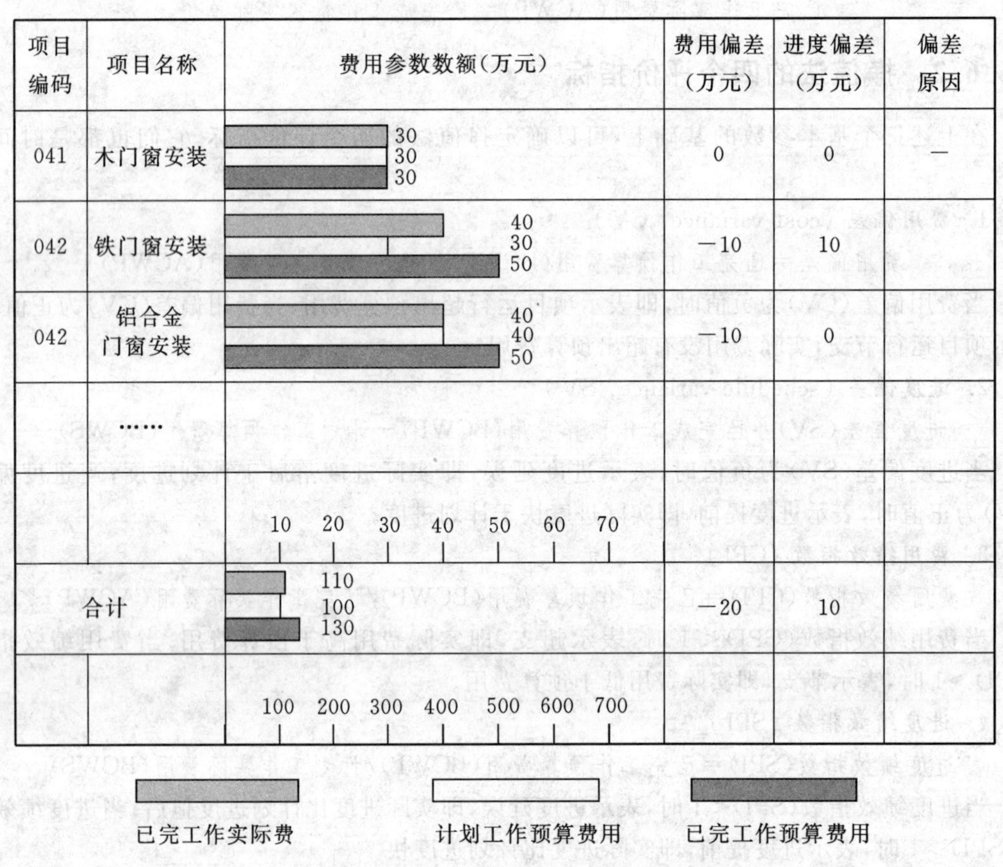

图6－11 费用偏差分析的横道图法

横道图法具有形象、直观、一目了然等优点，它能够准确表达出费用的绝对偏差，而且能一眼感受到偏差的严重性。但这种方法反映的信息量少，一般在项目的较高管理层应用。

2. **表格法**

表格法是进行偏差分析最常用的一种方法。它将项目编号、名称、各费用参数以及费用偏差数综合归纳入一张表格中，并且直接在表格中进行比较。由于各偏差参数都在表中列出，使得费用管理者能够综合地了解并处理这些数据。

用表格法进行偏差分析具有以下优点：

(1)灵活、适用性强。可根据实际需要设计表格，进行增减项。

(2)信息量大。可以反映偏差分析所需的资料，从而有利于费用控制人员及时采取针对性措施，加强控制。

(3)表格处理可借助于计算机，从而节约大量数据处理所需要的人力，并大大提高速度。

表 6-6 是用表格法进行偏差分析的示例。

表 6-6　费用偏差分析表

项目编码	(1)	041	042	043
项目名称	(2)	木门窗安装	铁门窗安装	铝合金门窗安装
单 位	(3)			
预算(计划)单价	(4)			
计划工作量	(5)			
计划工作预算费用(BCWS)	(6)=(5)×(4)	30	30	40
已完成工作量	(7)			
已完工作预算费用(BCWP)	(8)=(7)×(4)	30	40	40
实际单价	(9)			
其他款项	(10)			
已完工作实际费用(ACWP)	(11)=(7)×(9)+(10)	30	50	50
费用局部偏差	(12)=(8)-(11)	0	-10	-10
费用绩效指数(CPI)	(13)=(8)÷(11)	1	0.8	0.8
费用累计偏差	(14)=$\sum$(12)		-20	
进度局部偏差	(15)=(8)-(6)	0	10	0
进度绩效指数(SPI)	(16)=(8)÷(6)	1	1.33	1
进度累计偏差	(17)=$\sum$(15)		10	

3. **曲线法**

在项目实施过程中，挣值法的三个参数可以形成三条曲线，即计划工作预算费用(BCWS)曲线、已完工作预算费用(BCWP)曲线、已完工作实际费用(ACWP)曲线，见图 6-12。

图中：CV=BCWP-ACWP，由于两项参数均以已完工作为计算基准，所以两项参数之差，反映项目进度的费用偏差。

SV=BCWP-BCWS，由于两项参数均以预算值(计划值)作为计算基准，所以两项参数之差，反映项目进度的进度偏差。

采用挣值法进行费用、进度综合控制，还可以根据当前的进度、费用偏差情况，通过原因分析，对趋势进行预测，预测项目结束时的进度、费用情况。

项目完工预算(budget at completion，BAC)指编制计划时的项目完工费用。

预测的项目完工估算(estimate at completion，EAC)指计划执行过程中根据当前的进度、费用偏差情况预测的项目完工总费用。

预测项目完工时的费用偏差(at complement variance，ACV)。

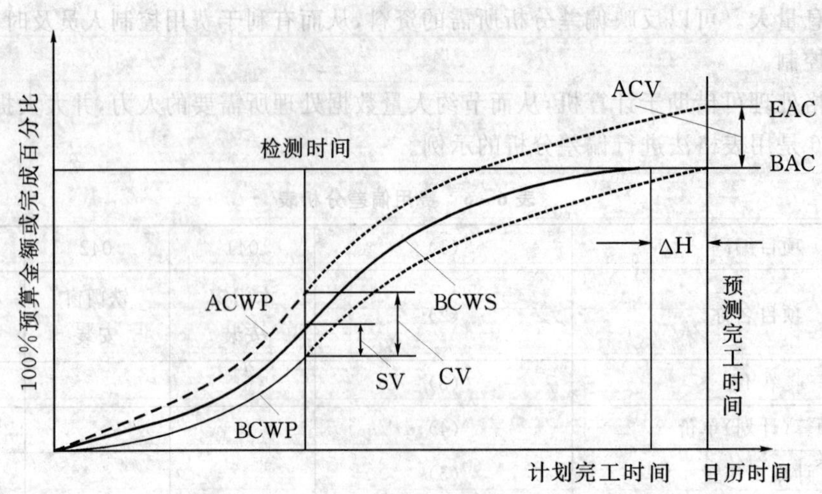

图 6-12 赢得值法评价曲线

BAC、EAC、ACV 三者之间的关系如下：

$$ACV = BAC - EAC$$

【例 6-1】某工程项目有 $2000m^2$ 缸砖面层地面施工任务，交由某分包商承担，计划于 6 个月内完成，计划的各工作项目单价和计划完成的工作量见表 6-7，该工程进行三个月后，发现某些工作项目实际已完成的工作量及实际单价与原计划有偏差，其数值见表 6-7。

问题：

1. 试计算并用表格法列出至第三个月末时各工作的计划工作预算费用(BCWS)、已完工作预算费用(BCWP)、已完工作实际费用(ACWP)，并分析费用局部偏差值、费用绩效指数 CPI、进度局部偏差值、进度绩效指数 SPI，以及费用累计偏差和进度累计偏差。

2. 用横道图法表明各项工作的进展以及偏差情况，分析并在图上标明其偏差情况。

3. 用曲线法表明该项施工任务总的计划和实际进展情况，标明其费用及进度偏差情况。(说明：各工作项目在三个月内均是以等速、等值进行的)

表 6-7 工作量表

工作项目名称	平整场地	室内夯填土	垫层	缸砖面砂浆结合	踢脚
单位	$100m^2$	$100m^2$	$10m^2$	$100m^2$	$100m^2$
计划工作量(三个月)	150	20	60	100	13.55
计划单价(元/单位)	16	46	450	1520	1620
已完成工作量(三个月)	150	18	48	70	9.5
实际单价(元/单位)	16	46	450	1800	1650

【解】

1. 用表格法分析费用偏差，见表 6-8。

表 6-8 缸砖面层地面施工费用分析表

(1)项目编码		001	002	003	004	005	总计
(2)项目名称	计算方法	平整场地	室内夯填土	垫层	缸砖面砂浆结合	踢脚	
(3)单位		$100m^2$	$100m^2$	$10m^2$	$100m^2$	$100m^2$	
(4)计划工作量(三个月)	(4)	150	20	60	100	13.55	
(5)计划单价(元/单位)	(5)	16	46	450	1520	1620	
(6)计划工作预算费用(BCWS)	(6)=(4)×(5)	2400	920	27000	152000	21951	204271
(7)已完成工作量(三个月)	(7)	150	18	48	70	9.5	
(8)已完工作预算费用(BCWP)	(8)=(7)×(5)	2400	828	21600	106400	15390	146618
(9)实际单价(元/单位)	(9)	16	46	450	1800	1650	
(10)已完工作实际费用(ACWP)	(10)=(7)×(9)	2400	828	216000	126000	15675	166503
(11)费用局部偏差	(11)=(8)-(10)	0	0	0	-19600	-285	
(12)费用绩效指数 CPI	(12)=(8)÷(10)	1.0	1.0	1.0	0.847	0.98	
(13)费用累计偏差	(13)=$\sum$(11)	-19885					
(14)进度局部偏差	(14)=(8)-(6)	0	-92	-5400	-45600	-6561	
(15)进度绩效指数 SPI	(15)=(8)÷(6)	1.0	0.90	0.80	0.70	0.70	
(16)进度累计偏差	(16)=$\sum$(14)	-57653					

2. 横道图费用偏差分析,见表 6-9。

其中各横道形式表示为:

■ 计划工作预算费用(BCWS) □ 已完工作预算费用(BCWP)

▨ 已完工作实际费用(ACWP)

(注:因空间所限,表中各工作的横道比例尺大小不同)

表 6-9 费用偏差分析表

项目编码	项目名称	费用数额(千元)	费用偏差(千元)	进度偏差(千元)
001	平整场地	2.40 2.40 2.40	0	0
002	夯填土	0.92 0.83 0.83	0	-0.09
003	垫层	27.00 21.60 21.60	0	-5.40

续表 6-9

项目编码	项目名称	费用数额(千元)	费用偏差(千元)	进度偏差(千元)
004	缸砖面结合	152.00 106.40 126.00	−19.6	−45.60
005	踢脚	21.95 15.39 15.68	−0.29	−6.56
	合计	204.27 146.62 166.50	−19.89	−57.65

3. 用曲线法表明该项施工任务在第三个月末时,其费用及进度的偏差情况见图 6-13。用曲线分析时,由于假定各项工作是等速进行,故所绘曲线呈直线形,见图 6-13。

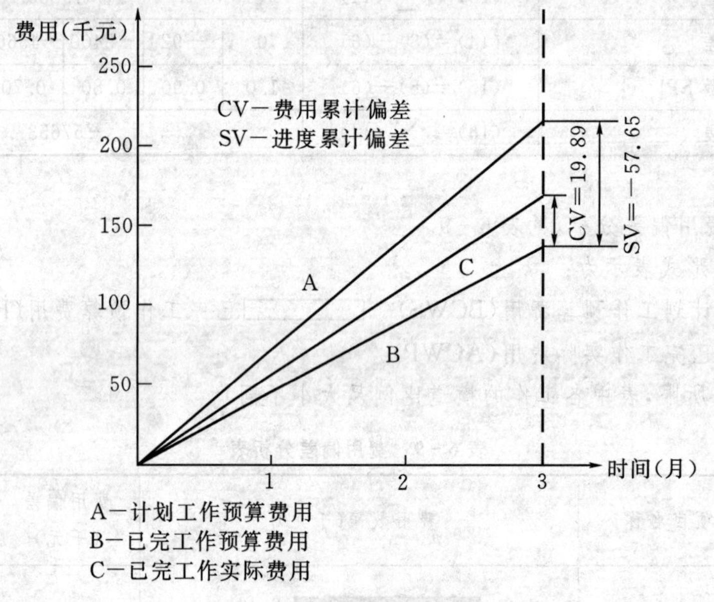

图 6-13　费用及进度的偏差情况

6.7 质量管理方法

质量管理方法是为了满足项目利益相关方的需求,确保项目交付成果质量和项目管理过程质量,而进行的质量保证大纲制定、质量工作计划编制、质量技术文件开发、质量成本控制、质量审核等工作方法。

1. 质量保证大纲

质量保证大纲是质量管理的根本指导，包括制定质量方针、质量目标、质量策划、质量控制、质量保证和质量改进。

质量保证大纲包括强调客户满意、预防重于检查、质量管理全员职责、质量持续改进等内容。

质量保证大纲是对整个项目的质量目标、方向、实施、改进等所作出的指导性文件，是进行项目管理所必须遵从的要求。

2. 质量工作计划

质量工作计划的编制就是确定与项目相关的质量标准，以及需要重点控制的环节如何达到这些标准的要求的计划，包括对计划、采购、项目实施、检验等质量环节的控制方案。项目团队需要事先识别、了解客户的质量要求，然后制订详细的质量工作计划去满足这些需求。

质量工作计划的内容主要包括：

(1)项目总质量目标和具体目标。

(2)质量管理工作流程，可以用流程图展示过程的各项活动。

(3)项目的各个不同阶段、职责、权限和资源的具体分配。

(4)项目实施中需要采用的具体的书面程序和指导书。

(5)有关阶段使用的试验、检查、检验和评审大纲。

(6)达到质量目标的测量方法。

(7)随项目进展而修改和完善质量计划的程序。

(8)为达到项目质量目标必须采取的其他措施，如更新检验技术、研究新的工艺方法和设备、用户的监督、验证等。

编制质量工作计划的主要方法有质量功能展开、成本/效益分析、基准比较、流程图、实验设计等。

3. 质量技术文件

质量技术文件是进行项目质量管理中表述保证和提高项目质量的技术支持内容，包括与项目质量有关的设计文件、工艺文件、研究试验文件等。

4. 质量成本

质量成本是指为了达到产品或服务质量标准要求而进行全部活动所发生的所有成本，包括为确保与质量要求一致而进行的所有工作，以及由于不符合质量要求而引起的返工、修补等额外工作。

质量成本主要有以下三种：

(1)预防成本：为提高质量系统和过程与产品质量的预防措施所花费的成本。

(2)鉴定成本：确定质量和过程的成本。

(3)失效成本：纠正和纠正措施所引起的成本。

5. 质量审核

质量审核是确定质量活动及其有关结果是否符合计划安排，以及这些安排是否有效贯彻并适合于达到目标的有系统的、独立的审查。通过质量审查，评价审核对象的现状对规定要求的符合性，并确定是否需采取改进纠正措施，从而达到以下要求：

(1)保证项目质量符合规定要求。

(2)保证设计、实施与组织过程符合规定要求。

(3)保证质量体系有效运行并不断完善,提高质量管理水平。

质量审核的分类包括质量体系审核、项目质量审核、过程(工序)质量审核、监督审核、内部质量审核、外部质量审核。

质量审核可以是有计划的,也可以是随机的,它可以由专门的审计员或者是由第三方质量系统注册组织审核。

6.8 质量控制的数理统计方法

20 世纪 20 年代,美国学者将数理统计方法引入到质量管理中,特别是让质量控制和数理统计方法相结合,推动了质量管理的发展。

6.8.1 数理统计方法原理

在项目质量控制中,始终要以数据为根据,数据是质量控制中最重要的信息,是质量控制的基础。根据质量数据的使用目的不同,项目质量数据分为以下几类:

(1)表示项目实施质量状况的数据。

(2)分析质量问题、原因的数据。

(3)控制工序质量的数据。

(4)判断项目质量水平的数据。

质量数据具有两个重要概念,即波动性和规律性。波动性是质量数据的不一致性,即质量数据在一定范围内存在一定的差异,这是质量变异性的客观反映。质量数据的波动是必然的,其实质就是质量数据具有分布性。从表面上看,质量数据是无序的,但是作进一步的分析处理可以发现,在正常稳定的状态下所获取的质量数据会呈现出一定的规律性。质量数据既有波动性又有规律性,数理统计方法就是从波动的数据中分析其中的规律性的一种数学方法。

6.8.2 数理统计方法的基础概念

数理统计方法中的几个基本概念如下:

(1)总体:又称母体、检查批,是研究对象全体元素的集合。

(2)样本:从总体中抽取出来的以部分个体组成样本,抽取的方法有随机取样和系统取样。随机取样使总体中的每一个个体都具有同等的机会被抽取到,系统取样是指每经过一定的时间间隔或数量间隔抽取若干产品作为样本。

(3)随机现象:即事先不能确定结果的现象,如在质量检验中,某产品的检验结果可能是合格、优良或不合格。

(4)随机事件:每一种随机现象的表现或结果就是随机事件。

(5)随机事件的频率:随机事件发生的次数是频数,它与数据总体的比值是频率。

(6)随机事件的概率:频率的稳定值是概率。

(7)数据的集中性:数据表现出来的集中的趋势称为集中性,如平均数、中位数、众数。

(8)离散性:反映了数据的分散程度或相对集中程度,如极差、标准差、变异系数等。

6.8.3 质量控制常用数理统计方法

1. **直方图法**

直方图，又称为质量分布图、矩形图，以横坐标表示质量特性值，纵坐标表示频数或频率，各组所包含数据的频数或频率的大小用直方柱的高度表示。直方图可以比较准确地反映质量数据的分布状况。

绘制直方图的步骤如下：

(1)采集数据。

(2)确定组数、组距及组的边界值。确定组数 K，K 的大小会影响直方图的形状，K 越大，直方图越接近实际情况，但是计算也繁琐，一般 $K=10$ 最常用。

(3)计算频数和频率。根据测定值和组的边界值，计算频数和频率，以频数为纵坐标的直方图是频数直方图，以频率为纵坐标的直方图是频率直方图。

(4)绘制直方图。以横坐标表示分组的边界值，纵坐标表示各组数据发生的频数，以直方柱的高度对应各组频数的大小可绘制出直方图。

例如，对某高速公路边坡喷射混凝土厚度测定值绘制直方图。

首先，采集到喷射混凝土厚度测定值的原始数据，如表 6-10 所示。

表 6-10 原始数据记录表

测点号	测定值(mm)	最大值	最小值
1～10	137,134,138,132,128,133,134,131,133,134	138	128
11～20	129,136,130,131,133,134,134,136,139,134	139	129
21～30	135,136,130,141,143,135,135,134,132,138	143	130
31～40	141,137,134,138,136,137,136,131,133,130	141	130
41～50	135,133,138,137,144,131,136,132,129,135	144	129
51～60	138,139,134,132,130,139,136,140,132,133	140	130
61～70	129,141,127,136,141,137,136,137,133,136	141	127
71～80	131,139,135,134,135,140,141,136,135,135	141	131
81～90	140,135,137,135,135,136,138,135,131,134	140	131
91～100	135,136,139,131,142,130,135,133,135,131	142	130

(资料来源：白思俊. 现代项目管理[M]. 北京：机械工业出版社，2004.)

在本例中，取分组数 $K=9$，组距 h 等于最大值与最小值之差除以 $K-1$；所以，$h=(144\text{mm}-127\text{mm})/(9-1)=2.125\text{mm}$。

在确定组距时，一般取 h 为最小测量单位的整数倍，本例的最小测量单位是 1mm，因此取 $h=2\text{mm}$。

确定组的边界值，以一批数值中最小值为第一组(从小到大排列)的组中值，并定出上下界限，组中值加或减 $h/2$，第一组的上限就是第二组的下限，依此类推，做出频数计算表，如表 6-11 所示。

表 6－11　频数计算表

组号	1	2	3	4	5	6	7	8	9
组界	126.5～128.5	128.5～130.5	130.5～132.5	132.5～134.5	134.5～136.5	136.5～138.5	138.5～140.5	140.5～142.5	142.5～144.5
频数	2	8	14	19	27	14	8	6	2
频率(%)	2	8	14	19	27	14	8	6	2

根据频数计算表，可绘制出频数分布直方图，如图 6－14 所示。

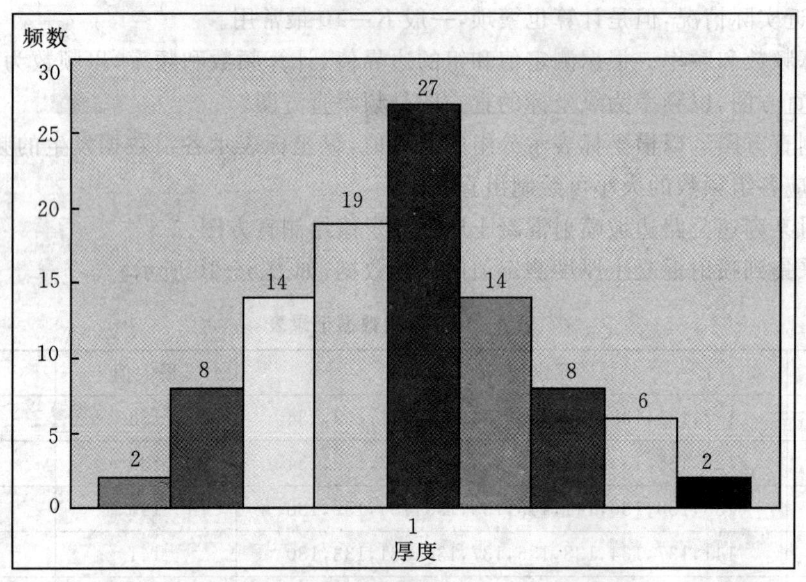

图 6－14　直方图示例

根据绘制出的直方图，可以进行观察与分析。因为直方图反映了数据所代表生产过程的分布，即生产过程的状态，所以观察和分析直方图，可以判断生产过程的稳定性。

(1)直方图图形分析。可以从直方图图形判断生产过程是否稳定及其质量情况。正常型(见图 6－15)应该是符合正态分布的，表明数据所代表的工序处于稳定状态；其他带有某种缺陷的直方图称为异常型直方图，表明数据所代表的工序处于不稳定状态，如偏向型、双峰型、平峰型等。偏向型(见图 6－16)说明一侧控制严格，另一侧控制宽松；双峰型(见图 6－17)说明有两种不同的分布混在一起，应该将数据分层；平峰型表明在生产过程中有某种缓慢变化的因素影响了数据分布。

(2)直方图与公差或标准差对比。观察直方图形状只能判断生产过程是否稳定正常，并不能判断是否能稳定地生产出合格的产品，只有将直方图与公差或标准差相比较，才可以判断是否稳定地生产出合格的产品。例如，如果直方图的分布在标准范围之内，说明生产处于正常状况，不会出现不合格产品；如果分布在标准范围之内，但是偏向一边，说明存在系统偏差，必须采取措施。

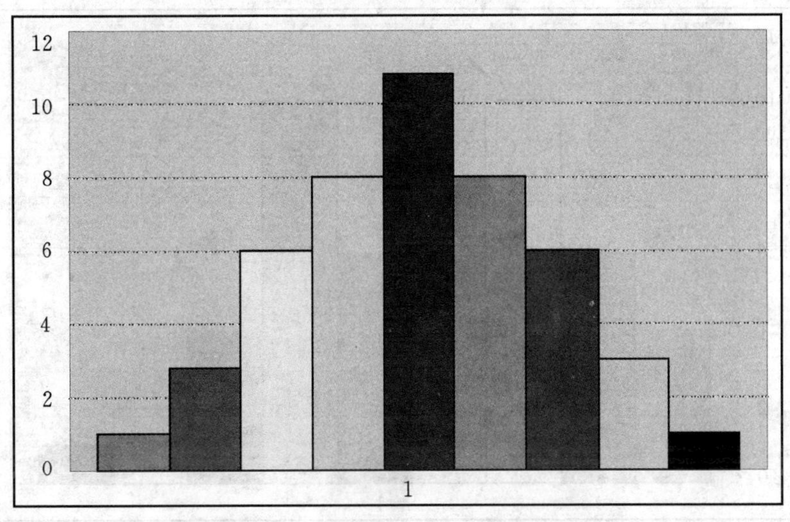

图 6-15 正常型直方图

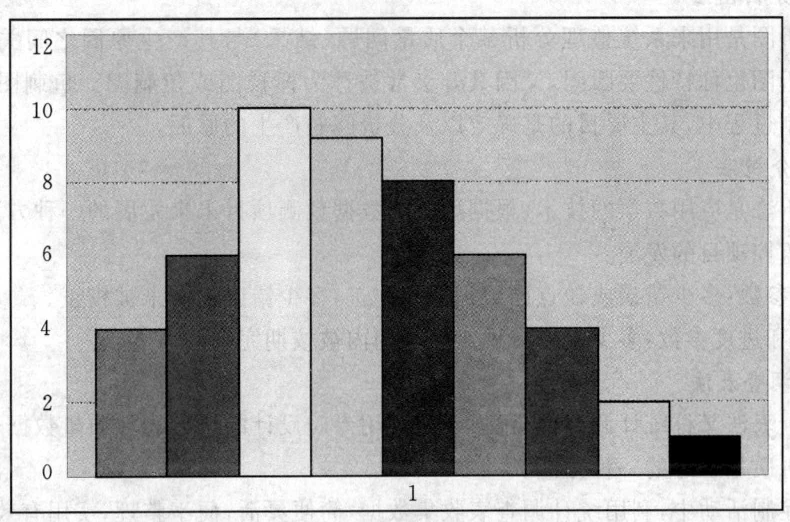

图 6-16 偏向型直方图

其他数理统计方法还有控制图法、统计样本、因果分析图法、趋势分析、统计调查法、分层法、排列图法、相关图法等，这里只进行概要介绍，详细内容请参考质量管理的专业书籍资料。

2. **控制图法**

控制图可以用来监控任何形式的输出变量，它使用最为频繁，可用于监控进度和费用的变化、范围变化的量度和频率、项目说明中的错误以及其他管理结果。

3. **统计样本**

对项目实际执行情况的统计值是项目质量控制的基础，统计样本涉及样本选择的代表性，合适的样本通常可以减少项目控制的费用，当然这需要一些样本统计方面的知识，项目管理组有必要熟悉样本变化的技术。

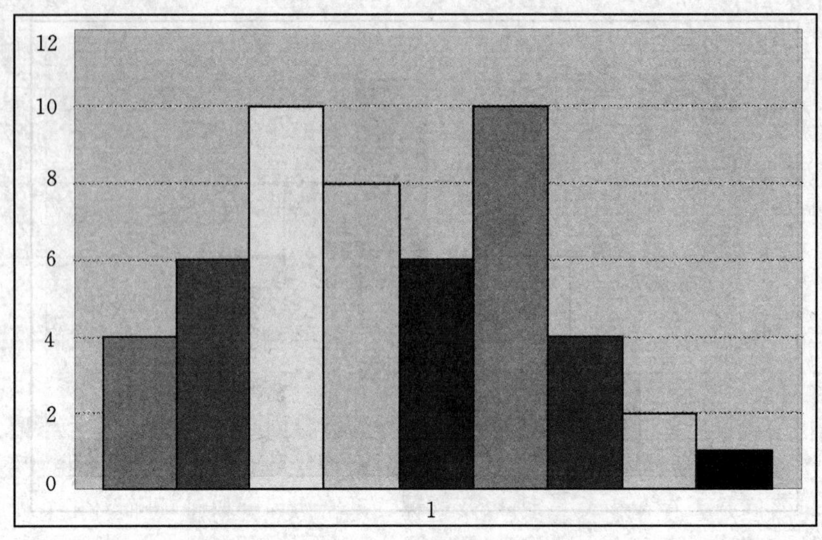

图 6-17　双峰型直方图

4. 因果分析图法

因果分析图是用来系统整理分析某个质量问题(结果)与其产生原因之间关系的有效工具。因果分析图也称特性要因图,又因其开头常被称为树枝图或鱼刺图。鱼刺图通常被用于项目质量控制过程中,其主要目的是确定以及分析问题产生的原因。

5. 趋势分析法

趋势分析法是应用数学的技术,根据历史的数据预测项目未来发展的一种方法,趋势分析通常被用来监控项目的发展。

(1)技术参数:多少错误或缺点已被识别和纠正,多少错误仍然未被校正。

(2)费用和进度参数:多少工作在规定的时间内被按期完成。

6. 统计调查表法

统计调查表法又称统计调查分析法,它是利用专门设计的统计表对质量数据进行收集、整理和粗略分析质量状态的一种方法。

在质量控制活动中,利用统计调查表收集数据,简便灵活,便于整理,实用有效。它没有固定格式,可根据需要和具体情况,设计出不同的统计调查表。常用的统计调查表有:分项工程作业质量分布调查表、不合格项目调查表、不合格原因调查表、项目质量检查评定调查表等。

7. 分层法

分层法就是将收集来的数据,按不同的情况和不同条件进行分组,每组就叫做一层。分层法又称分类法,是质量管理中常用来分析影响质量因素的重要方法。在实际生产中,影响质量变动的因素很多,这些因素往往交织在一起,如果不把它们区分开来,就很难得出变化的规律。有些分布,从整体看好像不存在相关关系,但如果把其中的各个因素区别开来,则可看出其中的某些因素存在着相关关系;反之,有些分布,从整体看似乎存在相关关系,但如果把其中的各个因素区分开来,则可看出不存在相关关系。可见使用分层法,可使数据更真实地反映实施的性质,有利于找出主要问题,分清责任,及时加以解决。在实际应用分层法时,研究质量因素可按操作者、设备、原材料、工艺方法、时间、环境等方法进行分类。

8. **排列图法**

排列图法是利用排列图寻找影响质量主次因素的一种有效方法。排列图又称帕累托图或主次因素分析图,它是由两个纵坐标、一个横坐标、几个连起来的直方形和一条曲线所组成。

左侧的纵坐标表示频数,右侧的纵坐标表示累计频率,横坐标表示影响质量的各个因素或项目,按影响程度大小从左至右排列,直方形的高度表示某个因素的影响大小。在实际应用中,通常按累计频率划分为(0～80)、(80～90)、(90～100)三个部分,与其对应的影响因素分别为A、B、C三类。A类为主要因素,B类为次要因素,C类为一般因素。

9. **相关图法**

相关图又称散布图,在质量控制中它是用来显示两种质量数据之间关系的一种图形。质量数据之间的关系多属相关关系,一般有三种类型:一是质量特性和影响因素之间的关系;二是质量特性和质量特性之间的关系;三是影响因素和影响因素之间的关系。

可以用Y和X分别表示质量特性值和影响因素,通过绘制散布图,计算相关系数等,分析研究两个变量之间是否存在相关关系,以及这种关系密切程度如何,进而对相关程度密切的两个变量,通过对其中的一个变量的观察控制,去估计控制另一个变量的数值,以达到保证产品质量的目的。这种统计分析的方法称为相关图法。

6.9 综合评价法

在项目管理中,需要对项目管理要素的计划、方案、过程和结果等进行评价,并作为进一步决策的基础,项目管理评价有不少方法,这里介绍综合评价法。

6.9.1 综合评价法的概念

综合评价法(comprehensive evaluation method),是指在项目管理的评价中,从总体和系统的角度,运用多个指标对被评价对象进行评价的方法。构成综合评价的因素如下:

(1)评价者。评价目的的给定、评价指标的建立、评价模型的选择、权重系数的确定都与评价者有关。

(2)被评价对象。被评价对象可能是项目管理中的一个计划,可能拓展到技术水平、小康水平、社会发展、环境质量、竞争能力、综合国力等方面。

(3)评价指标。评价指标从系统角度反映特定被评价对象数量规模与数量水平。

(4)权重系数。相对于某种评价目的来说,评价指标相对重要性是不同的。权重系数确定合理与否,关系到综合评价结果的可信程度。

(5)综合评价模型。所谓综合评价法,就是指通过一定的数学模型将多个评价指标值"合成"为一个整体性的综合评价值。

6.9.2 综合评价法的步骤

一般地,综合评价法有以下五个主要步骤:

(1)确定综合评价指标体系,这是综合评价法的基础和依据。

(2)收集数据,并对不同的指标数据进行同度量处理。

(3)确定指标体系中各指标权重,以保证评价的科学性。

(4)对经过处理后的指标进行汇总,计算出综合评价分值。

(5)根据综合评价分值对被评价对象进行排序,并由此得出结论。

6.9.3 综合评价法的主要方法

综合评价法包括评分法、专家排队法、模糊评价法等。

1. **评分法**

评分法是针对评价指标中的各个项目,选择一定的评分标准和计算方法对被评价对象进行定量评价的方法。具体方法如图 6-18 所示。

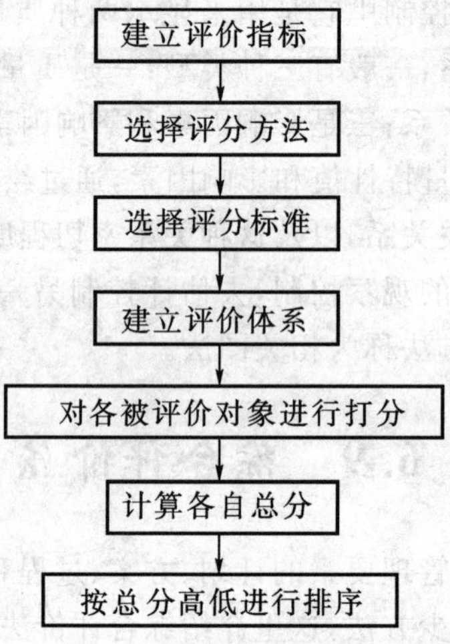

图 6-18 评分法的示意图

评分方法有直接评分法和加权系数法。前者各评价指标分值均等;后者按各评价指标的重要程度确定其权重,每个评价指标的分数乘以加权系数后再相加计算总分。

加权系数也称权数或指标权重,它体现了各项指标的相对重要程度。在指标体系和评分标准的前提下,综合评估结果就依赖于指标权重,因此指标权重确定的合理与否,关系到评估结果的可信程度。

确定加权系数的方法有很多种,最常用的有定性的德尔菲法、定量的统计分析法,以及定性与定量相结合的层次分析法。在使用加权平均法对各个方案进行指标综合之前,各项指标均已数量化,并且已化为统一的计分制。

在应用加权平均法时,有以下几点值得注意:

(1)列写指标因素应考虑周全,避免重大的遗漏。

(2)指标之间应该互相独立,避免交叉,尤其要避免包含与被包含关系。

(3)指标宜少不宜多,宜简不宜繁。

(4)要考虑收集数据的可能性与方便性,尽量利用现有的统计数据。

(5)对于各项指标因素分配的权重要适当。

(6)根据评估对象的实际情况,可以考虑设置特别重要和否决指标。

前三点可以概括为"最小覆盖原理"。关于指标因素的周全性,应随具体问题而异,不同的系统,其指标因素是不一样的,第六点可以防止不同性质的指标的简单并列。

加权平均法也有两种形式:一种是加法规则;另一种是乘法规则。

本书以某一企业集团对内部申报技改项目的评估(一个项目前评估的模型)为例,说明加权平均法的两种计算方法。如图 6-19 所示。

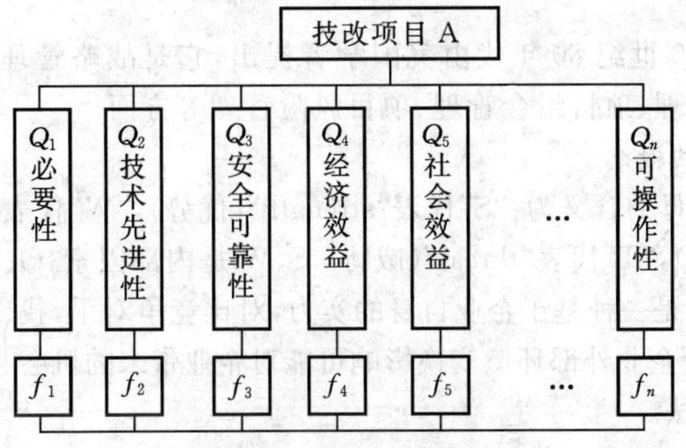

图 6-19　技改项目的评估模型

①加法规则。其公式如下:

$$F_i = \sum_{j=1}^{n} Q_j f_{ij} \quad (j = 1,2,\cdots,n)$$

其中,F 为本项目得分数,Q 为本项目下单项指标权数,f_{ij} 为第 i 个项目第 j 个指标的得分数。

权数 Q 应满足:

$$0 \leqslant Q_j \leqslant 1 \quad \sum Q_j = 1$$

在加法规则中,各项指标的得分可以线性地互相补偿。即使其中一项指标得分较低,哪怕是零分,如果其他指标得分较高,那么通过相加,总分也可以比较高。

②乘法规则。对加法规则的公式两边取对数,就可以得到乘法规则的公式:

$$\log F_i = \sum_{j=1}^{n} Q_j \log f_{ij} \quad (i = 1,2,\cdots,m)$$

在乘法规则中,要求各项指标尽可能都取得较好的水平,才能使总分较高,总的评价较好。如果有一项指标的得分为零,则无论其余的指标得分怎么高,总分的评价值都将是零。这里包含了“一票否决”的意义。

在实际应用中,常常对单项得分和总分都规定了“分数线”,在这里同时运用了加法规则和乘法规则。

2. 专家排队法

请若干名有经验的专家,根据其专业经验,对被评价对象按优劣进行排队,最优者得到最高分(一般是被评价对象的个数),最差者得到最低分数(一般是 1 分),然后将所有专家对各个被评价对象的评分相加,总分最高者为最优。

3. 模糊评价法

模糊评价法的评分标准是将定性评价中的模糊概念,如“不好”“不太好”“较好”“很好”等用某种区间内的连线数值来表达评分值,使评分更精确,综合评价法的结果更准确。

此外,独立—协商评分法、层次分析法也可以作为指标综合的方法。层次分析法是兼有系统分析与系统综合的多功能方法。除上述这些方法外,可以用于指标综合的方法还有许多,如:功效系数法、比率法、乘除法、主次兼顾法、指标分层法等。在进行综合评价时,有时也可将几种方案结合起来运用。此处本书不再进行深入介绍,感兴趣的读者可参考相关著述。

6.10 SWOT 分析法

SWOT 分析法于 20 世纪 80 年代由美国学者提出，它是战略管理的重要工具，在项目管理中可用于项目战略管理、项目组合管理、项目风险管理等方面。

1. SWOT 分析法的概念

SWOT 中的几个字母的含义为："S"代表"strength"（优势），"W"代表"weakness"（弱势），"O"代表"opportunity"（机会），"T"代表"threat"（威胁），S、W 是内部因素，O、T 是外部因素，如图 6-20 所示。SWOT 分析法是一种基于企业自身的实力，对比竞争对手，找出企业的优势、劣势及核心竞争力之所在，并分析企业外部环境变换影响可能对企业带来的机会与企业面临的挑战，进而制定企业最佳战略的方法。

企业内部条件	优势 strength	劣势 weakness
企业外部环境	机会 oppprtunity	威胁 threat

图 6-20 SWOT 分析法示意图

SWOT 分析法也可做成 SWOT 分析图，将它划分为四个象限，根据 SWOT 分析法结果所处的不同位置，SWOT 分析图提供了四种战略选择。在右上角的企业拥有强大的内部优势和众多的机会，企业应采取增加投资、扩大生产、提高生产占有率的增长性战略。在右下角的企业尽管具有较大的内部优势，但必须面临严峻的外部挑战，应利用企业自身优势，开展多元化经营，避免或降低外部威胁的打击，分散风险，寻找新的发展机会。处于左上角的企业，面临外部机会，但自身内部缺乏条件，应采取扭转性战略，改变企业内部的不利条件。处于左下角的企业既面临外部威胁，自身条件也存在问题，应采取防御性战略，避开威胁，消除劣势。SWOT 分析法与企业战略如图 6-21 所示。

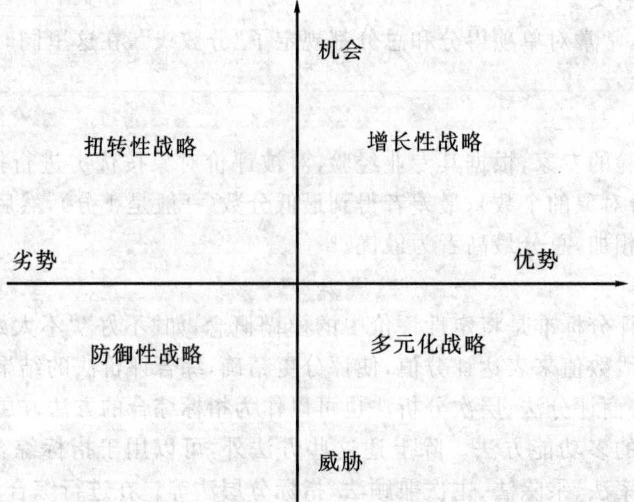

图 6-21 SWOT 分析法与企业战略

2. SWOT 分析法的步骤

使用 SWOT 分析法,一般按以下步骤进行:

(1)如果实施项目,分析企业内部在哪些方面有优势。

(2)如果实施项目,分析企业内部在哪些方面有劣势。

(3)如果实施项目,分析企业外部在哪些方面会给项目带来机会。

(4)如果实施项目,分析企业外部在哪些方面会给项目带来威胁。

(5)将上述结果进行综合分析,确定项目的特定战略。例如,实施企业的优势项目,放弃企业的劣势项目。

3. SWOT 分析法的应用

企业在做项目投资组合时,有些项目可以得到额外资源,而另一些项目则要被裁减。作出决定的一个前提是在当前的业务环境下,分析项目的优势、劣势、机会和威胁,这就可以应用 SWOT 分析法进行全面地分析。如表 6-12 所示,可以在 SWOT 矩阵中对项目组合中的项目进行评分,得分较高的项目价值和成功可能性比较大。得分较低的项目应被重新规划或取消。

在 SWOT 矩阵中,可以针对 SWOT 的每个类别使用一个满分为 10 分的评价标准来应用量化的数据。例如,某个项目拥有完成巨大成就的能力,其"优势"即可评为 10 分;"劣势"得到满分意味着此项目少有或者没有缺陷;"机会"被评为 10 分表示项目具有巨大的潜力;而满分的"威胁"则代表项目少有或者没有缺陷。

每个类别之间的区别可以通过一个值为 3 的加权系数来表示。例如,项目优势的价值很高,这样可以把其优势得分乘以 3。类似地,如果某组合中的弱点并不是重要的因子,这样弱点得分就可以乘以 1。那些不很重要的因子得分可以乘以 2。最后,将每个类别得分乘以加权系数,就可以得出各个项目的评分。

表 6-12 项目组合 SWOT 分析法矩阵

项目组合 SWOT 分析法									
	权重	项目 1	评分	项目 2	评分	项目 3	评分	项目 4	评分
优势	3	10	30	8	24	3	9	9	27
劣势	3	10	30	10	30	1	3	4	12
机会	1	10	10	5	5	10	10	8	8
威胁	2	8	16	3	6	5	10	8	16
			86		65		32		63

复习思考题

1. 创建工作分解结构(WBS)需要注意哪些问题?

2. 建立工作责任矩阵对于项目管理有何意义?

3. 对于复杂项目的进度控制而言,网络计划技术的优点主要体现在哪些方面?

4. 什么是网络计划的资源优化?

5. 什么是自上而下估算法? 这种方法的特点是什么?

6. 挣值法的评价原理是什么?

7. 质量工作计划的主要内容是什么?

8. SWOT 分析法的主要步骤是什么?

第7章 项目管理制度

7.1 概述

本节给出了项目管理制度的基本概念、制定项目管理制度的原则，以及一些包含相关要素的有别于企业管理的项目管理制度。

本节所介绍的项目管理制度，在内容上，有的精炼，有的详细；其体现的管理水平也不一定是无可挑剔的，有的也许还有值得商榷的地方；制度的表达形式也各有不同。

7.1.1 项目管理制度的相关概念

1. 管理

管理是一个广泛的概念。作为名词，中国古人把中间空而贯通的长条物称为"管"，以后引申为约束、限制、规范、准则和法规等。作为动词，"管"有主宰、包揽和控制之意。

"理"，古时候有整治土地、雕琢玉器和治疗疾病之意，以后引申为处理事务。再后来人们把这两个意思相近的字合在一起组成"管理"一词，意为"管辖和疏导或约束与引导"，接近于现代管理的含义。

通俗地讲，管理就是"为了实现某一目标管人理事"。综合现代各种各样的管理概念，我们可以认为管理就是：在某种特定的环境下，为了实现既定的目标，主导者对拥有的资源，进行有效地计划、组织、领导、控制和创新的一系列活动。

2. 制度

制度，其所对应的英文单词"system"或"institution"。从汉语"制度"的起源去了解其含义，按《辞海》解，制度的第一含义便是指要求成员共同遵守的、按一定程序办事的规程。汉语中的"制"为有节制、限制的意思；"度"有尺度、标准的意思。这两个字结合起来，表明制度是节制人们行为的尺度。制度按照性质和范围总体可分为根本制度、基本制度与具体规章制度三个基本层次。具体规章制度是各种社会组织和具体工作部门的行为模式和办事程序规则。

我们所讨论的有关企业和项目范畴的制度是在根本制度和基本制度之下的组织层次管理的具体制度。

3. 管理制度

我们这里所谈到的管理制度可以这样去理解：为了能够达到管理目标都所要遵循的一些程序规则、规程和行为的道德伦理规范，并有度去衡量，且有法去奖惩和激励。

4. 项目管理制度

针对项目范畴和项目特点所规范的管理制度就是项目管理制度。也就是为了达到"做正确的事，正确地做事，获取正确的结果"而指定的、需要项目团队成员遵循的、有度去衡量且有法去奖惩和激励的一些程序或规程。

7.1.2　项目管理制度的主要内容

项目管理制度的主要内容是管人和理事。管人和理事是在一个特定的环境下和具体的专业领域内进行的。管人包括岗位设置与人员的行为规范管理。理事需要明确:各种管理事务的相互关系;处理原则和程序;应该做什么,不能做什么;应该怎么做,不能怎么做;要做到什么程度;行为和处事的结果会得到什么样的奖惩等。

综合而论,岗位责任和管理流程都是制度的一部分,只不过岗位责任和管理流程是在其重点领域更有侧重。

项目管理制度是项目成功管理的主要支撑之一。

7.1.3　制定项目管理制度的主要原则

1. 规范性

管理制度的最大特点是规范性,呈现在稳定和动态变化相统一的过程中。对项目管理来说,长久不变的规范不一定是适应的规范,经常变化的规范也不一定是好规范,规范应该根据项目发展的需要而进行相对稳定和动态的变化。在项目的发展过程中,管理制度是具有与项目生命周期对应的稳定周期与动态时期,这种稳定周期与动态时期是受项目的行业性质、产业特征、团队人员素质、项目环境、项目经理的个人因素等相关因素综合影响的。

项目管理制度的规范性体现在两个方面:一是客观事物、自然规律本身的规范性和科学性;二是特定管理活动(行业性质、项目特征、团队人员素质、项目环境、项目经理的个人因素等相关因素)所决定的规范性。

2. 层次性

管理是有层次性的,制定项目管理制度也要有层次性。通常的管理制度可以分为责权利制度、岗位职能制度和作业基础制度三个层次。各层次的管理制度包含不同的管理要素。前两个制度包含更多的管理哲学理念与管理艺术的要素,后一个属于操作和执行层面,强调执行,具有更多的科学和硬技术要素的内容。

3. 适应性

实行管理制度的目的是多、快、好、省地实现项目目标,使项目团队和项目各个利益相关方尽量满意,而不是为了制度而制定制度。制定制度要结合项目管理的实际,既要学习国际上先进的理论,又要结合我国的国情,要适应我国先进的文化(注意不是落后的陋习)。

项目管理制度应该简洁明了,便于理解和执行,便于检查和考核。

4. 有效性

制定出的制度要对管理有效,要注意团队人员的认同感。在制定制度的时候,是上级定了下级无条件执行,还是在制定的时候大家一起参与讨论,这两者区别很大。制度的制定是为了项目管理的效率,而非简单地制约员工。管理制度必须在社会规范、国家标准、人性化尊重之间取得一个平衡。

管理制度如果不能获得大家的认可,就失去了对员工行为约束的效力;管理制度如果不能确保组织经营管理的正常有序和效率,就说明存在缺陷。管理制度没有明确的奖惩内容,员工的差错就不能简单地由员工承担责任,其主要责任在管理者。反过来,尊重也不是放任,制度的存在价值在于其有权威性与合理性,不合理可以修改,但不能形同虚设。尊重,是要面对人性和社会规范的。我们提倡人性化管理，但不能是人情化管理。该管一定要管，该遵守的原则一定要遵守，管理者不能将破坏组织的规章制度、损坏组织利益作为换取人情的筹码。即使组织现有的制度确实不合理，也要通过正当途径反馈给决策者，严格按照程序来变更或废除。将不合理的制度置若罔闻而我行我素，这种危害远大于不合理制度存在所产生的危害，这将直接导致员工对整个制度的不重视，从而使得组织上下缺乏执行力。

5. 创新性

项目管理制度的动态变化需要组织进行有效的创新，项目本身就是创新活动的载体，也只有创新才能保证项目管理制度具有适应项目的相对稳定性、规范性，合理、科学地把握好或利用好时机进行创新是保持项目管理制度规范性的重要途径。

项目管理制度是管理制度的规范性实施与创新活动的产物。有人认为"管理制度＝规范＋规则＋创新"这具有一定的道理。这是因为：一方面，项目管理制度的编制需按照一定的规范来编制，项目管理制度的编制在一定意义上讲是项目管理制度的创新，项目管理制度创新过程就是项目管理制度的设计、编制，这种设计或创新是有其相应的规则或规范的；另一方面，项目管理制度的编制或创新是具有规则的，起码的规则就是结合项目实际，按照事物的演变过程依循事物发展过程中内在的本质规律，依据项目管理的基本原则，实施创新的方法或原则，进行编制或创新，形成规范。

7.2 项目费用与物资管理制度

项目费用管理制度与企业费用管理制度有许多相通之处，落实到具体项目上，也可以称为该项目的成本管理制度。本节针对项目的特点介绍了几项项目费用(成本)管理和涉及现场物资管理的制度。

7.2.1 项目成本核算制度

(1)为科学地控制项目成本，保证利润目标的实现，特制定项目成本核算制度。

(2)成本核算实行项目办公室、车间、班组三级核算和三级管理制度。

(3)项目办公室负责核算项目的全部成本。

(4)车间负责核算具体实施成本。

(5)班组负责核算细节指标和经济效果。

(6)项目办公室应及时把核算成本送至财务部。

(7)具体生产部门应每月两次将全部材料出入单交财务部，财务部收到单据时，应查明单据是否残缺。

(8)项目成本的内容。具体如下：

①项目定义与决策成本，是指完成对项目的可行性研究，对项目进行科学的定义和决策工作耗用的人力、财力和物力等方面的费用。

②项目设计成本，是指项目设计工作所产生的费用支出。

③项目获取成本，是指为获得项目所需的各种资源必须开展的系列工作中产生的费用支出。

④项目实施成本。

A. 人工成本，是指给实施项目各类工作员工的薪酬。

B. 物料成本，是指项目组织或项目团队为满足项目实施需要购买的各种原材料的成本。

C. 顾问费用，是指项目组织或项目团队雇佣分包商或者专业顾问需要支付的成本。

D. 设备费用，是指项目组织为实施项目的完成购买或租用的机器、工具或别的设备所必须支出的费用。

E. 不可预见费用，是指项目组织为防止项目发生意外事件或风险事件而准备的一定数量的不可预见费。

F. 其他的费用。

(9)项目成本核算的步骤。

①了解客户的需求。

②确定各项工作。

③确定各个位置的工作人员。

④确定各种风险。

⑤要求每一个人员给出所需要的时间和资源的预计。

⑥预计项目运作之后可能会造成项目停工的各种因素。

⑦计算并公布项目时间和成本目标。

⑧物料成本的计算。

A. 领用材料应按照消费定额严格控制，认真填写领料单并按照计划的价格计算。计划价格和实际价格的差异，每月按差异率均摊。

B. 原油等成本按照实际价格的差异计入到成本核算中，一次领取数量多、价值高而使用周期长的材料，应列入待摊费用，按使用周期分期摊入运作成本。

C. 月末各部门全面清理，办理退料手续。

D. 月末将领料单进行汇总，按部门和成本核算对象分析，编制材料消耗总表。

(10)费用成本的计算。

①在用固定资产应按月初账面原值和规定的折旧率，按月计提折旧；未使用而经批准封存的固定资产，以及连续停用一个月以上的部门，在停工期内未使用的机器不提折旧；房屋、建筑物以及季节性的停用，或因大修理而停用的固定资产，按折旧计提。

②辅助生产部门向生产部门提供的产品或者劳务作业，应该通过内部劳务价格核算，使其实际成本和劳务成本的差异平均分配到产品成本里。辅助部门之间不相互分配成本差异。

③一个生产部门的装置，占用两个或两个以上的生产车间的，其车间经费按各装置固定资产原值或产品的原料成本进行分配。

④项目管理费用和辅助生产成本差异，应按各种产品的车间总成本的比例分配。

(11)财务费用的计算。借方发生额为项目发生的各项财务费用，贷方发生额为财务费用的利息收入、汇兑收益等，项目结束后借贷方差额转入总体利润科目。

(12)产品内销售费用计算。借方额为发生的产品销售费用，贷方发生额为转入总体利润科目的数额，项目结束以后，应该没有余额。

7.2.2　项目费用管理责任制度

1. 项目费用管理责任

项目费用管理责任是指各项目管理人员在处理日常业务中对项目费用管理应尽的责任，

即每个项目管理人员在完成工作责任的同时，还要为降低成本精细打算，为节约成本严格把关。

2. 项目办公室的具体职责

项目办公室的具体职责为：编制项目成本计划，下达班组成本指标，定期计算产品成本，控制和检查成本计划定额的执行，组织成本分析，制定内部经济核算办法。

3. 生产部门的具体职责

生产部门的具体职责为：编制生产成本计划和下达班组成本指标，掌握产品成本率和各项消耗定额，组织班组核算，计算生产成本并进行成本分析。

4. 班组的具体职责

班组的具体职责为：积极开展群众核算，严格执行各项定额，保证完成产量、质量、品种和控制消耗等指标，进行成本分析，并把班组核算与奖励结合在一起。

5. 合同预算员的成本管理职责

合同预算员的成本管理职责如下：

(1)根据合同内容、预算定额和有关规定，充分利用有利因素，编好项目成本预算，为增收节支把好第一关。

(2)收集项目变更资料，及时办理增加账，保证项目收入，及时收回垫付资金。

(3)参与对外经济合同的谈判和决策，以项目成本预算和增加账为依据，严格控制经济合同的数量、单价和金额，切实做到以收定支。

6. 现场技术人员的成本管理责任

现场技术人员的成本管理责任如下：

(1)根据项目生产现场的实际情况，合理规划生产现场平面布置，为减少浪费创造条件。

(2)严格执行现场技术监督和以预防为主的方针，确保生产的质量，减少零星的修补，消除质量事故，不断降低质量成本。

(3)根据项目特点和设计要求，运用自身的技术优势，采取实用有效的技术组织措施和合理化建议，走技术与经济相结合的道路，为提高项目经济效益开拓新途径。

(4)严格执行安全操作规程，减少一般安全事故，消除重大人身伤亡事故和设备事故，确保安全生产，将事故损失减少到最低限度。

7. 材料人员的成本管理责任

材料人员的成本管理责任如下：

(1)材料采购和构件加工，要选择质高价低运距短的单位；对到场的材料、构件的采购和成本要严加控制，减少采购及存储过程中的管理费用。

(2)根据项目运作的计划进度，及时组织材料和构件的供应，以保证生产项目的顺利进行，防止出现停工待料的情况。在构件加工过程中，按照施工的顺序组织配套供应，以免规格不齐造成生产间隙，浪费人力和时间。

(3)在项目生产过程中，严格执行限额领料制度，控制材料消耗，做好余料的回收和利用工作，为考核材料的实际消耗水平提供正确的数据。

(4)钢管脚手架和钢模板等周转材料，进出场都要认真清点，正确核实，并减少损耗数量。使用后，要及时回收、整理、堆放和退场。

(5)根据项目生产需要，合理安排材料储备，减少资金占用，提高资金利用效率。

8. **设备管理人员的成本管理责任**

设备管理人员的成本管理责任如下：

(1)根据项目特点和生产方案，合理选择设备的型号和规格，充分发挥设备的效能，节约设备费用。

(2)根据项目需要，合理安排设备运作，提高设备利用率，减少设备费用成本。

(3)严格执行设备维修保养制度，加强设备的平时维修保养。保证设备完好，保证设备随时都能保持良好的状态，在项目生产中正常运转。

9. **行政管理人员的成本管理责任**

行政管理人员的成本管理责任如下：

(1)根据项目生产的需要和项目经理的意图，合理安排项目管理人员和后勤服务人员，节约工资支出。

(2)具体执行费用开支标准和有关财务制度，控制非生产性开支。

(3)管好行政办公用的财产资源，防止损坏和流失。

(4)安排好生活后勤服务，满足员工合理的生活需要。

10. **财务管理人员的成本管理责任**

财务管理人员的成本管理责任如下：

(1)按照成本开支范围、费用开支标准和有关财务制度，严格审核各项成本费用，控制成本支出。

(2)建立月度财务收支计划制度，平衡资金调度。

(3)建立辅助记录，及时向项目经理和有关项目管理人员反馈信息。

(4)开展成本分析，特别是分部分工作成本分析，阅读成本综合分析和针对特定问题的专门分析，及时向项目经理和有关项目管理人员反映情况，提出问题和给出解决问题的建议。

(5)在项目经理的领导下，协助项目经理检查、考核各部门各单位乃至班组责任成本的执行情况，落实责、权、利结合的有关规定。

7.2.3　项目成本会计管理制度

1. **项目成本建账要求**

项目成本建账应按照《会计法》和国家统一会计制度的规定建立项目成本会计账册，并进行项目成本会计核算。会计账簿包括总账、明细账、日记账和其他辅助性账簿。

2. **项目成本会计部门的工作职责**

项目成本会计部门的工作职责如下：

(1)原料、物料和成品、在制品收付事项的核对。

(2)原料转账传票的编制事项。

(3)项目成本转账传票的编制事项。

(4)折旧费用计算。

(5)项目成本审核事项。

(6)项目零用金审核结算。

(7)外协加工报告、加工成本审核事项。

(8)结账时有关成本科目的调整事项。

(9)营业所销产品成品与补贴的计算事项。

(10)各生产部门之间、各项成本的分析比较及控制事项。

(11)其他与成本计算有关的事项。

3. 成本会计核算的基本要求

成本会计核算的基本要求如下:

(1)会计记录的文字使用中文。

(2)项目成本核算以人民币为记账本位币。

(3)成本会计核算应当以实际发生的成本相关经济业务为依据,按照有关规定在会计处理中保证会计指标的口径一致、相互可比和会计处理方法的前后各期的一致性。

(4)项目成本会计年度从各项目可行性研究阶段开始,至项目结束终止。

(5)在不影响会计核算要求、会计报表指标汇总和对外统一会计报表的前提下,可以根据实际情况自行设计和使用成本会计科目。

(6)会计凭证、会计账簿、会计报表和其他会计资料的内容必须符合国家统一会计制度的规定,不得伪造、变更会计凭证和会计账簿,不得设置账外账,不得报送虚假会计报表。

7.2.4 物资验收制度

1. 接货并发送到现场

接货并发送到现场需注意以下事项:

(1)在进货接货的时候,必须按照送货单接货,把全部货物送往验收场等候验收。凡是没有"送货单"者,原则上一律拒收拒接。

(2)进货接收后必须核对订货单、送货单、货物检验单以及收费票据等。

(3)数量验收分两种情况,按数量(件、只、个等)购进的货物,按数量进行点数;按重量或容积等购进的物品,按计量器具进行验收。

(4)质量检查用计量器具测量内在质量和尺寸。如果物品比较简单,只需目测外观质量即可。

(5)精密物品或重要的物品,必须按质量标准、检验方法以及检测部位,用标准的计量仪器或测量器具,进行科学测试。

(6)通过验收的物品即为合格品,可以登记入账;不合格物品直接通知采购部门进行处理。

2. 现场接受、检验及移交

(1)现场交付、现场物资管理和存放。制定物质接收程序,规定现场物资接收手续、要求、时间范围准则及短缺和紧急处理措施等。

(2)供货商、承包单位和业主之间的所有权和风险转让。现场接受、检验及移交的工作应由采购部门派驻现场的采购现场代表、驻现场的仓储工程师、业主的现场工程师、监理工程师及供货商、施工单位代表等共同进行。

现场的接受、检验及仓储人员在接到运输工程师的到货通知后,应及时地与运输工程师保持联系,随时掌握货物运输的进展情况,并作好相应的准备工作。

3. 交付施工物资的现场检验

(1)检验时按照规定进行分批分类检验。施工物资进场后应根据相关规范的要求对不同批次、不同类型的施工物资进行抽样检验。

(2)检验工作的实施。设备、散装物资的检验应按照订货合同规定的标准规范和检验规定进行,并应按设备、散装物资类型分别制定出检验要求。

①由采购现场代表、现场仓储工程师、业主的现场工程师、监理工程师及供货商、施工单位的质检工程师和开箱人员对到货物资的质量、数量进行检验。

②对重要设备、精密仪器和新型物资等,当业主有规定时,应会同业主、有关部门代表共同检验,对危险品验证则要准备必要的防护工具和应急措施。

③物资进入库区由仓储工程师负责资料验证,对到货物资必须与供货合同、采购通知单核对,对供货单位提供的装箱单、材质证明书、检验试验报告、说明书、图样等有关供货凭证和质保资料内容及数据是否满足规范要求进行核对,并通知专业工程师审查,整理登记、编号及归档保存。

④实物验证如下:对原物资外观质量检验按设计规定的技术标准验收;政府对特种设备和物资有专项法规的,必须按当地政府的有关法规程序规定执行;设备按照技术标准及图样的要求,核对设备的规格、型号、几何尺寸、管口方位、铭牌及外观有无碰伤、变形、锈蚀、裂缝等缺陷,并会同工程技术、质检、业主代表一起检验,检验后在设备交接验收单上签字认可。

⑤仓储工程师对到货的设备物资数量进行验证,包括点数、检尺或过磅,并填写磅码单。对设备数量检验应进行全数开箱,对主机、辅机、附件、备品配件、专用工具等均进行逐项逐件清点,合格后由采购经办人办理入库。

⑥进货物资检查验证后,仓储工程师应分类记录。一般物资填写“物资标识检查验证记录表”;设备填写“设备交接验收单”;钢板钢管填写“钢板钢管检验记录表”;焊材填写“焊材验收入库记录表”;对检验不合格或数量不符合的物资应填写“物资检验质量反馈表”,并建立物资台账,整理、编号,归档保存。

(3)第三方检验。对有特殊要求的设备、散装物资,可以委托有资格能力的单位进行第三方检验。如需委托第三方检验,应明确第三方检验要求、包括范围、检验内容、检验深度、双方的责任和义务,并签署委托合同。

7.2.5　物资入库、领用与质量管理制度

1. 物资验收

物类验收应注意以下事项:

(1)项目经理部确定并形成《××项目经理部复检物资目录》。

(2)设备物资责任人员负责产品验收全过程的控制。

(3)设备物资工程师、仓储工程师负责产品的检查验收工作,并由设备物资工程师填写物资验收单。

(4)在收货处由设备物资工程师、仓储工程师对包装、标识进行检查,对物资进行数量清点并作记录。

①采用非物理量单位(如个、台、件)计数的物资,按交接单据清点数量。

②袋装物资(如水泥)在计件的同时,按照5%抽查检验。

③凡需检验的物资要用台秤进行计量,以检尺代替检斤时,要对物资的密度进行抽查验算,抽查比例不少于5%。

④设备物资工程师、仓储工程师负责对物资的外观进行检查:

A. 核对物资名称、规格型号、材质是否符合规定。

B. 检查物资有无破损、锈蚀、缺陷。

C. 检查几何尺寸是否符合要求。

D. 检查设备铭牌是否完整并与设计相符。

E. 检查物资是否有标识。

(5)品质检验范围及职责。

①品质检验范围如下：

A.《项目经理部复检物资目录》规定的物资。

B. 技术标准、规范、设计图样中规定进行检验和试验的产品。

C. 质量证明文件验证有怀疑的产品。

D. 标识不清、材质有怀疑的产品。

②品质检验的职责如下：

A. 需检验和试验的产品由设备物资责任人负责委托，并填写委托单，组织取样送检。

B. 施工队负责检验和试验的产品(压力容器、仪表、设备品质测试)由施工队工号技术负责人确定，并对其结果确认。

C. 进口产品的检验和试验，按照《进口设备、物资检验大纲》进行；或按照顾客提供的检验和试验规定，由规定的部门执行。

D. 品质检验方法，按有关方案和规定执行。

2. **物资入库**

(1)业主提供的经验收合格后的物资，由设备物资工程师填写器材入库单，随同产品、质量证明文件、物资验收单交仓储工程师验收入库。

(2)仓储工程师应该对器材入库单中的物资名称、规格型号、材质、数量是否与实物一致，质量证明文件是否齐全，物资验收单是否有质量检验人员签字等进行确认，符合上述要求的，仓储工程师方可入库建账，并填写在器材明细账上。

(3)仓储工程师对质量证明文件应按物资的类别进行编号，并填写在器材明细账该物资的合格证号一栏中，质量证明文件应建立台账进行管理。

3. **施工物资领用和发放、管理**

(1)业主提供的物资的交接。

①施工队根据施工图编制预算物资计划、设备交接计划，由计划统计工程师审核后交业主有关部门审批。

②施工队根据工程设计变更，编制计划变更物资计划，由计划统计工程师审核后交业主的有关部门审批。

③当业主供应物资(设备)不能满足设计要求时，可提出物资(设备)代用申请，经设计部门批准物资代用申请并按图样发给业主，业主据此调整物资领用计划。

④计划统计工程师应将顾客审核批准后的预算物资计划、设备交接计划、设计变更物资计划送交给设备物资工程师、项目施工队。

⑤设备物资工程师依据顾客审批的预算物资计划、设备交接计划、按施工进度的安排到业主物资部门办理交接手续，由业主物资部门计划人员开具物资划拨单。

⑥设备物资工程师依据业主物资部门办理的物资划拨单到业主供料场地验证、提取。

(2)物资的发放。

①施工队物资员根据施工进度计划安排,应提前以书面形式将物资需用计划报设备物资部门备料。

②施工队物资员根据业主审批的预算物资计划填写物资领用单,物资领用单中应注明物资名称、规格型号、材质、数量、用途并由项目施工队的主管和领料员签章。

③设备物资工程师应详细核查施工队物资员开具的物资领用单中的物资名称、规格型号、材质、数量、用途及领用单位主管和领用人签章,无误后签章核批。

④施工队物资员依据设备物资工程师核批的物资领用单,到项目部仓库领料。

⑤仓储工程师发放物资时,必须核对领料单据是否清楚无误,核对品种、规格型号、材质是否无误,核对标识是否清晰明确,核对数量是否与单据上的数量相符。

⑥仓储工程师发放物资时应严格按计划员核批的物资名称、规格型号、材质、数量,并按先进先出的原则发放。

⑦设备物资工程师直接运送到施工现场的物资,由送料人和施工队物资员在施工现场办理验收、交接手续,施工队物资员凭交接手续到项目部办理正式物资出库手续。

⑧在物资发放的同时,仓储工程师应将物资的质量证明文件的编号填写在领料单上,领用单位应将质量证明文件的编号填写在器材明细账该物资的合格证一栏中。

⑨仓储工程师应在物资发放的同时,确保剩余的物资及发出的物资均有相应的标识。

4. 质量管理文件

(1)质量管理文件主要包括:材质合格证、质量证明书、复检报告、探伤报告、各种实验报告、检查记录、试车记录、交验证书、施工日志等。

(2)对质量证明文件,由设备物资工程师在验货的同时进行检查和确认。

(3)设备物资工程师建立质量证明文件的台账,并交由仓储工程师进行统一保管。

(4)各种记录要求字迹清晰、内容齐全、数据准确。

(5)质量管理文件必须有经授权负责产品放行的责任者签字,才能放行。

5. 物资的现场管理

(1)物资的标识。

①仓库物资挂上标签,露天场地物资插上标牌,标明物资名称、规格型号、材质,以及检验和试验状态。

②施工验收规范对物资标识及可追溯性有特殊要求的,按施工验收规范的规定执行。针对具体工程,由项目经理部专业责任工程师确定哪些产品对可追溯性有特殊的要求,形成可追溯性产品目录指导实施,并加以记录。

③在同一施工现场(施工作业部位)同时使用或存放外观相同(或相似)的产品(如不同材质的钢材、焊条、管件、阀门等),必须用规定的标识(如在端部涂以不同的颜色)加以区分,将标识移植到余料上,并加以记录,力求统一、明显。

④特别重要的部位或部件、特别容易混淆的部件,可用钢印打在部位上,形成永久性的标识,并进行记录,以便追溯。

⑤在器材入库单和物资领用单上标明该物资的合格证编号(由仓储工程师统一编)和用途(使用部位)。

(2)职责划分。

①产品在项目部出库以前，其标识由设备物资工程师负责。

②产品发放到施工队以后，其标识由施工队负责。

(3)标志管理。标识用的印章、标签、代码、标牌、铭牌设专人管理，规定如下：

①产品在发放到工地之前，由设备物资仓储工程师负责管理。

②在施工中由施工队使用的，由操作人员管理。

6. 物资的现场储存

(1)根据物资的特性，仓储工程师应合理安排适当的储存场所，并尽量改善储存条件，以适应物资性能的储存要求。

(2)物资保管布局要合理，在全面规划的基础上，要按物资类别、材质堆放整齐，避免混淆。

(3)仓储工程师应把质量证明文件、物资验收单随同该物资一同保管，保证所保管物资的账、卡、物与质量证明文件相符。

(4)仓储工程师负责做好库存物资的标识工作，仓库储存的物资应有标签，露天堆场、棚库储存的物资应有标牌。

(5)对质量标识不清或标识已经脱落的物资，凡有准确依据的，仓储工程师应同质量责任人员在核对质量证明文件资料的基础上重新作好标记；没有准确依据的，必须经复验确认。

(6)仓储工程师在物资保管中，发现质量问题要及时上报仓储工程师，并及时向甲方提出报告，经双方验证，办理物资更换手续。

(7)物资在保管中如发生丢失、损坏，仓储工程师应作好记录，填写物资丢失、损坏或不适用情况记录表，并报告仓储工程师。

(8)物资在工程施工过程中发生丢失、损坏或不适用情况，由施工队物资员填写物资丢失、损坏或不适用情况记录表，并上报仓储部。

7. 产品的维护

(1)设备物资工程师应提供合理的保证质量的手段和采取必要的措施，以避免或减少自然因素对物资的不利影响或作用。

(2)物资在仓库、露天中储存，凡规定要求上盖下垫的，仓储工程师必须做到上盖下垫。

(3)仓储工程师定期对仓库物资的质量进行检查，发现有损坏、变质等问题，应及时上报，并采取有效措施加以处理。

(4)对于特种物质制造的设备和管道及焊材等，专门编制保管方案。

8. 物资现场搬运

(1)组织实施。

①甲供物资的现场搬运组织实施。

②施工现场制作、加工的非标设备、结构件、预制件、半成品的搬运，由制作加工单位或施工队组织实施。

(2)产品搬运。

①仓储工程师负责对参与搬运的有关人员按照质量责任的要求，加强搬运质量管理的教育。

②物资在验证合格需进入仓库储存和再分配的，由设备物资工程师组织搬运到仓库；对工程施工急需的物资和批量物资，应直接搬运到施工现场与施工队办理交接，避免二次搬运。

③应根据物资的不同特性采用不同的搬运方法。对设备、仪器、仪表等防震物资，应采取

可靠的包装及封车技术;对有防雨、防潮要求的物资,应采取苫盖等防淋、防潮措施。

(3)非标设备、结构件、预制件、半成品的搬运。

①非标设备、结构件、预制件、半成品是指在工程施工现场制作的非标设备、钢结构件、管道预制件、混凝土预制件以及加工的部件等。

②制作、预制、加工单位或施工队,应按照制作加工件的特点和施工现场道路情况确定搬运方案,选择合适的吊装、运载工具。

③制作、预制、加工单位或施工队在搬运时,要采取必要的安全质量措施。对分片制作的非标设备应制作特定的支架进行搬运;搬运大型预制构件,应采取必要的支垫措施。

(4)大件设备的搬运。

①大件设备搬运前,由专业技术人员制订搬运方案,搬运过程中由专人指挥,确保大件设备的搬运安全。大件设备应一次搬运到指定的地点。

②参与搬运的吊车、汽车、叉车,由机械维修人员在每次使用前进行详细的检查,确认其处于良好、安全、可靠的状态,方能投入使用,确保大件设备的搬运质量。

③物资在搬运过程中发生损坏或丢失,计划员应分析原因,及时报告仓储部主管,并作好记录,填写物资丢失、损坏或不适用情况记录表。

9. 物资的现场防护

根据工程进度,合理组织物资、设备、构件等工程用料进场,做到物资进场合理堆放,下垫上盖,维护得当。较长物资应垫平,防止弯曲变形,方便文明施工。

(1)堆放物资的地方应清洁,按物资特性要求合理存放,如防潮、易损、贵重等物资。

(2)对管道两端口、法兰、盲板、阀门进出口、静设备的管口等工作面,应用油纸或塑料帽封口保护,防止雨水、污物进入及工作面损坏。

(3)机械传动设备及精密部件,应按作业指导书维护要求执行,不能裸露的,必须包装密封,防止尘土杂物侵入,以免受潮、变形及损坏。

(4)对温度、湿度、防尘、防震、干燥通风等技术条件有要求的仪器仪表及精密部件,必须按规定要求存放;需设置禁区的应挂牌警示。

10. 物资使用过程的管理

(1)物资进入施工现场应按其特性分类存放,并保持物资的原标识。施工前,工程质量检查员应对物资标识及使用正确性进行认可,符合方可使用。

(2)试压前、隐蔽前、试车前,对物资及设备再次进行最终认可,并填写认证记录。

(3)在规定有可追溯要求的场合,按有关规定要求进行标识,在仓储工程师记录归档、现场由作业组填写施工记录后交专业工程师检查,审核、保管交工使用,以满足可按标识或记录追溯到责任人、时间、地点和内容。

(4)施工班组对剩余物资应作好标识移植,以防止因物资标识不清而错用;仓储工程师和工程质量检查员,对现场剩余物资标识移植进行监控。

(5)设备物资料要对现场剩余物资及时回收,对于回收入库物资要标识清楚,分类存放,并根据合同移交产权所有部门。

11. 剩余物资管理

为了最大限度地节约物资,要对物资尤其是剩余物资进行加强管理。在订货时,应争取多余物资退给供货单位,这一点经过谈判可以达成协议。

(1)根据制造商的建议,对储存的设备进行维护。在物流系统中,储存是相当重要和关键的,无论是对生产还是对施工的质量要求都起着相当重要的决定作用,对储存的设备要经常性地进行维护和修理,只有设备完好,才能保证有效的储存。

(2)物资的跟踪与监测。

①物资需求量的计算和监测。物资需求量的计算统计工作由设计部门各专业分别进行,由物资控制人员汇总整理,并提出物资的详细预算数量。

当发生设计变更时,要及时调整请购单和订单。在详细设计完成时,项目相关部门组织项目设计经理和采购经理对购单和订单进行一次全面核定。

如果物资的需要量和相对应的预算数量之间发生偏离时,项目物资人员要分析原因,采取适当措施,及时报告和纠偏。

②现场接货的数量跟踪和监测。现场接货数量完成情况的跟踪统计,由施工部门的物资人员负责完成;现场接货数量完成情况要建立台账并逐月统计汇总。

③现场物资出/入库的跟踪和监测。现场物资库房管理由施工部门负责。现场接货后要及时办理入库手续,交付施工的物资要及时办理出库手续。

7.3 项目质量管理制度

项目质量管理的许多制度可以借鉴项目所在组织的管理制度,本节只介绍具有项目管理特点的部分质量管理制度。

7.3.1 信息沟通控制制度

1. 目的

为积极对外展示项目方针和质量绩效,加强同外部的联系,提高员工对项目目标的了解,使与质量管理体系有关的信息在项目内各层次和职能间交流通畅,特制定信息沟通控制制度。

2. 适用范围

信息沟通控制制度适用于项目经理部质量管理体系内外部信息的协商与沟通。

3. 职责

(1)项目质量负责部门负责组织与质量管理体系有关信息的收集、整理和审核。

(2)各相关部门负责业务范围内的内外部信息交流。

4. 内容及要求

(1)信息交流分类。根据信息源的不同,将质量管理体系的信息分为两类:内部信息和外部信息。

①内部信息的主要内容。

A. 正常信息,如方针目标指标完成情况、检验和监测记录、内部审核与管理评审报告以及体系正常运行时的其他记录等。

B. (潜在)不符合信息,如体系内部审核的不合格报告,纠正和预防措施处理记录等。

C. 紧急信息,如出现重大质量事故等情况下的信息与记录。

D. 其他内部信息(如员工建议等)。

②外部信息交流的主要内容。

A. 质量技术监督局、认证机构等监测或检查的结果及反馈的信息。

B. 政策法规标准类信息，如与质量有关的法律法规、条例、产品标准等。

C. 相关方反馈的信息及其投诉，相关方指员工、顾客、供方、运输方、附近居民等。

(2)信息的收集与处理。

①内部信息的收集与处理。

A. 各部门依据相关文件的规定直接收集并传递的正常信息；按照相应程序文件规定传递方针、目标和指标、管理方案、内部审核结果、更新的法律法规等信息。

B. 项目经理通过召开行政例会等方式发布的重要信息或形成的决议，会后项目办公室形成会议纪要、决议等下发有关部门。

C. 部门之间日常的信息可以通过电话、邮件等方式向目标部门发出、协调、处置；比较重要的质量信息应填写信息传递单来传递、处理，以便于追溯。在日常管理中出现或遇到的重要问题，需要相关职能部门协调处理时，填写信息交流台账传递至有关部门，以便得到及时有效的处理。

D. 员工可以以电话、员工提案、口头等形式向有关部门领导反映现场异常情况或提出合理化建议，员工的反映或合理化建议、提案等要及时进行处理与反馈。

②外部信息的收集与处理。

A. 项目质量负责部门负责质量技术监督局、认证机构等监测、检查结果及反馈信息的收集，并将结果传递到相关部门。

B. 产品质量抱怨投诉执行其他相应规定。

C. 各部门接收到外部相关方的抱怨投诉应填写信息交流台账，并转交有关责任部门进行跟踪处理，并通过接收部门反馈处理信息。

D. 对于上述各方面直接从外部获取的信息，接收部门在一周内反馈到责任部门，由其分类、整理，根据需要传递到相关部门。当出现不符合情况时，按照《纠正和预防措施控制程序》的规定处理。

E. 项目经理部负责与供应商、承包方进行信息沟通，对其提供的产品或服务的质量施加影响。

(3)重要信息的处理。

①重要信息主要包括：

A. 严重违反质量方针、目标的事实和倾向。

B. 可能给项目或项目某一部门或某一事项正常运作的信息。

C. 相关方的投诉和要求、政府要求。

②所有重要信息的产生部门或外部重大信息的第一接受部门，应将信息报告给本项目的项目经理。

③为保证重要信息的处理和实施，必要时，项目经理应提请上级最高管理者，提供必要的资源。

④项目质量负责部门就重要信息的处理进行跟踪及组织验证。

7.3.2　不合格品控制制度

1. 目的

为了对在项目管理过程中和产品交付后发现的不合格品进行识别和控制，防止不合格品的放行、非预期使用或交付，特别编制不合格品控制制度。

2. 范围

不合格品控制制度适用于对项目管理的过程和服务不合格品、最终不合格品、交付后发现的不合格品的控制。

3. 职责

(1)项目经理负责对重大不合格品处置结果进行验证。

(2)项目技术负责人应对重大不合格品处置方法和结果进行审批。

4. 工作程序

(1)不合格品的识别。相关责任人通过实施下列活动识别不合格品：

①产品实现过程的监视和测量(如咨询过程的评审、验证、确认活动；测量过程的检查验收、项目实施的检查验收活动等)。

②产品交付后现场咨询服务或回访服务。

③顾客/上级审查，主管部门监督检查。

④顾客反馈或投诉等。

⑤采购和顾客提供的产品。

(2)不合格品的分类，不合格品一般分为三个等级。

①一般不合格品。

A. 不合格部位可进行返修，并能达到规定要求，返修工作量较小的。

B. 不合格品的处置对施工计划进度影响较小的。

C. 造成的直接经济损失在0.5万元以下的。

②较大不合格品(有下列情况之一者)。

A. 不合格部位可进行返修，并能达到规定要求，但工程量较大的。

B. 不合格部位需作适当的设计修改，施工后可满足规定要求。

C. 对不合格品的处置打乱原进度计划安排，但仅影响阶段施工进度，对总进度未造成影响的。

D. 造成直接经济损失在0.5～5万元之间的。

③重大不合格品(有下列情况之一者)。

A. 不合格部位不能进行返工补修或虽经返工补修，仍达不到规定要求，迫使设计作出重大变更。

B. 不合格发生后需进行返工补修，但打乱原施工进度计划安排，严重影响施工进度的。

C. 造成直接经济损失5万元以上的。

(3)不合格品的标识和隔离。项目咨询产品以相关责任人在图签/报告签署页/记录签字栏的签署为该级别产品合格放行的标识，未经检查/检查发现有问题的产品为不合格品，不合格品相应检查/批准人员不得签署放行，在发现的不合格品得到处置并经验证合格后，方可签署放行。

相关责任人应对不合格品采取隔离措施，停止流转，避免误用。

(4)不合格品的处置和验证。对于项目产品的不合格品，一般采用返工、返修、必要时建议设计更改等措施；对于一般的不合格品，返修后经质检员进行验证。

对于较大不合格品，由项目经理组织有关部门人员，确定采取措施，处置后由项目经理会同质检员进行验证所采取的措施的有效性。

对于重大不合格品，项目经理编写重大不合格品报告并报公司负责人，由公司负责人组织评审并提出处置要求，项目相关人员按处置要求进行纠正，处置后的成果由项目技术负责人会同项目经理、质检员验证合格后，方可放行/交付使用。

7.3.3 过程、产品的监视和测量控制制度

1. 目的

对质量管理体系过程及绩效、原材料、半成品、成品的特性进行监视和测量，以确保满足标准和顾客的要求。

2. 适用范围

过程、产品的监视和测量控制制度适用于本项目质量管理体系运行情况及绩效、法律、法规的遵循情况以及原材料、半成品、成品的监视和测量。

3. 职责

项目质量负责部门负责本项目管理现场的原材料、半成品、成品的监视和测量；各部门负责本部门过程的监控。

4. 工作程序

(1)过程的监视和测量。

①项目质量负责部门负责组织各部门对质量管理体系过程进行监视，并在使用时进行测量，以证实过程实现所策划结果的能力。

②项目质量负责部门负责识别需要监视和测量的过程包括：管理体系的管理活动、资源提供、产品实现和测量、分析和改进的四大过程及其子过程。

③项目主要采用以下方法进行管理体系过程的监视和测量：

A. 管理过程目标量化。项目将重要的质量管理过程要求确定为项目质量目标。项目质量负责部门组织根据项目质量目标，层层分解，转化为各部门具体的项目质量目标，并采取适宜的方法予以落实；每半年进行一次汇总，形成目标考核实施记录，以实现对过程的持续监控。

B. 内部审核。内审是过程的监视和测量的一种方法，通过集中式的审核可实现独立的、较长时期的过程的监控。

C. 日常监督审核。项目经理部对产品实现过程进行随机巡查，对发现的不合格项按照《纠正、预防措施控制程序》的有关规定进行处理。

D. 各部门负责本部门生产和服务过程的识别和日常控制，根据过程输出结果与策划的预定目标的符合情况，进行监视和测量，并对每个过程是否具备持续稳定的能力作出评价。

(2)产品的监视和测量。项目质量负责部门负责编制各类检验规程，明确监测频率、抽样方案、监测项目、监测方法、判别依据、使用的检测设备等。负责对本项目的原材料、半成品、成品进行监视和测量。

①原材料的验证。项目经理部按照原材料检验标准进行原料检验，对现场不能进行直接检验的，可通过采用供方提供的检验合格报告的方式进行验证。

②中间产品(半成品)的检验。项目经理部对在产品(半成品)根据需要进行检验，并予以记录。

③最终产品的检验。项目经理部按照合格后准许接受，否则不能接受。

不合格的原料、半成品、最终产品按照《不合格品控制程序》的有关条款规定进行处理。

7.3.4 内部审核制度

1. **目的**

验证质量管理体系运行是否符合标准的要求，以确保质量管理体系得到有效的实施、保持和改进。

2. **适用范围**

内部审核制度适用于项目质量管理体系所覆盖的所有区域和所有要求的内部审核。

3. **职责**

(1)项目经理负责提供内审资源，批准审核报告。

(2)项目经理负责任命审核组长，批准审核计划，审查审核报告。

(3)项目质量负责部门负责内部审核方案的管理，负责组织实施、监视、评审和改进审核方案。

(4)内审组长负责编制审核计划、主持现场审核、编写审核报告。

(5)内审员负责按计划分工编写检查表，实施审核并记录，编写不合格项报告，参与管理体系评价，跟踪验证不合格项，纠正措施的有效性。

(6)被审核部门负责对本部门的不合格项及时采取纠正措施并有效实施。

4. **工作程序**

内审的过程如表 7－1 所示。

表 7－1 内审过程表

过程名称	责任者	过程输入	工作内容	过程输出
审核策划	项目经理	体系运行状况	确定审核范围、时间及审核员	审核安排
审核安排	企管部	年度审核安排	编制审核安排，通知受审方	受审核方自查
审核开始	审核员	首次会议(审核计划)	审核员按照审核范围、时间进行审核	编制审核检查表
审核实施	审核员	审核职能部门、审核区域项目、审核施工项目	质量体系运行的有效性、施工全过程的产品符合性	客观审核记录(填写审核检查表)
审核结果	审核员	末次会议(审核结论)	汇总、分析主要问题和潜在不合格因素	提出观察项和不合格项报告
审核措施	受审核方	观察项、不合格项报告	对不合格项报告进行整改，制定并实施纠正措施，观察项自行组织整改	按纠正、预防措施整改
审核验证	审核员	整改及纠正预防措施完成情况	书面验证和现场验证	验证记录(必要时，后附认证资料)
审核报告	审核组长 项目经理	整改及纠正措施完成情况	对体系和产品的有效性进行评价	持续改进
提交管理评审	项目经理	审核报告	将审核结果及总体评价、主要问题、改进建议向管理评审作报告	管理评审报告

(1)策划。

①审核方案。每年年初由项目质量负责部门负责编制本年度审核方案,项目经理批准后发放到各有关部门。审核方案的内容主要包括:

A. 审核频次。项目内审一般每年进行一次,经项目经理批准可增加审核次数或进行专项内审,以确定、评价和改进管理体系的符合性和有效性。审核主要解决以下问题:

a. 解决管理体系运行中的明显问题。

b. 解决顾客(业主)的重大投诉或抱怨。

c. 对所出现的严重不合格品或发生的重大质量、安全、环保事故进行调查处理。

d. 判断是否具备接受第二方/第三方审核的条件等。

B. 审核范围。具体见下文。

C. 审核准则。具体见下文。

D. 审核方法。具体见下文。

②审核的目的。在管理体系运行过程中定期进行内审的主要目的是:评价和确定项目的管理体系是否符合产品实现策划的安排,项目管理体系文件的规定和管理体系标准的要求,体系是否得到有效的实施和保持及是否达到了预定的目标,提出存在的问题并采取措施进行整改,促进管理体系的不断完善和持续改进。

③审核的范围。通常项目内审的范围包括项目管理所涉及的所有过程、部门、岗位、设施。增加的内审可根据需要只覆盖相关的部分过程、部门、岗位、设施。

④审核的准则。

A.《标准质量管理体系》(GB/T19001－2000)及 ISO9001:2000 标准。

B. 管理体系文件。

C. 国家/行业/地方适用的法律法规和专业技术标准。

⑤审核的方法。项目内审采用随机抽样的方法,即内审员在现场审核时,对被审核的人员/项目/文件/记录等样本随机抽样,所选择样本在时间、数量、阶段、类型等方面必须要有代表性,应尽可能客观真实地反映出实际情况。

现场审核中可根据实际情况灵活采用观察、询问、查阅等方式进行审核并及时记录审核结果。

⑥审核的资源。为确保内审的顺利进行,项目经理负责协调安排,确保审核所需必要资源的获得,其资源主要有:

A. 审核员学习培训和再培训所需的财务资源。

B. 审核期间办公所需的设施、交通、通信、食宿安排等后勤资源。

C. 审核所需内审员、技术专家(必要时)等人力资源。

D. 审核工作文件、指导书等技术资源。

(2)审核的程序。

①审核的策划。

A. 根据年度审核方案,项目经理组织项目质量负责部门确定审核的可行性和具体时间,任命审核组长,组成审核组。

B. 审核组成员应经过培训,具有内审员资格并具备与受审核部门相关的专业能力。

C. 审核员不能审核自己的工作。

②审核的实施。

A. 文件评审。审核前和审核过程中,审核组成员应进行文件评审,识别并提出文件中存在的问题,并结合现场审核提出的问题一并进行整改。

B. 审核准备。审核组长负责编制审核计划,报项目经理批准,并下发被审核部门。计划的内容包括:审核的目的、范围、准则、审核组成员及分工、审核日程安排等;项目经理组织项目质量负责部门准备和落实审核所需的各方面资源;审核前,审核组长组织审核组成员召开审核预备会,明确审核的分工和要求,审核员按审核计划分工查阅文件、准备检查表。

③现场审核。

A. 首次会议由审核组长主持,明确审核的目的、范围、准则、程序和方法,确认内审日程安排;组织项目领导层、项目技术负责人、被审核部门负责人、审核组成员参加并签到,组长指定专人负责记录。

B. 审核组到被审部门进行现场审核,收集管理体系有效运行的客观证据。内审员应客观公正、认真负责,作好审核记录,并将发现的问题填写不合格项报告。

审核组内部会议由组长主持,汇总审核情况及存在的问题,确定不合格项,分析、评价和确定管理体系的符合性和有效性,讨论和确定审核结论,并由组长起草审核报告。

C. 末次会议由审核组长主持,报告审核情况,宣布审核结论,提出存在的问题、改进要求和建议,组织项目领导层、项目技术负责人、被审核部门负责人、审核组成员参加并签到,组长指定专人负责记录。

D. 组长编写审核报告,经项目经理审查、项目经理批准后发各部门和有关领导。审核报告内容包括审核目的、依据、范围、日程、审核组成员、内审情况综述、不合格项报告、不合格项统计分析结果和管理体系评价审核结论等。

E. 被审部门针对存在的问题和不合格项,认真分析原因,举一反三,制定纠正措施并有效实施。

④审核的跟踪。现场审核后,由项目质量负责部门组织内审员对责任部门采取的纠正措施的实施效果进行跟踪验证并记录,当验证发现不能达到预期目的、防止再发生时,责任部门应重新分析原因,制定纠正措施,并再次由内审员验证。最后,由项目质量负责部门填写纠正措施完成情况统计表。

⑤审核的记录。每次内审的记录由项目质量负责部门负责收集、审查、归档、保存和处置,主要包括年度审核方案、审核计划、检查表及检查记录、首末次会议记录及签到表、不合格项报告、审核报告等。

⑥审核的监视、评审。项目质量负责部门负责对审核方案进行监视和评审,以确定审核方案的适宜性以及实施的符合性和有效性。监视和评审的内容包括:

A. 审核组实施审核计划的能力。

B. 审核的策划、实施及资源的提供等活动是否符合审核方案和审核计划的日程安排。

C. 审核是否有效,是否实现了审核的目的。

D. 受审核部门和审核员的反馈。

E. 改进的需要。监视和评审发现的问题应及时采取措施进行改进,结果向项目经理汇报。

(3)持续改进。管理评审后,项目质量负责部门将年度审核计划实施情况、实施效果及改进建议提交管理评审。

7.3.5 纠正和预防措施控制制度

1. 目的

为确保质量管理体系有效性数据得到及时沟通和利用,并寻找质量管理体系运行中存在的薄弱环节以实施改进,特制定纠正和预防措施控制制度。

2. 范围

纠正和预防措施控制制度适用于项目来自监视和测量的结果以及其他有关来源的数据的分析、利用,以及纠正措施与预防措施的管理。

3. 职责

(1)项目经理负责批准纠正和预防措施。

(2)项目经理负责组织评审纠正和预防措施并组织验证纠正和预防措施实施效果。

(3)项目质量负责部门负责组织收集、分析与体系、生产过程、成果质量、顾客满意及供方有关的数据。

(4)有关部门负责人负责沟通有关本部门信息并制定、实施与本部门有关的纠正和预防措施。

(5)项目经理负责沟通有关项目信息并制定、实施与本项目有关纠正和预防措施。

4. 工作程序

(1)数据类型。

①顾客满意。

A. 顾客反馈数据,包括顾客满意和不满意。

B. 顾客反馈的处置数据。

C. 顾客财产有关数据。

②成果质量。

A. 成果满足规范要求方面的数据。

B. 服务质量方面的数据。

③过程数据。

A. 项目要求评审数据。

B. 工程项目实现过程的有关数据。

C. 人力资源、生产设备、设施和工作环境方面数据。

D. 管理方针评审、管理目标考核、职责权限规定、过程和产品的检查、内部审核、纠正和预防措施效果、管理评审实施状况和效果等方面数据。

④供方。

A. 项目对外分包有关数据。

B. 分包成果质量数据。

C. 供方提供服务方面的数据。

(2)数据来源。

①顾客满意度信息。

②项目有关记录。

③内审和外审结果。

④各部门反馈的关于项目实施情况的报告。

⑤工程回访结果。

⑥政府职能部门年检或质量抽查结果。

⑦项目分包信息。

⑧项目总结。

⑨组织内部员工反馈的各种质量信息。

⑩竞争对手的相关信息等。

(3)收集数据。项目质量负责部门以采用过程和成果质量检查、成果质量抽查、内部审核、参加生产有关部门会议、工程回访、在建项目走访、分析顾客组织的审查会议纪要、收集获奖资料等方式收集有关数据;有关部门负责人及其他员工随时向项目质量负责部门沟通相关信息。

(4)分析数据。项目质量负责部门每年采用统计表方法将上半年收集的数据进行分析,分析结果以半年报向全项目发布;每年年底前,将全年收集的数据进行汇总分析,分析结果以年报向全项目发布。

分析结果需提供以下方面的信息:顾客满意和不满意,与工程项目要求的符合性,与顾客有关的过程、项目实现过程、项目后期服务过程、项目分包过程的特性满足规定的目标的能力和趋势,项目协作单位信息等。

半年报/年报发布内容包括:数据来源及数据分析的结果、各过程运行效果及以往不足的改进效果、项目成果质量状况、存在的不足及需要采取纠正和预防措施的薄弱环节。

半年报/年报经项目经理审查、批准后发放至有关部门负责人/项目经理。

数据分析的结果作为管理评审的输入、持续改进的依据,项目质量负责部门保存好有关记录。

5. 纠正和预防措施

项目质量负责部门根据数据分析发现的不合格或潜在不合格的严重程度,确定实施纠正和预防措施。

(1)纠正措施。采取纠正措施的时机:

①产品实现过程中出现质量不合格品并重复发生。

②走访或与顾客座谈,结果对项目质量不满意,并有具体事例比较严重时。

③收到反馈的质量不合格的记录。

④顾客的投诉或顾客对同类问题连续提出抱怨。

⑤供方的产品或服务出现严重不合格。

⑥内审和外审发现的不符合项,管理评审中发现的不符合项。

⑦质量管理工作中,出现不符合法律、法规要求时。

⑧其他。

(2)纠正措施的实施。针对影响产品质量和本项目信誉的不合格现象,应按以下步骤采取纠正措施:

①项目质量负责部门负责对数据分析发现的不合格项进行评审,确定是否需要采取纠正措施。

②责任部门负责人对确定需要采取纠正措施的不合格原因进行分析并确定原因和需要采取的纠正措施。

③项目经理组织项目质量负责部门对责任部门提出的纠正措施进行评价并确定所采取的措施。

④责任部门负责人组织实施评价后的纠正措施。

⑤项目经理组织项目质量负责部门对责任部门实施的纠正措施效果进行验证。

⑥项目经理负责将纠正措施实施效果提交管理部门进行评审。

⑦项目质量负责部门负责记录。

(3)预防措施。

①识别潜在的不合格。项目应识别潜在的不合格,采取预防措施,以消除潜在的不合格原因,防止不合格的发生。所采取的预防措施应与潜在问题的影响程度相适应。

潜在不合格、不符合的信息来源:

A. 质量监督部门。

B. 社会相关部门。

C. 顾客的需求、期望、意见和满意度。

D. 审核报告、管理评审的输出。

E. 数据分析的输出。

F. 过程和产品测量的结果。

G. 关于产品质量管理的建议。

各相关部门应及时了解体系运行过程的有效性,了解过程、产品质量趋势及顾客和相关方的要求和期望,在日常对体系运行的检查和监督过程中,及时收集以上各方面反馈的信息。

②确定潜在不合格、不符合原因。相关部门应对发现可能影响工程质量的潜在不合格、不符合进行原因分析。

项目经理部每季度召开一次技术、质量工作会,分析施工中的质量变化情况,发现潜在不合格项并分析原因。

③预防措施的制定和评审。

A. 预防措施的制定,以利于体系的持续改进和提高顾客与相关方满意度为目的。

B. 项目相关部门应针对潜在不合格、不符合的原因,在权衡风险、利益和成本的基础上,制定适当的预防措施。

C. 有关项目质量的预防措施,报项目负责人审核,项目经理批准后执行。

D. 与体系运行有关的预防措施,报项目质量负责部门,项目经理审批后实施。

E. 当潜在的不合格原因是由于管理体系的有关文件不完善所致时,按照《文件控制程序》对相关文件进行修改。

④预防措施的实施。针对影响产品质量和本项目信誉的潜在不合格现象,应按以下步骤采取预防措施:

A. 项目质量负责部门负责确定数据分析中潜在不合格及其原因,并报告项目经理。

B. 项目经理负责组织项目质量负责部门及有关人员制定并评价拟采取的预防措施。

C. 项目经理确定所采取的预防措施。

D. 责任部门负责人组织实施预防措施。

E. 项目质量负责部门负责记录预防措施的实施结果。

F. 项目经理通过管理评审评价所采取预防措施的效果。

7.4 项目风险管理制度

7.4.1 项目风险管理大纲

1. 目的

制定项目风险管理大纲的目的如下：为控制项目风险，降低项目经营成本，提高项目效益，首先应制定项目风险大纲。

2. 定义

项目风险管理大纲所指项目风险是所有影响项目目标实现的不确定因素的集合。

(1)风险管理是识别和评估风险，建立、选择、管理和解决风险的可选方案的组织方法。

(2)项目经理是风险管理的主体。

(3)风险管理应注意选择最佳风险管理技术的组合。

3. 树立正确的风险认识观

项目全体成员必须树立正确的风险认识观。

(1)风险可能造成的危害。具体如下：

①未实现营销目标，导致顾客抱怨，公司声誉或形象受到损害，市场份额丢失。

②法律索赔。

③负债。

④导致人力和财力资源的浪费。

⑤危及健康和安全。

⑥使用和运输中出现问题。

⑦顾客的信任丧失。

(2)风险可能带来的机遇。具体如下：

①风险与利润同在，风险越大，利润越大。

②风险可以激励人的能动作用。

③在险象环生的背后其实有规律可循。

④风险与安全具有辩证的统一性。

4. 目标

风险管理的目标有损失发生之前和损失发生之后两种。

(1)损前目标。

①经济目标。项目经理应以最经济的方法预防潜在的损失，这要求对安全计划、保险以及防损技术的费用进行财务分析。

②减轻项目团队对潜在损失的恐惧和忧虑。

③履行外界赋予企业的责任。

(2)损后目标。

①企业生存。在损失发生之后，企业至少要在一段合理的时间内部分恢复生产或经营。

②保持企业经营的连续性。

③收入稳定。保持企业经营的连续性便能实现收入稳定的目标，从而使企业效益保持持

续增长。

④社会责任。尽可能减轻企业受损对他人和整个社会的不利影响，因为企业遭受一次严重的损失会影响到员工、顾客、供货人、债权人、税务部门甚至整个社会的利益。

5. **风险管理的原则**

(1)全面周到原则。项目面临的风险多种多样，对不同风险的处置要实现不同的目标，往往需要采用多种措施，每一种措施都有各自的适用范围和局限性。项目管理者要把所有可供选用的对策仔细分析、权衡比较，在全面周到的基础上寻找对策的最佳组合。

(2)符合企业发展总目标的原则。企业发展总目标是一切项目活动的出发点和归宿，项目管理者制定的风险管理目标必须符合项目总目标的要求。

(3)量力而行的原则。在进行一定的投入(即选择某一风险机会)时，必须充分考虑企业的能力。这包括：财务状况，承担风险的能力，选择某一风险机会时可能出现的最坏结果。

(4)成本效益比较的原则。在项目决策过程中，要以成本与效益相比较这一原则作为权衡决策方案的依据。在实际操作中，比较可行的办法是在获取同样安全保障的前提下选择成本最小的决策方案。

(5)注重运用商业保险的原则。项目管理者制定风险管理的损后目标，尤其是处置那些估测不准、发生概率小但损失程度大的风险，应运用商业保险来规避风险。

6. **风险管理基本程序**

(1)风险识别。风险识别是风险管理的基础，是指对企业所面临的及潜在的风险加以判断、归类和鉴定性质的过程。

(2)风险衡量。风险衡量是通过对这些资料和数据的处理，得到关于损失发生概率及其程度的有关信息，为选择风险处理方法，进行正确的风险管理决策提供依据。

(3)风险处理。风险处理是针对经过风险识别和风险衡量之后的风险问题，决定采取行动或不采取行动。

(4)风险管理效果评价。风险管理效果评价是对风险管理技术适用性及其收益情况的分析、检查、修正与评估，使选择的风险管理技术适应变化的情况需要，从而保证管理技术的最优使用。

7. **项目管理办公室职责**

(1)衡量项目进展状况的标准。

(2)监视项目实际进展所需的信息。

(3)必要时采取调整和纠正行动的权限。

(4)从各种备用措施中选取最优者加以实施的能力。

➢7.4.2　项目风险管理工作规范

1. **目的**

为进一步增强项目风险管理工作，更好地防范项目风险，明确权责，在明确了项目风险大纲的基础上应进一步制定项目风险管理工作规范。

2. **总则**

(1)风险管理的主旨是找出必要的对策以满足风险分析提出的要求。

(2)风险分析中识别出的风险应该按下述顺序依次处理：

①影响程度高,发生概率大的风险。

②影响程度高,发生概率较小的风险。

③影响程度较低,发生概率小的风险。

(3)风险管理的不同对策。

①风险避免。

②损失控制。

③自留风险。

④风险转移。

3. 风险避免

(1)拒绝承担风险。

(2)放弃以前所承担的风险。

4. 损失控制

(1)一般处理。

①在损失发生前全面地消除损失发生的根源,并竭力减少致损事故发生的概率。

②在损失发生后减轻损失的严重程度。

(2)具体途径。

①损失预防。在项目活动开始之前,采取那些能够降低损失发生概率的措施,减少风险因素或防止风险因素的出现。

②减少已存在的风险因素。

③将风险因素同人、财、物在时间和空间上隔离,以达到减少损失和伤亡的目的。

④经过对风险辨认后,应对每一个风险进行详细的说明,包括风险产生原因、条件、环境、后果与控制发生的要领等。

⑤通过全员教育,使员工树立风险意识,进而主动控制风险,把风险消灭在萌芽中。

⑥以制度化的方式从事项目活动,减少不必要的损失。

⑦增加可供选用的行动方案数目,提高项目各组成部分的可靠性,从而减少风险发生的可能性。

⑧合理设计项目组织形式。若项目发起单位在财力、经验、技术、管理、人力或其他资源方面无力完成项目,可以同其他单位组成合营体,以预防自身不能克服的风险。

⑨减少损失程度。在损失发生后尽量采取各种措施,以减轻损失的严重程度和不利后果。

5. 自留风险

(1)风险可以自留的情形。

①自留费用低于保险人的附加保费。

②项目的期望损失低于保险公司的估计。

③项目有许多参与单位,即相对来说,每个单位的风险较小,共同抵御风险的能力较大。

④项目的最大潜在损失与最大预期损失较小。

⑤短期内项目有承受预期最大损失的能力。

⑥费用和损失支付分布在很长的时期内,因而导致有很大的机会成本。

(2)风险不自留的情形。

①自留费用大于保险人的附加保费。

②项目的期望损失大于保险公司的估计。

③项目的风险单位较少。

④项目的最大潜在损失与最大预期损失较大。

⑤投资机会有限且收益低。

⑥项目在短期内没有承受最大预期损失的能力。

6. 风险转移

(1)转移原则。

①必须让承担风险者得到相应的回报。

②对于各具体风险,让最有能力管理风险的企业分担。

(2)转移方式。

①出售。通过买卖契约将风险转移给其他单位。

②发包。通过从项目执行组织外部获取货物、工程或服务而把风险转移出去。

③开脱责任合同。在合同中列入开脱责任条款,要求对方在风险事故发生时,不要求项目班子本身承担责任。

④保险与担保。

A. 保险是转移风险最常用的一种方法。投保项目如下:

a. 工程,连同准备用于或安装在工程中的材料和工程设备,保险金额要达到全部重置成本。

b. 相当上述重置成本15%的一笔数额,用于支付补救损失或损坏,或因补救损失或损失而引起的额外增加的任何费用,包括专业服务费以及拆除和迁移工程的任何部分及迁移任何性质的废弃物的费用。

c. 承包商运至现场的承包商的设备和其他物品,保险金额要达到这些设备和物品运至现场后的全部重置成本。

B. 担保,指为他人的债务、违约或失误负间接责任的一种承诺。在项目管理上是指银行、保险公司或其他非银行金融机构为项目风险负间接责任的一种承诺。

7.4.3 项目风险识别实施办法

1. 目的

为完善项目风险管理制度,降低项目运作成本,应制定切实可行的项目风险识别实施办法。

2. 定义

项目风险识别是指在风险事故发生之前,人们运用各种方法系统地、连续地认识所面临的各种风险以及分析风险事故发生的潜在原因。

3. 宗旨

(1)衡量风险的大小。

(2)为风险管理提供最适当的对策。

4. 可能的风险来源

(1)人员方面。

①能否挑选到合适的项目成员。

②项目成员是否有处理相关工作任务的经验。

③项目领导在下行沟通中是否让项目成员清楚地认识到了相关工作的要求。

(2)技术方面。

①所需采用的技术是否通过验证。

②技术的可靠程度。

③获得技术的途径。

④该技术的易处理性、可操作性如何。

(3)行政方面。

①项目所获得的支持度大小。

②项目经理对项目利益相关群体的控制度。

③消极的利益相关者对项目影响力的大小。

④项目管理层与项目利益相关者的沟通情况。

(4)财务方面。项目经理对项目资金的控制程度。

(5)法律方面。公司对项目中任何一部分所出现的问题是否负有法律方面的责任。

(6)物质方面。项目任务运作中可能存在的内在物质风险。

(7)环境方面。

①天气因素对项目可能造成的影响。

②地理因素对项目可能造成的影响。

5. 项目风险的种类

(1)静态风险。

①资产的物理损失。

②欺诈及犯罪的损失。

③法律的错误判断(按法律规定承担的赔偿责任)。

④利润的减少(企业收益能力的减退)。

⑤经营者的行为能力丧失。

(2)动态风险。

①管理风险。

②政治风险。

③技术革新风险。

6. 风险识别程序

(1)感知风险,即了解客观存在的各种风险。

(2)分析风险,即分析引起风险事故的各种因素。

7. 风险识别操作要点

(1)风险管理部门在识别风险时,必须把各种方法结合起来,相互补充。

(2)项目经理应尽量向风险管理部门以外的人征求意见,以求得对项目风险的全面了解。

(3)项目经理应会同项目风险管理部门成员制订一个连续的风险识别计划。

(4)风险识别计划的拟订应讲究经济上的合理。

(5)风险管理部门必须负责准确记录风险识别的结果。在识别工作开始前应准备好将要用到的记录表格,完成识别工作后,将所获取的相关资料整理保存。

8. 项目风险识别结果处理

(1)已识别的项目风险应由风险管理部门拟订风险报告书上呈项目经理。

风险报告书内容包括：

①已识别项目风险发生概率的大小估计。

②项目风险可能影响的范围。

③项目风险发生的可能时间和范围。

④项目风险事件带来的损失。

(2)风险管理部门需对可能性或者损失相对比较大的潜在项目风险进行跟踪和严格评估。

7.4.4　项目风险评价规则

1. 目的

为规范项目风险评价工作，完善项目风险管理，降低项目运作成本，在项目风险识别的基础上应制定详尽的项目风险评价规则。

2. 定义

风险评价是指在风险识别和风险衡量的基础上，把损失频率、损失程度以及其他因素综合起来考虑，分析风险可能对项目造成的影响，寻求风险对策。

3. 项目风险评价准则

(1)风险回避准则。风险回避是最基本的风险评价准则，它要求项目管理人员对风险活动采取禁止或完全回避的态度。

(2)风险权衡准则。风险权衡准则需要项目管理人员确定可接受风险的限度。

(3)风险处理成本最小准则。这一准则是指当项目风险的处理成本足够小时，该项目的风险可以被接受。

(4)风险成本/效益比准则。这一准则是要求风险处理成本应与风险收益相匹配。

(5)社会费用最小准则。这一准则要求社会在承担项目的风险时，其付出的费用也应最小。

4. 风险评价的五个基本因素

(1)人为因素。

①决策失误。

②工作失误。

③怠工。

④身体缺陷等。

(2)设备因素。

①设备不良。

②设备磨损。

③设备损失事故等。

(3)物的因素。有毒物、有害物、易燃易爆物的使用。

(4)市场因素。

①消费者心理。

②消费水平。

③市场竞争等。

(5)管理因素。项目经理及主要部门负责人的决策和控制水平。

7.4.5 项目风险控制规定

1. 目的

为保证随时监测项目风险管理的实施,便于调整项目计划,实现其可执行性,应当对项目风险的控制进行可操作性上的规定。

2. 定义

项目风险控制是指在风险事件发生时,实施风险管理计划中规定的规避措施。当项目的情况发生变化时,要重新进行风险分析,并制定新的规避措施。

3. 项目风险控制目标

(1)及早识别项目风险。通过开展持续的项目风险识别和度量工作,尽早发现项目所存在的各种风险,以及项目风险各方面的特性。

(2)努力避免项目风险事件的发生。在识别出项目风险以后,采取各种风险应对措施,积极避免项目风险的实际发生,确保不给项目造成不必要的损失。

(3)积极消除项目风险事件的消极后果。在项目风险发生后,积极采取行动,努力消除这些风险事件的消极后果。

4. 项目风险控制的依据

(1)风险管理计划。

(2)实际发生的风险事件。

(3)随时进行的风险结果识别。

5. 项目风险控制实施步骤

(1)建立项目风险控制体制。项目开始之前,根据项目风险识别和度量报告所给出的项目风险的信息,制定出整个项目的风险控制的大政方针、项目风险控制的程序以及项目风险控制的管理体制,具体包括:项目风险责任制度、项目风险信息报告制度、项目风险控制决策制度、项目风险控制沟通程序。

(2)确定要控制的具体项目风险。项目风险管理人员应按照项目具体风险后果严重性的大小和风险的发生概率,以及项目组织的风险控制资源情况去确定要进行风险控制的项目。

(3)确定项目风险的控制责任。

①所有需要控制的项目风险都必须落实负责控制的具体人员,同时要规定各人员的具体责任。

②一个项目风险的控制工作必须由专人负责,不能分担。

(4)确定项目风险控制的行动时间。对项目风险的控制需制订相应的时间计划和安排,计划和规定解决项目风险问题的时间表与时间限制。

(5)制订具体项目风险的控制方案。

①由具体负责项目风险控制的人员根据风险的特性和可能发生的时间,制订出具体的项目风险控制方案。

②找出能够控制项目风险的各种备选方案,并对其作必要的可行性分析,以验证各风险控制备选方案的效果,最终选定要采用的风险控制方案或备用方案。

③需针对风险事件的不同阶段制订出不同阶段使用的风险事件控制方案。

(6)实施具体项目风险控制方案。

①按照确定的具体项目风险控制方案,开展项目风险控制活动。

②根据项目风险的发展与变化,不断地修订项目风险控制方案与办法。

(7)跟踪具体项目风险的控制过程。

①利用跟踪去确认所采取的项目风险控制活动是否有效,项目风险的发展是否有新的变化等,进而指导项目风险控制方案的具体实施。

②通过跟踪,给出项目风险控制的工作信息,根据这些信息改进具体项目风险控制方案的实施,直到对风险事件的控制完结为止。

(8)判断项目风险是否已经消除。通过相关方法判断项目风险是否已消除。如果认定某个项目风险已经消除,则该具体项目风险的控制作业就已经完成。

7.4.6　项目危机处理工作实施办法

1. 目的

为完善项目管理制度,规范项目危机处理工作,特制定项目危机处理工作实施办法。

2. 定义

(1)危机的定义。项目危机处理工作实施办法中的危机是指由于内在矛盾的激化,项目工作已经不能按照原有的轨道发展下去,同时新的秩序又没有建立起来,使新旧两种机制发生摩擦而不能发挥有效的作用,以致出现大量的失控、混乱、无序的状况。

(2)危机出现的原因。

①自然与不可抗拒原因,包括自然的灾害、战争。

②社会原因,包括政治原因、经济原因、法律原因。

(3)危机可能造成的后果。

①降低利润。

②引起人身伤害。

③引起赔偿的责任。

④失去市场。

⑤商业信誉被破坏。

⑥丧失部分权利。

⑦直接导致企业破产。

3. 迅速控制事态

突发事件发生后,能否首先控制住事态,使其不扩大、不升级、不蔓延,是处理整个事件的关键。

(1)心理控制。对事件的参与者,首先应进行心理控制,减轻其心理压力。在突发事件发生的现场,项目管理者要特别注意以“冷”对“热”,以“静”制“动”,切不可惊恐急躁,乱了分寸。如果项目管理者精神振作、沉着镇定,其他工作人员也就有了主心骨,心理压力会大大减轻。

(2)组织控制。

①在组织内部进行正面引导,使大多数人有清醒的认识,稳住阵脚。

②迅速查清引起突发事件的首要人物,予以重点控制。控制住首要人物,使其活动受到限

制，事态才能不继续扩大升级。

③对于自然性的突发事件，应马上组织抢险救援，既要防止灾害扩大，波及更多地区；又要控制受灾地区，不使灾情加重。要使整个抢险救灾工作处于严密的组织指挥之下，避免无人负责或多人负责、打乱仗的现象。

④迅速控制事态，必须遵循快速、理智的原则。

4. 项目危机处理程序

(1)收集事实。动用一切可行的手段，准确地掌握大量的现象和事实材料。具体的操作方法主要有以下几种：

①公开调查法。公开调查法是常用的和主要的获得材料的方法，对各类突发事件都适用。

②隐蔽调查法。隐蔽调查法是获取一些重要材料、真实情况的重要途径。

③间接调查法。通过间接的渠道可以获取很多有价值的材料，而且还能了解到中坚力量的思想倾向和活动情况，为领导者作出决策提供可靠依据。

(2)确定事件的性质。组织有关人员全面地认识事件的各种现象，在此基础上，仔细分析和认识各种现象之间和现象背后的因果联系。通过这个过程，去伪存真、去粗取精、由此及彼、由表及里，透过各种现象把握事件的本质。

(3)制定总体措施。事件的来龙去脉和性质确定之后，必须据此迅速制订处理事件的总体方案。在提出决策方案时，应注意以下三个问题：

①必须具有针对性和可行性。有关突发事件的处理事宜对项目管理者素质和能力的要求特别高，不允许决策再出现失误和漏洞，也不允许在执行过程中软弱无力。

②在抓主要矛盾的同时，注意总体配合、综合治理。不能头痛医头，脚痛医脚，掩盖矛盾，埋下危机。

③要进行多种方案的选择，作多种准备，不能简单行事。

5. 果断解决问题

(1)周密组织。

(2)抓住关键。

(3)圆满善后。

6. 针对危机后果进行处理

(1)先着重处理人身和物质方面的消极后果，如短期内的伤员医治、死者善后事宜；后组织清理现场，修整或重建厂房，更新设备，准备恢复生产等。

(2)在一个较长的时期内，通过各种方式的努力消除心理方面的消极影响。

7. 危机处理工作要点

(1)面对灾难，应考虑到最坏的可能，并及时有条不紊地采取行动。

(2)危机发生时，要以最快的速度设立“战时”办公室或危机控制中心，调配训练有素的专业人员，以实施危机控制和管理计划。

(3)设立专线电话，让训练有素的人员来接专线电话，以应付危机期间外部打来的大量电话。

(4)设法使受到危机影响的公众站到组织的一边，帮助组织解决有关问题。

(5)邀请公正、权威性机构来帮助解决危机，以便确保社会公众对组织的信任。

(6)时刻准备应付意外情况，随时准备修改组织的计划，切勿低估危机的严重性。

(7)要善于创新,以便更好地解决危机。

(8)别介意临阵退却者,因为有更重要的问题要处理。

(9)把情况准确地传达给总部,不要夸大其词。

(10)危机管理人员要有足够的承受能力。

(11)当危机处理完毕后,应吸取教训并以此教育其他同行。

7.5 项目合同管理制度

项目合同管理制度应该根据国家和地方的相关法律法规,结合企业和项目实际编制,本节介绍几种可供参考的项目合同管理制度。

7.5.1 项目合同管理制度

1. 总则

(1)为维护企业的合法经济利益,加强合同(或协议,下同)管理,促使承办人员自觉地依法签订合同,严格履行合同,实现企业对合同的规范化、程序化管理,根据《民法通则》、《合同法》及结合企业的实际情况制定本制度。

(2)各主管部门、承办人员在遵守国家有关法律、法规的情况下,严格按照本制度,对合同进行全面管理,并接受公司的监督、检查。

(3)合同管理实行"统一归口、分级管理"的办法,企业各部门对合同的管理集中向总经理负责。

2. 项目合同管理机构设置

(1)合同由合同管理小组归口管理,小组人员由各部门设置兼职合同管理人员组成,并由企业专职人员负责;各承办人员具体负责各自授权范围内合同的签订、履行等工作。

(2)合同管理专职人员的主要职责。

①草拟和完善合同管理制度,并督促各部门的具体实施。

②为企业业务人员签订合同提供法律咨询、业务指导,必要时参加合同的签订工作。

③审查有关部门的合同是否合法、明确、完整、规范,并监督、检查其履行情况。

④负责建立企业的合同统计台账,对各部门兼职合同管理人员进行监督、考核。

⑤协助各部门承办人员处理合同纠纷,办理有关合同的签证、公证、协商、调解、仲裁、诉讼等有关事宜。

(3)企业各部门兼职合同管理人员的职责。

①负责建立本部门合同管理台账。

②在合同履行过程中,发现问题应及时报告部门负责人、经办人、合同专职管理员,并认真分析、解决。

3. 项目合同的签订原则及办法

(1)订立经济合同的双方应当遵循平等互利、协商一致的原则。

(2)合同必须由企业法定代表人或其授权的委托代理人在其授权范围内签订。

①企业法定代表人或法定代表人指定的人员经授权即为签订合同的委托代理人,这些人员在对外签订合同时,必须对公司及授权人负责。

②代订合同时，必须事先取得委托人(法定代表人)的委托证明，表现为授权委托书。但经办人员依法持有单位的业务介绍信，也视为享有代理权。

③有关经办人员未经授权不得擅自以委托人的名义与其他单位签订合同，也不得超越代理权限或以委托人名义又与自己所代理的其他单位签订合同，否则对因此造成的损失自行负责。

④经办人必须在授权范围内对外签订书面合同，原则上不得订立口头合同。

(3)合同代理人在签约前，应当对对方主体资格、资信情况和履行能力进行认真审查，不可盲目草率，避免上当受骗。

①对方是法人的，要看是否依法取得了营业执照，参加签订合同的人是否为该法人的法定代表人或法定代表人所授权委托的委托代理人。前者应出示法人代表证明书等身份证明；后者除授权委托书外，还应出示本人身份证明，并注意审查授权委托书的内容、权限范围、有效期限。对方是其他经济组织时，要看是否有工商机关依法核准登记的证明材料。

②要审查签约对方的注册资金、生产经营能力，以保证企业合同的履行率。

③在签约前，还应当调查了解对方当事人的经营状况、商业信誉等与合同有关的事项。

(4)合同的主要条款。

①标的(指货物、劳务、工程项目等)。

②数量、质量。

③价款或酬金。

④履行期限、地点和方式。

⑤违约责任。

⑥法律规定或按照合同的不同性质而要求必备的条款以及当事人一方要求在合同中必须规定的条款。

(5)合同文书要使用统一文书和经工商部门监制的规范文书，也可以经批准在一定范围内使用标准合同，如需要临时起草的，比如协议书，在起草时的主要必备条款不能遗漏，语义要明确、完整，各条款的书写要清晰。

(6)在审查合同时，主要集中在合同的可行性、合法性、效益性等三方面。

①可行性审查。要看签订合同是否属于生产经营所需。

②合法性审查。要看签订合同是否有法律依据；合同必备主要条款是否完整，是否符合国家有关法律、法规和企业有关制度规定的要求。

③效益性审查。要审查合同将来履行后，能否给企业带来预期的经济效益。

(7)各部门签订合同、协议时，必须按评审单程序进行评审，具体审批权限如下：

①销售合同由销售部门负责人审批。

②固定资产采购合同必须经总经理审批才可执行。

③单件××元(如2000元)以上、合同总额在××元(如10000元)以上或月消耗在××元(如10000元)的物资采购(含外协加工)，都必须签订合同。常用、大量、月消耗在××万元(如10万元)以下的物资采购合同协议由主管副总经理审批(钢材购销合同由总经理审批除外)；常用、大量、月消耗在××万元(如10万元)以上的物资采购合同、协议，必须经总经理审批才可执行。

④非生产性物资的采购合同、协议，由部门负责人审核后，报公司办公室主任审批，总经理

同意后执行（日常生活及办公用品采购合同、协议，办公室主任审批即可）。

⑤技术协议（技术改造、技术开发、技术转让、技术合作等）作为一份独立的合同，均由技术使用部门、企业技术部门审核后报总经理审批；技术协议如作为合同的附件，必须由使用部门会同技术部门草拟后与合同一起评审后签订。

⑥项目责任书的签订由部门负责人审核后报总经理审批。

⑦除上述以外其他合同、协议，经部门负责人审核后，报总经理审批。

⑧合同、协议中的付款方式均须经财务部审核。

⑨合同在评审过程中，如有评审意见须按意见进行修改；如不采纳评审意见，须在评审单上注明理由，并经意见提出人签字认可，方可转下一程序进行评审。

(8)除销售合同及一般物资采购合同可由经办人作为代理人签字外，其他合同、协议均应由部门负责人作为代理人签字。

(9)企业可根据实际需要，相应增加合同评审环节。

4. 项目合同的履行、变更和解除

(1)合同签订后，根据需要把合同副本发送有关部门，正本交本部门合同管理人员及时入账登记、编号、归档。在合同生效后，由经办部门或经办人员负责根据合同要求的交货期及时列入生产计划、采购物资、收付货款，确保合同的履行。

(2)在采购合同履行过程中，经办人如果发现对方发货数量、质量、价格、交货期限、付款期限等不符合国家有关规定及合同约定的，合同经办人员应当立即向对方提出书面异议。

(3)在销售合同履行过程中，各业务员应严格执行现行销售政策和有关制度，发挥主观能动性、积极性。

(4)经办人如果发现使合同难以履行的重大问题时，应当及时向该部门负责人汇报，由该部门负责人提出相应处理意见后，经总经理核准后执行。

(5)如果因我方不能履行或不能完全履行时，合同经办人员应当及时以书面形式与对方联系，协商修改或中止合同，并限期答复以免影响信誉，给企业造成经济损失。

(6)如果对方当事人要求变更、解除合同时，应当在确保企业合法权益不受侵犯或受到的损失得到补偿的前提下慎重研究，妥善处理。经办人应将合同的变更或解除情况通知本部门合同管理人员及时登记入账。

(7)合同的变更或解除，应按照平等互利的原则，经双方当事人协商同意。其通知或协议应当采取书面形式，以利有据可查。

(8)合同管理员对合同履行情况进行跟踪，督促经办人员及时履行合同，对已经变更或解除的合同，在登记台账上注明变更、解除原因及其内容。

(9)应收账款应以业务员自清为原则，在必要的阶段由公司清债人员协助清理。有关业务员在办理移交及大的货款债权纠纷时，可由清债人员监督、跟踪、处理。

(10)各业务人员与清债人员密切配合，就应收账款针对不同情况进行清理，以尽快使合同得以完全履行。具体如下：

①业务员应经常与用户核对账目，凡有应收账款的单位，每年出具对账单或还款书面计划不得少于一次。

②该求助于法律的，业务员应主动书面提出，并提供相关书面资料（如合同、发票、收款单、还款计划等法律凭证）。

③债务人无力偿还，又面临破产、歇业的可能，业务员应积极采取措施，如以货抵款(业务员自行变卖，现款交财务)，并把手续做到合法、齐全。

④对新发展的用户，做到带款提货；对有关老用户做到前款不清，后货不发。

5. 项目合同纠纷的处理

(1)因合同产生纠纷的处理，应本着“以事实为根据，以法律为准绳”的原则，一般按照“协商、调解、仲裁或起诉”的程序进行，以自行解决为基本方式，并且在维护公司合法权益的基础上，考虑双方今后的业务往来情况，给予妥善解决。

(2)合同纠纷自行协商调解不成，凡需要申请仲裁或诉讼的，由该合同经办人或经办部门提出书面意见，经部门负责人审核后报总经理同意，由经办人员配合法律主管部门执行。

(3)合同纠纷处理完毕后，合同经办人员以及合同管理员对纠纷处理的全过程形成书面材料，向部门负责人或总经理汇报后与合同统一存档备查。

6. 合同专用章管理

(1)持有合同章的部门对持有的合同章只能用于本部门有权签订的合同，不能作他用。其他合同、协议均由企业办公室或合同专职管理员按规定予以盖章。

(2)合同管理人员严格执行印鉴保管使用方面的管理制度，未经合法程序签订和未经评审的合同，不得盖章，否则承担相应责任。

(3)经办人员进行合同盖章时，必须建立用印登记。

(4)合同管理员不得以任何理由将印章外借。

(5)为了维护企业的形象和声誉，对外签订的合同、协议，一律使用合同专用章(或公司章)，绝不能出现盖部门印章的现象，否则企业不予承认，由此造成的损失由该部门及相关人员承担。

(6)各企业办公室应定期或不定期地对合同专用章进行清查，以免造成印章遗失或使用不当；企业合同专职管理人员应对本企业合同管理情况进行定期检查；企业管理中心应定期对各企业合同管理情况进行检查、指导。

7. 合同台账的设立、归档

(1)合同协议签订后，各部门合同管理员应分类设立台账，要求确实反映符合合同签订、履行、变更、解除以及结算等情况。

(2)合同类型包括采购合同、销售合同、承揽合同、技术合同、货物运输合同、劳务合同、借款合同、运输合同、建筑工程合同、租赁合同等。

(3)各台账应包括合同编号、合同类别、双方签约人、价款、合同标的、签约日期、履行期限、履行情况、备注等。

(4)由于销售合同履行期限长以及经常变更等特点，市场业务部门可以根据本部门实际情况、特点，在利于管理的情况下设置管理台账。但该部门合同管理人员应在每季度前十天内将前季度的合同履行情况统计交合同专管员，以便建立统计台账。

(5)企业各部门合同管理人员在建立台账的同时，合同评审单及合同履行过程中的往来信函、电报、电话记录等法律凭证，应登记编号，保存备查。

(6)根据实际情况，在年底由各部门合同管理员对本部门合同进行整理，将已执行完毕的合同整理移交档案室集中管理。

7.5.2 项目采购合同管理办法

1. 目的

为规范项目采购合同，保护项目的合法权益，对于项目合同采购活动应制定相应的管理办法。

2. 准备工作

项目采购合同签约前要做好充分的准备工作，准备工作内容包括：

(1)研究现实和可预见性时期的供需形势变动趋势。

(2)根据现实与未来的形势选择签约对象。

(3)选派业务、技术素质较高，办事认真的签约人员。

(4)确定签约方式。

3. 监督指导业务人员（特别是新手）的签约活动

指导的内容应侧重于购销业务管理方面，使“以销定购”“按质论价”和“比质比价”等一系列购销业务管理的基本原则能切实得到贯彻落实。

4. 合同要求

合同内容要完备，条款要齐全，表达要准确，产品的技术标准代号、名称和质量等级一定要在合同中填写清楚。

5. 签订商品购销合同的程序

(1)签订商品购销合同的签约双方，就所订业务内容进行洽谈，并根据业务洽谈内容拟订合同的基本条款。

(2)签约双方就所提出的合同条款，在平等、互利、合作的基础上进行磋商，取得一致后，达成文字协议。

(3)根据双方协议、合同基本条款，填制正式合同，双方代表签署合同，根据合同规定有效日期，使合同具有法律效力。

(4)签证与公证。

①签证与公证是商品购销合同签订的最终程序。

②签证是由业务主管部门对合同进行审查、核对，以证明其符合条件要求，属于行政上的监督。

③公证是由司法部门的公证机构对合同的存在与合法性予以证明，属于法律上的监督。

④合同的签证是强制进行的，而公证则完全由当事人双方自愿决定。在一般情况下，法律是允许未经公证的合同生效的。

6. 合同的审核与生效

当事人签订合同之后，业务主管部门要对所订合同进行审核。在对合同进行审批时，一般由科室负责人、项目主管审核签字，最后交由合同管理机构审查，加盖合同专用章后生效。

7. 合同审核的侧重点

(1)科室负责人与项目领导要重点审查订货的申请计划，审查标的数量、价格、质量标准和交货期。

(2)项目合同管理机构要重点审查签约对方是否具有签订合同的主体资格，合同内容是否完整、合法等。

(3)重要的合同或金额巨大的合同要经项目领导和有关人员集体研究决定,并报上级公司审签。

8. **项目采购合同条款内容**

(1)当事人的名称或者姓名和住所。

①当事人如果是法人或其他组织,就应在合同中写明其名称和住所;如果是自然人,就应写明其姓名和住所。

②法人、其他组织的名称是指经核准登记的名称,住所是主要办事机构所在地。

③自然人的姓名是指经户籍管理机关核准登记的正式用名,住所是自然人长期生活和活动的主要处所。

(2)项目采购合同标的。项目物品采购合同标的是项目采购方采购的工业品生产资料。当事人在物品采购合同中应写明合同标的,同时应将标的的条款具体化,如写明合同标的的名称、品种、型号、规格、等级、花色等。

(3)项目物品采购合同数量和计量方法。在物品采购合同中,标的数量是指需方的采购数量和供方的交货数量。当事人计算标的数量,应采用国家规定的计量单位和计量方法。

(4)项目物品采购合同质量。

①对于标的质量,国家规定有技术标准的,双方当事人应在合同中写明执行的技术标准,还应同时写明技术标准的编号和代号。

②国家没有规定技术标准的,由双方当事人在合同中通过协商,明确标的物的质量标准和质量要求。

(5)项目物品采购合同的检验。采购方应对采购的标的物依法进行检验。检验标的物的质量时,应根据标的物生产类型、产品性能、技术条件等的不同,采取不同的检验方法,包括感官检验、理化检验、破坏性检验等。双方当事人应在物品采购合同中明确约定检验的标准、方法、期限以及索赔的条件等。

(6)项目物品采购合同的价款。

①价款的确定,要符合有关价格政策和价格管理法规,并在合同中写明。

②价款的支付,除法律另有规定外,必须用人民币支付。

③价款的结算,除国家规定允许使用现金外,应通过银行办理转账或票据结算。

(7)项目物品采购合同履行的期限、地点和方式。

①合同履行期限,即交货期限,是指双方当事人履行义务的时间范围。

②合同履行地点,即交货地点,是指当事人完成所承担义务的具体地点。

③物品采购合同的履行期限和履行地点,根据标的物的特征或法律规定和当事人的约定而加以确定。

④合同履行方式是指采用什么样的方法和形式来履行合同规定的义务。

(8)违约责任。违约责任是物品采购合同当事人由于自己的过错,没有履行或没有全面履行应承担的义务,按照法律规定和合同约定应该承担的法律责任。对于违约责任条款,当事人应根据有关合同法的规定,在合同中进一步具体约定。

(9)解决争议的方法。解决合同争议有和解、调解、仲裁、诉讼四种方法。

(10)其他。当事人双方还应根据物品采购合同标的物的情况,进一步约定结算方式、标的物的包装、包装物的供应与回收、标的物的保险和运输方式、接(提)货人、当事人的开户银行、账户名称、合同份数等条款。如果签订涉外物品采购合同,还应订立支付的货币币种、价格术语、解决合同纠纷的适用法律等条款。

9. 项目合同管理机构的工作

在履行合同过程中,项目合同管理机构应做好以下工作:

(1)把好货款预付关。

国务院对预付款有严格规定,一般不办预付款,对于少数紧缺、急需的商品可适当支付预付款,但款额不宜超过价款的30%。要求预付款时,在合同中应以定金的形式出现。

(2)催货。

为保证商品按时、按质送达,需方必须按照合同规定的各项技能、经济指标和交货日期向供方催交货物。

(3)把好商品验收关。

凡纳入合同管理的订货,仓库必须以合同为主要依据组织商品验收,主要验收商品的名称、规格、数量、质量等,严禁假冒伪劣产品进入企业。

(4)把好货款承付关。

在承付货款时,要严格按合同约定检查合同条款是否全面履行,若发现不符,应拒付并向对方发出书面通知,以免资金流失,并掌握处理合同纠纷的主动权。

(5)必须随时掌握合同的均衡性。

要建立健全合同的登记制度,定期统计兑现情况和时间均衡程度,并在此基础上考核、评比业务人员的工作。

①评比购进业务环节的合同兑现情况,能促进催拨调运,为促销提供实物保证。

②评比销售业务环节的合同兑现情况,能促进供应与销售业务人员注意保持项目在广大客户中的信誉和形象。

10. 总结合同履行情况

合同管理机构应定期对合同的履行情况进行总结,找出经验教训,供项目管理者及有关人员掌握情况。

11. 项目物品采购合同履行的一般规则

物品采购合同生效后,当事人就质量、价款、履行期限和地点等内容没有约定或者约定不明确的,可以协议补充;不能达成补充协议的,按照合同有关条款或者交易习惯确定。如果按照合同有关条款或交易习惯仍不能确定的,适用下列规定:

(1)质量要求不明确的,按照国家标准、行业标准履行;没有国家标准、行业标准的,按照通常标准或者符合合同标的的特定标准履行。

(2)价款或者报酬不明确的,按照订立合同时履行的市场价格履行;依法应当执行政府定价或者政府指导价的,按规定履行。

(3)履行地点不明确的,在履行义务一方所在地履行。

(4)履行期限不明确的,债务人可以随时履行,债权人也可以随时要求履行,但应当给对方必要的准备时间。

(5)履行方式不明确的,按照有利于实现合同目的的方式履行。

(6)履行费用的负担不明确的,由履行义务一方负担。

7.6　项目后评估管理制度

7.6.1　项目后评估的程序

(1)明确项目后评估的目的和意义。

(2)组建评估领导小组,配备有关人员。

(3)项目后评估机构根据项目的特点,确定项目后评估的具体对象、范围、目标。

(4)按评估要求制订详细的项目后评估工作计划。

(5)开展实际调查工作,收集后评估项目建设的有关资料。

①项目简要介绍。

②可行性研究报告。

③项目评估报告。

④项目预算和决算报告。

⑤项目竣工验收报告以及有关合同文件。

(6)收集项目运行的有关资料。

①项目投产后的销售收入、生产和经营情况。

②利润、缴纳税金的状况。

③建设投资贷款本息偿还状况等。

④项目所在行业的有关资料。

⑤国家有关经济的政策与规定。

(7)收集项目结果的有关资料。

①项目产生的直接结果。

②产生的经济效益、社会效益,对社会、技术、环境等产生的影响。

③对企业可持续发展的影响。

(8)在充分了解资料的基础上,项目后评估人员根据核实、测算和审查后的资料数据进行对比分析和论证。

(9)将分析研究的结果进行汇总、整理,编制出项目后评估报告。

7.6.2　项目后评估内容要点

1. 目标评估

(1)与前期确定的立项条件、决策依据、决策程序比较是否发生偏差。

(2)检查项目实际工艺技术、产生的经济效益指标是否达到预期目标或达到目标的程度。

(3)将项目原定的预算和资金投入计划同实际发生的投资进行对比分析,评估投资使用情况。

2. 过程评估

(1)对项目准备、项目进度、项目控制、项目人力资源、项目安全、项目质量、项目费用、项目管理等方面进行评估。

(2)对各种合同的执行情况进行评估。

(3)对项目设计能力和实际执行能力的评估。

(4)对技术经济指标的评估。

(5)对项目的生产管理和生产条件的评估。

(6)对项目的经营效益的评估。

(7)对生产和销售情况、原材料、燃料供应情况的评估。

(8)对资源综合利用情况、生产能力的利用情况进行评估。

3. **效益评估**

(1)财务效益后评估包括财务内部收益率、财务净现值、投资利润率、投资回收期、贷款偿还期、财务外汇净现值、财务换汇成本和财务节汇成本。

(2)国民经济效益后评估包括经济内部收益率、经济净现值、投资净收益率、经济外汇净现值率。

4. **持续性评估**

(1)对政府的政策是否影响该项目的持续性进行评估。

(2)对管理和组织对项目影响的持续性进行评估。

5. **影响评估**

(1)项目经济影响评估主要分析和评估项目对地区、行业、部门和国家的宏观经济影响(如对国民经济结构的影响、对提高宏观经济效益以及对国民经济长远发展的影响),并对项目所用国内资源的价值进行测算,为在宏观上判断项目资源利用的合理程度提供依据;同时,分析项目对地区、行业、部门和国家的经济发展所产生的重要作用和长远影响。

(2)项目科技进步影响评估主要分析项目对国家、部门和地区的技术进步的推动作用,以及项目所选技术本身的先进性和适用性;分析评估项目采用的工艺技术或者引进技术装备的先进性及其与国内外同类技术装备进行对比;并对本部门、本地区技术进步的作用和取得的潜在效益进行分析评估。

(3)对地区环境质量影响的后评估包括项目的污染源控制、区域的环境质量、自然资源的利用、区域的生态平衡和环境管理能力。

(4)社会影响后评估包括对居民生活条件和生活质量的影响、对就业的影响、项目对当地基础设施建设和未来发展的影响等。

7.6.3　项目后评估的评估指标要点

1. **项目前期和实施阶段的后评估主要评估指标**

(1)实际项目决策(设计)周期变化率。

(2)竣工项目定额工期率。

(3)实际建设成本变化率。

(4)实际工程合格(优良)率。

(5)实际投资总额变化率。

2. **项目运营阶段的后评估主要评估指标**

(1)实际单位生产能力投资。

(2)实际生产年限变化率。

(3)主要产品价格(成本)变化率。

(4)实际销售利润变化率。

(5)实际投资利润(利税)率。

(6)实际投资利润(利税)年变化率。

(7)实际净现值。

(8)实际内部收益率。

(9)实际投资回收期。

(10)实际借款偿还期。

7.6.4 项目管理评估的程序

(1)明确项目管理评估的目标和作用。

(2)项目管理小组根据项目完成的实际情况,如实编写项目报告。

(3)组建评估领导小组,要求小组成员在本行业有丰富的项目管理经验,并且经过专业的培训,对模型有一定的了解,熟练掌握评估的方法和步骤。

(4)评估小组在接到评估任务后,评估组组长要制订周详的项目管理评估工作计划,评估组成员在评估时要服从评估组组长的任务安排。

(5)评估前各评估师要充分研读项目报告,依据考核与评估流程图进行评估工作。

(6)在评估过程中,评估师可根据项目管理和项目结果表中提示给出被评估项目在项目管理、项目结果方面所处的等级,每个等级都有具体的分数相对应,先确定等级(定性分析),再决定处在这个等级中的分数段(定量分析)。

评估中,要求评估师之间要充分讨论,反复协商,在尊重专家个人智慧的同时,要求尽量缩小相互之间的差距,最后综合评估得出专家组的分数。

(7)评估过程中,不仅要看到项目经理所采用管理方法的科学性和系统性,还要看到项目管理是否取得了预期的结果,要进行综合评价。同时,还要考虑是否是事物发展过程中的偶然性导致的结果。

(8)评估过程中,评估小组可根据项目实施的实际情况,增加或减少评审内容,使得模型更灵活,增加评估工作的可操作性。

(9)评估过程中,评估师要协助、启发企业或项目团队挖掘其项目管理的优势、特点和亮点。

(10)评估过程中,每项的得分必须是评估小组各成员的综合意见。

(11)现场访问时,评估师通过查阅资料、证据、核对、访问、谈话等方式,根据现场获得的证据不断修改各自的记录表。

(12)现场考察结束后,评估组再次讨论决定反馈报告和评估报告。

7.6.5 项目管理评估内容要点

1. 项目管理的过程评估

(1)项目目标。项目目标主要对管理者如何根据项目各利益相关者的需求制定项目目标,如何对项目目标分解落实到各项目成员,如何实施以及发现问题如何在实施过程中对项目目标进行修正等方面进行评估。

(2)领导力。领导力主要对管理者如何为本项目设立一个可靠的目标,如何在项目中有力地推广、支持和改进，如何与客户、供应商及其他组织良好的沟通等方面进行评估。

(3)员工。员工主要对管理者如何发现员工潜力，如何激发这种潜力并使其得到最好的发挥、维护和发展，采取何种方式让员工积极、主动地参与到授权范围项目中等方面进行评估。

(4)资源与环境。资源与环境主要对资金资源、项目信息、供应商及其服务和资源是否高效地计划和利用进行评估。

(5)过程。过程主要对管理者如何系统地识别、管理、检查、修正、优化项目成功的过程，如何有效地使用和改进项目管理的方法和系统，如何对项目过程文档化等方面进行评估。

(6)资源节约与环境友好。资源节约与环境友好主要对管理者如何切实有效地实现项目所涉及的各种资源的节约和对项目所处环境的保护、促进人与环境的和谐发展方面进行评估。

(7)项目创新管理活动。项目创新管理活动主要对管理者如何创造环境并推进项目成员在管理、技术及其他工作等方面的创新进行评估。

2. 项目管理的结果评估

(1)客户结果。从总体印象、产品及服务、声誉、项目后期管理及支持、文件和展示、忠诚度等方面调查客户对项目、项目管理和项目团队的满意度，从而对项目管理间接评估。

(2)员工结果。从满意度、参与度、对员工服务等方面调查员工对项目管理者的评估，间接对项目管理进行评估。

(3)其他利益相关者结果。通过各种利益相关方对项目的直接评价和间接评价，间接对项目管理进行评估。

(4)项目结果和主要成就。通过对项目的直接结果和取得成就的评价，间接对项目管理进行评估。

(5)资源与环境结果。通过项目所产生的直接的资源节约、环境保护、人与环境友好等方面的结果，间接对项目管理进行评估。

(6)项目创新管理结果。通过项目产生的创新成果，间接对项目管理进行评估。

7.6.6　项目管理评估的评估指标要点

项目管理评估的指标按评估内容的不同分为项目管理过程评估指标和项目管理结果评估指标。

1. 项目管理过程评估指标

(1)合理的过程。按照先定性分析后定量分析的评估过程，分为五档：清晰且有完整的证据，清晰的证据，有证据，一些证据，没证据。另外每档又可分为几个分值区间，评估组根据证据情况和管理经验可给出在该指标的分值区间。

(2)系统完备性与风险防范。按照先定性分析后定量分析的评估过程，分为五档：清晰且有完整的证据，清晰的证据，有证据，一些证据，没证据。另外每档又可分为几个分值区间，评估组根据证据情况和管理经验可给出在该指标分值区间。

(3)跟踪检查。按照先定性分析后定量分析的评估过程，分为四档：经常和定期检查，经常检查，偶尔检查，没有检查。另外每档又可分为几个分值区间，评估组根据证据情况和管理经验可给出在该指标的分值区间。

(4)运营的改进和效力提高。按照先定性分析后定量分析的评估过程，分为五档：清晰且有完整的证据，清晰的证据，有证据，一些证据，没证据。另外每档又可分为几个分值区间，评估组根据证据情况和管理经验可给出在该指标的分值区间。

(5)项目实施与计划的一致性。按照先定性分析后定量分析的评估过程,分为五档:完美结合,非常好的结合,较好结合,部分结合,没有结合。另外每档又可分为几个分值区间,评估组根据证据情况和管理经验可给出在该指标的分值区间。

(6)是否可作为其他项目的典范。按照限定性分析后定量分析的评估过程,分为两档:可以成为典范和不能成为典范。分值为 100 和 0 两个分值区间。

2. 项目管理结果评估指标

(1)项目目标的完整度。按照先定性分析后定量分析的评估过程,分为五档:全部目标完美实现,较好地实现大部分目标,一些范围内较好地实现,小范围内有较好地实现,没有实现。另外每档又可分为几个分值区间,评估组根据证据情况和管理经验可给出在该指标的分值区间。

(2)与其他可比项目对比。按照先定性分析后定量分析的评估过程,分为五档:全部目标完美,大部分目标较好,一些目标较好,几个目标较好,没有证据。另外每档又可分为几个分值区间,评估组根据证据情况和管理经验可给出在指标的分值区间。

(3)发展趋势。按照先定性分析后定量分析的评估过程,分为三档:全部项目目标均呈正向发展态势和持续卓越的绩效,大部分目标呈正向发展态势和持续非常好的绩效,一些目标呈正向发展态势和持续较好的绩效。另外每档又可分为几个分值区间,评估组根据证据情况和管理经验可给出在该指标的分值区间。

(4)结果与过程关联程度。按照先定性分析后定量分析的评估过程,分为四档:全部目标说明,大部分目标说明,许多目标说明,没有呈现。另外每档又可分为几个分值区间,评估组根据证据情况和管理经验可给出在该指标的分值区间。

复习思考题

1. 项目管理制度包含哪些主要内容?
2. 制定项目管理制度的主要原则是什么?
3. 项目质量管理制度的主要内容是什么?
4. 项目风险评价准则包含哪些内容?
5. 项目运营阶段的后评估主要评估指标有哪些?

参考文献

[1][美]翰觉克森. 建设项目管理[M]. 北京:高等教育出版社,2005.
[2][美]梅瑞狄斯. 项目管理——管理新视角[M]. 北京:电子工业出版社,2002.
[3][美]科兹纳. 项目管理计划和控制的系统方法[M]. 北京:电子工业出版社,2002.
[4][美]克里福德. 项目管理教程[M]. 北京:人民邮电出版社,2003.
[5][美]哈里森. 高级项目管理[M]. 北京:机械工业出版社,2003.
[6][美]杰克·吉多. 成功的项目管理[M]. 北京:机械工业出版社,2003.
[7]罗福周. 建设工程造价与计价实务全书[M]. 北京:中国建材工业出版社,2002.
[8]闫文周. 工程项目管理学[M]. 西安:陕西科学技术出版社,2006.
[9]成虎. 工程项目管理[M]. 北京:高等教育出版社,2005.
[10]任宏,张巍. 工程项目管理[M]. 北京:高等教育出版社,2005.
[11]丛培经. 工程项目管理[M]. 北京:中国建筑工业出版社,2002.
[12]李世蓉,邓铁军. 工程建设项目管理[M]. 武汉:武汉理工大学出版社,2002.
[13]王洪,陈健. 建设项目管理[M]. 北京:机械工业出版社,2004.
[14]李建伟,徐伟. 土木工程项目管理[M]. 上海:同济大学出版社,2002.
[15]卢友杰. 项目管理知识体系指南[M]. 北京:电子工业出版社,2006.
[16]吴涛. 中国工程项目管理知识体系[M]. 北京:中国建筑工业出版社,2003.
[17]纪燕平. 中外项目管理案例[M]. 北京:人民邮电出版社,2003.
[18]刘炳南. 工程项目管理[M]. 西安:西安交通大学出版社,2010.
[19]住房和城乡建设部. 全国监理工程执业资格培训考试教材·建设工程进度控制[M]. 北京:知识产权出版社,2010.
[20]住房和城乡建设部. 全国监理工程执业资格培训考试教材·建设工程质量控制[M]. 北京:知识产权出版社,2010.
[21]住房和城乡建设部. 全国监理工程执业资格培训考试教材·建设工程投资控制[M]. 北京:知识产权出版社,2010.
[22]全国一级建造师执业资格考试用书编写委员会. 全国一级建造师执业资格考试用书·建设工程项目管理[M]. 北京:中国建筑工业出版社,2010.
[23]全国一级建造师执业资格考试用书编写委员会. 全国一级建造师执业资格考试用书·房屋建筑工程管理与实务[M]. 北京:中国建筑工业出版社,2010.
[24]建筑工程施工质量验收统一标准(GB 50300—2001)[S]. 北京:中国建筑工业出版社,2001.
[25]建设工程项目管理规范(GB/T 50326—2006)[S]. 北京:中国建筑工业出版社,2006.
[26]建设工程监理规范(GB 50319—2000)[S]. 北京:中国建筑工业出版社,2000.
[27]徐勇戈. 施工项目管理[M]. 北京:科学出版社,2012.

图书在版编目(CIP)数据

项目管理学/徐勇戈等编著. —西安:西安交通大学出版社,2014.8

普通高等教育“十二五”经济与管理类专业核心课程规划教材

ISBN 978-7-5605-6519-4

Ⅰ.①项… Ⅱ.①徐… Ⅲ.①项目管理-高等学校-教材 Ⅳ.①F224.5

中国版本图书馆 CIP 数据核字(2014)第 164436 号

书　　名 项目管理学
编　　著 徐勇戈　马继伟　林　熹
责任编辑 王建洪

出版发行 西安交通大学出版社
(西安市兴庆南路 10 号　邮政编码 710049)
网　　址 http://www.xjtupress.com
电　　话 (029)82668357　82667874(发行中心)
(029)82668315　82669096(总编办)
传　　真 (029)82668280
印　　刷 陕西元盛印务有限公司

开　　本 787mm×1092mm　1/16　**印张** 17.125　**字数** 407 千字
版次印次 2014 年 10 月第 1 版　2014 年 10 月第 1 次印刷
书　　号 ISBN 978-7-5605-6519-4/F·451
定　　价 34.80 元

读者购书、书店添货,如发现印装质量问题,请与本社发行中心联系、调换。
订购热线:(029)82665248　(029)82665249
投稿热线:(029)82668133
读者信箱:xj_rwjg@126.com